Strukturmerkmale der deutschen Geschichte des 20. Jahrhunderts

Schriften des Historischen Kollegs

Kolloquien
63

Strukturmerkmale der deutschen Geschichte des 20. Jahrhunderts

R. Oldenbourg Verlag München 2006

Strukturmerkmale der deutschen Geschichte des 20. Jahrhunderts

Herausgegeben von
Anselm Doering-Manteuffel
unter Mitarbeit von
Elisabeth Müller-Luckner

R. Oldenbourg Verlag München 2006

Das Historische Kolleg fördert im Bereich der historisch orientierten Wissenschaften Gelehrte, die sich durch herausragende Leistungen in Forschung und Lehre ausgewiesen haben. Es vergibt zu diesem Zweck jährlich bis zu drei Forschungsstipendien und zwei Förderstipendien sowie alle drei Jahre den „Preis des Historischen Kollegs".

Die Forschungsstipendien, deren Verleihung zugleich eine Auszeichnung für die bisherigen Leistungen darstellt, sollen den berufenen Wissenschaftlern während eines Kollegjahres die Möglichkeit bieten, frei von anderen Verpflichtungen eine größere Arbeit abzuschließen. Professor Dr. Anselm Doering-Manteuffel (Tübingen) war – zusammen mit PD Dr. Bernhard Löffler (Passau), Prof. Dr. Jan-Dirk Müller (München) und Prof. Dr. Peter Schäfer (Berlin, Princeton, NJ) – Stipendiat des Historischen Kollegs im Kollegjahr 2002/2003. Den Obliegenheiten der Stipendiaten gemäß hat Anselm Doering-Manteuffel aus seinem Arbeitsbereich ein Kolloquium zum Thema „Strukturmerkmale der deutschen Geschichte des 20. Jahrhunderts" vom 15. bis 17. Mai 2003 im Historischen Kolleg gehalten. Die Ergebnisse des Kolloquiums werden in diesem Band veröffentlicht.

Das Historische Kolleg wird seit dem Kollegjahr 2000/2001 – im Sinne einer „public private partnership" – in seiner Grundausstattung vom Freistaat Bayern finanziert, seine Stipendien werden gegenwärtig aus Mitteln des DaimlerChrysler Fonds, der Fritz Thyssen Stiftung, des Stifterverbandes für die Deutsche Wissenschaft und eines ihm verbundenen Förderunternehmens dotiert. Träger des Historischen Kollegs, das vom Stiftungsfonds Deutsche Bank und vom Stifterverband errichtet und zunächst allein finanziert wurde, ist nunmehr die „Stiftung zur Förderung der Historischen Kommission bei der Bayerischen Akademie der Wissenschaften und des Historischen Kollegs".

Bibliographische Information der Deutschen Nationalbibliothek

Die Deutsche Nationalbibliothek verzeichnet diese Publikation in der Deutschen Nationalbibliographie; detaillierte bibliographische Daten sind im Internet über http://dnb.ddb.de abrufbar.

Rosenheimer Straße 145, D-81671 München
Internet: oldenbourg.de

Gedruckt auf säurefreiem, alterungsbeständigem Papier (chlorfrei gebleicht)
Gesamtherstellung: R. Oldenbourg Graphische Betriebe Druckerei GmbH, München

ISBN-13: 978-3-486-58057-0
ISBN-10: 3-486-58057-4

Inhalt

Vorwort ... VII

Verzeichnis der Tagungsteilnehmer ... VIII

Anselm Doering-Manteuffel
Einleitung: Strukturmerkmale der deutschen Geschichte des 20. Jahrhunderts ... 1

I. Herrschaft und Politik

Michael Geyer
The Space of the Nation: An Essay on the German Century ... 21

Andreas Wirsching
Politische Generationen, Konsumgesellschaft, Sozialpolitik. Zur Erfahrung von Demokratie und Diktatur in Zwischenkriegszeit und Nachkriegszeit ... 43

Joachim Rückert
Die Beseitigung des Deutschen Reiches – die geschichtliche und rechtsgeschichtliche Dimension einer Schwebelage ... 65

Michael Ruck
Die Tradition der deutschen Verwaltung ... 95

Eckart Conze
Herrschaft und Politik. Ein Kommentar ... 109

II. Wirtschaft und Gesellschaft

Harold James
Continuities and Structural Breaks in German Economic History in the Twentieth Century ... 121

Heinz-Gerhard Haupt
Städtische Mittelschichten in Deutschland zwischen Diktatur und Demokratie (1930–1960): Einige Forschungsperspektiven ... 133

Merith Niehuss
Familie und Geschlechterbeziehungen von der Zwischenkriegszeit bis in die Nachkriegszeit 147

Dirk van Laak
Garanten der Beständigkeit. Infrastrukturen als Integrationsmedien des Raumes und der Zeit 167

Lutz Raphael
Das Ende des Deutschen Reiches als Zäsur nationaler Expertenkulturen? Überlegungen zu den Folgen des politischen Umbruchs 1945 für Technik und Wissenschaften in Deutschland 181

Adelheid von Saldern
Raum und Zeitbezüge. Ein Kommentar 197

III. Transformation von Kulturmustern und ideellen Orientierungen

Jürgen Reulecke
Völkische und nationale Orientierungen: Beharrungskraft und Modifikation von Wertvorstellungen in generationellen Selbstsichten 209

Axel Schildt
Westlich, demokratisch. Deutschland und die westlichen Demokratien im 20. Jahrhundert 225

Gerd Koenen
Zwischen Antibolschewismus und „Ostorientierung" – Kontinuitäten und Diskontinuitäten 241

Moshe Zimmermann
Strukturmerkmale der deutschen Geschichte – Deutsche Juden: Transterritoriale Kohärenzen 253

Personenregister 271

Vorwort

Der vorliegende Band enthält die Beiträge zu dem Kolloquium, das vom 15. bis 17. Mai 2003 im Rahmen meines Arbeitsvorhabens „Deutsche Geschichte des 20. Jahrhunderts" im Historischen Kolleg in München stattgefunden hat. Die Beiträge wurden für den Druck überarbeitet und teilweise ergänzt.

Mein Dank gilt an erster Stelle Frau Dr. Elisabeth Müller-Luckner, die mir bei der Vorbereitung der Tagung wie bei der Bearbeitung des Bandes sehr geholfen hat. Den Mitarbeiterinnen und Mitarbeitern des Kollegs möchte ich gleichermaßen für ihre Unterstützung während des Kolloquiums und die Hilfe bei der Einrichtung der Texte für den Druck danken.

Tübingen, Januar 2005 *Anselm Doering-Manteuffel*

Verzeichnis der Tagungsteilnehmer

Prof. Dr. Eckart Conze, Marburg
Prof. Dr. Ute Daniel, Braunschweig
Prof. Dr. Anselm Doering-Manteuffel, Tübingen (Stipendiat des Historischen Kollegs 2002/2003)
Prof. Dr. Michael Geyer, Chicago, Il.
Prof. Dr. Ulrich Herbert, Freiburg i.B.
Prof. Dr. Hans Günter Hockerts, München
Prof. Dr. Harold James, Princeton, N.J.
Dr. Gerd Koenen, Frankfurt a.M.
PD Dr. Dirk van Laak, Tübingen
Prof. Dr. Christof Mauch, Washington D.C.
Prof. Dr. Merith Niehuss, Neubiberg
Prof. Dr. Lutz Raphael, Trier
Prof. Dr. Jürgen Reulecke, Siegen
Prof. Dr. Michael Ruck, Flensburg
Prof. Dr. Joachim Rückert, Frankfurt a.M.
Prof. Dr. Adelheid von Saldern, Hannover
Prof. Dr. Axel Schildt, Hamburg
Prof. Dr. Andreas Wirsching, Augsburg
Prof. Dr. Moshe Zimmermann, Jerusalem

Anselm Doering-Manteuffel

Einleitung: Strukturmerkmale der deutschen Geschichte des 20. Jahrhunderts

I.

Im Übergang vom 20. zum 21. Jahrhundert hat sich der Blick auf das „Zeitalter der Extreme"[1] schnell gewandelt. Gewißheiten der politischen Orientierung und ihrer kulturellen Folgen bis in den Alltag hinein verloren nach dem Ende des Ost-West-Konflikts an Verbindlichkeit – Gewißheiten und Selbstverständlichkeiten, die in der Epoche der Bipolarität dauerhaft verbürgt schienen. Doch schon seit den 1970er Jahren hatte sich auch die Sicht auf die Bedingungen und Voraussetzungen des Blockgegensatzes, die in der ersten Jahrhunderthälfte lagen, zu ändern begonnen. Da die Kontraste des Kalten Krieges frühzeitig nach 1945/49 bis in die Wissenschaften hineinwirkten, entstanden Normen für die Wahrnehmung und Analyse von beträchtlicher Beharrungskraft. Indem diese Gegensätze entfielen, setzte die Suche nach anderen, zeitgemäßen Orientierungen ein.

Im Zerfall der Blockkonfrontation kam eine Transformationsdynamik zum Durchbruch, die längst angestaut war und scheinbar festgefügte Strukturen staatlicher und gesellschaftlicher Ordnung rasch unterhöhlte. Gesteuert vom wirtschaftsideologischen Verständnis weitestgehend unbeschränkter Freiheit wurden die Grenzen der Nationalstaaten transzendiert, bevor die Folgen solcher Öffnung nur zu bald neue Formen des Abschließens nach sich zogen. Die Auffassung von der Mitverantwortung des Staats für die Rahmenbedingungen zur Steuerung der nationalen Volkswirtschaften wurde revidiert, je mehr der Nationalstaat als Ordnungsform einer überwundenen Epoche erschien. Die Schranken industrieller Produktion wurden geöffnet, nationale Unternehmen mutierten in internationale Konzerne, die als *global players* eine bis dahin unbekannte Macht auch im politischen Raum zu entfalten vermochten. Die technischen Möglichkeiten der Digitalisierung und der Durchbruch elektronischer Medien hatten die Entwicklung möglich gemacht und trieben sie seit den 1980er Jahren mit immer zunehmendem Tempo voran, das die Ostblockländer als erste nicht mithalten konnten. Was sich da vollzog, war eine neue Industrielle Revolution. Scheinbar festgefügte Erwerbs-

[1] *Eric Hobsbawm*, Das Zeitalter der Extreme. Weltgeschichte des 20. Jahrhunderts (München, Wien 1995).

formen der Industriegesellschaft schwanden dahin, und der nationale Staat sah sich vor die Aufgabe gestellt, im eigenen Land soziale Sicherheit zu gewährleisten, wo transnationale Wirtschaft und die Faszination technischer Globalität die materielle Sicherung der Gesellschaft unterspülten[2].

Alltagsnormen und Lebensgefühle lösten sich notgedrungen aus etablierten Gewohnheiten und mußten sich mühevoll neu einpendeln. In der Dynamik der Globalisierung wurde Entankerung spürbar, die auch die Wissenschaften nicht unberührt lassen konnte. Die Faszination von offener Zukunft und die Beklommenheit angesichts des umfassenden, rasanten Wandels kennzeichnete die Wende zum 21. Jahrhundert, und darin unterschied sie sich gar nicht so sehr von der Zeit vor hundert Jahren[3].

Die Geschichtswissenschaft hatte sich der Veränderungsdynamik im letzten Jahrzehnt des 20. Jahrhunderts zu stellen. Sie begann, Kriterien für eine angemessene historische Analyse zu entwickeln, welche die Herausforderung von technischer und wirtschaftlicher Globalität annahm[4]. Die „Modernisierung der Moderne" konnte die Erkenntnisinteressen der Geschichtswissenschaft nicht unberührt lassen, und die „Epistemologie der Ungewißheit"[5] wirkte als fruchtbarer Anstoß, in andere Richtungen zu denken. Historische Einschätzungen waren auf den Prüfstand zu stellen, die in der Zeit des Ost-West-Konflikts gewonnen wurden und in den Curricula des Geschichtsunterrichts oder den Handbüchern zur Geschichte des 20. Jahrhunderts zu festen, vorerst verbindlichen Interpretamenten ausgeformt worden sind[6].

Unser Kolloquium über die „Strukturmerkmale der deutschen Geschichte des 20. Jahrhunderts" versuchte, die Transformation zeithistorischer Sichtweisen aufzugreifen und den bisherigen Ertrag zu prüfen. Zu diesem Zweck setzte es am Punkt der Epochenunterteilung und Hermeneutik von Epochengrenzen an. Wir verzichteten absichtlich auf die systematische Reflexion über den Erkenntnisgewinn kulturanthropologischer Zugänge, hielten aber die Beiträge offen, um eine solche Perspektive einzunehmen oder mit anderen zu integrieren. Unser Augenmerk richteten wir deshalb notwendigerweise auf die klassischen Abgrenzungen,

[2] *Luc Boltanski*, *Ève Chiapello*, Le nouvel Ésprit du Capitalisme (Paris 1999); *Volker Bornschier*, Weltgesellschaft. Grundlegende soziale Wandlungen (Zürich 2002); *Jürgen Osterhammel*, *Niels P. Petersson*, Geschichte der Globalisierung. Dimensionen, Prozesse, Epochen (München 2003).

[3] Vgl. *Anselm Doering-Manteuffel*, Mensch, Maschine, Zeit. Fortschrittsbewußtsein und Kulturkritik im ersten Drittel des 20. Jahrhunderts, in: Jahrbuch des Historischen Kollegs 2003 (München 2004) 91–119.

[4] *Lutz Raphael*, Geschichtswissenschaft im Zeitalter der Extreme. Theorien, Methoden, Tendenzen von 1900 bis zur Gegenwart (München 2003); *Benedikt Stuchtey*, *Eckhardt Fuchs* (Hrsg.), Writing World History 1800–2000 (Oxford 2003).

[5] *Ulrich Beck*, *Wolfgang Bonß* (Hrsg.), Die Modernisierung der Moderne (Frankfurt a. M. 2001) 61 und passim.

[6] Zu verweisen ist auf die Studienbücher des Oldenbourg Verlags in den Reihen „Grundriß der Geschichte" und „Enzyklopädie deutscher Geschichte", die in Verlagen wie der Wissenschaftlichen Buchgesellschaft ein Pendant erhalten haben, oder auch auf die neu bearbeitete, zehnte Auflage von Gebhardts „Handbuch der deutschen Geschichte".

die mit den Stichworten Erster Weltkrieg, Weimarer Republik, „Drittes Reich", Besatzungszeit, Bundesrepublik und DDR umschrieben sind, und stellten sie zur Disposition.

Die Leitfrage galt dem Problem von Kohärenz und Bruch in der deutschen Geschichte des 20. Jahrhunderts. Der Zeitraum umfaßte die Jahrzehnte vom Ersten Weltkrieg bis an die Schwelle der 1980er Jahre, als die „Modernisierung der Moderne" begann. Damit standen zwei Nachkriegszeiten im Mittelpunkt, und das ermöglichte es, nach Kontinuitäten zu fragen, die von den 1920er Jahren bis in die Zeit nach 1945/49 führen und meist erst in den 1970er Jahren allmählich zu Ende gehen.

Mindestens unterschwellig wird die deutsche Zeithistorie noch von einigen Traditionen geprägt, die bald nach dem Zweiten Weltkrieg entstanden. Die frühe Zeitgeschichtsforschung war von der – aus dem Historismus herrührenden – Konzentration auf Staat und Politik des Deutschen Reichs gekennzeichnet und postulierte wie selbstverständlich dessen Auflösung 1945 als den maßgeblichen Einschnitt in der Geschichte des 20. Jahrhunderts. Seit den 1960er Jahren trat dann an die Seite dieser geschichtswissenschaftlich bereits etablierten „Zeitgeschichte" ein neuer Zweig, die „Zeitgeschichte nach 1945". Sie wies mit der Geschichtswissenschaft nur punktuelle Berührung auf und war überwiegend politikwissenschaftlich dominiert[7]. Ihr Forschungsinteresse galt der Entstehung und Festigung des freiheitlichen demokratischen Gemeinwesens Bundesrepublik Deutschland, der Europäischen Integration, der politischen Westintegration und der Entstehung neuer Bündnisstrukturen zwischen parlamentarisch und marktwirtschaftlich verfaßten Staaten. Sie griff weder hinter die Schwelle von 1945 zurück, noch kümmerte sie sich um die Entwicklung jenseits der innerdeutschen Grenze, in Ostmitteleuropa und der Sowjetunion. Das blieb einzelnen Kommunismus-Forschern und der Osteuropäischen Geschichte vorbehalten[8]. Wenn die deutsche Zeitgeschichte ihren Blick über den Eisernen Vorhang nach Osten richtete, dann galt er den Themen Flucht und Vertreibung aus den deutschen Ostgebieten, und hier betätigten sich allein Historiker aus dem Netzwerk der frühen, nationalhistorisch geprägten deutschen „Zeitgeschichte"[9].

[7] *Hans Günter Hockerts*, Zeitgeschichte in Deutschland. Begriff, Methoden, Themenfelder, in: Historisches Jahrbuch 113 (1993) 98–127; *Anselm Doering-Manteuffel*, Deutsche Zeitgeschichte nach 1945. Entwicklung und Problemlagen der historischen Forschung zur Nachkriegszeit, in: Vierteljahrshefte für Zeitgeschichte 41 (1993) 1–29.

[8] Vgl. *Hermann Weber*, Kleine Geschichte der DDR (Hannover 1980); *ders.*, Geschichte der DDR (Grundriß der Geschichte 20, München 1985). Zur Historisierung des Sachverhalts vgl. *Rainer Eppelmann* u. a. (Hrsg.), Bilanz und Perspektiven der DDR-Forschung (Paderborn 2003). Als autobiographischen Bericht über die Entwicklung des Fachs Osteuropäische Geschichte in der Nachkriegszeit nach 1945/49 siehe *Dietrich Geyer*, Reußenkrone, Hakenkreuz und Roter Stern (Göttingen 1999) 120–141.

[9] *Theodor Schieder* (Hrsg.), Dokumentation der Vertreibung der Deutschen aus Ost-Mitteleuropa, 5 Bde. (1961, Reprint München 1984); *Mathias Beer*, Der ‚Neuanfang' der Zeitgeschichte nach 1945. Zum Verhältnis von nationalsozialistischer Umsiedlungs- und Vernichtungspolitik und der Vertreibung der Deutschen aus Ostmitteleuropa, in: *Winfried Schulze*,

So entstand die „Zäsur von 1945" als ein Syndrom aus geschichtlichen Sachverhalten, biographischen Prägungen und epistemologischen Einflüssen. Seit den 1980er Jahren wurde diese Zäsur durch veränderte methodische Zugänge und Forschungsinteressen in Frage gestellt. Alltagsgeschichte, kollektivbiographische Erfahrungen und die Einsicht, daß die Menschen, die um 1900 in das neue Jahrhundert der Hochmoderne[10] hineingeboren wurden, im Mai 1945 noch nicht einmal 50 Jahre alt waren, trugen dazu bei, Fragestellungen und zeithistorische Perspektiven zu verändern.

Inzwischen betrifft uns die Trennung in eine Zeitgeschichte „vor 1945" und „nach 1945" nicht mehr zentral, doch überwunden ist sie deshalb nicht. Die Entwicklung bis zum Zerfall des „Dritten Reichs" ist ein Bestandteil der Geschichte des deutschen Nationalstaats in Europa und weist insofern auch ins 19. Jahrhundert zurück. Die Entwicklung der beiden deutschen Teilstaaten führte von der Reichstradition weg und bewirkte die politische, wirtschaftliche und kulturelle Annäherung an das System der beiden Hegemonialmächte im Ost-West-Konflikt. Seit dem Ende des Ersten Weltkriegs hatten die USA und die Sowjetunion die westliche bzw. östliche Antithese zum nationalkulturellen Selbstverständnis der Deutschen zu bilden begonnen. Bedeutung und Auswirkungen dieser Konstellation bezeichneten den Diskussionshorizont des Kolloquiums, indem die Sachebene der historischen Themen und die Metaebene der zeithistorischen Deutungen sehr eng beieinander lagen. So wurde die Gliederung des Kolloquiums in die Sektionen über Herrschaft und Politik, Wirtschaft und Gesellschaft, Kulturmuster und ideelle Orientierungen auch deshalb gewählt, weil sich auf diesem Weg am ehesten konkurrierende Fixierungen auf die verschiedenen Fachtraditionen oder methodischen Zugänge vermeiden ließen.

Die Fragestellung nach Kohärenz und Bruch in der deutschen Geschichte des 20. Jahrhunderts war dahin präzisiert worden, daß wir auf die Zäsur von 1945 be-

Otto Gerhard Oexle (Hrsg.), Deutsche Historiker im Nationalsozialismus (Frankfurt a.M. 1999) 274–301.

[10] *James C. Scott*, Seeing Like a State. How Certain Schemes to Improve the Human Condition Have Failed (New Haven–London 1998) hat die Begriffe „High modernism" und „high-modernist ideology" zur Grundlage seiner Analyse gemacht. *Ulrich Herbert*, Liberalisierung als Lernprozeß. Die Bundesrepublik in der deutschen Geschichte – eine Skizze, in: *ders.* (Hrsg.), Wandlungsprozesse in Westdeutschland. Belastung, Integration, Liberalisierung 1945–1980 (Göttingen 2002) 7–49, integriert ihn in das Konzept einer zeitlich und sachlich konkret bestimmbaren „Liberalisierung". Bevor die „Modernisierung" im statischen Begriff der „Moderne" oder „Hochmoderne" angehalten wurde, um über die „Modernisierung der Moderne" (wie Anm. 5) nachdenken zu können, war die dynamische Form die grundlegende Kategorie zur Analyse mindestens der Zeit nach 1945. Vgl. *Axel Schildt*, *Arnold Sywottek* (Hrsg.), Modernisierung im Wiederaufbau. Die westdeutsche Gesellschaft der 50er Jahre (Hamburg 1993); *Michael Prinz*, *Rainer Zitelmann* (Hrsg.), Nationalsozialismus und Modernisierung (Darmstadt 1991); *Riccardo Bavaj*, Die Ambivalenz der Moderne im Nationalsozialismus (München 2003); *Klaus Hildebrand*, Das Dritte Reich (Grundriß der Geschichte 17, 6., neubearb. Aufl. 2003) 175–179 und passim; *Hans-Ulrich Wehler*, Deutsche Gesellschaftsgeschichte Bd. 4: Vom Beginn des Ersten Weltkriegs bis zur Gründung der beiden deutschen Staaten (München 2003) 781–794.

sonders achten wollten. Mit der bedingungslosen Kapitulation am 8. Mai 1945 wurde der dynamischste und aggressivste Nationalstaat im Europa des frühen 20. Jahrhunderts aufgelöst, aber seine Infrastruktur blieb erhalten – Verwaltung, soziale Sicherungsinstanzen, Versorgungssysteme. Welche Bedeutung ist diesem Sachverhalt zuzumessen? Wichtige Orientierungsmuster für nationales Bewußtsein waren mit dem Ende des Zweiten Weltkriegs erledigt. Waren sie es tatsächlich, was trat an ihre Stelle? Welche Veränderungen in sozialen Milieus, Werteordnungen und ideologischen Orientierungen sind auszumachen? Beim Blick auf das Industriesystem und die Industriegesellschaft im Westen sticht eine Kohärenz ins Auge, die die Zeit von der Weltwirtschaftskrise am Beginn der dreißiger Jahre bis zum Ölpreisschock in den siebziger Jahren verklammerte. Überdies nahmen die Geburtsjahrgänge aus den beiden ersten Jahrzehnten des Jahrhunderts ihre Prägungen mit über die Schwelle von 1945 und pflegten in der Nachkriegszeit bis in die siebziger Jahre hinein einen privaten Lebensstil nach dem Muster ihrer Jugend in den späten Zwanzigern und den Dreißigern. Was aber hatten sie durch den Zusammenbruch im Jahr 1945 verloren oder neu gewonnen, das ihr Leben in der Nachkriegszeit dennoch ganz anders sein ließ als in der Vorkriegszeit?

Alle Teilnehmer des Kolloquiums betreiben Forschungen sowohl zur Zwischenkriegs- als auch zur Nachkriegszeit und sind mit diachronen Fragestellungen vom Ersten Weltkrieg bis in die Zeit um 1980 vertraut. Die schematische Unterteilung in die traditionellen Felder der Politikgeschichte, Sozial- und Wirtschaftsgeschichte und Ideengeschichte stellte eine Aufforderung dar, dies wo nötig zu überwinden und den Erkenntnisgang zu begründen. Wie stark die kulturanthropologische Durchdringung einerseits, die Integration von Politik- und Gesellschaftsgeschichte andererseits und schließlich die Einbindung der Ideengeschichte in die Analyse von Staat, Wirtschaft und Kultur im zeithistorischen Feld entwickelt sind, dokumentieren die Beiträge und erwies die Diskussion.

Die Debatte über den Sinn von Zäsuren aus geschichtswissenschaftlicher Perspektive hat sich als fruchtbar erwiesen. Zunächst wirkte es überraschend, daß sich das Kolloquium sofort von der politischen Zäsur des Jahres 1945 entfernte. In unseren Gesprächen gerieten einerseits immer deutlicher Zusammenhänge in den Vordergrund, deren Endpunkt in den 1970er Jahren zu suchen ist, und es wurde aus den unterschiedlichsten Blickwinkeln sichtbar, daß das 20. Jahrhundert zu Ende ging, seit die Industrielle Revolution der Gegenwart um 1980 eingesetzt hatte.

Andererseits ergab sich in direktem Bezug zu dieser Epochenbegrenzung, daß die Zäsur von 1945 präziser bestimmt werden muß. Es kann nicht darum gehen, das Kriegsende und den Beginn des atomaren Zeitalters als Faktoren zu nennen, darüber die Epoche des deutschen Nationalstaats und der Weltkriege für abgeschlossen zu erklären und sie wirkungsgeschichtlich zu isolieren. Diese epistemologische Belastung jedoch trägt die Zäsur von 1945 von den Anfängen der Zeitgeschichtsforschung her in sich. Der singulären Qualität des Vernichtungskriegs im Osten und der Shoah wird das nicht gerecht. Im Zivilisationsbruch der Jahre 1941/43 bis 1945 erscheinen Krieg und Kriegsende längst vor dem 8. Mai 1945 als tiefe Zäsur, und der einschneidende Charakter erzwingt geradezu die Analyse der Zusammenhänge von Entstehung, Vollzug und Wirkung.

Die Zäsur in der Mitte des Jahrhunderts war ein Geschehen von längerer Dauer. Dies steht im Zentrum der geschichtlichen Entwicklung des 20. Jahrhunderts und wird als solches der Angelpunkt für die zeithistorische Forschung bleiben. Die Zäsur in den siebziger Jahren markierte das Ende des Zeitalters der Extreme und den Beginn einer neuen Epoche, über deren Bezeichnung erst die Späteren nachzudenken haben.

So deckte die Frage nach Kohärenz und Bruch in der deutschen Geschichte des 20. Jahrhunderts strukturelle Zusammenhänge von den zwanziger zu den siebziger Jahren auf und ließ darüber den Zivilisationsbruch als eigentliche Zäsur um so schärfer hervortreten.

II.

Im Eröffnungsbeitrag des Kolloquiums, der sich auf die Bedeutung der beiden Weltkriege richtete, wählte *Michael Geyer* den Zugang über die Kategorie des „Raums" der Nation. Er plädierte für die Historisierung vermeintlich fester Strukturen, denn der „Raum" bilde weder in territorialer noch in ideeller Hinsicht einen festliegenden Bereich. Zwar stellten das Reich, die Bundesrepublik und DDR eindeutig definierte Akteure im Staatensystem dar, doch was sie repräsentierten, war nicht allein das Gebiet innerhalb der jeweils gültigen Staatsgrenzen, sondern auch ein fluktuierender Sachverhalt. Wie läßt sich der atemverschlagende Wandel im Verständnis des „Raums der Nation" analytisch erfassen, der das deutsche 20. Jahrhundert markierte?

Geyer nennt drei Ebenen. Die anhaltende Fluktuation betraf zum einen die staatsbürgerliche Partizipation im nationalen Staat. Bürgerrecht und politische Gleichberechtigung, Teilhabe an der Nation im festen räumlichen und gesellschaftlichen Bezug galten nicht für alle Menschen in gleicher Weise, sie galten nicht gleich in den unterschiedlichen Epochen des Jahrhunderts. Vielmehr wurden sie erworben und entzogen, wie sich an den ethnischen Minderheiten im preußischen Osten vor 1918 zeigte, an Zuwanderern nach dem Weltkrieg, an Juden, Zigeunern und politisch Oppositionellen im „Dritten Reich" oder an Vertriebenen, Remigranten und Aussiedlern nach dem Zweiten Weltkrieg. Fluktuation galt zum zweiten für den Herrschaftsraum, für jene Gebiete, in denen Deutschtum zum dominierenden Muster politischer Verwaltung und kultureller Durchdringung gemacht wurde. Die Expansion nicht bloß im kolonialen Kontext, sondern vor allem im „Ostraum" 1917/18 und 1939 bis 1944 steht hier im Zentrum. Sodann ist die Schrumpfung auf ein Kernterritorium in Mitteleuropa nach 1945 zu betrachten, das geteilt war und nur bedingt als souverän angesprochen werden kann. Die neuerliche Vereinigung 1990 erweiterte die Möglichkeiten des Austauschs über offene Grenzen in alle Richtungen. So weist die deutsche Geschichte gerade als Geschichte von politischer Herrschaft eine stets über den territorialen Raum des Nationalstaats hinausreichende Spannweite auf. Das Fluktuierende zeigt sich zum dritten an der Zugehörigkeit zu und der Identifikation mit „Deutschland“ als kulturellem Bezug, welcher im In- und Ausland gleichermaßen Bedeutung haben konnte. Geyer demonstriert das an den Begriffen „Heimat“ und „Gemeinschaft“. Sie waren eben nicht (nur) Konstrukte einer modernitätsskeptischen, fortschrittspessimistischen oder provinziellen Mentalität, sondern benannten Bedingungen, die sich im pulsierenden Wandel des territorialen Rahmens oder unter den gewaltsamen Einwirkungen von Eroberung, Vertreibung, Verfolgung emotional äußerten: Sie veränderten sich mit den Menschen.

In eben diesem Kontext der lebensgeschichtlichen Erfahrung reflektiert *Andreas Wirsching* über Demokratie und Diktatur in der Zwischenkriegszeit und der Nachkriegszeit. Er weist den 1950er Jahren im Verlauf des Jahrhunderts eine signifikante Bedeutung zu, weil hier unterschiedliche, scheinbar widersprüchliche Entwicklungslinien zusammenflossen. Die Erfahrung von Brüchen der staatlichen Ordnung und politischen Institutionen wurde ergänzt durch die Wahrnehmung einer recht kontinuierlichen sozialstaatlichen Expansion seit der Zwischenkriegszeit. Das galt zumindest dann, wenn die Menschen vom qualitativen, moralischen Bruch des im „Dritten Reich“ rassistisch begründeten Sozialstaats nicht erfaßt wurden und indifferent darüber hinwegsahen. Indessen überwölbten kulturelle Phänomene sowohl die einschneidenden politischen Brüche als auch die relative sozialstaatliche Kontinuität, und hier weist Wirsching der entstehenden Konsumgesellschaft eine besondere Bedeutung zu. Er sieht einen dialektischen Zusammenhang zwischen dem Gegensatz von Demokratie und Diktatur in der zeitlichen Abfolge der Zwischenkriegszeit und Parallelität der Nachkriegszeit – BRD und DDR – einerseits und der längerfristigen Erfahrung der sich ausbreitenden Konsumgesellschaft andererseits. Die egalisierende Wirkung des Konsumismus als Kulturmuster machte die Bedeutung von Konsumgesellschaft aus. Sie legitimierte die freie, kapitalistische Wirtschaft, sie förderte die Angleichung der sozialen Schichten und genügte dem liberalen Postulat der Individualität, indem sie die Distinktion der Individuen von der Schichtzugehörigkeit abzulösen half. Darüber wurde die Integration nicht nur der Klassengegensätze möglich, sondern auch die Einbindung von nationalsozialistischen oder kommunistischen Feinden der westlichen Nachkriegsordnung. Wirsching sucht hier mit Blick auf die Bundesrepublik die ältere These erneut zu untermauern, daß es die mangelnde ökonomische Stabilität in den zwanziger Jahren war, welche eine Festigung der Weimarer Republik verhindert habe.

Wo immer wir von lebensgeschichtlichen Kontinuitäten, politischen Brüchen oder kulturellen Entwicklungen mit längerer Dauer sprechen, verbleibt die Frage des Rechts in den geschichtswissenschaftlichen Debatten am Rand, sofern sie nicht ganz ausgeblendet wird. Mit feiner Ironie weist *Joachim Rückert* die Historiker auf ihre mangelhafte Wahrnehmung hin, wenn er sagt, daß „die Brillen der älteren Politikgeschichte, der Geistes- und Ideengeschichte, der marxistischen Geschichtsphilosophie, der Hermeneutik, Sozialgeschichte, Systemtheorie, Mentalitätsgeschichte, Kulturgeschichte und alle jüngeren *turns* (...) dem Eigenrecht des Faktors Recht gleichermaßen ungünstig" waren. Welche Bedeutung aber darin liegt, daß die Historie nur wenig Sinn hat für die völkerrechtliche und staatsrechtliche Dimension in der deutschen Geschichte, macht er drastisch sichtbar. Wurde das „Deutsche Reich" 1945 beseitigt? Anhand dieser Frage läßt sich die nahezu unauflösbare Verzwirbelung der historischen Entwicklungsstränge des deutschen 20. Jahrhunderts studieren. So wird das Ineinander von Kohärenz und Bruch sichtbar, wenn es um das „Reich" geht, das als Begriff verschwand, aber rechtlich nicht abgeschafft wurde. Einen Grundzug der Nachkriegsgeschichte bildete die normative Kraft des Faktischen, die von der bedingungslosen Kapitulation ihren Ausgang nahm und ein Land prägte, das seiner Staatlichkeit und damit seiner Rechtsfähigkeit verlustig war und dennoch weder annektiert noch mit fremdem, von den Siegern importiertem Recht aufgefüllt wurde. Rückert setzt die Ebenen der Begrifflichkeit, der juristischen Kategorienbildung, des staatlichen gesetzgeberischen Handelns und des geistigen Klimas zueinander in Beziehung und zeigt, in wie starkem Maß die gebrochene Geschichte Deutschlands im 20. Jahrhundert von einer inneren Kohärenz bestimmt ist, in der sich gleichwohl die politischen Brüche exakt widerspiegeln.

Daß die deutsche Verwaltung in Zeiten politischer Umbrüche zu den Garanten der Beständigkeit gehörte, ist immer wieder festgestellt worden und gilt für 1918/19, 1933 und 1945 gleichermaßen. *Michael Ruck* knüpft an diesen Tatbestand an und bezeichnet 1914/18 und 1945/50 als Drehpunkte, an denen sich zunächst eine Intensivierung von Tradition beobachten läßt, bevor der soziale und strukturelle Wandel der Zeit nach dem Zweiten Weltkrieg die Funktionseliten umzuformen begann. Die Kontinuität des Denkens und Verwaltungshandelns nach herrscherlichen Maßstäben, die den Bürger noch als Untertan wahrzunehmen gewohnt war und die Verwaltung als Obrigkeit begriff, reichte über die Schwelle von 1950 bis in die 1960er Jahre hinein. Ob der Veränderungsschub der sechziger Jahre indessen das Prinzip der demokratischen Verwaltung wirklich gefördert hat, steht dahin, und die Frage, was „Liberalisierung" in der Verwaltung ab 1970 bedeutete, muß noch näher untersucht werden. Die DDR beschritt aus dem Blickwinkel der Verwaltungsgeschichte einen zeithistorischen Sonderweg, indem die „sozialistische Kaderverwaltung" das Berufsbeamtentum ablöste – ein Sonderweg, der nach 1990 aus dem Selbstverständnis der westdeutschen Verwaltung schleunigst verlassen wurde.

Herrschaft und Politik bezeichnen mithin keineswegs jenen Teilbereich der deutschen Geschichte des 20. Jahrhunderts, bei dem die Brüche der politischen Geschichte besonders deutlich werden. Vielmehr schärfen die Einschnitte 1918/19, 1933/34 und 1945/49 das Bewußtsein dafür, wie eng politische Brüche mit den kohärenzstiftenden Faktoren der Entwicklung verbunden blieben. *Eckart Conze* verweist in seinem Kommentar darauf, daß die verschiedenen Sichtweisen auf Herrschaft und Politik ohne Berücksichtigung von Außenpolitik und internationalen Beziehungen kein tiefenscharfes Bild ergeben können. In der Tat spiegelte das Kolloquium eine nationalgeschichtliche Introspektion wider, die über die Begrenzung auf die Territorialität, auf den „Raum der Nation", zwar hinauswies und sie in der Diskussion in den europäischen oder globalen Kontext stellte. Dennoch ist es wichtig, im Sinne von Conzes Votum, die Staatenwelt mit der Gesellschaftswelt stärker in Beziehung zu setzen[11], den Staat als Akteur in den politischen, wirtschaftlichen und gesellschaftlichen Beziehungen zu anderen Ländern explizit zu analysieren. Nur dann kann die Dimension von „Herrschaft und Politik" als Dimension staatlichen Handelns angemessen erfaßt werden.

III.

Harold James plädiert in seinem Beitrag über Kontinuitäten und Brüche in der deutschen Wirtschaftsgeschichte dafür, die maßgeblichen politischen Zäsuren hintanzustellen, um den Blick auf die Bezüge zwischen den weltwirtschaftlichen Gegebenheiten und der Entwicklung in Deutschland richten zu können. Darüber erschließt sich ein Zusammenhang zwischen Perioden weltwirtschaftlicher Öffnung und solchen einer nationalen Abgeschlossenheit, deren Intensität in der Zwischenkriegszeit und der Nachkriegszeit zwar durchaus unterschiedlich ausgeprägt, aber immer spürbar war. Während der Hochindustrialisierung vor dem Ersten Weltkrieg bestimmte der globale Rahmen eines liberalen Wirtschaftssystems die „Globalisierung" der ökonomischen Bedingungen, und eine neue Phase liberaler Globalisierung setzte dann nach den 1970er Jahren ein. In der Zwischenzeit, vom Ersten Weltkrieg bis 1970/80, sei Deutschland wirtschaftsgeschichtlich von der De-Globalisierung geprägt gewesen. Aus wirtschaftsliberalem Verständnis wird hier eine politische und soziokulturelle Diagnose um die ökonomische Dimension ergänzt, wonach Deutschland mit dem Ersten Weltkrieg in eine Epoche der Abgrenzung bis hin zur Abschließung vom Ordnungssystem der westlichen Mächte, insbesondere Großbritanniens und der USA, eingetreten ist. Die ausgeprägte nationale Selbstbezogenheit, die Gerd Koenen später als „fatalen Autismus" bezeichnen wird, erreichte im Nationalsozialismus den Höhepunkt. Darin kam das Ordnungsprinzip der „Gemeinschaft" als Orientierungsmuster in Politik *und* Wirtschaft zur Geltung. Nach der Währungsreform setzte dann eine Neuorientierung zunächst im ordoliberalen Sinne ein. James' Überlegungen fordern dazu heraus, über den Zusammenhang zwischen der politischen und ideellen Abschließung von den westlichen Mächten bis in die siebziger Jahre nachzudenken. Damit ist auch das Verhältnis von Nationalstaatlichkeit und (Wirtschafts-)Liberalismus in Deutschland seit 1914/18 bis in die Nachkriegszeit angesprochen, das eher aus

[11] *Eckart Conze*, Zwischen Staatenwelt und Gesellschaftswelt. Die gesellschaftliche Dimension internationaler Geschichte, in: *Wilfried Loth, Jürgen Osterhammel* (Hrsg.), Internationale Geschichte. Themen, Ergebnisse, Aussichten (München 2000) 117–140; *Friedrich Kießling*, Der ‚Dialog der Taubstummen' ist vorbei. Neue Ansätze in der Geschichte der internationalen Beziehungen des 19. und 20. Jahrhunderts, in: Historische Zeitschrift 275 (2002) 651–680.

sozialkulturellen und ökonomischen Gegensätzen bestand denn aus Bestrebungen zur Integration.

Heinz-Gerhard Haupt nimmt den tiefen Einschnitt des Kriegsendes 1944/45 im Chaos von Bombenzerstörung, Flüchtlingsströmen und bedingungsloser Kapitulation zum Anlaß, um zu zeigen, wie begrenzt der heuristische Nutzen der Zäsur von 1945 dort ist, wo es um die Frage der Dauerhaftigkeit sozialer Milieus geht. Die Veränderung in den städtischen Mittelschichten lasse sich erst dann erkennen, wenn unterschiedliche Forschungsansätze angewendet würden. Die deutsche Sozialgeschichte konzentriert die Analyse stärker auf Strukturen klassenspezifischer Ungleichheit, worüber die Spielräume der vertikalen Mobilität, des Aufstiegs, sichtbar werden. Die erkenntnisleitende Kategorie bildet der Gegensatz zwischen Arbeiterklasse und Bürgertum. Hingegen richtet sich der von der französischen Historiographie inspirierte Ansatz der Schichtenanalyse weniger auf Klassenschranken und sozialen Aufstieg, sondern auf die sozialmoralischen Schwellen zwischen den Milieus in horizontaler Anordnung. Erst von dort aber lassen sich, sagt Haupt, Thesen über Dauer und Verwandlung der Mittelschichten entwickeln.

Die fluktuierenden Übergänge zwischen Industriearbeiterschaft und Mittelstand werden auf drei Ebenen erörtert, deren eine das Ineinanderwachsen von unterer Mittelschicht und Arbeiterschaft bei Lohnerwerb und Vermögensbildung bildet. Die zweite wird durch die Verquickung der Lebenswirklichkeit von Proletariern und Mittelklassen erzeugt, wenn die Ehefrau selbständig ein kleines Ladengeschäft führte, um das Familieneinkommen des Ehemanns als Facharbeiter aufzubessern. Die dritte Ebene bezeichnet die Unterschiede zwischen Stadtvierteln und regionalen Räumen, weil hier die Nachbarschaftsbeziehungen und die Heiratskreise Aufschlüsse über Abgrenzung oder Fluktuation geben können. Mit den Flüchtlingen und Vertriebenen entstand sogleich nach 1945 eine neue sozialmoralische Trennlinie, welche die Milieugrenzen der Einheimischen zwischen Arbeitern, Angestellten und Beamten relativierte. Das Ergebnis zeigt, wie die Grenzen der früheren Klassengesellschaft durchlässiger wurden, ohne daß das Selbstverständnis der Zugehörigkeit zu einer proletarischen oder mittelständischen Berufsgruppe eingeebnet wurde. Herkunft und Tradition blieben bewußtseinsprägend. Die Wiederaufbaugesellschaft war gekennzeichnet von einer deutlichen horizontalen Dynamik, die Josef Mooser unübertrefflich als „Abschied von der ‚Proletarität'" beschrieben hat[12], und zugleich von vertikaler Bewegung als Folge der NS-Volksgemeinschaft und des Krieges einerseits sowie der Wohlstandsentwicklung andererseits – unübersehbar, aber dennoch schwächer ausgeprägt als die horizontale Mobilität.

[12] *Josef Mooser*, Abschied von der „Proletarität". Sozialstruktur und Lage der Arbeiterschaft in der Bundesrepublik in historischer Perspektive, in: *Werner Conze*, *M. Rainer Lepsius* (Hrsg)., Sozialgeschichte der Bundesrepublik Deutschland. Beiträge zum Kontinuitätsproblem (Stuttgart 1983) 143–186.

Wo lagen die Kontinuitätslinien, wo die Brüche in der Geschichte der Familie? *Merith Niehuss* zeigt die beträchtliche Kohärenz, die sich insbesondere am gesellschaftlichen Selbstverständnis unter dem deutschen Sozialstaat beobachten läßt. Die Familienpolitik wurde vom Nationalsozialismus massiv beeinflußt, der unsägliches Leid über Mischehen oder sich anbahnende Beziehungen zwischen jüdischen und nicht-jüdischen Partnern brachte, aber in der Bevölkerungspolitik so gut wie nichts bewirkte. Erst in den 1960er Jahren begannen strukturelle Veränderungen in stärkerem Maß fühlbar zu werden. Das gilt für die Entwicklungslinie von der Zwischenkriegszeit in die westdeutsche Nachkriegszeit hinein. Es gilt nicht für die staatliche Familienpolitik der DDR. Sie wurde früh und entschieden aus den Traditionen gelöst, die im 19. Jahrhundert wurzelten und in der Bundesrepublik in sämtlichen Milieus der Nachkriegsgesellschaft weitervermittelt wurden.

Niehuss betont, daß nicht nur Kriegs- und Nachkriegszeiten oder wirtschaftliche Auf- und Abschwünge erkennbare Rückwirkungen auf das Familienleben und die Kinderzahl hatten, sondern auch die Politik des Sozialstaats, „nur eben anders, als man es lange Zeit annahm". Die Kinderzahl ließ sich niemals nach den aktuellen Interessen des Staats beeinflussen. Aber durch seine sozialpolitischen Entscheidungen formte der Staat die Rolle der Ehefrauen und Mütter vor, und daraus resultierte die Kinderzahl. Während die DDR ein Rollenbild zu schaffen bestrebt war, welches Beruf und Mutterschaft ideologisch integrierte und beides fest verkoppelt in die soziale Wirklichkeit übertrug, blieb es in der Bundesrepublik bei einem Familienbild mit Rückbindung an die Tradition des 19. Jahrhunderts und zugleich offensiver Frontstellung gegen die DDR: Beruf und Mutterschaft bildeten bis in die 1970er Jahre keine gesellschaftliche Selbstverständlichkeit. Daraus erwuchsen die Spannungen, mit denen Frauen und Familien bis zum Zerreißen zu kämpfen hatten. Die Kräfte vieler Frauen wurden nicht nur alltagspraktisch, sondern auch moralisch überdehnt, wenn es darum ging, die Entscheidung zwischen Beruf und Kindern zu treffen. Als „Rabenmütter" stigmatisiert, vermochten Frauen oftmals nicht, sich im Beruf adäquat einzusetzen, und in der Konsequenz verzichteten sie dann auf weitere Kinder. Das Resultat bestand in der sukzessiv abnehmenden Geburtenzahl bei gleichwohl niedriger Präsenz von Frauen in Führungspositionen.

Die Entwicklung der Gesellschaft und Wirtschaft wurde seit der Hochindustrialisierung an der Wende zum 20. Jahrhundert nicht nur von sichtbaren Akteuren wie dem Staat, den Unternehmen und Verbänden beeinflußt, wie es im Fall der Familienpolitik besonders deutlich zu beobachten ist. Zu den Strukturmerkmalen des 20. Jahrhunderts gehört auch die Ausbreitung von Expertenkulturen und die unauffällige Durchdringung der Alltagswelt durch Infrastrukturen. *Dirk van Laak* nennt sie „Integrationsmedien des Raumes und der Zeit" und verweist auf den lange unbeachteten Sachverhalt, daß das 20. Jahrhundert, zumal die Spanne vom Ersten Weltkrieg bis zum Ende des Nachkriegsbooms in den siebziger Jahren, eine Epoche des kontinuierlichen Ausbaus von Infrastrukturen gewesen ist. Die Weltkriege und selbst der Bombenkrieg hätten die Entwicklung nur vorübergehend zurückgeworfen, aber weder Richtung noch Intensität beeinflußt. Die historische Analyse deckt die eminente Bedeutung von Technokratie und Expertentum auf, welche mit einer oftmals bloß vordergründigen Fixierung auf das „Gemeinwohl" an der Herstellung und dem Ausbau von Verkehrs-, Versorgungs- und Informationsnetzen arbeiteten. Solche Netze durchweben den Raum einer Gesellschaft, sie definieren ihn in seiner imperialen Ausweitung oder kriegsbedingten Reduktion. Hier taucht die Dimension des Raumes, von der Michael Geyer und Harold James aus je unterschiedlichen Blickwinkeln sprechen, nun aus der technisch-instrumentellen Binnenperspektive auf. Die Netze von Infrastrukturen umspannen die verschiedenen Epochen der politischen Geschichte und der Wirtschaftskonjunkturen. Sie erzeugen und verbürgen den materiellen Zusammenhalt eines Landes sowohl konkret, wie im Städtebau, als auch abstrakt als Wissen und Handeln von Experten der Technokratie.

Damit ist der säkulare Prozeß der „Verwissenschaftlichung" seit dem 19. Jahrhundert angesprochen, der den Bedeutungsanstieg des „Experten" in der staatlichen Bürokratie ebenso wie in Wissenschaft und Gesellschaft in sich schließt. *Lutz Raphael* umreißt ein Forschungsfeld, auf dem gegenwärtig viel Bewegung herrscht und neues Wissen für ein vertieftes Verständnis der Industriegesellschaft des 20. Jahrhunderts erzielt wird. Die für die deutsche Geschichte bedeutsame Diagnose formuliert er dahin, daß in der Zeit des Kaiserreichs, vornehmlich zwischen 1880 und 1914, eine nationale Expertenkultur entstand, die einerseits in die europäische Entwicklung eingebunden und andererseits seit dem Ersten Weltkrieg, extrem gesteigert nach 1933, einem nationalkulturellen Selbstbezug unterworfen war, wie ihn auch Merith Niehuss im Handeln des Sozialstaats und Harold James im Beziehungsgeflecht von Nationalstaat und (Wirtschafts-)Liberalismus beobachten – eine Selbstisolation, die aus den unterschiedlichsten Perspektiven faßbar wird. Das engte nicht nur die Handlungsspielräume deutscher Experten in der internationalen Wissensgesellschaft ein, sondern auch ihre Horizonte und Erkenntnisinteressen. Die „nationale Welle" war das deutsche Spezifikum im europäischen Kontext. Sie lief nach 1945 allmählich aus. Immerhin blieb die „Einheitlichkeit eines nationalisierten und politisierten Ensembles von Expertenkulturen" nach 1949 in Westdeutschland noch länger im Bewußtsein präsent als in der DDR, in den Humanwissenschaften stärker als in Technik- und Naturwissenschaften. Raphaels Verweis, daß die „kollektive Rückkehr in die Internationalität der Forschungszusammenhänge" zunächst als „nachfolgendes Lernen" erfolgte, formuliert eine Hypothese für die künftige Untersuchung deutscher Expertenkulturen im letzten Drittel des 20. Jahrhunderts. Da aber dem nationalstaatlichen Rahmen nach 1945 keine zentrale Bedeutung mehr zukam, verbindet sich die Frage nach der Transformation von Wissenschaftskulturen durch internationale Verflechtung und wachsende fachspezifische Spezialisierung mit der weiteren Frage, welches Gewicht der Wandel der Industriegesellschaft seit etwa 1970 in diesem Prozeß gehabt hat: Nationalität als biographisches Identitätsmuster sowie Globalisierung als Handlungsrahmen „des" Experten, der ja auch als Individuum begriffen werden muß, erzeugen Kontraste, über deren Auswirkungen die historische Forschung noch nicht befinden kann.

Adelheid von Saldern kommentiert die Beiträge der zweiten Sektion[13] mit Blick auf die Dimensionen von Raum und Zeit, die das Kolloquium entlang der Leitfrage nach Kohärenz und Bruch durchgängig bestimmten. Mit besonderer Entschiedenheit wies von Saldern auf den Zäsurcharakter der 1970er hin und verstärkte den Tenor der bisherigen Diskussion: Nächst den Zäsuren in der Geschichte des Staats und politischen Systems, die mit den Jahren 1918, 1933, 1945/49 und 1989 zu umschreiben sind, erkennen wir eine Kohärenz der materiellen und ideellen Entwicklung von 1900 bis zum Ende der siebziger Jahre.

IV.

In der dritten Sektion richtete sich der Blick auf jene Themen, die sich einer Unterteilung nach dem Schema der politischen Geschichte vollends entziehen. Die historische Analyse von Ideen, Wertvorstellungen und Handlungsmustern läßt es kaum zu, eine lebensgeschichtliche Zäsur als festen Punkt aufzufassen und historiographisch gewissermaßen stillzustellen. Das gilt auch für ein so tief einschneidendes Ereignis wie die Erfahrung des Kriegsendes 1944/45, welche Soldaten, Vertriebene, Verfolgte und Opfer des Nationalsozialismus wie auch Ausgebombte auf je eigene Weise machten. *Jürgen Reulecke* wendet sich mit aller Entschiedenheit dagegen, daß die Rede von der „Stunde Null" im Jahr 1945 irgend etwas erklären könne. Sie drückte gewiß das Empfinden überwiegend jüngerer Intellektueller aus, die in den materiellen und moralischen Trümmern die Chance erkennen wollten, von Grund auf neu anzufangen. Das „Nullpunkt"-Denken wollte hinter den Beginn jener Geschichte zurückgehen, die auf den Weg in die Katastrophe geführt hatte. Aber die Frage nach solchem Beginn läßt sich historisch nicht beantworten. Sie deckte vielmehr die moralische Erschütterung auf, welche die „Fünfundvierziger"[14], die jungen Erwachsenen in der Zeit des Kriegsendes, zu entschiedenen Vorkämpfern einer zivilen, toleranten, demokratischen Neuordnung werden ließen.

Reulecke fächert dagegen die Selbsthistorisierung von Menschen verschiedener Geburtsjahrgänge auf, jungen Männern, die zwischen der Jahrhundertwende und den mittleren 1920er Jahren geboren waren und sich nach dem Zweiten Weltkrieg vor die Notwendigkeit gestellt sahen, ihr bisheriges Leben im katastrophischen Verlauf der ersten Jahrhunderthälfte zu verorten. Sie mußten vor sich selbst und untereinander eine Antwort auf die Frage finden, wer sie eigentlich seien, wovon ihr Leben geprägt wurde und wohin sie es in der Zukunft steuern sollten. Er konfrontiert „Strukturen" in der Geschichte mit zeitgenössischen Belegen aus den er-

[13] Da der Beitrag von Heinz-Gerhard Haupt nachträglich geschrieben wurde und deshalb im Kolloquium leider nicht in die Diskussion einbezogen werden konnte, beschränkt sich der Kommentar auf die Thesen von und die Diskussion zu Harold James, Merith Niehuss, Dirk van Laak und Lutz Raphael.

[14] *Dirk A. Moses*, Die 45er. Eine Generation zwischen Faschismus und Demokratie, in: Die Neue Sammlung 40 (2000) 211–232.

sten Jahren nach dem Krieg, die allesamt zeigen, in welchem Ausmaß der Verlauf der Geschichte den einzelnen Menschen überwältigt hat, ihn aber erst dann zu sich selbst führte, wenn die Lebenserfahrung aus dem anonymen Geschehen herausgelöst und individuell sichtbar gemacht wurde. In aller Schärfe konfrontiert Reulecke die Anonymität von „Strukturen" mit der Individualität von Lebensgeschichten, und er zeigt, daß die Selbsthistorisierung der „Generationen" seit der Jahrhundertwende erst den Blick auf die nahezu unentwirrbare Verflochtenheit des Geschehens freigibt. „Strukturen" und „generationelle Selbstsichten" im Zusammenhang zu betrachten, kann vor manchem vorschnellen Urteil bewahren und verhindert unzulässige Verallgemeinerungen.

Reuleckes Repräsentanten der Geburtsjahrgänge des ersten Viertels im 20. Jahrhundert wuchsen in eine Gesellschaft hinein, die sich nicht nur politisch, sondern auch kulturell und ideologisch im Gegensatz zum „Westen" verstand. *Axel Schildt* zeigt, daß darunter nicht nur die Abgrenzung gegen Frankreich und die angloatlantische Welt zu verstehen ist, sondern auch die Spannung zwischen westlichen und deutschen Demokratietraditionen. Die Feindschaft gegen den „westlichen" Liberalismus nach dem Ersten Weltkrieg beeinflußte selbst die liberalen Parteien, die sorgfältig vermieden, diesen Begriff im Parteinamen erscheinen zu lassen. Die geringe Anziehungskraft der Weimarer Republik rührte auch daher, daß sie gezwungen war, eine liberale Demokratie zu organisieren, deren Gesellschaft sich von den westlichen Demokratien und ihren liberalen Ordnungen abgrenzte. Nach 1945 wurde der „Westen" zu einem „Wertbegriff", und die Westintegration der Bundesrepublik ermöglichte es dann allmählich, daß nach einer Phase christlich-abendländischer Distanz zum amerikanisch dominierten „Westen" die alltagskulturelle Amerikanisierung und politisch-ideelle Westernisierung der Gesellschaft zum Durchbruch kamen. Das ließ sich seit den sechziger Jahren nicht mehr übersehen. Es war das Werk nicht zuletzt von deutschen Emigranten und Remigranten, daß hier ein „säkular-liberaler" Konsens Platz griff, den die Große Koalition seit 1966 und dann die sozialliberale Koalition unter Bundeskanzler Willy Brandt am markantesten verkörperten. Im Übergang von den siebziger zu den achtziger Jahren endete die Phase einer derartigen Verwestlichung, weil sich mit den Regierungen von Margaret Thatcher und Ronald Reagan die Kluft erneut auftat zwischen dem angloantlantischen Verständnis von Marktliberalismus und dem kontinentaleuropäischen der EG-Länder, die am konsensliberalen Prinzip festzuhalten suchten. Sie verteidigten die zwischen Regierung, Wirtschaft und Verbänden korporativ ausgehandelte Sozialstaatlichkeit[15]. Hier wird die Zäsur der 1970er Jahre wiederum deutlich angesprochen.

Nur vor dem Hintergrund der kontinuierlichen Auseinandersetzung Deutschlands mit den Gesellschaften und Staaten des Westens lasse sich der deutsche „Rußland-Komplex" in seiner Mischung aus Phobie und Faszination angemessen verstehen, streicht *Gerd Koenen* heraus. Seine Thesen über Ostorientierung und

[15] Vgl. *Julia Angster*, Konsenskapitalismus und Sozialdemokratie. Die Westernisierung von SPD und DGB (München 2003).

Antibolschewismus fußen auf der Beobachtung, daß im Ersten Weltkrieg der Gegensatz zwischen dem Westen und Deutschland überhaupt erst entstanden sei und das Selbstverständnis „des Westens“ erstmals formuliert wurde. Deutschlands Abgrenzung vom Westen habe als notwendiges Gegenstück Tendenzen der Ostorientierung hervorgebracht. Dem machtpolitisch und weltanschaulich geschlossenen Westen sei der Osten als ein offener Ausweg entgegengestellt worden, was die Möglichkeit zu Verständigung oder Vereinnahmung gleichermaßen in sich schließen konnte. In dieser ambivalenten Nähe und Distanz wurden gegenseitige Bezugnahmen zwischen Deutschland und Rußland sichtbar. So wies die bolschewistische Gründergeneration eine starke Affinität zur deutschen Kultur auf, denn viele der späteren Revolutionäre hatten an deutschen oder österreichischen Universitäten studiert, zumal wenn sie Juden waren. Es fällt ein Schlaglicht auf die ideologischen und staatlichen Gegensätze der Zwischenkriegszeit, wenn Koenen herausstreicht, daß die Verkehrssprachen der Komintern Russisch und Deutsch waren, die des Völkerbunds Englisch und Französisch. Sowohl die Ostorientierung als auch die antirussische, später antibolschewistische Aggressivität auf deutscher Seite erscheinen hier als Konsequenzen der Selbstabschließung gegen den Westen seit dem Ersten Weltkrieg, die zugleich eine Ausschließung Deutschlands durch den Westen war. Koenen spricht vom „fatalen Autismus der deutschen ‚Weltpolitik‘“ und ordnet aus dieser Sicht auch Hitlers Antibolschewismus dem Antisemitismus unter. In Hitlers Reden erschien der Bolschewismus als „jüdischer Sozialismus“ und Speerspitze des „internationalen Finanzjudentums“. Internationalität, Kapitalismus, Judentum – dagegen stand der „nationale Sozialismus“, und es wird hier sichtbar, wie die ideologische Abschließung vom Westen seit 1914 einerseits und die aggressive Wendung gegen den Bolschewismus andererseits vom Antisemitismus als dem allumfassenden Feindbild überwölbt und fest verklammert wurden.

Nun greift *Moshe Zimmermann* die Frage nach Zäsuren und Kohärenz in der deutschen Geschichte auf und verbindet sie mit der Geschichte der deutschen Juden. Als eigentliche Zäsur des 20. Jahrhunderts tritt das Ende des deutschen Judentums mit dem Jahr 1943 um so schärfer ins Bewußtsein, je mehr in anderen Bereichen der Gesellschaftsgeschichte die strukturelle Kohärenz von den 1920er bis zu den 1970er Jahren Beachtung findet. Zimmermann akzentuiert den historischen Sachverhalt der Assimilation mit Nachdruck, weil hier ein dialektischer Bezug zwischen Getrenntsein und Verbundenheit zum Vorschein kommt, der aber überspielt wurde durch die Anverwandlung des bürgerlichen Verständnisses von Nation seit dem 19. Jahrhundert, durch die Identifikation mit der bürgerlichen Kultur und ihrem Bildungsideal. Mit einem Kritiker wie Gershom Scholem verweist Zimmermann darauf, daß die Assimilation sehr weit gegangen und zugleich immer auch ein Selbstbetrug geblieben sei. Die deutschen Juden hätten an ihre Integration in die deutsche Gesellschaft geglaubt, ohne sie in der Praxis erleben zu dürfen. Daraus erklärte sich nach 1933 das Verharren vielerorts im Zeichen der Assimilation noch zu einer Zeit, als die Nationalsozialisten längst begonnen hatten, den Prozeß rückgängig zu machen. Schon früh gab es allerdings pessimistische Stimmen im Judentum. Wenn aber schon vor dem Ersten Weltkrieg vom Untergang der deutschen Juden gesprochen wurde, dann war das nicht so sehr eine Ahnung des Kommenden, sondern Reflex auf die Dynamik der Assimilation und zugleich Forderung nach Dissimilation, nach der Wiederbelebung autonomer jüdischer Aktivität und jüdischen Bewußtseins.

Die Shoah der deutschen Juden war die säkulare Zäsur und mehr als das: der Endpunkt. Leo Baeck sah nach dem Krieg keine Zukunft jüdischer Existenz mehr, die im deutschen Geist, im bürgerlichen Bildungsideal wurzelte. Dieses Bildungsideal hatte seinerseits infolge des engen Zusammenhangs mit dem Judentum keine Zukunft mehr. Wenn Zimmermann für die Zeit nach 1945 dennoch das Paradox von „Zäsur und Renaissance" nennt, geraten zum einen die Erinnerung an die deutschen Juden vor 1933 und an den Holocaust in den Blick. Zum andern aber wird die exterritoriale Kontinuität sichtbar, die emigrierte oder vertriebene Juden als Vertreter der bürgerlichen deutschen Kultur und deutschen Sprache verkörperten. Die Sprache, sagt Zimmermann, „wurde eine Brücke über den Abgrund". So lebte im deutsch-jüdischen Bildungsbürgertum der Exilländer noch fort, was hierzulande längst zerstört war, bis der Tod dieser gepeinigten Altersgruppen seit den 1970er Jahren auch die Brücke der Sprache allmählich unbegehbar werden ließ.

V.

Im Schlußkommentar, von dem es keine Mitschrift gibt, skizzierte *Ulrich Herbert* die deutsche Entwicklung von 1890 bis 1970 als Phase eines mühevollen Lern- und Anpassungsprozesses im Umgang mit der Hochmoderne. Die Veränderungsdynamik um 1900 habe gleichermaßen Begeisterung und Verunsicherung erzeugt und nach einer Latenzphase bis zum Ersten Weltkrieg zwei radikale Gegenentwürfe hervorgebracht, die sich stufenweise von 1914 über 1917, 1919 bis 1923 zu Radikalpositionen verfestigten und langfristige generationelle Prägungen bewirkten. In den 1920er Jahren dominierten scharfe Kontraste, wenn einerseits Alltagsnormen, Lebensweisen und Milieus im Traditionellen verharrten, andererseits die Anfänge westlicher Konsumkultur Faszination ausstrahlten und gleichzeitig die politische Kultur der anderthalb Jahrzehnte zwischen Versailles und NS-Machtübernahme eine vollständige Diskreditierung des Liberalismus repräsentierten. In diesem Kontext bildete der Durchbruch des Nationalsozialismus den Sieg des nationalen Lagers über den radikalen internationalistischen Gegenentwurf von links und über die liberaldemokratische Alternative der parlamentarischen Demokratie. Der Sieg manifestierte die erfolgreiche Vereinnahmung der Massengesellschaft durch die radikale Rechte, deren völkisch-rassistische und machtpolitische Radikalisierung bis zum Kulminationspunkt des Zweiten Weltkriegs 1943/44 unaufhörlich fortschritt. Shoah und Vernichtungskrieg bildeten die einschneidende Zäsur.

Der radikalnationalistische Gegenentwurf zur Veränderungsdynamik der Hochmoderne hatte sich 1945 in umfassender Zerstörung erledigt, nicht ohne nach der Katastrophe eine Orientierungskrise zu erzeugen, in der mit Begriffen wie „Nullpunkt“, „Neuanfang“ und „Wiederaufbau“ zunächst Traditionen aus der Epoche der nationalkulturellen Abschließung reaktiviert wurden. Der Antikommunismus des Kalten Krieges und die Abwehr gegen das Eindringen kultureller Westlichkeit prägten die frühen fünfziger Jahre, bevor zwischen 1957/59 und 1973 im Wandlungsprozeß der westdeutschen Gesellschaft die Akzeptanz der Hochmoderne zur Norm wurde. Die Dynamik der Bewegungen um 1968 verwies einerseits auf ein internationales Bedingungsgefüge der Nachkriegsgesellschaften und war andererseits in ihrer deutschen Dimension ein Reflex des katastrophalen Verlaufs der Epoche seit dem Ersten Weltkrieg.

I. Herrschaft und Politik

Michael Geyer

The Space of the Nation: An Essay on the German Century

> This could have become the German century. At the beginning, Germany was the country in dynamic ascent. In the history of modern Europe, there is always one nation, which not only dominates the age but shapes it. Thus, you could expect at the beginning of the century that Germany would achieve that status of preeminence[1].

The idea of the twentieth century as a German century is a tantalizing proposition. It came up in a conversation between French sociologist Raymond Aron and the American historian Fritz Stern. The occasion was the opening of a Berlin exhibition about Albert Einstein, Otto Hahn, Max von Laue and Lise Meitner, which highlighted the scientific discoveries leading to the atomic bomb and sketched out the path of physics from relativity theory to nuclear fission. The exhibition suggested to the discerning eye that some of the most consequential scientific innovations of the age were initiated in Germany. German science, German industrial ingenuity, German scholarship were poised to rule the world of the mind much as the Royal Navy ruled the waves. Needless to say, Stern and Aron were so casual about the matter because they opened an exhibition about German achievements whose future lay elsewhere. Hitler did not get the bomb. The century was not to become German. It fell to the United States, which defeated Germany not just once, but twice and the second time decisively.

Fritz Stern has, in the meantime, elaborated the theme of high hopes and expectations and of the extraordinary creativity and productivity of the German Empire at the turn to the twentieth century[2]. Some German historians have made similar arguments, albeit with less lightness and with more obstacles to overcome. They struggle with the *Sonderweg* paradigm, which they use in order to explain German descent into catastrophe[3]. Because the German Empire was squarely set

[1] *Eberhard Jäckel*, Das deutsche Jahrhundert: Eine historische Bilanz (Darmstadt 1997) 7.
[2] *Fritz Stern*, Verspielte Größe: Essays zur deutschen Geschichte (München 1996).
[3] Most prominently *Thomas Nipperdey*, Deutsche Geschichte 1866–1918: Arbeitswelt und

against the emergent modern world and because of its resistance against modernity, so the argument goes, it was destined to run its course from Wilhelmine disaster to National Socialist catastrophe. In one way or another, this interpretation is keyed to German backwardness rather than forwardness.

On balance, Stern is certainly right in one respect. The striking thing about the turn to the twentieth century, not least in contrast to the turn to the twenty-first century, is the sheer future-orientation of the moment. Some of these expectations were rather fantastic, others were soberly enlightened and progressive, and yet others were tyrannical and extremely violent. Forwardness was not identical with progressiveness. But there was a futurist edge to all of them[4]. Whereas an older historiography associated the German Empire not only with backwardness, but with a backward-looking world view, German society's orientation toward the future – both the embrace and the disquiet about the future – is the distinguishing feature of the German turn to the twentieth century[5]. For better and for worse, these were accelerated times, and much of the accelerating was done by Germans. Aron and Stern captured this element succinctly. However, if this is so, how can we make sense of German descent into aggressive war and genocide?

More recently, the German historian Eberhard Jäckel has rendered the argument about a German century in a different and distinctly post-catastrophic mode that reflects German sentiment or, in any case, the German historians' preoccupation in the last quarter of the twentieth century. He suggested that, even in defeat, German action dominated the century, because "in the course of the twentieth century no other country marked Europe and the world quite as much as Germany did, beginning with World War I, when it stood at the centre of passions, and reaching its nadir under Hitler and in the Second World War with the crime of the century, the murder of the European Jews". Because genocide has a "preeminent place in the memory of all people", the twentieth century has effectively become a German century[6]. The holocaust in the context of genocidal war is the world-historical role Germany played. Whatever German futures may have been and whatever they may yet again have become, they disappear in the black hole of a murderous reality.

This argument had originally been suggested, albeit for different ends, by Hannah Arendt in her famous proposition about the holocaust as a crime against humanity[7]. It has since become associated with the global effect of the holocaust as

Bürgergeist (München 1990) and Deutsche Geschichte 1866–1918: Machtstaat vor der Demokratie (München 1992).

4 *Wolfgang Hardtwig* (ed.), Utopie und politische Herrschaft im Europa der Zwischenkriegszeit (München 2003).

5 *August Nitschke, Gerhard A. Ritter, Detlev J. K. Peukert, Rüdiger vom Bruch* (eds.), Jahrhundertwende: Aufbruch in die Moderne, 2 vols. (Reinbek 1990).

6 *Jäckel*, Das deutsche Jahrhundert 7–8.

7 *Hannah Arendt*, Organized Guilt and Universal Responsibility, in: *Jerome Kohn* (ed.), Essays in Understanding 1930–1945 (New York, San Diego, Harcourt 1994) 121–132; *Hannah Arendt*, Eichmann in Jerusalem: A Report on the Banality of Evil, rev. and enl. ed. (New York 1965).

the master crime of the twentieth century[8]. In the German debate, the singularity of the holocaust was at issue, not least because the notion of the holocaust as a genocide not only diminished the egregious nature of the crime, but was also used as an escape from responsibility. Lately, the tide has turned and the burden of a murderous history has become increasingly contested[9]. Still, both sides tend to agree on the overwhelming effect of the past on the present. Much has been made of the culture of contrition, and the culture of resentment as its evil twin, that resulted from the recognition of mass murder. But the striking feature at the end of the twentieth century has been the single-minded preoccupation with the past as a result of it. In a way this makes sense, because there was and is so much healing to do and so much reluctance to bury the murdered and the dead (burial entails coming face to face murder). Yet, the preoccupation with the past is remarkable also in another way. There was more future to be had – in a pragmatic economic and social sense – in the second half of the century than at any other time, except perhaps for the turn to the twentieth century. But the post-war nations, their self-understanding and self-representation rather were consumed by the past. The record of the Berlin Republic to date suggests the same – perhaps with the difference that public sentiment now realizes that the twentieth century could have been a good century after all, if only disaster would have been avoided. What we get is a nostalgia for a twentieth-century past that never has been[10].

This situation leads me to wonder what it takes to write a German history of the twentieth century that moves beyond triumph and abjection in its preoccupation with the past. Such a history, it seems to me, cannot take one side or the other, but must account for both and, therefore, takes as its subject the very depth of popular, national dislocation and disorientation and the persistent effort of people to re-situate and to re-orient themselves in the world. It must account for the peculiar propulsion of the German age, its extraordinary promise, its descent into dishonour and defeat, and the uncertain process of rebuilding a common, civil project[11]. It is a history in which "all that is solid, melts into the air". But where nineteenth-century theorists like Marx saw the modernizing force of industrial capitalism at work, we need to account for the exorbitant violence that scorched nations and territories and, killing and murdering entire peoples, wiped out futures – both the chance to have one and the ability to imagine one.

In contrast to a national historiography that prefers a continuous story unfolding, I suggest that the more appropriate solution is a history of repeated new starts into the future of the twentieth century – those which catastrophically failed and those which succeeded. No one future dominated, all of them had their moment.

8 *Daniel Levy, Natan Sznaider*, Erinnerung im globalen Zeitalter: Der Holocaust (Frankfurt a. M. 2001).

9 The entire debate has now its own historiography, as for example *Peter Reichel*, Vergangenheitsbewältigung in Deutschland: Die Auseinandersetzung mit der NS-Diktatur von 1945 bis heute (München 2001).

10 *Svetlana Boym*, The Future of Nostalgia (New York 2001).

11 *Konrad H. Jarausch*, Die Umkehr: Deutsche Wandlungen 1945–1995 (München 2004).

As a result, the German past veers off at impossible and odd angles and it ends up where it never has been. It remains counterintuitive and shocking to see the century's *promesse du bonheur* on the same page, in the same history, as the murder of millions[12]. A careful mapping of both may account for their potency, but only a non-continuous, jagged history will make sense of their simultaneity.

The problem is that, in order to get a grip on this condition, we have to face up to a subject that historians, myself included, usually tend to consider the frame of reference within which we operate. We take the time and the space of the nation as given – and yet it is the time and the space of the nation that has become so thoroughly unstuck. In my brief reflections I will concentrate on the space of the nation. Despite the recent re-appreciation of the role of space, the sense of space among historians is still quite uni-dimensional. Above all, it leaves untouched, what matters most – how to make sense of the space of the nation. I suggest that in "reading the space" of the nation we gain a tool in de-coding the jagged history of Germany and its spatial unsettlement[13].

The Space of the Nation

Throughout the twentieth century, the territory of the nation was never the integrated, self-determining, and self-identifying space of the nation that historians presume. They have created a phantom space of the nation, when in fact the territoriality of the German nation has remained highly contested. Territory is certainly not destiny, as geopolitics would have it[14]. However, in the contestation over territoriality we find one of the keys to making sense of the fractured and disunited history of Germany – and not just of Germany.

Three dimensions of this contestation deserve particular attention[15]. First, the nation appears as a space of political participation and legal sanction. While the nation has emerged triumphantly as a unified political space at the end of the twentieth century, this outcome was the product of repeated contestation and deep division.

Second, at no moment did territorial integrity guarantee autonomy or, as it were, self-determination. Even the nature of sovereignty can be questioned. Spaces of dominion (*Herrschaftsraum*) always exceeded the territoriality of the

[12] *Michael Geyer*, Germany: or: The Twentieth Century as History, in: South Atlantic Quarterly 96, no. 4 (1997) 663–702.

[13] *Karl Schlögel*, Im Raume lesen wir die Zeit: Über Zivilisationsgeschichte und Geopolitik (München 2003).

[14] See the discussion in *Jürgen Osterhammel*, Die Wiederkehr des Raumes: Geopolitik, Geohistorie und historische Geographie, in: Neue Politische Literatur 43 (1998) 374–397.

[15] My thinking is influenced by *John Gerard Ruggie*, Territoriality and Beyond: Problematizing Modernity in International Relations, in: International Organization 47, no. 1 (1993) 139–147; *John A. Agnew, Stuart Corbridge* (eds.), Mastering Space: Hegemony, Territory and International Political Economy (London, New York 1995).

constituted (political and legal) nation. The gap between the nation as political space and the nation as subject and object within spaces of dominion is the heart of the "German Problem". It is articulated most clearly in the extreme fluctuation of the actual boundaries of the German political space.

Third, the nation came about as a space of attachment or identification, although not necessarily as a space of nationalism. However, not only was this a more protracted and less unequivocal process than is commonly assumed, but attachments both subverted and exceeded the nation[16]. German territoriality, in short, was contingent and unstable. Therein lies the key to unlocking the peculiar trajectory of the twentieth-century German nation.

First, mass participation in political affairs and the assertion of rights of personhood and citizenship were the driving forces of the consolidation of the nation as a contiguous, unified, and exclusive space of political action and legal sanction. For twentieth-century German historians this seems to be, for the most part, an unremarkable process inasmuch as the submersion of ethnic sub-nationalisms and the extension of political and civil rights are relegated into a long nineteenth century. It is something that in their mind has already happened. However, this is not so. For one thing, this view makes the territory of the Weimar Republic and of the first years of the Third Reich (until 1938) into the representative political and legal space for the entire century[17]. For another, it takes the political and legal consolidation of nations as ineluctable, when in fact it is not. For seen from the end of the century, the European record of national consolidation is rather more mixed than is indicated in the notion of a Europe of integral nation states. Integral nations (as for example Italy) have retained powerful regionalisms and localisms, while others (such as Czechoslovakia or Yugoslavia) have come and gone. Even pre-national state territories, which are said to be near-perennial constructions (like France), have shown a tendency to fissure (Spain) along regional lines. By the same token, highly integrated political spaces (Poland) are the product of extreme violence. There is nothing natural, nothing self-evident, and nothing "given" about the nation as a politically and legally constituted space in the twentieth century. "Germany" is perhaps the most telling example. Notwithstanding the ardent desire of National Liberals and Protestant Prussian nationalists, there was little to foretell the successful submersion of ethnic sub-nationalisms in Germany even at the turn to the twentieth century[18].

16 I am indebted to my colleague *Prasenjit Duara*, Rescuing History from the Nation: Questioning Narratives of Modern China (Chicago 1995).

17 Typically democratization is more of an issue in *Geoff Eley*, Forging Democracy: The History of the Left in Europe, 1850–2000 (New York 2002) than in *David Blackbourn*, The Long Nineteenth Century: A History of Germany, 1780–1918 (New York, Oxford 1998).

18 The case for nationalization and its limits is developed by *Siegfried Weichlein*, Nation und Region: Integrationsprozesse im Bismarckreich (Düsseldorf 2004); see also *Alon Confino*, The Nation as a Local Metaphor: Württemberg, Imperial Germany, and National Memory (Chapel Hill 1996).

The consolidation of the nation as a unitary space is much less self-evident than it may appear. And it is paid for with an insane level of violence. Therefore, we may want to begin a twentieth-century German history with an appreciation of the consolidation of the nation as a unified political and legal space. Rather than relegating the process of nation-making into the nineteenth century, it is, or remains, an on-going and open proposition for the twentieth century.

One way of approaching the constitution of the nation as an integral space is to look at changing border regimes. Border-making became a German and, for that matter Central- and Eastern European preoccupation of the century[19]. Border regimes fluctuated from relative openness to recurrent near-impermeability and on to regimes of convenient, if uneasy transit as a result of the Schengen accords and the simultaneous tightening of external European borders. We begin to know quite a bit about the ethnic, linguistic, cultural and political struggles in border regions and even to learn more about regional cooperation across borders[20]. Moreover, historians have pointed to a mythically heightened sense of natural and cultural markers such as the Rhine[21]. While these claims invite quick deconstruction, historians have also pointed to the deep nature of some of these dividing lines that prove quite intractable like the divide between Slavic and German populations[22]. Of course, they have also shown that borders have not generally kept people very long from intermingling, although commingling can turn into alienation, xenophobia, and paroxysms of rage[23]. But the point here is in the first place that, while borders are age-old, the fact of a nationally integrated political and legal space that cuts across trans-border allegiances, attachments, and local traffic is remarkably new. And while the establishment of border regimes has a long history, the consolidation of the nation as a mass-political sphere reshaped previous arrangements and previous awareness of cross-border difference. An earlier sense of territoriality or territorial belonging was reconstituted as the territory of the nation turned into a highly charged political space.

Therefore, it is more than just a bit strange that the explanations for this process remains so strongly linked to infrastructural modernization. Despite obligatory

19 *Marc Lengereau*, Les frontières allemandes, 1919–1989: frontières d'Allemagne et en Allemagne: aspects territoriaux de la question allemande (Bern, New York 1990).

20 For example *Gesellschaft für interregionalen Kulturaustausch*, and *Stowarzyszenie Instytut Śląski* (eds.), „Wach auf mein Herz und denke“: Zur Geschichte der Beziehungen zwischen Schlesien und Berlin-Brandenburg von 1740 bis heute (Berlin, Opole 1995); Conférence franco-germano-suisse du Rhin supérieur, Lire et construire l'espace du Rhin supérieur: atlas transfrontalier pour aménager un territoire commun = Lebensraum Oberrhein, eine gemeinsame Zukunft: Raumordnung für eine nachhaltige Entwicklung ohne Grenzen (Strasbourg, Karlsruhe 1999).

21 *Lucien Febvre*, Le Rhin: histoire, mythes et réalités, *Peter Schöttler* (ed.), (Paris 1997). *Horst Jost Tümmers*, Der Rhein: ein europäischer Fluß und seine Geschichte (München 1994).

22 *Reimer Hansen, Alexander Demandt* (eds.), Deutschlands Grenzen in der Geschichte (München 1990).

23 *Christian Jansen, Arno Weckbecker*, Der „Volksdeutsche Selbstschutz“ in Polen 1939/40 (München 1992).

caveats, there is general, if mostly implicit support for Eugen Weber's exploration of nationalization in France that highlights infrastructural (communications and transportation), cultural (education), institutional (military conscription) – to which one should add (mass)media-generated perceptual changes – in creating a sense of national unity[24]. All these elements support a narrative in which an emergent civil society becomes a national society (and this national society defines its territory as if in passing). This is a supremely enlightened history, whether or not we have it end up in the *Verfassungspatriotismus* of the Federal Republic[25]. Whether or not infrastructural modernization can actually explain the subordination of ethnics and the national integration of territory is one question to ask. For Weber's argument presumes a centralized state, where there was none in Germany. Institutions like the military or the education system remained tied to regional states and sub-regional localities. Even the mass-media – the press and radio – had a strong local bias. The first, truly national mass-media were film and post-war television – and the latter were tied into transnational networks of production and consumption. Therefore, even if we were arguing a case of infrastructural nationalization, the latter would put us deep into the twentieth century[26].

But in my view, it is the constitution of the nation as an integral space of political participation and of legal sanction that makes the difference in the territorial constitution of the modern nation, at least as far as Germany is concerned. This process cuts into the nineteenth century and establishes the contours of a long twentieth century that is marked, from beginning to end, by struggles over mass participation (and mass mobilization in war). The truly remarkable process to consider is not simply the introduction of universal (male [1867] and female [1918]) suffrage as well as the modernization and nationalization of civil law in the *Bürgerliches Gesetzbuch*, but the acceptance and rapid appropriation of both by the populace. Mass participation within a single legal space of civic action comes into its own in the late nineteenth century[27]. Its most important, long-term effect was the levelling of ethnic differences (and, more slowly, of gender divisions). Once mass-participation was reinforced by war-time mobilization, it consolidated national political space to a point of no return. Although Bavaria remained single-minded in its particularism, it was inexorably drawn into a German political space. It is a good case for the inexorable impact of mass political participation on the sense of territoriality. In sharp contrast, Austria drifted ever further apart notwithstanding hopes and expectations to the contrary (as in 1918/19 and, again, in 1939). Austria is a good reminder of the persistence of the ethnic-religious lay

[24] *Eugene J. Weber*, Peasants into Frenchmen: The Modernization of Rural France, 1870–1914 (Stanford 1976).
[25] *Konrad H. Jarausch*, Die post-nationale Nation: Zum Identitätswandel der Deutschen, 1945–1995, in: Historicum, Summer (1995) 30–35.
[26] *Inge Marssolek*, *Adelheid von Saldern* (eds.), Radiozeiten: Herrschaft, Alltag und Gesellschaft (1924–1960) (Potsdam 1999).
[27] *Margaret Lavinia Anderson*, Practicing Democracy: Elections and Political Culture in Imperial Germany (Princeton, N. J. 2000).

of the German lands and their potential of profoundly different political trajectories as well as their continuing import into twentieth century (in 1919 and again in 1939). There is a long nineteenth-century that runs into the twentieth century, much as there is a long twentieth century that reaches into the nineteenth.

However, the nation as a space of mass participation did not occupy a unified space. Quite the contrary was the case. The politics of mass participation re-divided German territoriality in novel ways. Twentieth century Germany, rather than struggling with ethnic divides, fell apart into discrete mass participating regimes. Instead of one continuous political space, we encounter competing national spaces, each with their own distinct territoriality, simultaneously and in succession. Each of the main mass-political futures of the turn to the twentieth century also formed its own distinct political space by gaining territorial hegemony either over the whole or parts of German territory. The Nationalists had their Third Reich, the Socialists their German Democratic Republic, and the Catholics their Federal Republic. Where a unified national historiography sees immense problems with integrating the GDR into German history, a recognition of the problems and contradictions of the formation of a national political space may provide a solution. Obviously, in order to get there, the fiction of unity and homogeneity has to be abandoned in favour of a conflictual and precarious understanding of national territoriality.

Minorities in general and diasporic minorities in particular were the main casualties of the nationalization of territory through mass participation. Mass participation regimes split the nation not simply between competitors (Nationalists, Socialists, Christians), but between insiders and outsiders, inlanders and auslanders[28]. German Jews, gypsies and other minorities, including religious sects, became aliens who bore the brunt of a politics of exclusion. Strategies and tactics of inclusion and exclusion differed among the competing nationalizers, because all of them, including the nationalists, contained forces that pleaded for openness and inclusivity – frequently demanding "assimilation" as entry ticket – and all of them also had forces that argued for either the exclusion or suppression of some minority, the effort to exclude so-called sects and psycho-groups being only the most recent example of this on-going trend[29]. Overall, the politics of integrating the respective national political space is a very mixed business.

In this context, then, the extreme violence of nationalist persecution is memorable for the sheer persistence and the extraordinary intensity of the antagonism between Germans and aliens and, particularly, the Jew as the quintessential alien. It took war-time mobilization (the formation of the nation as an involuntary community) to push exclusionary politics to the extreme. In war, the enemy to be con-

[28] *Shulamit Volkov*, Jüdisches Leben und Antisemitismus im 19. und 20. Jahrhundert (München 1990).

[29] *Thilo Marauhn*, Der politische Umgang mit dem Sektenphänomen in der Schweiz und in Deutschland: Rechtsvergleichende Anmerkungen zum schmalen Grat zwischen Gefahrenabwehr und religiöser Diskriminierung, in: Religiöser Pluralismus im vereinten Europa: Freikirchen und Sekten, edited by *Hartmut Lehmann* (Göttingen 2005) 72–96.

verted or subdued became an enemy to be killed[30]. To be sure, there are other factors to be considered in the National Socialist turn from exclusionary to an annihilationist regime and in explaining the persistence of a violent German xenophobia[31]. But overall the German nationalization of ethnics had its closest corollary in a politics of alienation and exclusion, much as the politics of involuntary mobilization had as its consequence extirpation and annihilation. Herein lies the main fissure in the formation of a national space of participation and of rights. Exclusion – and, in its extreme nationalist variant, extirpation, expulsion, and murder – are in this sense truly "the dark side of democracy"[32].

Second, if the principle of territoriality underwrote popular sovereignty and vice versa, neither guaranteed self-determination. This pithy observation opens up a second consideration concerning the territory of German history in the twentieth century. Whereas national historiography thinks of the nation as the supreme space of dominion (a *Herrschaftsraum*), such spaces rather exceed the nation. It is not even a given that the German nation(s) constituted a sovereign space, because their power over life and death reached far beyond the national territory in the first half of the century and, in the second half, security was beyond German control. Therefore, Germany constituted a legal and political space, but it was not the site of self-contained dominion. More generally we may say that throughout the twentieth century, the German nation was "enmeshed" in international regimes (of states, commerce, ideas) that marked out paths for the nation and it was engaged in a persistent struggle, if not to bust out of these regimes altogether, to improve its relative position within them[33]. What Germany meant or became depended as much on external arrangements and exogenous developments as on endogenous ones, whether we think of 1913, 1918, 1919, 1945, 1949, or 1991.

The presumption of a phantom space of the nation marginalizes both the dramatic expansion of the German space of dominion and its equally dramatic contraction to the point that it lost key aspects of sovereignty. It neither captures conquest and expansion nor the consequences of defeat – and therefore undermines in a most immediate sense the effort to make sense of the twentieth-century German condition. For what would German history be without either of them?

For conquest we may want to consider the maps of 1911, 1917/1918 and 1942/43 in order to visualize the sheer extension of German dominion. Germany's co-

30 *Michael Jeismann*, Der letzte Feind: Die Nation, die Juden und der negative Universalismus, in: Die Konstruktion der Nation gegen die Juden, edited by *Peter Alter, Claus-Ekkehard Bärsch, Peter Berghoff* (Munich 1999) 173–90.

31 The phenomenon is not yet conclusively explained, but it is covered, if with a different emphasis by *Dieter Gosewinkel*, Einbürgern und Ausschließen: Die Nationalisierung der Staatsangehörigkeit vom Deutschen Bund bis zur Bundesrepublik Deutschland (Göttingen 2001).

32 *Michael Mann*, The Dark Side of Democracy: Explaining Ethnic Cleansing (Cambridge, New York 2005).

33 See *Peter J. Katzenstein, Takashi Shiraishi* (eds.), Network Power: Japan and Asia (Ithaca, London 1997). Katzenstein emphasizes the comparable developments of Germany and Japan.

lonial empire was small compared to both the vast landmasses controlled by maritime and telluric empires as well as settlement nations such as the United States, Mexico, Brazil, or Australia. Still, German control affected its territories deeply, not least because of the German penchant for unrestrained violence (which went hand in hand with a peculiar and much less well understood nativism that turned natives into what Germans thought they were)[34]. The abrupt dissolution of this dominion with defeat in 1918 did not settle the matter. It rather reinforced a redirection of the expansionary German drive toward both Western Europe and deep into Eastern Europe and Russia – a thrust, which was renewed with the radical expansionism of the Third Reich. In each case, German dominion was short, but it was clearly not an ephemeral event[35]. The extreme violence of German expansion cut right through the territories and people it occupied and left behind wastelands. Expansion and occupation came to an end, not because of endogenous developments, but because the Royal Air Force (with pilots from around the world) and the Red Army (with its multi-national and multi-racial soldiers) did not buckle and a global coalition shattered German forces[36]. In fact, had it been up to endogenous developments, German dominion would have covered Europe and revolutionized its make-up.

With the German quest for dominion defeated, the resulting settlements reconstituted German territoriality[37]. The effect of defeat was first of all occupation, foreign military presence on German territory, and restricted sovereignty. This too is treated as an ephemeral aspect of German national history. But even if we think only in terms of chronology the years add up. Foreign presence between 1918 and 1929 – or until 1935, if we take the Saar, and until 1936, if we take the demilitarized zone into consideration – and between 1944/45 and 1991 under various legal arrangements, suggest that we think twice about what constitutes normality in twentieth-century German history. The fact that these presences were altogether benevolent – at least compared to German dominion – should not distract from the condition of a fundamentally circumscribed national sovereignty. The effects of it become instantly evident, if we treat "Westernization" and "Sovietization" less as a disembodied phenomenon than as a tangible presence that defined German security[38]. The physical presence of huge foreign armies and unprecedented destructive capabilities, the outright dependence on patron-states for security, traditionally the hall-mark of sovereignty, are striking indications that

[34] *Isabel V. Hull*, Absolute Destruction: Military Culture and the Practices of War in Imperial Germany (Ithaca, London 2005).

[35] Contrary to Hildebrand, this is even true for the short-lived German expansion in 1918. *Klaus Hildebrand*, Das deutsche Ostimperium: Betrachtungen über eine „Augenblickserscheinung“, in: Gestaltungskraft des Politischen: Festschrift für Eberhard Kolb, edited by *Wolfram Pyta*, *Ludwig Richter* (Berlin 1998) 109–124.

[36] *Richard J. Overy*, Why the Allies Won (New York 1996).

[37] *Charles S. Maier*, German War, German Peace, in: German History since 1800, edited by *Mary Fulbrook* (London, New York 1997) 539–555.

[38] *Konrad H. Jarausch*, *Hannes Siegrist* (eds.), Amerikanisierung und Sowjetisierung in Deutschland 1945–1970 (Frankfurt, New York 1997).

there were and are higher orders of space, beyond the territoriality of the nation state.

The implications of this still very basic (because state-centred) retooling of the notion of territoriality require some further reflection. The obvious implication is that dominion in all its forms must become an integral part of national history, if we want to make any sense of twentieth century. There was no more ludicrous debate in German historiography than the one over the primacy of domestic vs. foreign policy during the seventies, whatever the academic stakes may have been[39]. But does a return to a more judicious understanding of the exogenous and endogenous stakes in the making of German territoriality mean that Belarus or Namibia – or alternatively the Allied powers – should become a part of German history and that Germany should become part of a history of the United States? I think they should. For what we discover is that German territoriality not only expanded and contracted in rapid succession, but that German space overlaid other spaces, radically altering what these territories had been and would become – cutting, as it were, into their futures – and German territory, in turn, was overlaid by others for much of the twentieth century with altogether less barbaric, but nonetheless tangible and lasting effects[40].

How tangible these effects were becomes evident, if we ask what chances would a Catholic or Socialist future for Germany have had if the Allies had not defeated a German national and nationalists majority twice? The contest likely would have been between more or less radical national(ist) trajectories – and who knows, if we trust the historical judgement of Niall Ferguson, they might even have evolved in a "western" direction[41]. In any case, "westernization" has a more protracted history than the mere presence of the United States in Europe might suggest[42]. Still, the chances for a Christian or, for that matter, a Socialist republic would have been slim without external intervention and without the moral bankruptcy and utter defeat of radical nationalism. This is also to say that the idea that national and nationalist trajectories were the exception or, more so, the aberration of twentieth century history and, therefore, must be explained by way of a deeply rooted backwardness, only naturalizes the outcome of an open-ended process that was defined by German aggression and defeat. The weariness about national German sovereignty is understandable in the face of its German abuses, but it remains a key site of contestation. There is more historical reality to the exogenous consti-

39 *Eckart Conze, Ulrich Lappenküper, Guido Müller* (eds.), Geschichte der internationalen Beziehungen: Erneuerung und Erweiterung einer historischen Disziplin (Köln 2004) is a new beginning.

40 This issue is mostly discussed in the context of a European culture of memory. *Henry Rousso*, Das Dilemma eines europäischen Gedächtnisses, in: Zeithistorische Forschungen/ Studies in Contemporary History 1, no. 3 (2004). Online edition: <http://www.zeithistorische-forschungen.de/16126041-Rousso-3–2004>.

41 *Niall Ferguson*, Virtual History: Alternatives and Counterfactuals (London 1998).

42 *Anselm Doering-Manteuffel*, Wie westlich sind die Deutschen? Amerikanisierung und Westernisierung im 20. Jahrhundert (Göttingen 1999).

tution of the nation than even post-national Germans are willing to countenance[43].

If this line of inquiry suggests that a purely endogenous account of German development in the twentieth century makes no sense, it also raises the broader question of the enmeshment of German territory in transnational spaces, or the role of what Peter Katzenstein has called "network power"[44]. Important as the overlays of dominion were and continue to be, they are but one element in a regime of transnational enmeshments that permeate(d) nations. We could debate the nature of these regimes and their respective domains (such as economy, culture, ideology) that shaped Germany. But the case of the economy may suffice because of its instant plausibility in the course of the long twentieth century. ("Culture" and, more specifically, the culture of consumption are more frequently studied[45].) At an earlier point the gold standard and a multilateral trading system and at a later one transnational corporations (controlling, for example, the extraction and the flow of oil) in thoroughly oligopolized markets and, at a yet a more recent one, rampant global competition have exerted their dominion over Germany in the most direct sense that they set parameters for what German actors could and could not do – or the price they had to pay – like high unemployment – if they set themselves up against the rules of the game.

Thus, a convincing argument could be made that of all nations Germany, together with Japan, profited handsomely from Ricardo's Law that underwrote in theory a very tangible international division of labor. Throughout the twentieth century Germany was an integral part of transnational regimes – "transnational" here in the narrow, but precise political-science rendition as "regular interaction across national boundaries when at least one actor is a non-state agent"[46]. These quite fluid, but exceedingly effective, transnational spaces of action delimited what was feasible and likely within Germany – with the effect, for example, that no degree of political participation (as, for example, in the most populous postwar German Land, North-Rhine Westfalia) could alter the fact that coal mining would be replaced by oil, which Germany did not have, or that the long line of leading politicians from Württemberg were unable to prevent the ruin of that region's textile industry due to transnational competition. Overall, international commerce proved beneficial for Germany and increased its prosperity, but it shaped what Germany was and could be – and as we now discover even shaped those Germanies, like the Third Reich and the GDR, that desperately tried to opt out of this transnational force field.

[43] One of the few to pick up the theme is *Charles S. Maier*, German War, German Peace, in: German History since 1800, edited by *Mary Fulbrook* (London, New York 1997) 539–555.
[44] *Katzenstein*, Network Power.
[45] *Victoria de Grazia*, Irresistible Empire: America's Advance through 20th-Century Europe (Cambridge, MA, London 2005).
[46] *Thomas Risse-Kappen*, Bringing Transnational Relations Back in: Non-State Actors, Domestic Structures, and International Institutions (Cambridge, New York 1995) 3.

As long as historians hesitate to countenance this one side of the coin (profitable enmeshment), they cannot even begin contemplating the other side. It is intriguing that Germany and Japan, as the two modern nations that were, each in its own region and in its own way, so deeply and so profitably enmeshed in transnational economic regimes also were relentlessly nationalistic to the point of paranoia. However we may want to put it, their most prominent desire, certainly in the first half of the twentieth century, but not limited to it, consisted in busting out of a regime that had made them prosper. The goal of these ambitions was to become not simply autonomous, but impermeable. The gendered and, indeed, sexualised nature of this language is revealing. But quite apart from the gendered connotations, the permeability of German territory was no less real for being commercial, or ideological, or cultural. Panics about ascertaining the boundaries of the self and the nation may be – and commonly are – "embodied" in a sexualised language, but the domestic crisis of masculinity, real as it may have been both in times of prosperity and in times of crisis, does not provide a sufficient explanation for the paranoia about the loss of control that circulated widely from the late nineteenth century or for the fact that this sentiment was most powerful in the two most prominent exporting nations of the twentieth century. Germany and Japan nationalized by vaulting themselves into transnational networks – and, in turn, their very dependence produced not just wealth, but a persistent (and a discursively and ideologically feminised) sense of dependence. The sense of "losing control", of not being in charge and, hence, of not being free but entangled in "golden fetters" was (and is) at the source of much national(ist) rhetoric[47]. These panics were and are a persistent feature of twentieth-century German development[48].

Enmeshment was (and is) tolerated as long as it delivers, but explodes into resentment when it fails. Sovereignty panics are driven by a fear of dissolution and disappearance, in response to which one had to take drastic action – so it was argued – in order to preserve the integrity of the self, of body and territory[49]. The mass quality of these panics, their very bodily instantiation, and their heightened desire for self-determining autonomy and self-enclosed territoriality (to be recreated in racial and territorial new orders) makes them quintessentially twentieth-century phenomena – and makes German (and Japanese) societies the quintessential panic societies of the twentieth century.

The third iteration of our exploration of the spaces of twentieth-century German history leads us to the most parochial rendition of German space, to *Heimat* or home, and the seemingly most backward-looking articulations of the nation as a community, *Gemeinschaft*. Rooted localism and emotional attachment have at-

47 *Roger Chickering*, We Men Who Feel Most German: A Cultural Study of the Pan-German League, 1886–1914 (Boston 1984).

48 *Erich Goode*, *Nachman Ben-Yehuda*, Moral Panics: The Social Construction of Deviance (Oxford, UK, Cambridge, MA 1994).

49 *Stefan Breuer*, Die Gesellschaft des Verschwindens: Von der Selbstzerstörung der technischen Zivilisation (Hamburg 1992); *Thomas Rohkrämer*, Eine andere Moderne? Zivilisationskritik, Natur und Technik in Deutschland 1880–1933 (Paderborn 1999).

tracted a great deal of historiographical attention[50]. It is now commonly understood not as atavism or hold-over from the past, but as a modern invention that links the local and the national[51]. The same could be said for *Gemeinschaft*, a notion that is slowly but surely lifted out of its presumed traditionalism, with Linden tree and church steeples, and recovered both as a potent literary and cultural construction and as a politics of intimacy. Political attachments (to the nation or to a milieu) are important, but occur in the context of other such attachments as, for example, to family, friends, neighbourhoods, confessions, humanitarian causes, or the natural habitat.

There are, in short, dense and overlapping spaces of attachments that quite literally "settle" individuals in their environment[52]. An older understanding of this phenomenon, closely linked to the intellectual notion of *Gemeinschaft*, has emphasized the "given" or traditional nature of such spaces of attachment – and either mourned their disappearance or agitated to clean them out like old furniture[53]. A newer one – certainly more appropriate for decoding these spaces in the twentieth century – highlights the creativity in establishing such bonds and the elective nature of many of these attachments[54]. Particularly in German history the glaring limits of such elective attachments become obvious, if we think of German Jews, whose desire to be German and Jewish ran up against an ever more rabid anti-Semitism – as well as competing attachments such as Zionism[55]. In any case, before we start to sub-divide such spaces of attachments into primary and secondary, voluntary and involuntary attachments or into milieus and lifestyles (as an extension of the same problem), we better begin with acknowledging their significance and with recognizing what they do. Attachments "settle" people in their environment. That the nation is also such a space of attachment need be mentioned only, because national histories frequently take it as the only attachment there is rather than wondering how it is possible (quite apart from the problem

50 *Peter Blickle*, Heimat: A Critical Theory of the German Idea of Homeland (Rochester, NY, Woodbridge, UK 2004); *Elizabeth Boa*, *Rachel Palfrezman* (eds.), Heimat, a German Dream: Regional Loyalties and National Identity in German Culture 1890–1990 (Oxford, New York 2000).

51 *Celia Applegate*, A Nation of Provincials: The German Idea of Heimat (Berkeley 1990); *Alon Confino*, The Nation as a Local Metaphor: Württemberg, Imperial Germany, and National Memory (Chapel Hill 1996).

52 Path-breaking in this respect: *Andrew S. Bergerson*, Ordinary Germans in Extraordinary Times. The Nazi Revolution in Hildesheim (Bloomington, Indianapolis 2004).

53 See for example *Ina-Maria Greverus*, Der territoriale Mensch: Ein literatur-anthropologischer Versuch zum Heimatphänomen (Frankfurt 1972).

54 We might want to trace back the idea to notion of Vergesellschaftung; see *Georg Simmel*, Soziologie. Untersuchungen über die Formen der Vergesellschaftung (Leipzig 1908). But also note *Karl Bücher*, *Friedrich Ratzel*, *Georg von Mayr*, *Heinrich Waentig*, *Georg Simmel*, *Theodor Petermann*, *Dietrich Schäfer*, Die Großstadt. Vorträge und Aufsätze zur Städteausstellung (Dresden 1903).

55 *Till van Rahden*, Juden und andere Breslauer: die Beziehungen zwischen Juden, Protestanten und Katholiken in einer deutschen Großstadt von 1860 bis 1925 (Göttingen 2000).

whether or not it is true) that the nation should be able to colonize and incorporate all other bonds of belonging[56].

By the same token, not all of these spaces of attachment are parochial or local. What if your *Heimat* is Dortmund *and* the international proletariat, or Bräunlingen *and* Peoria, Illinois? What if Germans who have emigrated to Russia centuries ago are enticed to return to their homeland (where they often get lost and are distinctly unwanted)? What about the exiles who by virtue of their education, language, and *Bildung* are eternally reminded of where they come from, whether they like the association with their homeland or hate it? Obviously Heimat as a space of belonging can stretch and need not be church steeples either. Therefore, *Heimat* is better understood as the articulation – and a very powerful one at that – of spaces of attachments, which people form often across vast distances and which constitute bonds of belonging that are both smaller and larger than the nation. The most intimate of these connections are the family ties of emigrants and immigrants. The most ominous by far are the claims for racial sameness. Then again, the notion of Western Civilization or *Abendland* on one hand and of the fraternity of socialist nations suggests that such spaces have a distinctly global reach.

In fact, if we come to think about the matter, the discrepancy between spaces of attachment and the territory of the nation is another constitutive feature of twentieth-century history. There is a persistent tendency both to localize and/or privatise attachments and to see these local attachments as transnational (as is the case for the expellees on one hand or the Turks in Kreuzberg on the other). If it is true that spaces of attachment such as *Heimat* "settle" people, it is also the case that they stretch settlement far beyond the nation.

Once this is said in due brevity, we can trace the potency of constituting spaces of attachment for national history[57]. Where conventional histories focus on a nineteenth-century German nation being torn apart by the shock of modernity, ca. 1890, it would appear more useful to think of the social and cultural labour, undertaken for good and bad, in order to create new spaces of attachment that suited an urban and industrial society. The investment of energy expended in this process at the turn to the twentieth century was, in any case, extraordinary[58]. (That this process was and is thoroughly media-mediated, if not media-driven goes without saying[59].) To be sure, this labor was accompanied by a great deal of fear and loathing, an expectation that all social bonds might disappear in thin air and that only drastic measures could save them. But the extremity and the sheer

56 *Harold James*, A German Identity: 1770–1990 (New York 1989) is a case in point.

57 *Etienne François, Hannes Siegrist, Jakob Vogel* (eds.), Nation und Emotion: Deutschland und Frankreich im Vergleich, 19. und 20. Jahrhundert (Göttingen 1995) is a model in terms of approach, but too limited in its focus on the nation.

58 The two foremost champions of this approach are *Adelheid von Saldern*, The Challenge of Modernity: German Social and Cultural Studies, 1890–1960 (Ann Arbor, MI 2002) and *Geoff Eley* (ed.), Society, Culture, and the State in Germany, 1870–1930 (Ann Arbor, MI 1996).

59 *Habbo Knoch, Daniel Morat* (eds.) Kommunikation als Beobachtung: Medienanalysen und Gesellschaftsbilder (München 2003).

violence of some of these projects cannot distract from the pervasiveness of the labour (which made Germany a laboratory of social forms) or from the sheer pleasure and moral commitments of people coming together[60]. The late nineteenth-century drive to form new public spaces of attachments caped and transformed older nineteenth-century moral-reform and associational movements that established modern civility in all its (*bürgerlich*, confessional, and socialist) variety and with its competing claims for inclusivity and exclusivity[61]. The clamour of new public spaces – the excitement about railway stations, hotels, movie theatres, and department stores, but also museums, and the quest for the ideal mass work place – is just coming in sight[62]. The sheer dynamic force in establishing private spaces of attachment – with their camaraderie, friendship circles, explorations of sexuality, alternative family models – has been explored for the late eighteenth and nineteenth century, but is still commonly underestimated as a powerful drive in the twentieth century[63]. Undoubtedly, it would be easier to think of the expansion of private space for historians, if for once consumption were seen as aiding and abetting this process rather than stunting what is largely a fictional cult of personality[64].

The acceleration of daily life with rapid industrialization and urbanization, the new mobility of people and things was undoubtedly a shock – and remained a shock that never quite abated. However, we should not underestimate the sheer drive of all those who, individually and collectively, wanted to cut loose in order to make their own home and live in their own self-made world of attachments – whether it is evangelicals who found a new home with god, the "new woman" who found her way through the urban jungle, or country-people who moved into and made a home in new urban and industrial spaces, or the Catholics who explored new liturgical forms in order to express their sense of a thoroughly modern transcendental community, or, not least, the immigrants, such as the eastern European Jews, who sought security in an uncertain world. The remarkable thing about the early twentieth-century is how very wrong the cultural pessimism about society collapsing in anomie was. If anything, the very thickening of social

60 *Kai Buchholz, Rita Latocha, Hilke Peckmann, Klaus Wolbert* (eds.), Die Lebensreform: Entwürfe zur Neugestaltung von Leben und Kunst um 1900, 2 vols. (Darmstadt 2001).

61 *Wolfgang Altgeld*, Katholizismus, Protestantismus, Judentum: Über religiös begründete Gegensätze und nationalreligiöse Ideen in der Geschichte des deutschen Nationalismus (Mainz 1990) and *Helmut Walser Smith*, German Nationalism and Religious Conflict: Culture, Ideology, Politics, 1870–1914 (Princeton, N.J. 1995).

62 As a suggestion for general reading, see *Sigrid Weigel*, Zum „topographical turn“: Kartographie, Topographie und Raumkonzepte in den Kulturwissenschaften, in: Kulturpoetik 2 (2002) 151–165.

63 I am not aware of an equivalent to *Rebekka Habermas*, Frauen und Männer des Bürgertums: eine Familiengeschichte (1750–1850) (Göttingen 2000); *Thomas Kühne*, Männergeschichte, Geschlechtergeschichte: Männlichkeit im Wandel der Moderne (Frankfurt; New York 1996) is an indication of what is possible.

64 *Michael Wildt*, Vom kleinen Wohlstand: Eine Konsumgeschichte der fünfziger Jahre (Frankfurt a. M. 1996) is a beginning.

ties, the elaborate furnishings of the spaces of attachment, and, above all, the endless talk about and unceasing effort to create new attachments and elective affinities – and to reject others – characterize this peculiar moment.

But so does the vengeance with which attachments were ripped up and destroyed. Therefore, the second question is when and where this experimentation turned destructive, and self-destructive at that. The ideological elements of this destructiveness were firmly in place at around the turn of the century, as the turn to a social-Darwinist eugenics, the rise of a radical anti-Semitism, or the debate about miscegenation in the colonies suggest among other things[65]. But the debate is really much broader – if we think, for example, of the vast field of sexuality as another way of defining spaces of attachment – and suggests a new round of heated contestations over what these spaces were, who defined them, which ones appeared permissible and which ones did not[66]. They gained urgency with the ravishment of the securities of everyday life in war and post-war. The mass killing at the front destroyed an entire generation and, with it, destroyed hopes and futures. It left a lacerated society[67]. Post-war inflation shredded the value of money and, with money, made short shrift of status, authority, and inheritance[68]. Scarcities and famine-like conditions sent most everyone off into a struggle for survival. The influenza epidemic, with its high death toll among young women added to the sense of catastrophe[69]. However, the resulting mixture of utter fatigue and hyperactivism does not fully capture the deep sense of distrust and the violent anger that spread endemically across Germany. While a civil war was checked, a seething rage – so expressively visualized in both post-World-War-I painting and in nationalist propaganda – tore up society. Civility frazzled. The catastrophe-mongers captured the moment and gained mass support when the brief post-war

65 *Shulamit Volkov*, Jüdisches Leben und Antisemitismus im 19. und 20. Jahrhundert (München 1990); *Paul Weindling*, Health, Race, and German Politics between National Unification and Nazism, 1870–1945 (Cambridge; New York 1989); *Lora Wildenthal*, Race, Gender and Citizenship in the German Colonial Empire, in: *Frederick Cooper*, *Ann Stoler* (eds.), Tensions of Empire: Colonial Cultures in a Bourgeois World (Berkeley 1997) 263–283.

66 The entire debate about Männerbünde can be read this way: *Klaus von See*, Männerbund und Männerbund-Ideologie von der wilhelminischen Zeit bis zum Nationalsozialismus, in: *Klaus von See* (ed.), Barbar, Germane, Arier: Die Suche nach der Identität der Deutschen (Heidelberg 1994) 319–342; *Gisela Völger*, *Karin von Welck* (eds.), Männerbande/Männerbünde: Zur Rolle des Mannes im Kulturvergleich, 2 vols. (Köln 1990).

67 *Sabine Kienitz*, Als Helden gefeiert – als Krüppel vergessen: Kriegsinvaliden im Ersten Weltkrieg und in der Weimarer Republik, in: *Dietrich Beyrau* (ed.), Der Krieg in religiösen und nationalen Deutungen der Neuzeit (Tübingen 2002) 217–237; *Svenja Goltermann*, Verletzte Körper oder ‚Building National Bodies': Kriegsheimkehrer, ‚Krankheit' und Psychiatrie in der westdeutschen Nachkriegsgesellschaft, 1945–1955, in: WerkstattGeschichte 24 (1999) 83–98.

68 *Martin H. Geyer*, Verkehrte Welt: Revolution, Inflation und Moderne, München 1914–1924 (Göttingen 1998).

69 *Elisabeth Domansky*, Militarization and Reproduction in World War I Germany, in: *Geoff Eley* (ed.), Society, Culture, and the State in Germany, 1870–1930 (Ann Arbor, MI 1996) 426–463.

recovery collapsed in a global depression. Reality had caught up and surpassed their fantasies.

The older notion that society literally fell apart under the pressures of war and inflation has long been discarded[70]. In fact, it was civility that fell apart in a mass scramble for protection. Instead of anomie and atomisation, we find a relentless competition of all against all that the Nazis eventually managed to sort out inasmuch as they set this scramble against internal enemies on one hand and projected a distant future of safe and secure *Lebensraum* – and promised tangible, immediate benefits[71]. The notion of *Lebensraum* was noxiously vague, but it streamlined the desire for attachment and shaped it into a political imperative. It was to be a space large enough for all Germans, safe enough to shelter them, and pure enough to unify them. *Lebensraum* was an imaginary space of home-coming – of "settlement" in the literal and metaphorical meaning of the word. It became the imperative for Nazi aggression and the guiding idea for the sweeping plans of a new European order[72]. The quest for a sheltered and unequivocal space of attachment came to a head in a catastrophic politics of extirpation, expulsion, and resettlement. It led to systematic and deliberate genocide[73]. And it set Germany aflame in a war that turned into a nightmare and ended in unconditional surrender.

The dislocations of war were extreme. Mass death of soldiers and civilians, mass mutilation, capture as prisoners of war, mass-flight and expulsion, and the sheer post-war struggle for survival might suggest that a collapse of society was imminent. Conservative pundits feared and expected that outcome[74]. But, although tensions ran high (it proved exceedingly difficult to incorporate expellees, for example), there is little indication that the experience of World War I and its aftermath, with its sense of dissolution on one hand and exuberance on the other, was repeated[75]. Instead, many descriptions by outsiders referred to a certain sullenness, a sense of victimization, and a banding together against the outside world[76]. Historians have been rather keener to explore the openness of the fifties especially in West Germany and to deconstruct the politics of restoration (as, for example, of

[70] *Rudy Koshar*, Social Life, Local Politics, and Nazism: Marburg, 1880–1935 (Chapel Hill 1986).

[71] *Götz Aly*, Hitlers Volksstaat: Raub, Rassenkrieg und nationaler Sozialismus (Frankfurt a.M. 2005).

[72] Take as a telling contemporary example of the dimensions of the issue *Karl H. Dietzel, Oskar Schmieder, Heinrich Schmitthenner* (eds.), Lebensraumfragen europäischer Völker (Leipzig 1941).

[73] *Götz Aly*, ‚Final Solution‘: Nazi Population Policy and the Murder of the European Jews, trans. *Belinda Cooper, Allison Brown* (London, New York 1999) is a somewhat too narrow, functional reading of spaces of attachment.

[74] *Axel Schildt*, Zwischen Abendland und Amerika: Studien zur westdeutschen Ideenlandschaft der 50er Jahre (München 1999).

[75] *Hanna Schissler* (ed.), The Miracle Years: A Cultural History of West Germany, 1949–1968 (Princeton N.J. 2001).

[76] Famously Arendt's quite vicious, but not inappropriate comment on the German situation: *Hannah Arendt*, Besuch in Deutschland, translated by *E. Geisel* (Berlin 1993).

family values) as an ideology[77]. But on balance these were, if not restorative, restricted times, in which spaces of attachments shrank to the home, the nation was displaced onto seemingly innocent subjects such as soccer, and the transnation appeared as the simultaneously hostile and sheltering reach of America and as the imposing presence of the Soviet Union – or as touristic escape. Indeed, the difficulty for historians (of a certain age) to imagine the reach, diversity, and sheer richness of spaces of attachments in an earlier German history is due not least to the contraction of these spaces *after* World War II to *Volk* and family in both East and West Germany. The hyperbolic effort to fortify milieus in the context of the consolidation of a Socialist and a Christian Republic respectively was driven by the opposition to National Socialism, but if anything further constrained them[78].

It is enticing to contemplate the possibility that rock n' roll changed all this and that mass consumption did the rest[79]. This has led to the tantalizing argument that material objects and commodity culture regenerated the connecting tissue of German society[80]. Others have highlighted the vanguard role of the student movement and the Cultural Revolution they set into motion[81]. Yet others have pointed to security and prosperity as the conditions for anew beginning[82]. Whichever way we turn, these instances suggest that in so many ways the horizons began to open up and new worlds of attachments became available. Experimentation was no longer anathema. German society in West and East recovered some of its zest for *Lebensreform*. It may well be argued that West Germany thrived, and East Germany faltered, because after an initial culture war there was nothing to stop this reform in the West, which, by the eighties, had gone into overdrive. In any case, the social and cultural re-societalization of (West) Germany was the by far most consequential development in the last quarter of the twentieth century – a recovery of an, albeit thoroughly commercialised spirit of intimacy[83].

In weighing these tendencies of renewal, it is remarkable that they came to fruition in tandem with German society facing up to the fact of genocide. Murder committed against an entire people was the breach that had ripped the fabric of

77 *Axel Schildt*, Moderne Zeiten: Freizeit, Massenmedien und „Zeitgeist" in der Bundesrepublik der 50er Jahre (Hamburg 1995).

78 On the Catholicism see *Benjamin Ziemann*, Der deutsche Katholizismus im späten 19. und 20. Jahrhundert: Forschungstendenzen auf dem Weg zu sozialgeschichtlicher Fundierung und Erweiterung, in: Archiv für Sozialgeschichte 40 (2000) 402–422; *Lutz Niethammer, Alexander von Plato, Dorothee Wierling* (eds.), Die volkseigene Erfahrung: eine Archäologie des Lebens in der Industrieprovinz der DDR: 30 biographische Eröffnungen (Berlin 1990).

79 *Kaspar Maase*, BRAVO Amerika: Erkundungen zur Jugendkultur der Bundesrepublik in den fünfziger Jahren (Hamburg 1992); *Uta G. Poiger*, Jazz, Rock, and Rebels: Cold War Politics and American Culture in a Divided Germany (Berkeley, Los Angeles 2000).

80 *Paul Betts*, The Authority of Everdyday Objects: A Cultural History of West German Design (Berkeley 2005).

81 *Wolfgang Kraushaar*, 1968: das Jahr, das alles verändert hat (München 1998).

82 *Axel Schildt*, Ankunft im Westen: ein Essay zur Erfolgsgeschichte der Bundesrepublik (Frankfurt a. M. 1999).

83 *Niklas Luhmann*, Liebe als Passion: Zur Codierung von Intimität (Frankfurt a. M. 1982) is a key text in this regard – also in terms of the date of publication.

German society apart, or so it was now seen. A new civility of social bonds was regenerated only slowly and with great anguish. Inasmuch as new horizons opened up with growing prosperity, they gained salience only to the extent that Germans faced up to their past. If Dagmar Herzog highlights the contorted links between sexual revolution, anti-Fascism and the emerging memory culture, Konrad Jarausch conclusively shows that the sixties and seventies politics of memory was inseparable from rebuilding spaces of attachment[84]. The seventies and eighties figure among the grand moments of societal activism in German history. Society itself was under construction. Countless experimentations with life styles, *Beziehungskisten*, *Betroffenheitskultur*, a new culture of interiority, and, who would be surprised, a return of *Heimat*, were all part and parcel of this peculiar moment of social and cultural renovation. Whatever else may be said about post-war society, this proved to be its main enterprise – and it turned out to be to be inseparable from the German politics of memory[85].

The turn to the twentieth century had seen a similar impulse. The difference between the beginning and the end of the century lies in the imbrications of a politics of memory with the new experimentation with social forms, which anchored German society in the past rather than in the future. The innocence and the exuberance, the utopian qualities, of the early twentieth century cultures of attachment were gone. What remained was the memory of a future of the good life that could have been but never was. Maybe Europe, as the new space of attachment, will harness some of the utopian energy. But that is, as the German language puts it with a certain bemused scepticism, *Zukunftsmusik*.

"Always historicize!"[86]

I have tried to show that spaces of participation and of dominion, as well as the spaces of attachment, shaped the territory of German history in the twentieth century. Rather than being a self-evident foundation, territory is not only multi-dimensional, but it stretches, breaks and changes. The hard facts are that the territory of German history is local and global (in the case of the Jewish expellees) and global and local (in the case of the Berliners in 1948 or 1961). Germany is implicated in the history of Belarus and of Belgium and, for that matter, of Namibia. It crashed right through other nations' histories, much as German history was shaped exogenously. Territory became a shelter for attachments only at the cost of

[84] *Dagmar Herzog*, Sex after Fascism: Memory and Morality in Twentieth-Century Germany (Princeton, Oxford 2005); *Konrad H. Jarausch*, Die Umkehr: Deutsche Wandlungen 1945–1995 (München 2004).

[85] *Avishai Margalit*, The Ethics of Memory (Cambridge, Mass. 2002) suggests that this is the way societalization works.

[86] *Fredric Jameson*, Postmodernism, or, The Cultural Logic of Late Capitalism (Durham, N.C. 1991) makes historicization the imperative of postmodernism, which is commonly and understandably overlooked in the German debate.

extirpation, which undercut the moral certitude of a society, which had cherished the civility of its public life and the intimacy of its elective ties. Much as it is impossible to write this history without acknowledging the void left by expulsion and extermination and the experience added by the expellees, it seems unthinkable to write this history without acknowledging the histories of the many strangers that were to stay. Twentieth-century German history makes no sense without acknowledging the sheer mobility of people and the shifting territories they lived in. It is a history of unsettlement.

We may leave it to philosophers to decide whether or not uncertainty is a human condition. The point here is that fractured space is a salient feature of twentieth-century experience and, hence, a condition to be explored and understood. It is also and, perhaps more importantly, the source of action and agency, with people putting together their lives time and again, creating new bonds of belongings, and bridging the deep chasms that murder, killing, and expulsion have produced. The twentieth-century is as deadly and as murderous as a century can be, but it also produced a history of people putting their lives together, moving on, mending what can be mended and mourning what cannot, and, thus, recreating liveable communities. This is a state of affairs that nobody could or would have expected as the outcome of the century that, once upon a time, was to be a German century.

European intellectuals approached the new *fin-de-siècle* with some trepidation. There was no popular and no intellectual groundswell of enthusiasm for things to come. In this they differed quite profoundly from their predecessors a century ago. Back then, at the tail end of another long period of stability and prosperity, the future was largely welcome, and nowhere more so than in Germany. At the end of the century, the future is so uncertain, because the past is so overwhelming. The twentieth century proves to be a daunting age to be left behind. It is peculiarly a century that everyone wants to keep and, yet, everyone also fears to repeat.

Hannah Arendt, although by no means the only one among intellectuals, was by all accounts the fiercest to insist that with each new person the possibility for a new world was born, an element of uncertainty and transformation was created, and the chance for a new beginning entered the world[87]. With this emphasis on what she provocatively calls "nativity", she offers one of the clues for the working of uncertainty in history. The chance of ever-new beginning is for Arendt "the very essence of human freedom"[88]. (It is the exact opposite of what historians tend to make of "contingency" when they take the term to denote the accumulation of events or factors that makes outcomes inadvertent.) Beginning and "newness", Arendt insisted, is "the realm of historians". While they may prefer to disappear in the past as antiquarians or act like social scientists, who "pretend to be able to ex-

[87] *Hannah Arendt*, The Human Condition (Chicago 1998).

[88] *Hannah Arendt*, Understanding and Politics (The Difficulties of Understanding), in: *Hannah Arendt* (ed.), Essays in Understanding 1930–1954 (New York 1994) 307–327, here 318–320.

plain events by a chain of causes" but actually trace "events" back to their origins, they are bound to historicize, to start from the threshold of new beginnings. As Arendt writes:

> Just as in our personal lives our worst fears and best hopes will never adequately prepare us for what actually happens – because the moment even a foreseen event takes place, everything changes, and we can never be prepared for the inexhaustible literalness of this "everything" – so each event in human history reveals an unexpected landscape of human deeds, sufferings, and new possibilities which together transcend the sum total of all willed intentions and the significance of all origins. It is the task of the historian to detect this unexpected new with all its implications in any given period and to bring out the full power of its significance[89].

In Arendt's view, the task of the historian is of such importance because, inasmuch as events usher in new worlds, they threaten the common realm of togetherness or, more specifically, of politics as the source for bonds of belonging. At their extreme, events imperil these bonds and thus threaten civility. In illuminating the pathways of the new, history comes into being – and with history being told, "a new beginning for those who are alive" becomes possible. It may seem paradoxical, but without history the potential of a new beginning, occasioned by events that exceed the prior past, cannot be realized. Arendt proposes a history not of what people and situations were, but a history of what they might become in relation to what they have been and in relation to what they do with their futures. In this labour of recovering the past's future, history opens up the present while preserving the past. And who knows, German history may yet have a future that does not repeat the past[90].

[89] Ibid. S. 320.
[90] *Dan Diner*, Kreisläufe: Nationalsozialismus und Gedächtnis (Berlin 1995).

Andreas Wirsching

Politische Generationen, Konsumgesellschaft, Sozialpolitik

Zur Erfahrung von Demokratie und Diktatur in Zwischenkriegszeit und Nachkriegszeit

Forschungsgeschichtlich betrachtet, ist das Thema „Diktatur und Demokratie" in hohem Maße besetzt durch die Tradition der Totalitarismustheorie. In den 1970er und 1980er Jahren eher in den Hintergrund getreten, erfuhr sie zwar nach dem Zusammenbruch des Kommunismus eine Renaissance[1]. Wie weit freilich ihre Paradigmen – auch zusammen mit neueren Konzepten des Diktaturvergleichs – weiterhin Relevanz beanspruchen können, hängt entscheidend von der zugrunde liegenden Fragestellung ab. Wenn etwa die Erforschung der Geschichte von Einheitsparteien und ihrem ideologischen Bezugssystem im Mittelpunkt steht, das Herrschaftssystem von Diktaturen oder die Rolle der politischen Justiz, dann bleiben totalitarismustheoretische und diktaturvergleichende Ansätze bedeutsam[2]. Soll dagegen in der Geschichte des 20. Jahrhunderts nach langfristigen Entwicklungslinien und Problemlagen gefragt werden, so impliziert dies die Relativierung gerade der politikgeschichtlichen Zäsuren, und es treten notwendig andere Forschungsstrategien und methodische Ansätze in den Vordergrund.

Der folgende Beitrag verzichtet nun bewußt darauf, die deutsche Trias des 20. Jahrhunderts von Demokratie, Diktatur und demokratischer Neugründung erneut politikhistorisch zu resümieren; auch will er keinen historischen Abriß ge-

1 Vgl. u. a. *Klaus von Beyme*, Totalitarismus: Zur Renaissance eines Begriffes nach dem Ende der kommunistischen Regime, in: *Achim Siegel* (Hrsg.), Totalitarismustheorien nach dem Ende des Kommunismus (Köln, Weimar 1998) 23–36; *Steffen Kailitz*, Der zweite Frühling der Totalitarismusforschung, in: Jahrbuch Extremismus und Demokratie 9 (1997) 215–232 (Literaturbericht); *Hans-Ulrich Wehler*, Diktaturenvergleich, Totalitarismustheorie und DDR-Geschichte, in: *Arnd Bauerkämper* (Hrsg.), Doppelte Zeitgeschichte: Deutsch-deutsche Beziehungen 1945–1990 (Bonn 1998) 346–352, hier v. a. 347 f.; *Hans Maier* (Hrsg.), „Totalitarismus" und „Politische Religionen", Konzepte des Diktaturvergleichs (Paderborn u. a. 1996).

2 Vgl. stellvertretend *Jürgen Zarusky*, Die stalinistische und die nationalsozialistische „Justiz". Eine Problemskizze unter diktaturvergleichender Perspektive, in: *Leonid Luks* (Hrsg.), Rußland und Deutschland im 19. und 20. Jahrhundert: Zwei „Sonderwege" im Vergleich (Köln u. a. 2001) 163–191.

ben über der Deutschen „langen Weg nach Westen“[3]. Vielmehr fühlt er sich einer übergreifenden Perspektive verpflichtet und orientiert sich leitmotivisch am Spannungsfeld von „Kohärenz und Bruch“. Im Vordergrund des Interesses stehen langfristige Problemlinien, welche die Daten 1918, 1933 und 1945 überwölben und jenseits von ihnen Kohärenz begründeten. Im besonderen gilt es nach gleichsam archimedischen Punkten zu fragen, in denen sich längerfristige gesellschaftlich-kulturelle und kurzfristigere politisch-institutionelle Entwicklungen verknüpfen und historisch-dynamisch wirksam werden. Sichtet man die aktuelle Forschung, so bieten sich im wesentlichen drei größere Themenkomplexe an, die – als Themen der internationalen Geschichtswissenschaft – in letzter Zeit erheblich an Bedeutung gewonnen haben. Denn alle scheinen sie geeignet zu sein, die genannte Verknüpfung zu leisten und darüber hinaus spezifische Erfahrungszusammenhänge von Demokratie und Diktatur zu benennen. Ihre Diskussion wird in diesem Beitrag im Vordergrund stehen und zu der These führen, daß es die 1950er Jahre sind, in denen mehrere längerfristige Entwicklungspotentiale konvergierten und eine neue, das 20. Jahrhundert insgesamt kennzeichnende Kohärenz schufen. Der erste Abschnitt wirft im Kontext der politischen Geschichte die Frage auf, welche Rolle spezifische politische Generationen in ihnen spielten (I). Ein zweiter Gedankengang widmet sich der Überlegung, inwieweit die Heraufkunft der Konsumgesellschaft in Deutschland auch die politische Integrationskraft der jeweiligen Regime beeinflußte (II), ehe die Legitimation des Staates durch Sozialpolitik in der deutschen Geschichte des 20. Jahrhunderts im Mittelpunkt steht (III).

I.

Wenn das Jahr 1945 auch keineswegs einer „Stunde Null“ glich, so stellte es in politisch-konstitutioneller Hinsicht doch eine wichtige Zäsur dar. Die historische Pattsituation, die sich aus dem unausgetragenen Verfassungskompromiß des Kaiserreichs entwickelt und den Weimarer Parlamentarismus erheblich belastet hatte[4], war nach 1945 in beiden Teilen Deutschlands beseitigt. Traditionelle agrarisch-aristokratische wie jüngere nationalsozialistische Eliten waren gleichzeitig entmachtet bzw. dauerhaft delegitimiert worden. In der Bundesrepublik machte dies den Weg frei für die demokratisch-„westlich“ orientierten Eliten der Weimarer Republik. Die These einer von den Alliierten „oktroyierten“ Demokratie[5] ver-

[3] *Heinrich A. Winkler*, Der lange Weg nach Westen, Bd. I: Deutsche Geschichte vom Ende des Alten Reiches bis zum Untergang der Weimarer Republik; Bd. II: Deutsche Geschichte vom „Dritten Reich“ bis zur Wiedervereinigung (München [5]2002).

[4] Hierzu *Andreas Wirsching*, Koalition, Opposition, Interessenpolitik. Probleme des Weimarer Parteienparlamentarismus, in: *Marie-Luise Recker* (Hrsg.), Parlamentarismus in Europa. Deutschland, England und Frankreich im Vergleich (München 2004) 41–64, hier v.a. 45f.

[5] Charakteristisch etwa *Hans Mommsen*, Von Weimar nach Bonn: Zum Demokratiever-

nachlässigt demgegenüber die Kontinuität (und Kohärenz) der damit aktualisierten, in das 19. Jahrhundert zurückreichenden deutschen Traditionen. Freilich darf dies nicht darüber hinwegtäuschen, daß es eine durch exogene Kräfte herbeigeführte historische Ausnahmesituation war, geschaffen durch Weltkrieg, totale Niederlage und westliche Besatzungsherrschaft, die den demokratischen Traditionen in Westdeutschland zur Geltung verhalf. Äußere Faktoren und autochthone Entwicklungslinien greifen insofern ineinander. Der Austausch der politisch aktiven Eliten und das Ende der verfassungspolitischen Zweideutigkeiten im Grundgesetz[6] markieren mithin einen tiefen Bruch in der deutschen Geschichte. Und zugleich schlug in beiden Teilen Deutschlands mit einer unterschiedlichen und jeweils spezifischen Melodie die Stunde einer Gründergeneration.

Wenn also der Keim der verfassungspolitischen Konflikte im 19. Jahrhundert lag, so traten im 20. Jahrhundert generationenspezifische Prägungen hinzu. Zu Recht hat das Konzept der *Generation* in den letzten Jahren die verstärkte Aufmerksamkeit der Forschung erfahren[7]. Es ermöglicht die Rekonstruktion generationeller und kohortenspezifischer Erfahrungen, konstituiert damit gleichsam asymmetrische Chronologien und erlaubt den Einblick in die „Gleichzeitigkeit des Ungleichzeitigen". Für den vorliegenden Zusammenhang gilt dies zunächst für die sogenannte „Jahrhundertgeneration" bzw. die „Kriegsjugendgeneration" der zwischen 1900 und 1910 Geborenen[8]. Nach 1918 erwies sich diese Alterskohorte zum einen als besonders anfällig für die totalitären Deutungsmuster und Ideologieangebote; zum anderen neigte sie weitaus mehr als etwa die Frontkämpfergeneration zum gewaltsamen Konfliktaustrag.

Anders als man früher häufig glaubte, war es in der Regel nicht die Frontkämpfergeneration selbst, welche die – von George L. Mosse so genannte – „Brutalisierung" der Politik nach 1918 verkörperte[9]. Vielmehr gehörten am Ende der Wei-

ständnis der Deutschen, in: *Axel Schildt, Arnold Sywottek* (Hrsg.), Modernisierung im Wiederaufbau. Die westdeutsche Gesellschaft der 50er Jahre (Bonn ²1998) 745–758.

6 *Karlheinz Niclauß*, Der Weg zum Grundgesetz. Demokratiegründung in Westdeutschland 1945–1949 (Paderborn 1998).

7 Klassisch *Karl Mannheim*, Das Problem der Generationen (1928), in: *ders.*, Wissenssoziologie. Auswahl aus dem Werk (Berlin, Neuwied 1964) 509–565. Für die ältere Literatur *Hans Jaeger*, Generationen in der Geschichte. Überlegungen zu einer umstrittenen Konzeption, in: Geschichte und Gesellschaft 3 (1977) 429–452; als Überblick *Mark Roseman*, Generations in Conflict. Youth Revolt and Generation Formation in Germany 1770–1968 (Cambridge 1995). Vgl. zuletzt *Andreas Schulz, Gundula Grebner* (Hrsg.), Generationswechsel und historischer Wandel (Beihefte der HZ 36, München 2003), hier v. a. der Einleitungsaufsatz der Herausgeber über: Generation und Geschichte. Zur Renaissance eines umstrittenen Forschungskonzepts, in: ebd. 1–23; *Jürgen Reulecke* (Hrsg.), Generationalität und Lebensgeschichte im 20. Jahrhundert (München 2003).

8 Zum Selbstverständnis vgl. *Günther Gründel*, Die Sendung der jungen Generation. Versuch einer umfassenden revolutionären Sinndeutung der Krise (München 1932) 31–42. Hier auch der Begriff der „Kriegsjugendgeneration". Vgl. *Ulrich Herbert*, Drei politische Generationen im 20. Jahrhundert, in: *Reulecke* (Hrsg.), Generationalität 95–114.

9 *George L. Mosse*, Fallen Soldiers. Reshaping the Memory of the World Wars (Oxford 1990) 159–181. Für eine kritische Auseinandersetzung mit der „Brutalisierungs"-These siehe *Dirk*

marer Republik die Mitglieder etwa der SA oder auch der kommunistischen Kampfgruppen großenteils einer Altersgruppe an, die den Krieg als Kinder oder Jugendliche an der Heimatfront erlebt hatte[10]. Man kann daher darüber spekulieren, inwieweit der schädliche Einfluß des Krieges eben dieser Generation eine Vielzahl von Wunden schlug, die die psychologische Empfänglichkeit für politischen Extremismus wohl gesteigert haben mögen[11]. Sebastian Haffner hat in seinen „Erinnerungen" diese These posthum bestätigt: Auf seine Kindheitserfahrungen im Ersten Weltkrieg zurückblickend, schrieb er 1939: „Echte Ideen müssen, um massenbewegende historische Kräfte zu werden, im allgemeinen erst bis auf die Fassungskraft eines Kindes heruntersimplifiziert werden. Und eine kindische Wahnvorstellung, gebildet in den Köpfen von zehn Kinderjahrgängen und vier Jahre hindurch in ihnen festgenagelt, kann sehr wohl zwanzig Jahre später als tödlich ernsthafte ‚Weltanschauung' ihren Einzug in die große Politik halten. ... Vieles hat dem Nazismus später geholfen und sein Wesen modifiziert. Aber hier liegt seine Wurzel: nicht etwa im ‚Fronterlebnis', sondern im Kriegserlebnis des deutschen Schuljungen."[12]

Tatsächlich wurden die Kinder und Jugendlichen während des Ersten Weltkriegs nicht nur in Deutschland, sondern auch in den anderen kriegführenden Ländern einem pausenlosen Trommelwirbel der Propaganda, einer Gehirnwäsche geradezu, unterworfen[13]. In Anknüpfung an die Erziehungsmethoden der Vorkriegszeit, wurde eine ganze Generation von Schülern mit dem Versuch konfrontiert, ihre Kriegsbegeisterung zu wecken, ihr Durchhaltevermögen zu steigern und ihren Haß auf die Feinde zu stärken. Manche Zeitgenossen erkannten jedoch bereits die Folgen: Zum Beispiel beklagte der Münchner Ordinarius für Pädagogik und christliche Pazifist, Friedrich Wilhelm Foerster, schon 1916 die „zu frühe Militarisierung der Jugend" und befürchtete, „daß eine einseitig kriegerisch erzogene Jugend ... künftig auch den Klassenkampf, den Parteienkampf, den konfessionellen Kampf nach den kriegerischen Gleichnissen der gegenseitigen Vernichtung betreibt"[14].

Die nach 1900 geborene und im Ersten Weltkrieg frühsozialisierte Alterskohorte läßt sich wohl als der wichtigste generationelle Träger der Diktatur im

Schumann, Europa, der Erste Weltkrieg und die Nachkriegszeit: eine Kontinuität der Gewalt?, in: Journal of Modern European History 1 (2003) 24–42, hier v. a. 30–33.

[10] *Sven Reichardt*, Faschistische Kampfbünde. Gewalt und Gemeinschaft im italienischen Squadrismus und in der deutschen SA (Köln u. a. 2002) 374–384; *Eve Rosenhaft*, Beating the Fascists? The German Communists and Political Violence 1929–1933 (Cambridge 1983) 193.

[11] Vgl. hierzu zeitgenössisch *Paul Federn*, Zur Psychologie der Revolution: Die vaterlose Gesellschaft (Leipzig, Wien 1919).

[12] *Sebastian Haffner*, Geschichte eines Deutschen. Die Erinnerungen 1914–1933 (Stuttgart, München 2000) 21 f.

[13] *Eberhard Demm*, Deutschlands Kinder im Ersten Weltkrieg: Zwischen Propaganda und Sozialfürsorge, in: Militärgeschichtliche Zeitschrift 60 (2001) 51–98. Vgl. für Frankreich *Stéphane Audoin-Rouzeau*, La guerre des enfants 1914–1918. Essai d'histoire culturelle (Paris 1993).

[14] *Friedrich Wilhelm Foerster*, Die deutsche Jugend und der Weltkrieg (Leipzig 1916) 59 f.

Deutschland des 20. Jahrhunderts bezeichnen. Zwar bestand die hohe Führungsschicht sowohl im frühen NS-Regime wie in der frühen DDR aus Vertretern der älteren Generation. Aber die Angehörigen der „Kriegsjugendgeneration" bildeten einen Großteil der Gefolgschaft wie der Funktionseliten und rückten bald auch in hohe Führungspositionen auf. Sofern sie dem Nationalsozialismus anhingen, unterlagen sie während des NS-Regimes den systemspezifischen Mechanismen von Karrieredruck und Karriereversuchungen[15]. Sofern sie Kommunisten waren (und blieben), lauteten die generationen- und erfahrungsspezifischen Leitmotive „Antifaschismus", Verfolgung und Exil. Für diese kommunistische Generation bildete die sowjetische Besatzungsherrschaft nach 1945 eine historische Ausnahmesituation, aus der die DDR erwuchs und die ihnen nun ihrerseits exzeptionelle Karrierechancen eröffnete. Daß die SED-Diktatur letztlich wenig mehr als eine abhängige Variable der Sowjetherrschaft blieb, zeigte sich 1989 und ist seitdem in der Forschung auch für die frühe Zeit immer wahrscheinlicher gemacht worden[16]. Für die kommunistischen Vertreter der „Jahrhundertgeneration" aber stellte die Geschichte der DDR bis zum – sich als bitter erweisenden – Ende eine kollektivbiographische „Kohärenz" von erheblicher Prägekraft dar[17].

In der Bundesrepublik dagegen wurden die zu Radikalismus und Extremismus neigenden Tendenzen und Vertreter der Jahrhundertgeneration politisch stillgelegt und gewissermaßen lebensweltlich integriert. Das gilt zum einen für das Gros der früheren Nationalsozialisten; sofern sie von der Justiz unbehelligt blieben, fanden sie ihren Ort in der westdeutschen Erwerbs- und Konsumgesellschaft. Wenn sie möglicherweise auch Karriere machten, so blieben sie doch ohne Chance auf ein im engeren Sinne *politisches* Comeback[18]. Vergleichbares gilt zum anderen für die westdeutschen Kommunisten: Aus der Illusion eines revolutionären Aufbruchs nach 1945 erwuchs schon bald der aus der Weimarer Zeit bekannte Zyklus von Enttäuschung und Ausgrenzung, von Erosion und Rückzug. Aber im völligen Gegensatz zur ökonomisch schwachen Weimarer Republik eröffnete die expandierende Erwerbs- und Konsumgesellschaft der Bundesrepublik resignierten Kommunisten die Möglichkeit der sozialen Integration, freilich bei Aufgabe ihres

15 Als Fallstudie siehe *Ulrich Herbert*, Best. Biographische Studien über Radikalismus, Weltanschauung und Vernunft 1903–1989 (Bonn 1996); *Michael Wildt*, Generation des Unbedingten. Das Führungskorps des Reichssicherheitshauptamtes (Hamburg 2002) v. a. 46–52; *Werner Kurzlechner*, Die Gestapo-Elite als Generationseinheit. Eine biographische Analyse der politischen Sozialisation Himmlers, Heydrichs und Bests, in: *Schulz*, *Grebner* (Hrsg.), Generationswechsel 121–147.

16 Als neueres Beispiel siehe den Sammelband von *Rainer Behring* und *Mike Schmeitzner* (Hrsg.), Diktaturdurchsetzung in Sachsen. Studien zur Genese der kommunistischen Herrschaft 1945–1952 (Köln u. a. 2003).

17 *Catherine Epstein*, The last Revolutionaries. German Communists and their Century (Cambridge, Mass. 2003).

18 Über die zivilen Karrieren, die auch für Spitzenfunktionäre noch möglich waren, vgl. *Norbert Frei* (Hrsg.), Hitlers Eliten nach 1945 (München 2003).

politischen Anspruchs: Aus revolutionären Kadern *konnten* zumindest „Bundesbürger" werden[19].

Die politische Führung übernahm dagegen in der Frühgeschichte der Bundesrepublik eine ältere, stärker im 19. Jahrhundert wurzelnde Generation. Zugespitzt ließe sich formulieren, daß sie die deutschen liberalen und demokratischen Traditionen gleichsam durch die totalitären Versuchungen hindurch getragen hatte. Diesen Gedanken legt nicht nur das Alter der prägenden Figuren der bundesrepublikanischen Gründungsphase nahe wie Konrad Adenauer (geb. 1876) und Theodor Heuss (geb. 1884), Carlo Schmid (geb. 1896) und Kurt Schumacher (geb. 1896), Reinhold Maier (geb. 1889) und andere. Tatsächlich profitierten die *vor* 1900 Geborenen in besonderer Weise von der historischen Ausnahmesituation des Jahres 1945. Krieg und Kriegsgefangenschaft hatten die jüngeren Generationen rein quantitativ dezimiert, und die Westalliierten orientierten sich an dem aus der Weimarer Republik bekannten personellen Angebot. Und in den Landesparlamenten der Westzonen, im Parlamentarischen Rat sowie im ersten Bundestag dominierte die Generation der vor 1900 Geborenen eindeutig. In den Landtagen Bayerns, Niedersachsens und Nordrhein-Westfalens betrug ihr Anteil an der Gesamtzahl der Abgeordneten während der ersten Wahlperiode jeweils 70, 68,5 und 58,3 Prozent; und auch in der zweiten Wahlperiode zu Beginn der fünfziger Jahre lag er in allen drei Bundesländern noch deutlich über fünfzig Prozent[20]. Im Parlamentarischen Rat waren zwei Drittel und im ersten, 1949 gewählten Bundestag 52,7 Prozent der Abgeordneten vor 1900 geboren worden[21]. Und in den „bürgerlichen" Parteien bzw. Fraktionen der DVP bzw. FDP sowie in der CDU lagen die jeweiligen Prozentsätze noch höher[22].

Auch wenn diese Zahlen nicht überbewertet werden dürfen und vor der Versuchung eines generationengeschichtlichen Determinismus zu warnen wäre: Die doppelte historische Ausnahmesituation des Jahres 1945 – in Ost wie in West – verknüpft sich *auch* mit der generationsspezifischen Erfahrung: Die Vertreter der Generation der vor 1900 Geborenen kommen nun unangefochten zum Zuge, sofern sie politisch diesseits extrem nationalistischer oder nationalsozialistischer

19 *Till Kössler*, Abschied von der Revolution. Kommunisten und Gesellschaft in Westdeutschland 1945–1968 (Düsseldorf 2005).

20 Eigene Berechnungen nach den Angaben in: Handbuch zur Statistik der Parlamente und Parteien in den westlichen Besatzungszonen und in der Bundesrepublik Deutschland, Teilband I: Abgeordnete in Bund und Ländern. Mitgliedschaft und Sozialstruktur 1946–1990, bearbeitet von *Christian Handschell*, hrsg. von *Marie-Luise Recker, Klaus Tenfelde* (Düsseldorf 2002) 181, 216f., 224f. Ich danke Esther Krug für die Unterstützung bei den Berechnungen.

21 Berechnet nach der Mitgliederliste des Parlamentarischen Rates in: *Kurt Georg Wernicke*, Der Parlamentarische Rat 1948–1949 (Boppard a.Rh. 1975) 429–435, sowie nach Handbuch zur Statistik 166f.

22 Siehe *Dieter Hein*, Zwischen liberaler Milieupartei und nationaler Sammlungsbewegung. Gründung, Entwicklung und Struktur der Freien Demokratischen Partei 1945–1949 (Düsseldorf 1985) 192, sowie die Angaben bei *Wernicke*, Parlamentarischer Rat 429–435 und im Handbuch zur Statistik 166.

Positionen stehen: Im Osten sind es die Kommunisten um Walther Ulbricht, die die DDR aufbauen; im Westen die Vertreter der demokratischen Parteien Weimars, die der frühen Bundesrepublik ihren Stempel aufprägen. Und daß sich hier so überraschend schnell ein demokratisch-parlamentarischer „Parteienstaat" etablieren konnte, der auch nach 1945 zunächst bei vielen verpönt blieb, war dem historisch singulären Zusammenwirken zwischen politischen Traditionen, generationellen Prägungen und militärisch-politischer Ausnahmesituation geschuldet.

Wie wenig selbstverständlich dieses „historische Fenster" im übrigen war, zeigt die durchaus nachhaltige Kritik am entstehenden Modell des parteienstaatlichen Parlamentarismus. Diese Kritik argumentierte auch und gerade generationenspezifisch: Der Angriff der „Jugend" gegen die „Alten" griff dabei die vertrauten Elemente der Parlamentarismus- und Parteienkritik der zwanziger Jahre auf. Organe wie die „Frankfurter Hefte" oder der „Ruf" polemisierten nachhaltig gegen den Rückfall in eine „zentralistische Massendemokratie" und ihre Parteienherrschaft. „Die aus der Konkursmasse von Weimar wiederauferstandenen Parteien mit ihren ‚alten Männern', die schon einmal Schiffbruch erlitten haben", so lautete die charakteristische Diagnose, „sind ein Anachronismus"[23]. Man kann in solchen Wendungen ein fernes Wetterleuchten der Generationsproblematik der sechziger Jahre vernehmen. Daß schließlich in den 1960er Jahren der politische Generationenwechsel – trotz mancher Erschütterungen – im wesentlichen gelang, trug zur Stabilisierung der Bundesrepublik maßgeblich bei.

II.

Aber, so gilt es sogleich hinzuzufügen, diese Stabilisierung erfolgte unter gänzlich anderen Bedingungen als jene, von denen die Weimarer Republik abhing. In schrillem Gegensatz zur Weimarer Republik, in der ökonomische und arbeitsmarktbedingte Blockaden sich zu einem gewaltigen politischen Generationenkonflikt aufgipfelten[24], vollzog sich der bundesrepublikanische Generationenkonflikt der sechziger Jahre vor dem Hintergrund des expandierenden Wohlstands und im Kontext der entfalteten westdeutschen *Konsumgesellschaft*. Mit dem Begriff der Konsumgesellschaft ist ein weiteres, in der Forschung seit rund einem Jahrzehnt besonders aktuelles Stichwort genannt. Als Warenerwerb, der über die bloßen Subsistenzbedürfnisse hinausgeht, auf den elastischen Bedarf zielt und die Möglichkeit zur (Kauf-)Wahl in sich trägt, hat die Geschichtswissenschaft den Konsum als wichtiges kultur- und mentalitätshistorisches Element der modernen westlichen Gesellschaften entdeckt und in verschiedener, teils auch wider-

[23] *Karl-Wilhelm Böttcher*, Die junge Generation und die Parteien, in: Frankfurter Hefte 3 (1948) 757.

[24] *Hans Mommsen*, Generationskonflikt und Jugendrevolte in der Weimarer Republik, in: *Th. Koebner* u. a. (Hrsg.), „Mit uns zieht die neue Zeit". Der Mythos Jugend (Frankfurt a. M. 1985) 50–67.

sprüchlicher Weise konzeptionalisiert[25]. Besonderes Interesse verdient jedoch im vorliegenden Zusammenhang die insgesamt noch wenig untersuchte Frage nach einem möglichen inneren Zusammenhang zwischen der Entfaltung der Konsumgesellschaft einerseits und den Chancen demokratischer Stabilisierung andererseits. Scheiterte die Weimarer Republik nicht jenseits all ihrer verfassungs- und parteipolitischen, sozialen, generationellen und politisch-kulturellen Belastungsfaktoren auch an ihrer mangelhaften Ausstattung mit einem breiten und für die Breite erschwinglichen Konsumangebot? Korrelieren die privaten Kaufentscheidungen der Bürger mit der öffentlichen Sphäre der Politik? Schafft der individuelle Konsum die Möglichkeit, in der sich uniformierenden Massengesellschaft personale Identität zu gewinnen bzw. zu konstruieren? Und sind daher nicht die jeweiligen kommerziellen Partizipationschancen für die Masse der Verbraucher in hohem Maße (mit-)entscheidend für die Legitimation eines gegebenen Staates bzw. politischen Regimes? Über diese Fragen nachzudenken, fordert die deutsche Geschichte des 20. Jahrhunderts besonders heraus; denn wie keine andere kennt sie ja sowohl den mehrfachen, dramatischen Wechsel der Regime, die Dialektik von Demokratie und Diktatur, als auch den beispiellosen Aufschwung des allgemeinen Wohlstands- und Konsumniveaus.

Eine historische Theorie der Konsumgesellschaft könnte sich an einem Dreiphasenmodell orientieren, wobei sich selbstverständlich breite Überlappungen ergeben: Auf die Entfaltung der industriellen Klassengesellschaft folgt zunächst eine kulturelle Nivellierung durch Massenkonsum. Erst ihr Durchbruch in einer zu Überfluß und Uniformierung tendierenden Konsumgesellschaft eröffnen dem Individuum neue Möglichkeiten zur Identitätsbildung. Die soziale Konstruktion von Individualität, jenes entscheidende Kennzeichen der Moderne, erfolgt in der Konsumgesellschaft also nicht mehr wie in den vormodernen Gesellschaften durch die Mentalität der Produzenten; vielmehr ergibt sie sich aus der aktiven (Kauf-)Wahl und Inszenierung mittels Konsum, der zuallererst die Welt der „feinen Unterschiede" begründet[26]. Das dialektische Einpendeln zwischen kultureller Uniformierung und sozialer Distinktion würde mithin in den modernen Gesellschaften eine entscheidende Voraussetzung politischer Stabilität begründen. Die positive Korrelation zwischen Konsumgesellschaft und Massendemokratie

25 Vgl. allgemein *Wolfgang König*, Geschichte der Konsumgesellschaft (München 2001), sowie die Sammelbände von *Hartmut Berghoff* (Hrsg.), Konsumpolitik. Die Regulierung des privaten Verbrauchs im 20. Jahrhundert (Göttingen 1999); *Martin Daunton*, *Matthew Hilton*, The Politics of Consumption. Material Culture and Citizenship in Europe and America (Oxford u.a. 2001); *Michael Prinz* (Hrsg.), Der lange Weg in den Überfluß. Anfänge und Entwicklung der Konsumgesellschaft seit der Vormoderne (Paderborn 2003); *Hannes Sigrist*, *Hartmut Kaelble*, *Jürgen Kocka* (Hrsg.), Europäische Konsumgeschichte. Zur Gesellschafts- und Kulturgeschichte des Konsums, 18.–20. Jahrhundert (Frankfurt a.M. 1997).

26 *Pierre Bourdieu*, Die feinen Unterschiede. Kritik der gesellschaftlichen Urteilskraft (Frankfurt a.M. 1982) v.a. 405 ff.; *Gerhard Schulze*, Die Erlebnisgesellschaft. Kultursoziologie der Gegenwart (Frankfurt a.M. 1992). Vgl. aus aktueller Perspektive *Rüdiger Szallies*, *Günter Wiswede* (Hrsg.), Wertewandel und Konsum. Fakten, Perspektiven und Szenarien für Markt und Marketing (Landsberg/Lech 1990).

setzte daher voraus, daß sich eine Mehrheit der Bevölkerung nicht mehr als Produzenten, sondern eben primär als Konsumenten verstand. Vor- und Frühformen dieser Entwicklung gab es – einmal mehr – im England des 18. Jahrhunderts[27]. Dagegen ist die soziale Integration durch Konsum in der vorindustriellen, agrarisch und artisanal geprägten Gesellschaft noch kaum, höchstens als eng umgrenztes, schichtenspezifisches Phänomen denkbar (Adel, gehobenes Bürgertum). Die Frage, wann in Deutschland der Beginn der modernen (Massen-)Konsumgesellschaft anzusetzen sei, kann daher unterschiedlich beantwortet werden. Aber vieles deutet darauf hin, daß sich nach Anfängen im 19. Jahrhundert und vor allem im Kaiserreich die entsprechenden Wandlungsprozesse und Mentalitätenwechsel in der Weimarer Republik klar abzeichneten. Akzeptiert man den insgesamt dominanten Akzent, den die Forschung, ausgehend von den Vereinigten Staaten, auf die Zeit nach dem Ersten Weltkrieg legt[28], dann wird unmittelbar einsichtig, daß das deutsche Thema „Demokratie und Diktatur“ zeitlich ziemlich genau parallel verläuft zum Durchbruch der modernen Konsumgesellschaft von ca. 1900 bis in die 1950/1960er Jahre. Schon aus Gründen der Chronologie, aber auch in erklärender Absicht ist daher die analytische Verknüpfung beider Ebenen im Grunde zwingend.

Nicht zuletzt rührt ja das in der Geschichte schwankende und widersprüchliche Bild Weimars daher, daß sich die Republik trotz aller politischer Instabilität und ökonomischer Krisenanfälligkeit als überaus modern repräsentierte. Nicht wenigen galt die Weimarer Republik als das „amerikanischste“ Land in Europa[29]. Dies betraf die Industriewirtschaft ebenso wie die kulturellen Hervorbringungen. So wurde die deutsche Industrie im internationalen Vergleich geradezu als Musterbeispiel für eine forcierte Rationalisierung nach den Prinzipien des Taylorismus und Fordismus betrachtet[30]. Und im Kontext der Rationalisierung vollzog sich auch ein weiterer entscheidender Schritt im genannten Wandel der Mentalitäten vom produktionistischen Paradigma hin zu einem Selbstverständnis als Konsumenten. Nichts könnte dies besser demonstrieren als die Tatsache, daß sich etwa die Gewerkschaften der unternehmerischen Rationalisierung keineswegs bloß verwei-

[27] Vgl. die zugespitzte, einflußreiche These von *Neil McKendrick, John Brewer, J. H. Plumb*, The Birth of the Consumer Society: The Commercialization of Eighteenth-Century England (London 1982). Mit anderen Akzenten *John Benson*, The Rise of the Consumer Society in Britain, 1880–1980 (London 1994).

[28] Wie genau die Geschichte der Konsumgesellschaft zu periodisieren sei, ist umstritten. Vgl. mit weiterer Literatur *Michael Prinz*, „Konsum“ und „Konsumgesellschaft“ – Vorschläge zu Definition und Verwendung, in: *ders.* (Hrsg.), Weg 11–34, hier 31 f.

[29] *Dan Diner*, Verkehrte Welten. Antiamerikanismus in Deutschland (Frankfurt a. M. 1993) 80.

[30] *Robert A. Brady*, The Rationalization Movement in German Industry. A Study in the Evolution of Economic Planning (Berkeley/Calif. 1933). Als wichtigste moderne Studie zur betrieblichen Rationalisierung *Heidrun Homburg*, Rationalisierung und Industriearbeit. Arbeitsmarkt – Management – Arbeiterschaft im Siemens-Konzern Berlin 1900–1939 (Berlin 1991). Zur Diskussion um den „Fordismus“ in der Weimarer Republik vgl. *Anselm Doering-Manteuffel*, Wie westlich sind die Deutschen? Amerikanisierung und Westernisierung im 20. Jahrhundert (Göttingen 1999) 20–34.

gerten[31]. Das fordistische Modell lockte mit der Aussicht auf Produktivitätsgewinn, Lohnsteigerung und Massenkonsum. Und dieses Prosperitätsversprechen, das auf den Arbeiter primär als Verbraucher zielte, übte auf nicht wenige Vertreter der deutschen Arbeiterbewegung seine Wirkung aus. Zwar führten die Gewerkschaften ihre Rationalisierungsdebatte stets unter antikapitalistischem Vorzeichen; aber in der für die Weimarer Jahre charakteristischen Hoffnung auf einen nachfrageorientierten, „organisierten Kapitalismus" spielte die Spekulation auf die erhöhte Konsumkraft der Arbeiter eine zentrale Rolle[32]. Fritz Tarnow, einer der einflußreichsten Anwälte des freigewerkschaftlichen Konzepts der „Wirtschaftsdemokratie", machte sich zum besonders beredten Anwalt eines produktivitäts- und konsumsteigernden Fordismus. Der Abhängigkeit der Lohnarbeit vom Kapital, so konstatierte er 1928, wachse nun „die Abhängigkeit des Kapitals vom Arbeiterkonsumenten an die Seite"[33]. Die Rationalisierung konnte unter diesem Aspekt geradezu als vorbereitender Schritt zum Sozialismus gewertet werden; das „revolutionäre Automobil" würde dann der „Sache der revolutionären Arbeiterklasse dienen"[34]. Der politische Gehalt dieser Rationalisierungskonzeption ist widersprüchlich. Zwar läßt sich argumentieren, sie tendiere zur Aufwertung von Gemeinschaftsideologien und weise daher auf die Arbeits- und Sozialverfassung des NS-Regimes voraus[35]. Wichtiger scheint jedoch, daß der auf Massenkonsum zielende Rationalisierungsdiskurs jene reformistischen Kräfte innerhalb der Weimarer Arbeiterbewegung stärkte, die eine dauerhafte Stabilisierung des politischen Systems als wohlverstandenes Interesse ihrer Klientel begriffen. Und es unterliegt wohl keinem Zweifel, daß die Etablierung einer stabilen Konsumgesellschaft die Integrationskraft der Weimarer Republik erhöht hätte. Umgekehrt freilich verweist das Untergehen jeglicher Konsumchancen im Strudel der Weltwirtschaftskrise auf die ökonomischen Bedingtheiten der ersten deutschen Demokratie.

[31] Dies gilt freilich nicht für die KPD und die kommunistisch beeinflußten Fraktionen im ADGB bzw. für die Revolutionäre Gewerkschaftsorganisation seit 1929. Vgl. *Andreas Wirsching*, Vom Weltkrieg zum Bürgerkrieg. Politischer Extremismus in Deutschland und Frankreich 1918–1933/39. Berlin und Paris im Vergleich (München 1999) 390.

[32] Vgl. hierzu *Rudolf Hilferding*, Die Aufgaben der Sozialdemokratie in der Republik (1927), in: *Cora Stephan* (Hrsg.), Zwischen den Stühlen oder über die Unvereinbarkeit von Theorie und Praxis. Schriften Rudolf Hilferdings 1904–1940 (Stuttgart 1982) 214–236; *Heinrich A. Winkler* (Hrsg.), Organisierter Kapitalismus. Voraussetzungen und Anfänge (Göttingen 1974), hier insbesondere die Einleitung des Herausgebers 9–18; *Heinrich Potthoff*, Freie Gewerkschaften 1918–1933. Der Allgemeine Deutsche Gewerkschaftsbund in der Weimarer Republik (Düsseldorf 1987) 179–185.

[33] *Fritz Tarnow*, Warum arm sein? (Berlin 1928) 71, zit. n. dem Auszug bei *Gunnar Stollberg*, Die Rationalisierungsdebatte 1908–1933. Freie Gewerkschaften zwischen Mitwirkung und Gegenwehr (Frankfurt a.M. 1981) 180.

[34] *Fritz Kummer*, Das revolutionäre Automobil, in: Metallarbeiter-Zeitung, 8. 10. 1930, zit. n. *Cora Stephan*, Wirtschaftsdemokratie und Umbau der Wirtschaft, in: *Wolfgang Luthardt* (Hrsg.), Sozialdemokratische Arbeiterbewegung und Weimarer Republik. Materialien zur gesellschaftlichen Entwicklung 1927–1933, Bd. I (Frankfurt a.M. 1978) 281–292, hier 284. Vgl. mit weiteren Belegen *Stollberg*, Rationalisierungsdebatte 86–91.

[35] *Doering-Manteuffel*, Wie westlich sind die Deutschen 27f.

Aber auch in anderer Hinsicht evoziert das Stichwort der Konsumgesellschaft wichtige Aspekte der Weimarer Sozial- und Kulturgeschichte. So provozierte die Nachkriegsinflation zahlreiche Konsumentenproteste; im Sinne der Konsumentenselbsthilfe bildeten sich eigene Organisationen heraus[36]. Bedeutete Konsum in diesen Fällen häufig nicht sehr viel mehr als die Beschaffung der (immer teurer werdenden) Subsistenzmittel, so eröffnete die Inflationszeit in umgekehrter Richtung ganz neue Konsumerfahrungen. Inflation und Hyperinflation überzogen Deutschland mit einer Welle der nie gekannten, geradezu rauschhaft-karnevalistischen Konsumerlebnisse. Luxusgüter, „Schlemmerlokale“ und Vergnügungsstätten gerieten in die Reichweite Vieler. Denjenigen, die glücklich spekulierten, den „Jungen, Flinken“, eröffneten sich zuvor unvorstellbare Möglichkeiten. „Über Nacht wurden sie frei, reich, unabhängig.“[37] Der Preis hierfür bestand freilich in einer tiefgreifenden Polarisierung und auch Traumatisierung der deutschen Gesellschaft. Die Kehrseite von plötzlichem Reichtum und Luxus bildeten Hunger und Tod. Zu fragen bleibt, ob nicht ein unmittelbarer Zusammenhang bestand zwischen den Turbulenzen der Inflationszeit und dem kulturellen Aufschwung der zwanziger Jahre. Dieser erschöpfte sich ja keineswegs in dem äußeren Glanz der „roaring twenties“, sondern wies alle Züge einer sich entwickelnden „amerikanisierten“ Massenkultur auf. Ob in Form von Warenhäusern oder Lichtspieltheatern, als Sportereignisse oder Sonntagsausflüge, als mediale Konstruktion der „neuen Frau“ oder des modernen Mannes: Die individuelle Teilhabe durch Konsum glich mehr und mehr einem „Erlebniswert“, der nicht zuletzt auch kleine Fluchtwege aufwies aus einer für die große Mehrheit der Bevölkerung nach wie vor grauen Alltagsrealität[38]. Die rasche Expansion und Professionalisierung der Werbung zeugen von der Dynamik dieses Prozesses[39].

[36] Exemplarisch hierzu *Martin H. Geyer*, Verkehrte Welt. Revolution, Inflation und Moderne: München 1914–1924 (Göttingen 1998) 170–181. Als Überblick *Christoph Nonn*, Vom Konsumentenprotest zum Konsens. Lebensmittelverbraucher und Agrarpolitik in Deutschland 1900–1955, in: *Berghoff* (Hrsg.), Konsumpolitik 23–45.

[37] *Haffner*, Geschichte 57. Vgl. *Geyer*, Verkehrte Welt 265–273. Insgesamt zur Inflationszeit *Gerald D. Feldman*, The Great Disorder. Politics, Economics, and Society in the German Inflation 1914–1924 (Oxford 1996).

[38] Der Begriff „Erlebniswert“ nach *Schulze*, Erlebnisgesellschaft. Vgl. zur Entwicklung von Massenkultur und Massenkonsum in der Weimarer Republik unter anderem *Frank Becker*, Amerikanismus in Weimar. Sportsymbole und politische Kultur 1918–1933 (Wiesbaden 1993); *Karl Christian Führer*, Auf dem Weg zur „Massenkultur“? Kino und Rundfunk in der Weimarer Republik, in: Historische Zeitschrift 262 (1996) 739–781; *Katharina Sykora* (Hrsg.), Die „Neue Frau“. Herausforderung für die Bildmedien der Zwanziger Jahre (Marburg 1993); *Detlev J. K. Peukert*, Jugend zwischen Krieg und Krise. Lebenswelten von Arbeiterjungen in der Weimarer Republik (Köln 1987) 189ff.; siehe auch *ders.*, Das Mädchen mit dem „wahrlich metaphysikfreien Bubikopf“. Jugend und Freizeit im Berlin der zwanziger Jahre, in: *Peter Alter* (Hrsg.), Im Banne der Metropolen. Berlin und London in den zwanziger Jahren (Göttingen 1993) 157–175.

[39] *Gideon Reuveni*, Lesen und Konsum. Der Aufstieg der Konsumkultur in Presse und Werbung Deutschlands bis 1933, in: Archiv für Sozialgeschichte 41 (2001) 97–117.

Gewiß nicht zufällig also konvergierte die „stabilste“ (oder am wenigsten instabile) Phase der Weimarer Republik mit der frühen Entfaltung der Massenkultur, des Massenkonsums und der intensiven öffentlichen Diskussion über beides[40]. Für eine historisch informierte Theorie der modernen Konsumgesellschaft wäre allerdings entscheidend, daß die Weimarer Republik die kulturelle Möglichkeit zur individuellen Distinktion durch Konsum auf Dauer eben nicht gewährleistete. Wenn man den modernen Konsum als „Medium zur Individualisierung“ *in* der Massengesellschaft und damit als zentrales Element personaler Identitätsbildung betrachtet[41], so bleibt das Fazit für die Weimarer Republik ernüchternd. Denn hier stießen sich die mit dem Konsum verbundenen sozialen Integrations- und Legitimationschancen der Demokratie immer wieder an der ökonomisch bedingten, notorischen Instabilität, ja Reversibilität der individuellen Konsumerfahrungen. Damit korrespondierte die in der Weimarer Republik besonders spür- und sichtbare Polarisierung durch und infolge des Konsums. Konsum wurde nicht nur zum Medium der Individualisierung, sondern blieb stets auch ein Medium der Deklassierung und signalisierte quasi öffentlich die klassen- und schichtenspezifisch begrenzten und ökonomisch abgeschotteten Möglichkeiten zur kulturellen Teilhabe[42]. Und am Beginn der dreißiger Jahre öffnete sich die Schere zwischen dem Glanz der konstruierten Konsumwelt und den materiellen Möglichkeiten der Vielen so weit, daß eine integrierende Identitätsbildung über den Konsum vollends illusorisch wurde.

Die zentrale Bedeutung des Motivs aber läßt sich an der Nachhaltigkeit ablesen, mit der Fragen des Konsums und der Konsumgesellschaft Demokratie und Diktatur überwölbten. Nach dem ökonomisch gewaltsamen Einschnitt der Weltwirtschaftskrise knüpfte das NS-Regime an die Entwicklungspotentiale der Weimarer Republik dezidiert an, wenn es sie auch ideologisch pervertierte und propagandistisch instrumentalisierte. Bekanntlich hat die nationalsozialistische Führungsschicht mit Hitler selbst an der Spitze aus der Erfahrung des Ersten Weltkrieges und der Revolution von 1918 jenseits der Dolchstoßpropaganda spezifische Lehren gezogen. Die wichtigste lautete, daß gerade im Kriege die materiellen Entbehrungen der Bevölkerung nicht auf die Spitze getrieben werden dürften, wollte das

[40] Vgl. *Alon Confino*, *Rudy Koshar*, Régimes of Consumer Culture: New Narratives in Twentieth-Century German History, in: German History 19 (2001) 135–161, hier v. a. 135 f.
[41] *Hannes Siegrist*, Regionalisierung im Medium des Konsums, in: Comparativ 11 (2001) 7–26, hier 9; *ders.*, Konsumkultur des 20. Jahrhunderts in regionalgeschichtlicher Perspektive. Zwischen Verräumlichung, Vergesellschaftung und Individualisierung, in: *Michael Prinz* (Hrsg.), Der lange Weg in den Überfluß. Anfänge und Entwicklung der Konsumgesellschaft seit der Vormoderne (Paderborn u. a. 2003) 491–514, hier v. a. 505. Vgl. *Hartmut Berghoff*, Konsumregulierung im Deutschland des 20. Jahrhunderts. Forschungsansätze und Leitfragen, in: *ders.* (Hrsg.), Konsumpolitik. Die Regulierung des privaten Verbrauchs im 20. Jahrhundert (Göttingen 1999) 7–21, hier 8.
[42] Hierzu in vergleichender Perspektive *Stephen N. Broadberry*, *Albrecht Ritschl*, The Iron Twenties: Real Wages, Productivity and the Lack of Prosperity in Britain and Germany before the Great Depression, in: *Christoph Buchheim*, *Michael Hutter*, *Harold James* (Hrsg.), Zerrissene Zwischenkriegszeit. Wirtschaftshistorische Beiträge (Baden-Baden 1994) 15–43.

Regime nicht einen gefährlichen Legitimationsverlust riskieren[43]. Ohne zu irgendeinem Zeitpunkt die absolute Priorität zu verändern, die es vom ersten Tage an dem Krieg und der Kriegsvorbereitung zollte, entfaltete das NS-Regime daher beträchtlichen Aufwand, um der Versorgung der Bevölkerung und darüber hinaus einer gleichsam völkischen Konsumgesellschaft den Weg zu ebnen. Ob es sich um die Elektrifizierung der Haushalte oder das Freizeit- und Reiseangebot der KdF handelte, um den Volkswagen oder den Volksempfänger, um „Volkskühlschränke" oder „Volksklaviere": Die Konsumseite des Regimealltags erfuhr die zielgerichtete und mit großem Propagandaaufwand vermittelte Aufmerksamkeit der Diktatur[44]. Besonders das Volkswagen-Projekt stimulierte die konsumpolitischen Phantasien der Machthaber. Ein Auto zu besitzen, so erklärte der thüringische Gauleiter Fritz Sauckel im April 1939, sei früher ein „unerhörter Luxus" gewesen. Aber aus dem Luxus für einige wenige werde eines Tages – „wenn ihm ein vernünftiger volkswirtschaftlich wertvoller Gedanke zugrunde liegt" – ein „Massengebrauchsgegenstand, und aus dem Luxusauto von einst, das nur Exzellenzen und Millionären zur Verfügung stand, ist heute der deutsche Volkswagen geworden, der praktischer, schöner und schneller ist als jede Limousine, die damals hergestellt wurde"[45]. Tatsächlich suggerierten die vom Regime in Szene gesetzten „Volksprodukte" stets die massenhafte Erschwinglichkeit besonders wertvoller und teurer Konsumgüter. In diesem Zusammenhang spielten auch die aus der Weimarer Republik bekannten Maßnahmen wie betriebliche Rationalisierung und Produkttypisierung eine wichtige Rolle[46].

Den notorischen Zielkonflikt zwischen Konsumanliegen und Kriegsvorbereitung vermochte das Regime freilich zu keinem Zeitpunkt aufzulösen. Zwar ist es wahrscheinlich gemacht worden, daß die Konzeption des „Blitzkrieges" mit ihrer wenig tiefgestaffelten Breitenrüstung in eben diesem Zielkonflikt eine wichtige Quelle besaß[47]. Und gelegentlich kam es zu scharfen Konflikten zwischen ziviler Führung und Wehrmachtsstellen, die, wie der Leiter des Wehrwirtschaftsstabes, Oberst Georg Thomas, darauf hinwiesen, man könne einen Krieg gegen England

[43] *Timothy W. Mason*, Arbeiterklasse und Volksgemeinschaft. Dokumente und Materialien zur deutschen Arbeiterpolitik 1936–1939 (Opladen 1975) 1–16.

[44] Siehe jetzt mit einer Vielzahl von Belegen und Literaturverweisen *Wolfgang König*, Das Scheitern einer nationalsozialistischen Konsumgesellschaft. „Volksprodukte" in Politik, Propaganda und Gesellschaft des „Dritten Reiches", in: Zeitschrift für Unternehmensgeschichte 48 (2003) 131–163. Vgl. auch mit weiteren Literaturangaben *Riccardo Bavaj*, Die Ambivalenz der Moderne im Nationalsozialismus. Eine Bilanz der Forschung (München 2003) 69–73.

[45] Rede des Reichstatthalters in Thüringen vor den Arbeitern der Gustloff-Werke in Suhl am 4. April 1939, in: *Mason*, Volksgemeinschaft, Dokument 141, 813.

[46] *König*, Scheitern 159f.

[47] *Mason*, Volksgemeinschaft 158ff.; *Alan S. Milward*, Der Einfluß ökonomischer und nicht-ökonomischer Faktoren auf die Strategie des Blitzkrieges, in: *Friedrich Forstmeier*, *Hans-Erich Volkmann* (Hrsg.), Wirtschaft und Rüstung am Vorabend des Zweiten Weltkrieges (Düsseldorf 1975) 189–201, hier v.a. 196f., sowie *ders.*, Die deutsche Kriegswirtschaft 1939–1945 (Stuttgart 1966) v.a. 9–30.

nicht mit „Radioapparaten, Staubsaugern und Kühlgeräten" gewinnen[48]. Aber der größere Teil der Regimeanstrengungen, durch gesteigerten Konsum Legitimation zu schaffen, blieb eine weitgehend propagandistische Angelegenheit und schrieb den Zielkonflikt nur fort. Das NS-Regime löste ihn nicht, sondern suchte ihn einzuhegen. Der Vierjahresplan zielte auf eine Balance aus der weitgehenden Befriedigung grundlegender Versorgungsbedürfnisse, der begrenzten materiellen Förderung des Konsums und der gleichzeitigen Unterdrückung des Konsums in jenen Bereichen, die als kriegswirtschaftlich wichtig betrachtet wurden[49]. Der Entwurf einer völkischen Konsumgesellschaft scheiterte an den regimetypischen Widersprüchen, und eine echte Nachfrageorientierung war unter dem Primat der Rüstungs- und Kriegswirtschaft nicht möglich[50]. Gegenüber diesen systemimmanenten Widersprüchen, die das Scheitern der nationalsozialistischen Konsumpolitik vorprogrammierten, sind die vielfältig belegten Äußerungen Hitlers zur ökonomischen und legitimatorischen Notwendigkeit des privaten Konsums ebenso kritisch zu betrachten wie die langfristigen Zukunftsvorstellungen der NS-Elite von einer prosperierenden Konsumgesellschaft auf völkisch-rassistischer Grundlage[51]. Löhne und damit die Konsumkraft der Arbeiter wurden zu Zeiten der Vollbeschäftigung autoritär verkürzt; bereits bestellte Volkswagen wurden niemals ausgeliefert; dringend benötigte Wohnungen wurden wegen Kapital- und Arbeitskräftemangels nicht gebaut[52]. Eine in ihrer Wirkung nicht zu unterschätzende Kompensation leistete die nationalsozialistische Propaganda, indem sie eine Sphäre quasi „virtuellen Konsums" schuf, in der die Sehnsüchte der Verbraucher durch die Suggestion eines unmittelbar bevorstehenden goldenen (Konsum-)Zeitalters gestillt werden sollten[53]. Inwieweit dieser propagandistisch vermittelte Eindruck pausenloser Aktivität zugunsten der Volkswohlfahrt einen zumindest partiellen und zeitweisen Konsens zu stiften vermochte, ist allerdings eine komplexe Frage, die auch über das hier interessierende Thema der Konsumgeschichte hinausgeht[54].

48 Rede General Thomas' vom 29. 11. 1939, zit. n. ebd. 36. Vgl. auch Thomas' Rede vor der Reicharbeitskammer am 24. 11. 1936 in: *Mason*, Volksgemeinschaft, Dokument Nr. 1, 179–188.

49 *Hartmut Berghoff*, Enticement and Deprivation. The Regulation of Consumption in Pre-War Nazi Germany, in: *Daunton*, *Hilton* (Hrsg.), Politics of Consumption 165–184, hier 173.

50 Zur NS-Wirtschaftsordnung sowie zur Rüstungs- und Kriegswirtschaft vgl. *Ludolf Herbst*, Der Totale Krieg und die Ordnung der Wirtschaft. Die Kriegswirtschaft im Spannungsfeld von Politik, Ideologie und Propaganda, 1939–1945 (Stuttgart 1982); *Hans-Erich Volkmann*, Die NS-Wirtschaft in Vorbereitung des Krieges, in: *Wilhelm Deist* u. a., Ursachen und Voraussetzungen des Zweiten Weltkrieges (Neuauflage Frankfurt a. M. 1989) 211–435.

51 Dies gilt es einzuwenden gegen *Rainer Zitelmann*, Hitler. Selbstverständnis eines Revolutionärs (Stuttgart ^{2}1989) 349–354. Vgl. *Albrecht Ritschl*, Die NS-Wirtschaftsideologie – Modernisierungsprogramm oder reaktionäre Utopie?, in: *Michael Prinz*, *Rainer Zitelmann* (Hrsg.), Nationalsozialismus und Modernisierung (Darmstadt 1991) 48–70, hier v. a. 63 ff.

52 *Karl Christian Führer*, Anspruch und Realität. Das Scheitern der nationalsozialistischen Wohnungsbaupolitik 1933–1945, in: Vierteljahrshefte für Zeitgeschichte 45 (1997) 225–256.

53 Vgl. *Berghoff*, Enticement 183; *Cofino*, *Koshar*, Régimes 145.

54 Das Bild einer relativ weitgehenden Zustimmung auch und gerade unter den Arbeitern

Welch entscheidende Bedeutung dem Konsum und seinen Individualisierungschancen der deutschen Geschichte im 20. Jahrhundert zukam, zeigt auch der Blick auf die andere deutsche Diktatur. Daß indes die DDR trotz entsprechender Propagandabemühungen ihr Ziel langfristig verfehlte, durch Konsum Legitimation zu verschaffen, liegt offen zu Tage. In keinem anderen deutschen Regime im 20. Jahrhundert lagen konsumpolitischer Anspruch und karge Realität soweit auseinander wie in der DDR[55]. Die Verheißungen des Regimes von einer besseren Zukunft prallten auf notorisch enttäuschte Konsumerwartungen. Das sich hieraus ergebende Wechselspiel von staatlichen Vorgaben und gesellschaftlicher Reaktion gehörte von Beginn an zu den Strukturelementen der DDR-Geschichte und bildete auch den Subtext des Aufstandsversuchs vom 17. Juni 1953[56]. Hinzu kam eine unterschwellig stets präsente und hoch wirksame deutsch-deutsche Note der Konsumpolitik: Bekanntlich suchte das SED-Regime stets in ökonomischer Hinsicht und hier gerade im Hinblick auf das Konsumniveau mit der Bundesrepublik Schritt zu halten. Im Kontext der politischen und wirtschaftlichen Abhängigkeit von der Sowjetunion und den planwirtschaftlichen Defiziten blieb dies ein vergebliches Unterfangen[57]. Realökonomisch entfaltete sich die moderne Konsumgesellschaft zwar allein im Westen; deren Schaufenster ragten freilich tief in die DDR hinein. Indem diese Konstellation 1989/90 den Sog nach Westen verstärkte, beeinflußte sie den Lauf der deutschen Geschichte nicht unerheblich. Und die Aussicht auf politische Freiheit und auf Steigerung des persönlichen Konsums trug maßgeblich dazu bei, daß der Zusammenbruch der DDR und die darauf folgende Vereinigung in friedlichen Bahnen verliefen.

Im Hinblick auf die Entwicklung der Konsumgesellschaft gewann also nach 1945 ein langfristiger Prozeß Kohärenz, der sich von den ersten Jahrzehnten des 20. Jahrhunderts bis in die 1980er Jahre hinein erstreckte und sich unter den Bedingungen der westdeutschen Demokratie mit beispielloser Dynamik entfaltete. Erst hier, in der Bundesrepublik, gelangte die moderne Konsumgesellschaft in Deutschland zum vollen Durchbruch[58]. Und im Hinblick auf die oben aufgewor-

zeichnet *Bernd Stöver*, Volksgemeinschaft im Dritten Reich. Die Konsensbereitschaft der Deutschen aus der Sicht sozialistischer Exilberichte (Düsseldorf 1993).

55 Als Überblick *Annette Kaminsky*, Wohlstand, Schönheit, Glück. Kleine Konsumgeschichte der DDR (München 2001).

56 *Philipp Heldmann*, Negotiating Consumption in a Dictatorship: Consumption Politics in the GDR in the 1950s and 1960s, in: *Daunton*, *Hilton* (Hrsg.), Politics of Consumption 185–202.

57 Vgl. zur Konsumpolitik der DDR *Stephan Merl*, Sowjetisierung in der Welt des Konsums, in: *Konrad Jarausch*, *Hannes Siegrist* (Hrsg.), Amerikanisierung und Sowjetisierung in Deutschland 1945–1970 (Frankfurt a.M. 1997) 167–193; *Christoph Boyer*, *Peter Skyba*, Sozial- und Konsumpolitik als Stabilisierungsstrategie. Zur Genese der „Einheit von Wirtschafts- und Sozialpolitik“ in der DDR, in: Deutschland-Archiv 32 (1999) 577–590, *dies.* (Hrsg.), Repression und Wohlstandsversprechen. Zur Stabilisierung von Parteiherrschaft in der DDR und der ČSSR (Dresden 1999).

58 Siehe aus der Fülle der Literatur *Schildt*, *Sywottek* (Hrsg.), Modernisierung; *Michael Wildt*, Am Beginn der „Konsumgesellschaft“: Mangelerfahrung, Lebenshaltung, Wohlstandshoffnung in Westdeutschland in den fünfziger Jahren (Hamburg 1994); *Arne Ander-*

fene Frage nach der systemstabilisierenden Funktion wird man der Konsumentfaltung einen hohen Stellenwert zuschreiben. Nach den ersten Entwicklungsschüben in den zwanziger und dreißiger Jahren vollzogen die fünfziger Jahre die definitive Demokratisierung des Konsums. Und mit der Massenkultur entwickelte sich die für die moderne Konsumgesellschaft charakteristische Dialektik von stabilisierender Uniformierung einerseits und der Konstruktion individueller Identität durch „Konsumerlebnis" und Lebensstil andererseits. Infolge der kulturellen Uniformierung büßten die traditionellen Klassengegensätze ihre Schärfe mehr und mehr ein. Die Expansion des Konsums trug dazu bei, die in der deutschen Gesellschaftsgeschichte traditionell stark fragmentierten Milieus auszuhöhlen, zu transzendieren und womöglich durch „Erlebnismilieus" zu ersetzen[59]. Ohne daß sich die realen Einkommens- und Vermögensrelationen verschoben hätten, erfolgte doch eine kulturelle „Nivellierung"[60]. Zugleich aber begann sich der Konsum nunmehr als legitime, ja notwendige individuelle Lebensäußerung zu etablieren. Nach einer langen Periode der Verbraucherkritik[61], bereitete dies zumindest perspektivisch einem neuen Bild vom Konsumenten den Weg. In Anlehnung an amerikanische Vorbilder bereitete sich nun auch die Bundesrepublik für eine Rolle als „Konsumentenrepublik" vor, bestehend aus mündigen „Kunden-Bürgern", die durch Konsum sowohl ihre persönlichen Wünsche wie auch ihre bürgerlichen Pflichten erfüllten[62]. Unabhängig davon, wie hoch man die Validität dieses Modells veranschlagt, bleibt doch festzuhalten: Die deutsche Erfahrung des 20. Jahrhunderts weist definitiv auf eine positive Korrelation zwischen Demokratie und Konsumgesellschaft hin. Was die Weimarer Republik in der Mitte der zwanziger Jahre nur ansatzweise entwickelte, vollendete sich in der Bundesrepu-

sen, Der Traum vom guten Leben. Alltags- und Konsumgeschichte vom Wirtschaftswunder bis heute (Frankfurt a.M., New York 1997); *Wolfgang Ruppert*, Zur Konsumwelt der 60er Jahre, in: *Axel Schildt* u.a. (Hrsg.), Dynamische Zeiten. Die 60er Jahre in den beiden deutschen Gesellschaften (Hamburg 2000) 752–767; *Gerhard A. Ritter*, Über Deutschland. Die Bundesrepublik in der deutschen Geschichte (München 1998) 83–90.

[59] *Stefan Goch*, Aufstieg der Konsumgesellschaft – Niedergang der Milieus? Viele Fragen, in: *Prinz* (Hrsg.), Weg 413–436, hier v.a. 430–435.

[60] Helmut Schelskys einflußreicher Begriff der „nivellierten Mittelstandsgesellschaft" traf daher weniger den Strukturwandel selbst als das Selbstverständnis der westdeutschen Nachkriegsgesellschaft. *Helmut Schelsky*, Die Bedeutung des Schichtungsbegriffes für die Analyse der gegenwärtigen deutschen Gesellschaft (1953), in: *ders.*, Auf der Suche nach Wirklichkeit. Gesammelte Aufsätze (Düsseldorf, Köln 1965) 331–336, hier 332. Vgl. zum Ganzen *Paul Nolte*, Die Ordnung der deutschen Gesellschaft. Selbstentwurf und Selbstbeschreibung im 20. Jahrhundert (München 2000) 330ff.

[61] Exemplarisch hierzu *Detlef Briesen*, Warenhaus, Massenkonsum und Sozialmoral. Zur Geschichte der Konsumkritik im 20. Jahrhundert (Frankfurt a.M., New York 2001).

[62] Vgl. *Sheryl Kroen*, Der Aufstieg des Kundenbürgers? Eine politische Allegorie für unsere Zeit, in: *Prinz* (Hrsg.), Weg 533–564, hier v.a. 555. Kroen folgt hier der am Beispiel der USA im 20. Jahrhundert entwickelten Konzeption von *Lizabeth Cohen*, Citizens and Consumers in the United States in the Century of Mass Consumption, in: *Daunton*, *Hilton* (Hrsg.), Politics of Consumption 203–222, v.a. 214. Vgl. auch *Paul Nolte*, Der Bürger als Verbraucher, in: *ders.*, Generation Reform. Jenseits der blockierten Republik (München 2004) 109–121.

blik. Demgegenüber erkannten die Diktaturen zwar die legitimatorische Bedeutung des Themas; aber es mangelte ihnen doch aus ideologischen wie materiellen Gründen an Möglichkeiten, die in der Moderne vielfältig wachsenden und ausdifferenzierten Konsumbedürfnisse der Bevölkerung zu erfüllen und damit Individualität zu erlauben. Propaganda konnte dieses Defizit nur teilweise kompensieren. Aller scharfsinnigen Kritik an den manipulativen und „entfremdenden" Zügen der modernen Konsumgesellschaft zum Trotz – „diese ‚sanfte Gewalt' der dauernden Wunscherzeugung, die zuweilen bis zum psychologischen Konsumterror geht"[63] –: Die deutsche Nachkriegserfahrung spricht dafür, daß der entfaltete Massenkonsum eine entscheidend wichtige materielle und kulturelle Voraussetzung der Regimeakzeptanz bildet und wesentlich zur Stabilität der Demokratie beiträgt.

III.

Allerdings gehört es ebenso zur deutschen Erfahrung, daß dies nur solange gilt, wie die sozialen Distinktionen durch Konsum gleichsam erträglich sind. Eben dies geriet für die Weimarer Republik zum gravierenden Akzeptanzproblem, wovon etwa die ätzenden sozial- und konsumkritischen Graphiken eines George Grosz oder Karl Arnold eindrückliches Zeugnis ablegen. Je mehr sich also die Konstruktion von Individualität über den Konsum vollzieht, so ließe sich argumentieren, desto mehr erfordern die in der Marktgesellschaft unvermeidlichen Einkommensunterschiede ein auch öffentlich inszeniertes Korrektiv in Form von Sozialtransfers. Zwar ist der *Sozialstaat* historisch betrachtet zunächst aus der Notwendigkeit entstanden, den klassischen Armutsrisiken wie Alter, Unfall und Krankheit in der Industriegesellschaft zu begegnen. Aber im Verlauf des 20. Jahrhunderts gewinnt er noch eine andere Funktion. In dem Maße nämlich, in dem die zum Durchbruch gelangende Konsumgesellschaft zumindest den Schein kultureller Nivellierung erzeugt, zwingt sie den Staat, diese Nivellierung auch sozialpolitisch zu testieren. Die Frage nach der Legitimation des Staates durch Sozialpolitik hängt daher mit dem Problemkomplex der Konsumgesellschaft aufs engste zusammen. Nicht zufällig evoziert sie eines der wichtigsten Kontinuitätsmerkmale der deutschen Geschichte des 20. Jahrhunderts, das auch alle politikgeschichtlichen Einschnitte überwölbt und daher in seiner Signifikanz leicht unterschätzt wird[64]. Letztlich die in der Bismarck-Zeit grundgelegten Systementscheidungen

[63] *Helmut Schelsky*, Gesellschaftlicher Wandel (1956/61), in: *ders.*, Suche 337–351, hier 347. Tatsächlich ließ sich diese Kritik mit sehr ähnlicher Diagnose sowohl von konservativer bzw. ordo-liberaler wie von (neo-)marxistischer Seite äußern. Siehe neben Schelsky etwa *Wilhelm Röpke*, Jenseits von Angebot und Nachfrage (Erlenbach-Zürich ²1958); *Max Horkheimer, Theodor Adorno*, Dialektik der Aufklärung. Philosophische Fragmente (Frankfurt a.M. 1969) v.a. 128–176 (Kulturindustrie, Aufklärung als Massenbetrug).

[64] *Gerhard A. Ritter*, Der Sozialstaat. Entstehung und Entwicklung im internationalen Vergleich (München ²1991); *Manfred G. Schmidt*, Sozialpolitik in Deutschland. Historische

fortentwickelnd, haben seitdem alle deutschen Staatswesen – ob Demokratie oder Diktatur – Legitimität durch Sozialpolitik gesucht. Mithin kennzeichnet die Geschichte des deutschen Sozialstaates im 20. Jahrhundert eine besondere „Pfadabhängigkeit", um einen von Christoph Conrad vorgeschlagenen Begriff aufzunehmen[65]. Konkret heißt das: Einmal getroffene Grundsatz- und Systementscheidungen prägten die Erwartungen und präjudizierten künftige Lösungsansätze.

So wäre im Hinblick auf die Weimarer Republik zu fragen, ob deren Selbstverständnis als „starker" Interventions- und Sozialstaat[66] nicht einerseits in der paternalistischen Tradition der Bismarckzeit stand, andererseits aber geradezu als „dritter Weg" zwischen „Kapitalismus" und „Sozialismus" begriffen werden kann (und damit bereits Elemente der „sozialen Marktwirtschaft" antizipierte). Schon der zweite Teil der Weimarer Reichsverfassung dokumentiert das ernsthafte Bemühen der Nationalversammlung, die gesellschaftliche Legitimation der künftigen Demokratie zu erhöhen. Die materielle Zielbestimmung staatlichen Handelns sollte helfen, die soziale und kulturelle Kohäsion des Gemeinwesens zu gewährleisten. In diesem Sinne schuf die Nationalversammlung die Grundlagen des modernen kollektiven Arbeitsrechtes sowie der betrieblichen Arbeitnehmervertretung[67]. Die Reichsverfassung erweiterte die Möglichkeiten sozialstaatlicher Intervention, indem sie etwa dem Staat die ordnungspolitische Kompetenz für den Arbeitsmarkt übertrug. Und die 1927 eingeführte Arbeitslosenversicherung stellte eine echte sozialpolitische Innovation dar[68]. Schließlich erfolgte während der relativ ruhigen Mittelphase von 1924 bis 1928 auch der Anlauf zur wohlfahrtsstaatlichen Expansion, erkennbar z. B. in der beginnenden Ausgestaltung der traditionellen Fürsorge zur mit Rechtsanspruch versehenen modernen Sozialhilfe[69]. All dies entsprang der grundlegenden Erkenntnis, daß Armut arbeitsfähiger Personen nicht per se selbstverschuldet war, sondern daß die moderne konjunkturabhängige Industriegesellschaft eine Vielzahl neuer Existenzrisiken hervorbrachte. Sozialstaatliche Intervention sollte also sowohl zum Ausgleich der gesellschaftlichen Interessen beitragen als auch spezifische Armutsrisiken minimieren.

Solche gesellschaftspolitischen Bestrebungen wiesen in die Zukunft und beeinflußten die deutsche Geschichte langfristig. Der Legitimation der Weimarer Re-

Entwicklung und internationaler Vergleich (Opladen ²1998); *Gabriele Metzler*, Der deutsche Sozialstaat: Vom bismarckschen Erfolgsmodell zum Pflegefall (Stuttgart, München 2003).

65 *Christoph Conrad*, Alterssicherung, in: *Hans Günter Hockerts* (Hrsg.), Drei Wege deutscher Sozialstaatlichkeit. NS-Diktatur, Bundesrepublik und DDR im Vergleich (München 1998) 101–116, hier v. a. 102–104.

66 *Wolfgang Abelshauser* (Hrsg.), Die Weimarer Republik als Wohlfahrtsstaat. Zum Verhältnis von Wirtschafts- und Sozialpolitik in der Industriegesellschaft (Stuttgart 1987).

67 *Gerhard A. Ritter*, Die Entstehung des Räteartikels 165 der Weimarer Reichsverfassung, in: Historische Zeitschrift 258 (1994) 73–112.

68 *Karl Christian Führer*, Arbeitslosigkeit und die Entstehung der Arbeitslosenversicherung in Deutschland 1902–1927 (Berlin 1990); *Peter Lewek*, Arbeitslosigkeit und Arbeitslosenversicherung in der Weimarer Republik 1918–1927 (Stuttgart 1992).

69 *Christoph Sachße*, *Florian Tennstedt*, Geschichte der Armenfürsorge in Deutschland, Bd. II: Fürsorge und Wohlfahrtspflege 1871 bis 1929 (Stuttgart u. a. 1988) 142–151.

publik kamen sie allerdings nicht zugute, im Gegenteil: Die notorische Überforderung der Weimarer Republik als Sozialstaat trug entscheidend zu ihrer Delegitimation bei. Während der Weltwirtschaftskrise ging sie nicht zuletzt als Sozialstaat Bankrott, der für die Lösung der vielfältigen, teilweise selbst gesetzten Aufgaben keine Ressourcen mehr besaß[70]. Überdies akzentuierte das ökonomische und finanzielle Fiasko den inhärenten, bereits von Max Weber scharf kritisierten Autoritarismus des deutschen Sozialstaatsgedankens[71]. Gerade vor dem Hintergrund schwindender Ressourcen und tariflicher Verteilungsspielräume traten Instrumente wie die 1923 eingeführte staatliche Zwangsschlichtung um so deutlicher hervor[72]. Und als Kehrseite der emanzipativen Elemente der Weimarer Sozialpolitik scheint die soziale und legislative Konstruktion von „Asozialität" auf. Die Reichsfürsorgeverordnung von 1924 und die „Reichsgrundsätze über Voraussetzung, Art und Maß der öffentlichen Fürsorge" von 1925 kodifizierten erstmals die „Arbeitsscheuen und unwirtschaftlich Hilfsbedürftigen" als eigene Sozialgruppe minderen Rechts[73].

In zweierlei Hinsicht stand daher das NS-Regime in der sozialpolitischen Kontinuität der deutschen Geschichte. Zum einen übernahm es mehr oder minder komplett das Sozialversicherungssystem der Weimarer Republik[74]. Dementsprechend ist das Verhältnis von Kontinuität und Diskontinuität in der Sozialpolitik des Nationalsozialismus kontrovers diskutiert worden[75]. Indes läßt sich fragen, inwieweit nicht das hohe Maß an Kontinuität auch dazu diente, dem größten Teil der Bevölkerung zunächst einmal den Schein sozialpolitischer Normalität vorzuspiegeln. Denn die Kontinuität ummantelte den repressiven und selektierenden Grundzug, der seinerseits freilich ebenfalls einem bereits eingefahrenen Weg folgte. Die Zwangsschlichtung, in Form der „Treuhänder der Arbeit"[76], und die wohlfahrtsbürokratisch generierte soziale Konstruktion von „Asozialen" fanden in der nationalsozialistischen Sozialpolitik ihre systemspezifisch radikalisierte Fortsetzung. Und im Zeichen der rassistisch begriffenen Volksgemeinschaftsideologie glitt die nationalsozialistische Sozial- und Fürsorgepolitik mehr und mehr in ein ebenso zynisch-technokratisches wie rassenideologisch aufgeladenes *social engineering* ab[77]. Trotz aller fortbestehender „Pfadabhängigkeit" kamen somit im

[70] *Jürgen von Kruedener*, Die Überforderung der Weimarer Republik als Sozialstaat, in: Geschichte und Gesellschaft 11 (1985) 358–376.

[71] *Horst Baier*, „Vater Sozialstaat": Max Webers Widerspruch zur Wohlfahrtspatronage, in: Universitas 42 (1988) 1200–1210, hier v.a. 1205f.

[72] *Johannes Bähr*, Staatliche Schlichtung in der Weimarer Republik. Tarifpolitik, Korporatismus und industrieller Konflikt zwischen Inflation und Deflation 1919–1932 (Berlin 1989).

[73] *Sachße*, *Tennstedt*, Fürsorge 174f.

[74] *Karl Teppe*, Zur Sozialpolitik des Dritten Reiches am Beispiel der Sozialversicherung, in: Archiv für Sozialgeschichte 17 (1977) 194–250.

[75] Vgl. hierzu *Schmidt*, Sozialpolitik 62–64.

[76] *Andreas Kranig*, Lockung und Zwang. Zur Arbeitsverfassung im Dritten Reich (Stuttgart 1983) 168–184.

[77] Vgl. hierzu *Peukert*, Weimarer Republik 147–147; sowie *ders.*, Arbeitslager und Jugend-KZ: Die „Behandlung Gemeinschaftsfremder" im Dritten Reich, in: *ders.*, *Jürgen Reulecke*

NS-Regime mehrere, die Diktatur kennzeichnende Spezifika zum Tragen: Das Regime griff zur Sozialpolitik, um ideologisch begründete Ziele durchzusetzen; zugleich suchte es aber auch den Hiatus zwischen ideologischem Anspruch und sozialer Realität zu überwölben – hieraus folgte der permanent propagandistische Anstrich einer vordergründig aktivistischen Sozialpolitik, der „Sozialismus der Tat", der die soziale Integration der „Volksgemeinschaft" vorantreiben sollte. Tatsächlich blieben diese Bemühungen nicht ohne Erfolg, und inzwischen wird kaum mehr bezweifelt, daß das Regime mit seiner Sozialpolitik gerade auch im Arbeitermilieu gewisse Integrationserfolge erzielen konnte[78].

Im Hinblick auf die Priorität der Ideologie in der Sozialpolitik weist die andere deutsche Diktatur gewisse Parallelen auf. Eben diese Prioritäten bewirkten allerdings, daß die DDR in weitaus radikalerer Weise als das NS-Regime die sozialstaatlichen Pfade der Vergangenheit verließ. Die forcierte Zentralisierung und Verstaatlichung brach mit dem traditionellen Verbändepluralismus und zwang die große Mehrheit der DDR-Bürger, ungeachtet einer Vielzahl von Sonderleistungen und Zusatzversicherungen für die Neu-Privilegierung der Nomenklatura, in eine sozialistische Einheitsversicherung[79]. In der Bilanz reproduzierte sich im wesentlichen das Bild, das bereits im Hinblick auf die Konsumgeschichte der DDR gezeichnet wurde: Zwar ist wahrscheinlich gemacht worden, daß „sozialistische Errungenschaften" wie Vollbeschäftigung und Grundversorgung zur begrenzten Akzeptanz des Regimes beitrugen; gleiches wird man für den sogenannten „Konsumsozialismus" der Honecker-Ära mit ihrer „Einheit von Wirtschafts- und Sozialpolitik" sagen können. Aber die Bruchlinien der Akzeptanz blieben stets offenkundig, wobei die im Vergleich zur Bundesrepublik weitaus geringere Leistungsfähigkeit des Sozialsystems eine herausragende Rolle spielte[80]. Die flächendeckende Einführung des bundesdeutschen Sozialsystems im Jahre 1990 hat denn auch aus der spezifischen Diktaturerfahrung eine – wenn auch lang andauernde – sozialpolitische Parenthese der deutschen Geschichte werden lassen. Allerdings wirkt die Tradition bestimmter Angebote der DDR wie etwa die Ganztagskinderbetreuung in die neue Bundesrepublik hinein; und ironischerweise haben der ökonomisch mühsame Start der neuen Bundesländer, die damit verbundene hohe Ar-

(Hrsg.), Die Reihen fast geschlossen. Beiträge zur Geschichte des Alltags unterm Nationalsozialismus (Wuppertal 1981) 413–434; *Christoph Sachße*, *Florian Tennstedt*, Geschichte der Armenfürsorge in Deutschland, Bd. III: Der Wohlfahrtsstaat im Nationalsozialismus (Stuttgart u.a. 1992) 261–272.

78 Siehe insbesondere *Stöver*, Volksgemeinschaft 151–163.

79 *Dierk Hoffmann*, Sozialpolitische Neuordnung in der SBZ/DDR. Der Umbau der Sozialversicherung 1945–1956 (München 1996). Zur Ära Honecker siehe *Beatrix Bouvier*, Die DDR – ein Sozialstaat? Sozialpolitik in der Ära Honecker (Bonn 2002).

80 *Hans Günter Hockerts*, Soziale Errungenschaften? Zum sozialpolitischen Legitimitätsanspruch der zweiten deutschen Diktatur, in: *Jürgen Kocka* (Hrsg.), Von der Arbeiterbewegung zum modernen Sozialstaat: Festschrift für Gerhard A. Ritter zum 65. Geburtstag (München u.a. 1994) 790–804; *ders.*, Grundlinien und soziale Folgen der Sozialpolitik in der DDR, in: *Hartmut Kaelble* u.a. (Hrsg.), Sozialgeschichte der DDR (Stuttgart 1994) 519–544; *Schmidt*, Sozialpolitik 128f.

beitslosigkeit sowie die Anerkennung früherer Rentenansprüche durch die Bundesrepublik östlich der Elbe eine für freie Wirtschaftssysteme bislang ungekannt hohe Sozialleistungsquote entstehen lassen[81].

Jenseits der ideologisch radikalisierten Ausbruchsversuche des NS-Regimes wie der DDR begründeten die westdeutschen fünfziger Jahre, so lautet das Fazit, eine langfristige Kohärenz sozialstaatlicher Erfahrungen. Tatsächlich fand die Bundesrepublik sehr rasch Anschluß an den sozialpolitischen Pfad der deutschen Geschichte im 20. Jahrhundert. Begünstigt durch die präzedenzlose Erweiterung der Verteilungsspielräume und Gestaltungsmöglichkeiten, minderte die bundesrepublikanische Sozialpolitik auch Schritt für Schritt die autoritären Züge und Zwiespältigkeiten der deutschen Sozialstaatstradition. Erstmals währte eine Phase der gestaltenden, nicht spaltenden Sozialpolitik mehr als zwei Jahrzehnte, ehe Ölschock und Wirtschaftskrise seit Ende der siebziger Jahre eine vielbeschworene „Krise des Sozialstaats" einläuteten[82]. Zweifellos aber spielten die in den fünfziger Jahren großzügig ausgebauten Sozialleistungen für die Akzeptanz der Demokratie eine zentrale, langfristig legitimierende Rolle. Voraussetzung hierfür war allerdings der anhaltende Wirtschaftsaufschwung der fünfziger Jahre. So blieb die Sozialleistungsquote während der fünfziger Jahre im wesentlichen stabil, weil die kostspieligen sozialpolitischen Innovationen – Rentenversicherung, Kindergeld, Lastenausgleich[83] – allein durch Zuwächse finanziert werden konnten. In seiner Bedeutung für die bundesrepublikanische Geschichte wird man das nicht geringschätzen, zumal wenn man weiß, in welchem Maße sich die Weimarer Republik als Sozial- und Interventionsstaat – in Ermangelung von Verteilungsspielräumen – überfordert hatte. Der Test freilich, wieweit sich der bundesdeutsche Sozialstaat unter den Bedingungen wirtschaftlicher Stagnation und demographischer Alterung bewährt und welche Integrationskraft er künftig entwickeln wird, steht noch aus. Manches spricht dafür, daß der klassische Sozialstaat als Produkt der „ersten" industriellen Moderne den Anforderungen der „zweiten", postindustriellen und „reflexiven" Moderne nicht mehr gewachsen ist[84].

***

Bilanziert man das Gesagte, so wird deutlich, daß die 1950er Jahre eine entscheidende Scharnierzeit für die deutsche Geschichte bildeten. Unter den Ausnahmebedingungen des Jahres 1945 konnten sich die demokratischen Kräfte in der Bun-

81 Ebd. 135.

82 Siehe hierzu jetzt ausführlich *Andreas Wirsching*, Abschied vom Provisorium. Geschichte der Bundesrepublik Deutschland 1982–1990 (München 2006) 334–340.

83 *Hans-Günter Hockerts*, Sozialpolitische Entscheidungen im Nachkriegsdeutschland. Alliierte und deutsche Sozialversicherungspolitik 1945 bis 1957 (Stuttgart 1980) v. a. 320–425; *Dagmar Nelleßen-Strauch*, Der Kampf um das Kindergeld. Grundanschauungen, Konzeptionen und Gesetzgebung 1949–1964 (Düsseldorf 2003); *Michael L. Hughes*, Shouldering the Burdens of Defeat. West Germany and the Reconstruction of Social Justice (Chapel Hill/N.C. 1999).

84 *Ulrich Beck*, Risikogesellschaft. Auf dem Weg in eine andere Moderne (Frankfurt a.M. 1986).

desrepublik entfalten, während sich nicht- oder gar antidemokratische Kräfte je länger desto mehr anpaßten. Jenseits des Wirkens einer Generation herausragender Repräsentanten der Demokratie wie Adenauer, Heuss, Schumacher etc. gewinnt die Dekade ihre Signifikanz durch die gleichzeitige Kohärenz und Reifung längerfristiger Prozesse wie die Entwicklung des politischen Systems, der Konsumgesellschaft und der sozialstaatlichen Expansion. Vor dem Hintergrund der Erfahrung von 1933/45 und des Kalten Krieges ermöglichte dies den per Saldo erfolgreichen demokratischen Lernprozeß und die gesellschaftliche Liberalisierung[85].

Während der fünfziger Jahre konsolidierte sich denn auch das vom Grundgesetz normierte, strikt repräsentativ-parlamentarische Organisationsstatut. Damals machten die Deutschen mit ihrem Regierungssystem eine vollständig andere Erfahrung als in den zwanziger und zu Beginn der dreißiger Jahre: Stabilität statt Dauerkrise; Parteien, die Regierungsverantwortung übernahmen, statt sie zu fliehen; erfolgreiche wirtschaftliche und soziale Entwicklung statt Massenelend; schließlich außenpolitische Erfolge statt Isolation. Nach anfänglichen Reserven[86] stieg mit dieser Kontrasterfahrung auch das Bedürfnis – kulturwissenschaftlich gewendet –, neue Identität zu konstruieren und damit Abgrenzung gegen die „Alterität" des Vergangenen zu gewinnen. Es ist daher bezeichnend, daß seit Mitte/Ende der fünfziger Jahre „Weimar" immer häufiger als historisch-politisches Argument verwendet wurde: als negative Kontrastfolie freilich, zur Selbstvergewisserung darüber, daß Bonn nicht Weimar war und auch nicht werden sollte[87].

[85] *Ulrich Herbert*, Liberalisierung als Lernprozeß. Die Bundesrepublik in der deutschen Geschichte – eine Skizze, in: *ders.* (Hrsg.), Wandlungsprozesse in Westdeutschland. Belastung, Integration, Liberalisierung 1945–1980 (Göttingen 2002) 7–49.

[86] *Moritz Scheibe*, Auf der Suche nach der demokratischen Gesellschaft, in: *Herbert* (Hrsg.), Wandlungsprozesse 245–277.

[87] Hierzu die Beiträge in *Christoph Gusy* (Hrsg.), Weimars lange Schatten. „Weimar" als Argument nach 1945 (Baden-Baden 2003).

Joachim Rückert

Die Beseitigung des Deutschen Reiches – die geschichtliche und rechtsgeschichtliche Dimension einer Schwebelage[1]

„Beseitigung des Deutschen Reiches" – juristisch und rechtshistorisch liegt darin eine Provokation. Denn die ganz überwiegende Auffassung meint, eine solche Beseitigung habe es nie gegeben. „Deutsches Reich" war seit 1871 der stolze Name des endlich geschaffenen gemeinsamen Staates. „Dieser Bund wird den Namen *Deutsches Reich* führen", hatte die Verfassungspräambel von 1871 erklärt, wie schon die Paulskirchenversammlung 1849 es beschlossen hatte. „Reich" verwies in die altehrwürdige Dimension des *imperium*, des *Sacrum Imperium Romanum*, wie es seit dem 13. Jahrhundert bis 1806 amtlich genannt wurde. In deutschen Urkunden hieß es seit dem 14. Jahrhundert *Heiliges Römisches Reich*, und seit dem 15. Jahrhundert setzte man nicht selten hinzu *teutscher Nation*. 1806 legte Franz II. nüchterner das Band nieder, „welches Uns bis jetzt an den Staatskörper des deutschen Reichs gebunden hat"[2]. Dieses „Reich" in seiner letzten Gestalt hielt man für keineswegs beseitigt. Es soll weiterbestanden haben, sollte jedenfalls als gemeinsames „Dach" über dem geteilten Deutschland schweben[3], trotz Kapitulation und Souveränitätsverlust 1945, mit Staatsbewußtsein sogar, trotz der Teilung seit 1948/49 und der getrennten Emanzipationen 1954/55 in Pariser Verträgen und Warschauer Pakt, trotz Mauerbau 1961, Anerkennung zweier deutscher Staaten 1969 und doppelter UNO-Mitgliedschaft 1973, trotz nicht wenig schlich-

[1] Meinen Kolloquiumsvortrag kann ich nur nach den Notizen skizzieren, die Beanspruchung als Spar- und Profil-Dekan kam dazwischen. Hinzugefügt sind einige notwendigste Nachweise, nicht zuletzt mit Blick auf die interdisziplinären Bedürfnisse. Der Übung folgend (die verschiedene Auflagen, meist insoweit unveränderte, benutzbar macht) werden juristische Gesetzeskommentare nach Bezugsnorm und Randnummer zitiert (z.B. Art. 1 Rn. 1), Lehrbücher u.ä. auch nach der systematischen Gliederung (z.B. § 1 I).
Folgende Abkürzungen werden verwendet: DöV – Die öffentliche Verwaltung; JuS – Juristische Schulung; JZ – Juristenzeitung; KritV – Kritische Vierteljahresschrift für Gesetzgebung und Rechtswissenschaft; ZNR – Zeitschrift für neuere Rechtsgeschichte; ZSGerm – Zeitschrift der Savigny-Stiftung für Rechtsgeschichte. Germanistische Abteilung.

[2] Zu alledem sehr informativ die Artikel Heiliges Römisches Reich, Deutsches Reich, Reich, in: Handwörterbuch zur deutschen Rechtsgeschichte, 5 Bde. (Berlin 1971–1998).

[3] Die sog. Dach-Theorie (zwei Teilordnungen mit gemeinsamem Dach, statt Identitätstheorie) wurde nach 1949 ausgebildet, um die zunehmende „Zweistaatlichkeit" abzufangen.

ten Staatsbewußtseins „hüben und drüben", usw. Allgemeinhistorisch sieht man das meist anders und hält „die Staatlichkeit des Deutschen Reiches" für 1945 „ausgelöscht"[4], im Blick auf die Sprache der Fakten oder auch im Blick am „Recht" vorbei. Hat man also zu wählen zwischen Rechts-Gespenstern und dem gesunden Historikerverstand?

Es handelt sich um ein völkerrechtliches Problem mit vielen externen und internen Konsequenzen. Man diskutierte es bei uns unter dem Stichwort „Deutschlands Rechtslage". Den kritisch vielzitierten Auftakt hatte 1944 und 1945 aus Berkeley der berühmte emigrierte Staatsrechtler, Völkerrechtler und Rechtstheoretiker Hans Kelsen gegeben mit einem Aufsatz über „The Legal Status of Germany"[5]. In Deutschland wurde dies spät bekannt; erst Anfang 1947 stellte dann ein anderer Alt-Österreicher, der Staatsrechtler und Rechtsphilosoph Rudolf Laun in Hamburg, so prominent wie prägnant die rhetorische Gegenfrage „Hat Deutschland Rechte?". Er organisierte zugleich eine Gegenöffentlichkeit in Form der ersten Nachkriegstagung der deutschen Völkerrechtslehrer im April 1947 in Hamburg[6]. In Westdeutschland setzte sich die Auffassung, das Deutsche Reich bestehe fort als Rechtsubjekt, mehr und mehr durch[7]. Die alte Grundgesetz-Prä-

[4] So besonders dezidiert *Wolfgang Schieder* in seiner prägnanten Überblicksrede „Deutsche Umbrüche 1918, 1933, 1945, 1989", in: Alexander-von-Humboldt-Magazin 73 (1999) 11–24, hier 17; von zwei „Neustaaten" seit 1949 spricht auch *Hans-Ulrich Wehler*, Deutsche Gesellschaftsgeschichte, Bd. 4 (München 2003) 978f., beide ohne weitere Überlegungen; etwas mehr berührt *Heinrich August Winkler*, Der lange Weg nach Westen. Deutsche Geschichte, Bd. 2 (München [5]2002): „Untergang" des Reiches (116, 121), „keine deutsche Staatsgewalt mehr" (117), „Anspruch auf alleinige Rechtsnachfolge des Deutschen Reiches" (135) – wie das zusammenpassen soll, erfährt man nicht; dort (175) auch Hermann Lübbes Rede 1983, die von „Reichsuntergang" und „neuem deutschem Staat" ausgeht.

[5] *Hans Kelsen*, The Legal Status of Germany According to the Declaration of Berlin, in: AmJofInternLaw 39 (1945, Juli) 518–526; *ders.*, The International Legal Status of Germany to be Established immediately upon Termination of the War, ebd. 38 (1944) 689–694.

[6] Beste rechtshistorische Übersicht zur Diskussion nach 1945 bei *Bernd Diestelkamp*, Rechtsgeschichte als Zeitgeschichte. Historische Betrachtungen zur Entstehung und Durchsetzung der Theorie vom Fortbestand des Deutschen Reiches als Staat nach 1945, in: ZNR 7 (1985) 181–207, hier 185f., 190f.; auch in *ders.*, Rechtsgeschichte als Zeitgeschichte. Beiträge zur Rechtsgeschichte des 20. Jahrhunderts (Baden-Baden 2001) 25–66; *Laun* schrieb dies in: Die Zeit vom 13. 3. 1947, 3; erneut in *ders.*, Reden und Aufsätze zum Völkerrecht und Staatsrecht (Hamburg 1947) 16–20. Die außerdeutsche völkerrechtliche Diskussion und Praxis, auf die es ankäme, ist bisher nur weniger genau erfaßt, vgl. das Material bei *Hermann Mosler*, *Karl Doehring*, Die Beendigung des Kriegszustandes mit Deutschland nach dem zweiten Weltkrieg (Köln u. a. 1963), freilich im Rahmen einer etwas anderen Fragestellung und noch ohne Nutzung der späteren Akteneditionen (s. *Rudolf Morsey*, Die Bundesrepublik Deutschland. Entstehung und Entwicklung bis 1969 [München [3]1995] 130ff.), und seit 1991 die Arbeiten von Etzel, Jung, Waibel (dazu unten Anm. 28, 37, 36) und *Burkhard Schöbener*, Die amerikanische Besatzungspolitik und das Völkerrecht (Frankfurt a.M. 1991).

[7] Dazu besonders klar der berufene Kenner vom Heidelberger Max-Planck-Institut für ausländisches öffentliches Recht und Völkerrecht *Rudolf Bernhardt*, s. etwa: Die Rechtslage Deutschlands, in: JuS 26 (1986) 839–845; auch *ders.*, Die deutsche Teilung und der Gesamtstatus Deutschlands, in: Handbuch des Staatsrechts der Bundesrepublik Deutschland, hrsg. v. *Josef Isensee*, *Paul Kirchhof*, Bd. 1 (Heidelberg 1987) § 8, 321–350.

ambel und das Verfassungsgericht stützten sie. Seit 1990 gilt diese Rechtsfrage als mit dem Moskauer „2+4"-Vertrag „endgültig beantwortet"[8] – ob als Fortbestand des alten Reiches oder volle Emanzipation der neuen Republik hängt offenbar von den Ausgangspositionen ab.

Rechts-Gespenster? Die Begegnung mit dem Historiker-Verstand wirft drei Fragen auf. Zuerst muß es gehen um „Die Dimension des Rechts – wie ernst ist sie zu nehmen?". Dann fragt sich: Wäre die „‚Beseitigung' des Deutschen Reiches – ein juristischer GAU?" Wie dieser GAU stattfand und doch vermieden wurde, thematisiert der Abschnitt „Der juristische Überlebenstrick: die Lösung ohne (General)Lösung". Abschließend wird der „Strukturbeitrag des Rechts" erwogen an wesentlichen Symbolen wie Flagge und Hymne sowie an den Beispielen Föderalismus, Rechtsstaat und Wirtschaft.

I. Die Dimension des Rechts – wie ernst ist sie zu nehmen?

Natürlich, so sollte man meinen, sind die Rechtsvorgänge in der Geschichte nicht nur Gespenster, in welchem *turn* auch immer die Historie und Rechtshistorie sich gerade befinden mögen. Dies mag hier, in der ‚Höhle der Löwen' der Clio, immerhin gesagt sein. Denn wenn die ruhmgründende Geschichtsmuse dichtet, wird die „Poesie im Recht" (Jacob Grimm)[9] meist nur marginal bedacht. Wenn etwa die „deutsche Frage", d.h. „die Teilung Deutschlands und die Integration der beiden ‚provisorischen' Staatsgebilde in die Blöcke", als „der Angelpunkt der deutschen Nachkriegsgeschichte"[10] betont wird, steht die politische Dimension der Teilung nach 1945 voran[11]. Die rechtliche Dimension ist geborgen in passend untechnischen Worten wie „Staatsgebilde" und distanzierter Verwendung von ‚provisorisch', und hat so wohl sogar Anteil am „Angelpunkt". Meist fehlen solche Andeutungen, und die rechtliche Dimension wie ihre geschichtliche Wirkung erscheinen kaum bewußt. Eine kleine, unsystematische Momentaufnahme von

[8] So deutlich *Werner Frotscher, Bodo Pieroth*, Verfassungsgeschichte (München [3]2002) Rz. 646, aber ohne eigene Antwort; ebenso [4]2003; analog der bedeutende und größte neue Kommentar zum Grundgesetz, s. *Horst Dreier*, in: *ders.* (Hrsg.), Grundgesetz. Kommentar, Bd. 1 (Tübingen 1996) zur Präambel Rn. 4 „politisch-rechtliche, äußere Seite [der Teilung] erledigt", d.h. die Territorialfrage (Rn. 58, 64); ergiebiger *Philip Kunig*, in: *Ingo von Münch, Philip Kunig* (Hrsg.), Grundgesetz-Kommentar, Bd. 1 (München [4]1992) Präambel Rn. 31: i.w. erledigt; Folgen etwa noch für Zwangsarbeiterentschädigung, Streitkräftestationierungen, UNO-Feindklausel; unergiebig sonst führende Bücher wie *Dietmar Willoweit*, Deutsche Verfassungsgeschichte (München [4]2001), vgl. § 41 f., 46.

[9] Das romantisch-geflügelte Wort steht im Titel seines Aufsatzes von 1815, Von der Poesie im Recht, in: Z. f. geschichtliche Rechtswissenschaft 2 (auch in Kl. Schriften VI 152–191; separater ND Darmstadt 1963).

[10] *Anselm Doering-Manteuffel*, Die Bundesrepublik Deutschland in der Ära Adenauer. Außenpolitik und innere Entwicklung 1949–1963 (Darmstadt [2]1988; Anfang 1982 abgeschlossen, unverändert) 8; aufgenommen von *Morsey*, (wie Anm. 6) 136.

[11] So auch das Bild in dem für die Deutsche Frage bes. aufmerksamen Forschungsbericht von *Morsey*, (wie Anm. 6) 136ff., 155–173.

Überblicken und Forschungsberichten ergibt viel Fehlanzeige[12], meist für den Faktor Recht überhaupt. Bei den immerhin „fünf Wegen zur Geschichte der Bundesrepublik" fehlt der ‚Rechtsweg'[13]. Eine „Staatsgründung"[14] kann es 1949 nur gegeben haben, wenn das Reich beseitigt war – das Problem wird nicht gesehen, die Sprache feiert. Als die „Bundesrepublik" nicht mehr so ungeliebt war und „Geschichte und Gesellschaft" ihr 2002 erstmals ein Heft widmete, richtete sich der Blick auf die „Politik der frühen Bundesrepublik"[15]. Die Hilfe einer grundlegenden neueren Darstellung der Rechtsgeschichte, wie sie seit längerem auch für die Zeit nach 1945 existiert[16], wird nicht gesucht – aber doch einmal gefunden[17]. Andere verwenden das Gefundene sehr schief. Wenn tatsächlich gälte: „Die Rechtsordnung, ihre -normen und -praxis blieben im Grunde genommen seit dem Kaiserreich über die erste Republik und die Diktatur bis in die frühe Bundesrepublik ebenso dieselbe wie die Sozialisierung und Zusammensetzung der bundesdeutschen Juristenschaft"[18], dann hätte im Recht die Zeit stillgestanden – und die-

[12] Etwa bei *Wehle*, (wie Anm. 4); *Manfred Görtemaker*, Geschichte der Bundesrepublik Deutschland (München 1999), dort nur 44ff. allg. zur Grundgesetzentstehung, 320ff. zu den Pariser Verträgen, 453 Notstandsgesetze, 550ff. Ostverträge, 748ff. Währungsunion, 755ff. Zwei-plus-Vier (gar nichts findet sich auch zum so wichtigen neuen Wirtschafts-, Arbeits-, Familien- und Sozialrecht und der Gerichtsverfassung).

[13] Siehe den sehr hilfreichen, großen Bericht zu 24 neueren Darstellungen von *Gabriele Metzler*, Breite Straßen, schmale Wege. Fünf Wege zur Geschichte der Bundesrepublik, in: NPL 46 (2001) 244–267; das Recht kommt eher marginal vor, als Richtlinienkompetenz (246), als Reform nach 1969 (248), auch als Gericht und Föderalismus (250f.) und ähnlich. Daß nicht nur die 1949 neue Verfassungsgerichtsbarkeit mit individuellem „Beschwerde"-Recht wesentlich gewirkt habe, ist allgemeine Meinung nicht nur der Juristen.

[14] Ebd. 247; analog *Wehler* (wie Anm. 4); und vor allem, schon im Titel und bewußt zweistaatlich gemeint, die bekannte Darstellung von *Christoph Kleßmann*, Die doppelte Staatsgründung. Deutsche Geschichte 1945–1955 (Bonn [5]1991, zuerst 1982).

[15] Siehe Heft 2 des Jg. 28 (2002): Kontinuität und Wandel in der Politik der frühen Bundesrepublik, hrsg. v. *Paul Nolte*. Auch Noltes „Einführung: Die Bundesrepublik in der deutschen Geschichte des 20. Jahrhunderts" bezieht das Recht nicht ein.

[16] Vgl. besonders *Karl Kroeschell*, Rechtsgeschichte Deutschlands im 20. Jahrhundert (Göttingen 1992) 122, mit Hinweis auf die wesentliche Abhandlung von *Diestelkamp*, 1985 (wie Anm. 6); daneben *Ulrich Eisenhardt*, Deutsche Rechtsgeschichte (München [2]1995) 447–449, mit weiteren Hinweisen; [4]2004, 485–487.

[17] Bei *Gerhard A. Ritter*, Über Deutschland. Die Bundesrepublik in der deutschen Geschichte (München 1998) hier 46f., mit Stütze an *Diestelkamp*, 1985 (wie Anm. 6).

[18] So neuestens *Bernd Stöver*, Die Bundesrepubik Deutschland (Darmstadt 2002) 20; er liest dies aber viel zu allgemein aus Bernd Diestelkamps vorsichtigen Bemerkungen über „Kontinuität und Wandel in der Rechtsordnung 1945–1950" (in: Westdeutschland 1945–1955, hrsg. von *Ludolf Herbst* [München 1986] 86–105; ähnlich *ders.*, Kontinuität und Wandel in der Gesellschafts- und Rechtsordnung vor und nach 1945, in: Zwischen Kontinuität und Fremdbestimmung, hrsg. von *Bernd Diestelkamp* u.a. [Tübingen 1996] 15–35; auch in *ders.* 2001 [wie Anm. 6] 1–24). Zudem sind dort klar benannt insbes. die wesentlichen, normhierarchisch und effektiv vorrangigen Verfassungsneuheiten (88f.) und die neuen juristischen Amtskontexte mit der nun „positiven Haltung" (96) zur Republik, ebenso die großen Forschungsdefizite (104f.); begrenztere Übernahme auch bei *Ritter*, (wie Anm. 17) 25, mit *Diestelkamp*, 1996 (s. soeben). Worte bei *Stöver* wie „Sozialisierung" (statt Sozialisation), „Juristenschaft" oder (ebd. im Text) „Kommunalverfassungsgesetz" (was es gerade nicht gibt,

ses geschichtslose Ding hätte keine Geschichte verdient. ‚Das Recht' kein Gespenst zwar, aber eine Art geschichtsloser Überbau? Oder umgekehrt eine erst recht geschichtsmächtige *longue durée*?

Antworten dazu wären Aufgabe einer Theorie des Rechts in der Geschichte. Sie hätte das Bewußtsein für diesen Faktor und die Instrumente für seine genauere Erfassung aufzubereiten. Daran fehlt es leider. Ohne solche Brillen aber sieht man nichts. Die Brillen der älteren Politikgeschichte, der Geistes- und Ideengeschichte, der marxistischen Geschichtsphilosophie, der Hermeneutik, Sozialgeschichte, Systemtheorie, Mentalitätsgeschichte, Kulturgeschichte und alle jüngeren *turns* waren dem Eigenrecht des Faktors Recht gleichermaßen ungünstig. Auch der neueste, souverän umsichtige Überblick bestätigt das – durch Schweigen[19]. Die neuere Institutionenökonomie seit den 1970er Jahren mit ihrer sehr relevanten historischen und rechtshistorischen Seite wird nicht aufgenommen[20]. Das ist keine Klage, sondern Befund. Anders stand es etwa in der pragmatischen Geschichte des 18., den Historischen Schulen des 19., einigen soziologischen und manchen wirtschaftsgeschichtlichen des frühen 20. Jahrhunderts und erst recht bei Kant und Hegel. Kants „Ewiger Friede" (1795) enthielt ebenso zentral das Recht in seiner Geschichtsdeutung und -hoffnung wie Hegels Deutung der Weltgeschichte als „Fortschritt im Bewußtsein der Freiheit" und wirklicher Vollzug des Rechts[21]. Der gewiß aufschlußreichen Erklärung für diesen Wandel kann hier nicht nachgegangen werden.

Entgegen dem Anscheinsbefund in den Büchern handelt es sich beim Faktor Recht um eine durchweg umfassende, besonders dauerhafte und wirkungsreiche historische Welt. Schwierig erscheint die Erkundung dieser Welt – freilich kaum schwieriger als etwa die sozialen, mentalen oder kulturellen Welten. Die Quellen fließen reichlich und oft explizit. Wirklich schwer fällt ihre systematische Verknüpfung mit den anderen Ebenen – aber auch dies dürfte keine Besonderheit darstellen. Stichworte wie „Autonomie" oder nicht, „Steuerung" oder nicht, sind jedenfalls viel zu allgemein oder ideologisch einseitig[22]. Bessere Antworten eröff-

statt Kommunalverfassungsrecht) zeigen viel Distanz zum Thema. Die einzelnen Normbereiche und Juristentätigkeiten müßten für sich und im historischen Ganzen viel deutlicher gewichtet werden, um den m. E. doch wesentlichen Wandel überhaupt erfassen zu können. Viel Wandel kam „von oben" mit Grundgesetz und Verfassungsgericht, das gab dem hierarchischen Rechtssystem eine neue Richtung, auch unveränderten einfachen Normen; näher noch unten unter IV.

19 Siehe *Lutz Raphael*, Geschichtswissenschaft im Zeitalter der Extreme. Theorien, Methoden, Tendenzen von 1900 bis zur Gegenwart (München 2003). Das Wort Recht o.ä. findet sich nur zufällig, etwa zu den Beispielen Otto Brunner (93) oder Eugen Weber (195). Im Personenregister erscheint kein Jurist oder Rechtshistoriker außer C. Schmitt und E. R. Huber als Folie für O. Brunner (94).

20 Siehe *Raphael*, (wie Anm. 19), der nur Sombart und Beard für um 1900 und allgemeiner Ökonomisches an der Annales-Richtung aufnimmt (76ff., 96ff.). Gemeint sind berühmte Werke wie *Douglass C. North*, Structure and Change in Economic History (New York, London 1981, dt. Übs. Tübingen 1988).

21 Philosophie des Rechts (1821) § 341ff.; Philosophie der Weltgeschichte (1822ff.) Teil C.

22 Siehe zum Thema Autonomie *meine* kritische Studie: Autonomie des Rechts in rechtshi-

net die Wechselbeziehungsperspektive des *cultural lag* (Ogden 1922) und der Theorien über Recht und sozialen Wandel[23]. Daß Normen oft nicht unmittelbar das bewirken, was sie besagen, versteht sich, bedeutet aber nicht, daß sie nicht wirken. Die systematische Verknüpfung fällt leicht zwischen die Stühle der historischen Disziplinen. Das macht sie aber nicht entbehrlich, wie die Überlegungen zu „Strukturmerkmalen" oder sonst größeren Entwürfen[24] sofort ergeben und einräumen[25]. Das Recht ist also dabei – aber wie?

Der Faktor Recht erscheint als gesuchter Begleiter, ein Geist, den man ruft, nicht nur ein Schatten oder Diener. Das Recht kann alles begleiten, sich einmischen, andere Faktoren verstärken oder hemmen. Immer stellt es bestimmte Elemente klarer und auf relative Dauer und gewinnt darin Eigengewicht und Eigendynamik. Zudem verknüpft es sie ganz eigen mit bestimmten Verfahren, Durchsetzungen und einem Zwangsapparat, den es sonst so nicht gibt. Zugleich leisten diese Elemente eine eigenständige „rechtliche" Legitimation über Moral und Politik hinaus, womöglich geradezu als Objekt einer Zivilreligion oder eines Verfassungspatriotismus. Recht geht auch nicht in Politik auf. Gerade in unserer rechtsstaatlichen Moderne wird das geltende Recht durch eine Fülle von Maßnahmen von seiner politischen Genese betont geschieden, so durch seine Genese in besonderen Verfahren, durch seine eigenständige Form als allgemeine und gleiche Sollsätze, durch die Umsetzung in bloß rechtsgebundenen selbständigen Exekutiven, durch die Sicherung über „nur dem Gesetze" (Art. 97 I Grundgesetz) unterworfene Justiz, durch eigene Juristenprofession usw. Historisch kommt es freilich darauf an, den Faktor Recht empirisch als Wirkungselement zu fassen. Er erscheint fast chamäleonartig hier als betonter Befehl wie „unmittelbar geltendes Recht" (so Art. 1 III Grundgesetz für die Grundrechte), dort als bloße Rechtsempfehlung bis hin zur sog. juristischen Lyrik in „Programmsätzen" (z.B. „Der Genuß der Naturschönheiten ... ist jedermann gestattet", Art. 141 III Bay. Verfassung 1946) und in vielen Zwischenformen. Die Rechtsfolgeanordnungen können hart und klar sein, wie meist in Steuer- und Strafnormen, aber auch im Erb-, Fa-

storischer Perspektive, Hannover 1988; zum Thema Steuerung die typischen Versuche über Jahre seit 1981 bei *Peter Nahamowitz*, Staatsinterventionismus und Recht. Steuerungsprobleme im organisierten Kapitalismus (Baden-Baden 1998), direkt zum Thema, mit Nachweisen zu Luhmann, Raiser, Rottleuthner usw., 333 ff.; knapper Überblick bei *Klaus F. Röhl*, Allgemeine Rechtslehre (Köln 1998) § 29.

23 Informativ etwa *Röhl*, (wie Anm. 22) § 59: Strukturhypothesen: Recht und sozialer Wandel.

24 Siehe besonders eindringlich *Dieter Grimm*, Die Bedeutung des Rechts in der Gesellschaftsgeschichte. Eine Anfrage, in: Perspektiven der Gesellschaftsgeschichte, hrsg. v. *Paul Nolte* u.a. (München 2000) 47–57.

25 Wehlers Antwort auf Grimms „brillante Argumentation" lautet, in der Tat müsse „das Recht ... als eine ‚fünfte Achse' [neben Herrschaft, Wirtschaft, Kultur und wohl System der sozialen Ungleichheit] dienen. Denn seine realitätsgestaltende Potenz, zumal in einer Zeit zunehmender Verrechtlichung, könne schlechterdings nicht glaubwürdig bestritten werden", s. (wie Anm. 4) XVII. Ob vier oder fünf „Achsen" oder „Grunddimensionen" ist nicht so klar, siehe *Grimm*, (wie Anm. 24) 47 f., 56 (vier mit dem Recht?).

milien- und Sachenrecht, oder nur dispositiv ergänzend wie oft im Vertragsrecht oder ganz weich wie im materiellen Planungsrecht. Ihre Wirkung kann tendenziell stark sein (etwa weil geklagt werden kann) oder nur indirekt über den Rechtsstab laufen (etwa bei sog. Staatszielbestimmungen wie dem Umweltschutz in Art. 20a Grundgesetz 1994) oder ganz indirekt prozedural verankert sein (wie im Planungsrecht) oder nur ganz indirekt institutionell (wie im Verfassungsgericht oder in der Arbeitsgerichtsbarkeit für das nicht kodifizierte kollektive Arbeitsrecht). Auch bloße Wertbeeinflussung durch die Normen, kritisch wie apologetisch, kommt in Frage. Die Wirkung kann in schlichter Akzeptanz liegen, kann sich aber auch zur *desuetudo* oder Sabotage verkehren. Wirkung und Befolgung müssen getrennt werden. Je konkreter die Rechtssätze, desto besser läßt sich ihre empirische Seite fassen – im ganzen eine wenig analysierte Vielfalt[26].

Die Zeit nach 1945 bis in die frühe Bundesrepublik bietet zahlreiche Beispiele. Allerdings ist deren Gewicht als Recht im historischen Gesamtkontext eigentlich nirgends durchforscht, und manche Einzelnormen eines sonst effektiven Gesetzes wirkten gerade nicht. Eine Vorstellung davon, was mit einer wohl starken Rechtsdurchsetzung mit hohem Eigengewicht als allgemeines und gleiches und i.w. akzeptiertes Recht gemeint ist, geben einige Beispiele[27]: die Gliederung in mehrfach neue Länder und die Auflösung des Hegemons Preußen, die deutliche Wiederherstellung der gemeindlichen Selbstverwaltung (bekräftigt in Art. 28 Grundgesetz), die Entnazifizierung des Rechts durch den Kontrollrat[28], das neue Betriebsverfassungsrecht in den Ländern 1946ff.[29] und dann im Bund 1952 und das Tarifvertragsrecht 1949[30], das neue Wirtschaftsrecht seit 1948 (das vergessene, „protokonstitutionelle“[Nörr] Leitsätzegesetz 1948) bis zum Gesetz gegen Wettbewerbsbeschränkungen (1958, einschließlich Kartellamt) und zum Bundesbankgesetz (1957)[31], die neue Verfassung 1949 als oberste Norm mit Vorrang, das neue Verfassungsgericht als eine Art *Supreme Court* mit voller Rechtskontrolle (Art. 93f.

[26] Ich stütze mich im vorigen auf meine Überlegungen und Nachweise zu „Ein wenig Theorie“ in: Stadt-Land-Recht-Agglomeration, in: Stadt-Gemeinde-Genossenschaft. Festschrift für Gerhard Dilcher zum 70. Geburtstag, hrsg. v. *Albrecht Cordes, Joachim Rückert, Reiner Schulze* (Berlin 2003) 253–289, hier 257–263. Einzubeziehen ist nun vor allem *Grimm*, (wie Anm. 24).

[27] Im folgenden gebe ich einige Nachweise, wenn mir die Rechtsgeschichte etwas Eigenes zu bieten scheint, ohne Anspruch auf Vollständigkeit.

[28] Dazu kurz *Kroeschell*, (wie Anm. 16) 123; grundlegend *Matthias Etzel*, Die Aufhebung von nationalsozialistischen Gesetzen durch den Alliierten Kontrollrat 1945–1949 (Tübingen 1992).

[29] Dazu kurz *Kroeschell*, (wie Anm. 16) 233–238; umfassend *Martin Plumeyer*, Die Betriebsrätegesetze der Länder 1947–1950 (Aachen 1995); prägnant *Nörr*, (wie Anm. 30) 124–128.

[30] Umfassend nun *Knut Wolfgang Nörr*, Die Republik der Wirtschaft. Recht, Wirtschaft und Staat in der Geschichte Westdeutschlands, Teil I (Tübingen 1999) hier 129ff.

[31] Grundlegend *Nörr*, (wie Anm. 30) 35ff., 144ff., Zitat 50, und zum GWB *ders*., Die Leiden des Privatrechts. Kartelle in Deutschland von der Holzstoffkartellentscheidung bis zum Gesetz gegen Wettbewerbsbeschränkungen (Tübingen 1994); außerdem *Joachim Distel*, Die Errichtung des westdeutschen Zentralbanksystems mit der Bank deutscher Länder (Tübingen 2003).

Grundgesetz) und Verfassungsbeschwerde (im Bundesverfassungsgerichtsgesetz 1951)[32], das fast völlig neue Wohnungseigentumsrecht 1951 (Wohnungseigentumsgesetz)[33], die Schaffung einer eigenen Sozialgerichtsbarkeit 1953[34], das neue Familienrecht 1958 (Gleichberechtigungsgesetz 1957)[35] usw.

Für ein eher schwaches Recht mit nicht hinreichend allgemeiner und gleicher und akzeptierter Wirkung und Akzeptanz stehen wohl: die Entnazifizierung der Personen, also die bekannte „Mitläuferfabrik" (Niethammer)[36], obwohl sie nicht einfach gescheitert ist, da sie tiefe Spuren hinterließ, die Verfolgung der Kriegs- und NS-Verbrechen[37], die Sozialisierungsartikel der Hessischen Verfassung 1946 (Art. 39–41) wie des Grundgesetzes 1949 (Art. 15)[38], die sog. Große, halbgescheiterte Strafrechtsreform[39], auch die vielen Programmsätze der Länderverfassungen seit 1946 – die Beispiele liegen hier weniger bereit. *Locus classicus* dazu ist die Bukowina, die noch kürzlich sogar globalisiert wurde[40]. Dort hatte Eugen Ehrlich als Begründer der Rechtssoziologie ein „lebendes" Familien- und Erbrecht der Bauern ganz abseits vom „geltenden" österreichischen Allgemeinen Bürgerlichen Gesetzbuch entdeckt und dies dann 1912 in seiner „Grundlegung der Soziologie des Rechts" grundsätzlich thematisiert[41]. Der klassische Gesichtspunkt ist die Differenz von gesetztem und lebendem Recht, neuer: Verfassungsrecht und Verfassungswirklichkeit, oder Steuerrecht und Steuerwirklichkeit, oder Strafrecht und Strafverfolgungswirklichkeit (Beispiel Homosexualität, Unzucht und Abtreibung in den 60er/70er Jahren) usw.

[32] Dazu kurz *Kroeschell*, (wie Anm. 16) 195 ff.; die Verfassungsbeschwerde steht erst seit der sog. Notstandsgesetzgebung 1969 im GG selbst.

[33] Dazu kurz *Kroeschell*, (wie Anm. 16) 218.

[34] Dazu kurz *Kroeschell*, (wie Anm. 16) 238 f.; wichtig jetzt *Michael Stolleis*, Geschichte des Sozialrechts in Deutschland (Stuttgart 2003) hier 265 ff.

[35] Dazu kurz *Kroeschell*, (wie Anm. 16) 221 ff.; zum Gesetzgebungsprozeß jetzt wichtig *Friedemann Utz*, Preuße, Protestant, Pragmatiker. Der Staatssekretär Walter Strauß und sein Staat (Tübingen 2003) hier 440 ff.

[36] Zur amerikanischen Seite jetzt weiterführend *Dieter Waibel*, Von der wohlwollenden Despotie zur Herrschaft des Rechts. Entwicklungsstufen der amerikanischen Besatzung Deutschlands 1944–1949 (Tübingen 1996) hier 166 ff.

[37] Dazu exemplarisch *Holger Lessing*, Der erste Dachauer Prozeß (1945/46) (Baden-Baden 1993) und *Susanne Jung*, Die Rechtsprobleme der Nürnberger Prozesse (Tübingen 1992).

[38] Dazu kurz *Kroeschell*, (wie Anm. 16) 135; näher *Bernd Diestelkamp*, Rechts- und verfassungsgeschichtliche Probleme zur Frühgeschichte der Bundesrepublik Deutschland [Teil 2 II des Fortsetzungsaufsatzes von 1980/81], in: JuS (1981) hier 98 f.

[39] Dazu kurz *Kroeschell*, (wie Anm. 16) 245 ff.; zum Gesetzgebungsprozeß jetzt wichtig *Utz*, (wie Anm. 35) 473 ff.; zur kontraproduktiven Dominanz der Praktiker *Hubert Treiber*, Die „rückwärtsgewandte" Expertenreform – Ausgewählte Ergebnisse einer Cluster-Analyse zum Abstimmungsverhalten in der Großen Strafrechtskommission, in: KritV 80 (1997) 378–399.

[40] *Gunther Teubner*, Globale Bukowina. Zur Emergenz eines transnationalen Rechtspluralismus, in: Rechtshist. Journal 15 (1996) 255–290.

[41] Siehe *Eugen Ehrlich*, Grundlegung der Soziologie des Rechts (Berlin ^{4}1989), hrsg. von *Manfred Rehbinder* [mit neuer Paginierung, Zwischenüberschriften, Registern usw.] 313, 419 ff. (= c. XVI, XX 2).

Die Dimension des Rechts kann in diesem Sinne ernstgenommen werden. Sie verdient einige Aufmerksamkeit als historischer Faktor, auch wenn sie in ein Dickicht von Normen und indirekten Wirkungen gehüllt ist. Die „Beseitigung des Deutschen Reiches" gehört in diese Welt, nur handelt es sich um einen juristisch wie empirisch „besonders schweren Fall" – das Problem eines juristischen GAU, und das im Völkerrecht. Reich und Staat und Deutschland nach 1945 waren politisch, vor allem außenpolitisch stets ein Thema in Politik- und Geschichtswissenschaft. Als Rechtsfaktor ernst genommen wurde es wenig[42]. Nach 1992, unter den neuen Erfahrungen und Perspektiven, wurde dann von Kenner-Seite umgekehrt kühn gesagt, „daß in der Politik letztlich allein das zählt, was ein Staatsmann völkerrechtlich und staatsrechtlich verbindlich äußert und vertraglich festklopfen läßt" (H.-P. Schwarz)[43] – das klingt wieder mehr nach Recht in der Geschichte, freilich betont nüchtern, nicht wie bei Kant und Hegel[44]. Inzwischen fällt die fällige Historisierung leichter.

II. „Beseitigung" des Deutschen Reiches – ein juristischer GAU?

Als größter Unfall des Rechts gilt oft das sog. *justitium*, der Stillstand der Rechtspflege, der zur Unterbrechung der laufenden Verfahren führt (§ 245 Zivilprozeßordnung 1877 ff.). Er trat 1945 mit der Schließung der Gerichte bis etwa Juni 1945 ein. Er indizierte aber nur den viel größeren Unfall: ein „Recht ohne Staat". Denn das „Deutsche Reich" war der deutsche Staat, seine Beseitigung hinterläßt ein „Recht ohne Staat". Nicht erst, aber besonders die Moderne kann sich dies kaum vorstellen. Für die römische Antike überliefert Cicero: „Wenn aber ein Staat (*civitas*) beseitigt, vernichtet, ausgelöscht wird, so ist es, um Kleines mit Großen zu vergleichen, wie wenn diese ganze Welt unterginge und einstürzte" (*De re publica* 3, 34)[45]. Denn das Recht stürzt mit, da die *civitas* zugleich den Rechtszustand verbürgt. So sieht es auch Kant, für den ein „rechtlicher Zustand" erst als einer des „öffentlichen" Rechts, der „Verfassung", existiert, nicht schon als „natürlicher" oder „privat"-gesellschaftlicher[46]. „Salus civitatis (nicht civium)" ist nur hier gewährleistet, „denn diese [die bürgerliche Gesellschaft] besteht nur durch jene [die Staatsverfassung]"[47] – kein Rechtszustand ohne Staat.

[42] Ernstgenommen etwa, von London aus, in der letzten großen Darstellung vor 1989/90, bei *Adolf M. Birke*, Nation ohne Haus. Deutschland 1945–1961 (Berlin 1989) 42 f., auch mit Bezug auf *Diestelkamp*, 1985 (wie Anm. 6).
[43] *Schwarz*, (in: *J. Becker* u. a. [Hrsg.], Wiedervereinigung in Mitteleuropa [1992] 181 f.), hier nach *Morsey*, (wie Anm. 6) 172.
[44] Vgl. oben bei Anm. 21.
[45] Nach der Ausgabe von *Karl Büchner* (Stuttgart 1979), im Bericht von *Augustinus*, de civitate dei, 22,6.
[46] *Immanuel Kant*, Metaphysische Anfangsgründe der Rechtslehre (Königsberg 1797) § 41.
[47] *Ders.*, Anthropologie in pragmatischer Hinsicht (Königsberg 1798, ^{2}1800) Schlußabschnitt (A 331/B 329).

Das durchweg staatliche positive Recht wird ohne Staat seines Subjekts und Trägers beraubt. Die denkbar schwerste Zäsur läge darin – Tod. Aber wann liegt er wirklich vor? Der ‚Tod' einer juristischen Person wie eines Staats oder Vereins verläuft so wenig natural sichtbar wie seine Geburt. Juristische Personen entstehen durch anerkannte Gruppenbildung, als Verein etwa oder eben Staat, und werden so Träger von Rechten und Pflichten in Verkörperung ihrer Glieder – ein unermeßlicher Rechts- und Organisationsvorteil gegenüber bloß individuellem Zusammenschluß. Sie gehen unter durch Selbstauflösung, Tod oder Austritt der Mitglieder, Konkurs und Liquidation oder Entziehung der Rechtsfähigkeit, d.h. der rechtlichen Anerkennung. Für die Deutung als Staatsuntergang 1945 käme es auf eine Art Konkurs oder eine Rechtsentziehung an. Doch wann läge dies vor? Kann es auch eine Auferstehung geben? Oder eine bloße Reduktion auf vorübergehende Vormundschaft? Oder eine Treuhänderschaft oder Vertretung oder Geschäftsführung ohne Auftrag? Aber für wen, das Altsubjekt oder ein Neusubjekt?

Alle diese Rechtsfiguren wurden aktiviert. Die Fragen und Bilder sollen klar machen, daß es nicht nur um abstrakte, letztlich beliebige Juristengefechte ging und geht, wenn man in Deutschland anfing, den Staatsbegriff (klassisch: Gebiet, Volk, Gewalt) klein zu deklinieren, ein bloßes Staatsbewußtsein genügen zu lassen, eine *pars pro toto* zu nehmen (als „Teilstaat" oder „Kernstaat") unter einem an sich größeren Reichs-„Dach", oder den Gesamtstaat als Zukunft zu sichern durch bloß „provisorisch" genannte Gegenwart mit einem bloßen „Grundgesetz" statt einer „Verfassung" – alles um sich zu retten vor dem juristischen GAU und seinen Konsequenzen. Ohne Staat keine Staatsdiener, keine Staatsangehörigkeit, kein Staatsaufbau in Länder usw., kein Staatsvermögen, keine Staatseinnahmen, Staatsschulden, Staatshaftungen, Staatsverträge, kein Kläger für die Anwendung des staatenbezogenen Völker- und Kriegsrechts in der Besatzung (bes. Haager Landkriegsordnung), usw. Ohne Staatsgewalt kein positives Recht? Oder welches dann? Ein „Volksrecht"? – gewiß nicht 1945. Denn es gab eine Staatsgewalt, nur keine deutsche. Also keinen deutschen Staat?

Das Recht ist bekanntlich kaum einmal um eine Antwort verlegen. Hier kommt sie unbestritten aus dem Völkerrecht. Wohl nur „Auferstehung" läßt sich nicht juristisch-weltlich konstruieren. ‚Staatentod' tritt ein durch *Annexion* im Gefolge vollständiger Unterwerfung (*subjugatio*, *debellatio*), im Bilde bleibend durch eine Art Staaten-Kannibalismus wie z.B. 1763, 1866 und jenseits Oder/Neiße nach 1945. Die kriegerische Besetzung (*occupatio bellica*) muß dies noch nicht bewirken. Diese Unterscheidung war völkerrechtlich anerkannt in Anknüpfung an die Regeln der Haager Landkriegsordnung, also das „Abkommen betr. die Gesetze und Gebräuche des Landkriegs" vom 18. Okt. 1907, über „Militärische Gewalt auf besetztem feindlichen Gebiete" (Art. 42 ff.). Der Fall einer auf längere Zeit geplanten Besetzung mit Übernahme der gesamten Staatsgewalt und ihrer nur langsamen Rückführung erst bis 1955, ja 1989/90, liegt anders und eröffnet mehrere rechtliche Möglichkeiten. Man sollte meinen, die ‚Lösung' sei längst geklärt. Aber die Juristenäußerungen in den damaligen wie heutigen Darstellungen dazu sind so gut wie alle sprachlich-interessiert geformt. Es gibt in diesen Texten keine unschuldigen Rechtsworte, ob „Staat" oder „Staatsbegriff" oder „Staatsbewußtsein" oder „supreme authority" oder „unconditional surrender" oder „(Kon)dominium", „Treuhand", „Geschäftsführung", oder „Deutschland", „Teilstaat", „Kernstaat" usw. Es war gewiß auch nicht so, daß den „Beteiligten" die „juristische Brisanz" der Frage nicht klar gewesen wäre[48]. Denn Verschwommenheit oder Schweigen bedeuteten hier nicht fehlende Brisanz, sondern eher das Gegenteil. Die britische Zonenkontrollkommission enthielt sich z.B. im August 1946 einer Klärung und untersagte „weitere Erörterung"[49].

Und Völkerrecht kann recht flüssig sein. In London und Washington sah man klar die gewohnte Alternative: bloß begrenzte, völkerrechtliche Besatzung oder Souveränitätsübernahme mit Annexion. Man suchte einen Zwischenweg: volle Gewalt ohne Annexion – womöglich als neuer völkerrechtlicher Weg unterhalb der Annexion[50]. Ebenso sah man sehr dringliche andere Konsequenzprobleme bei einer Staats-Beseitigung: kein Staatssubjekt – keine Haftung, vielmehr Haftungsübernahme durch die Nachfolger usw., Wegfall des Kriegszustandes und der daran gebundenen Rechte des Präsidenten usw.[51]

Man versteht die disparaten und unklar erscheinenden Zeugnisse besser, wenn man sich die Möglichkeiten vom unbefangenen und schärferen Zivilrecht her klar macht und dann die oft interessiert verschwommene völkerrechtliche Diskussion betrachtet. Bedeutet die unbedingte, vollständige Kapitulation und Besatzung mit Staatsgewaltübernahme einen neuen Anfang mit neuem Subjekt, nur zunächst unter ‚Elternschaft' mit „gesetzlicher Vertretung" wie bei einem Neugeborenen oder Verwaisten[52], also einem zwar Rechtsfähigen, aber Handlungsunfähigen? Diese Unterscheidung wurde wichtig im Rahmen der Fortbestandsthesen[53]. Oder bedeutete es eine Fortführung unter Vormundschaft wie bei einem entmündigten Erwachsenen? Unklar beschönigend sprach man so von „Treuhand", aber unpassend, da dann der Treugeber, also das alte Subjekt, zugreifen dürfte als der eigentliche Rechtsinhaber – was klarerweise bis zur Erlangung der wesentlichen Souveränität 1955 und der endgültigen erst 1990, nicht gedacht und nicht erlaubt war. Noch weniger paßt deswegen normale „Vertretung" oder „Geschäftsführung", bei der stets der Vertretene oder Geschäftsherr maßgebend bliebe[54]. So zuge-

48 So aber *Birke*, (wie Anm. 42) 42.

49 Siehe *Diestelkamp*, 1980 (wie Anm. 38) 482 mit 484: „Diese Ausführungen sind als endgültig anzusehen. Über dieses Thema ist ein weiterer Schriftwechsel oder eine sonstige Erörterung nicht zulässig" (nach: Akten zur Vorgeschichte der Bundesrep. Deutschland, Bd. 1 [1976] 808).

50 Dazu vorzüglich aus den Akten *Etzel*, 1992 (wie Anm. 28) 34ff., 37ff.

51 *Etzel*, 39, 46.

52 Die neuere Umstellung des Vormundschaftsrechts auf sog. Betreuungsrecht ändert an den Grundbegriffen nichts.

53 Sie wurde früh von London benutzt (s. *Etzel*, [wie Anm. 28] 42), und wurde dann häufig für die Konstruktion der Nichtbeseitigung genutzt.

54 Völkerrechtler sprechen dann relativierend unklar von „völkerrechtlicher" Treuhand oder Geschäftsführung; vgl. die Regeln in BGB §§ 164ff. und 677ff.; für die im deutschen Recht i.w. ungeregelte Treuhand die entsprechende Dogmatik.

schärft wird deutlich, daß die kriegerische Unterwerfung alleine noch nicht sagt, ob nun das alte Subjekt ausgelöscht sein sollte und neue zu existieren begannen (etwa mit zwei „Staatsgründungen" 1949), unter einer Art ‚Elternschaft' der Alliierten über den neuen Staat mit ‚neugeborenem Volk' und mit dessen ‚gesetzlicher Vertretung' bis zur ‚Volljährigkeit', oder ob ein erwachsenes Volk mit seinem Staat nur entmündigt sein sollte bis zur Entlassung in erneute Selbständigkeit als Volk und Staat. ‚To be or not to be', beseitigt oder nicht?

Sind die Möglichkeiten klar, so kommt es auf die Entscheidungskriterien an. Was entscheidet völkerrechtlich über Sein und Nichtsein? Das Völkerrecht des 20. Jahrhunderts beruht vor allem auf der Rechtspraxis der Staaten in Verträgen und Rechtshandlungen[55]. Verträge fehlten, so der noch 1990 offen gelassene „Friedensvertrag". Bleiben die Rechts-Handlungen, also nicht irgendwelche Handlungen, sondern nur die als rechtlich gemeinten. Es geht nicht nur um etwas wie „politische Praxis" überhaupt[56]. Die klare Grundfigur ist das sog. Gewohnheitsrecht. Dazu verlangt man – immer schon – Handlungen (*usus*), die im Bewußtsein einer Notwendigkeit und Rechtlichkeit erfolgten (*opinio iuris et necessitatis*). Gewohnheiten allein machen noch kein Gewohnheitsrecht. Die Rechts-Handlungen der Alliierten deuteten zunächst eher auf Beseitigung und Neuanfang unter ‚Elternschaft'. Klar hatten sie nur Annexion abgelehnt. Aber Nicht-Annexion bedeutete nicht schon Nichtbeseitigung des Reiches. Sie übernahmen alle Staatsgewalt auf längere Zeit und gestalteten grundlegend neu. Positiv vermied man klare Festlegungen ebenso wie den Friedensvertrag. Man ließ die deutschen Seiten streiten und agieren – sie alleine waren ohnehin nie maßgeblich. Vermieden wurde damit der juristische GAU – weniger bildlich gesagt: Man vermied eine juristische Generallösung wie sie die klare rechtliche Beseitigung des Deutschen Reiches mit ihren vielen schwer überschaubaren rechtlichen Konsequenzen bedeutet hätte. Das blieb brisant genug, kam aber der Uneinigkeit und einigen Interessen der Alliierten ebenso entgegen wie dem westdeutschen Interesse, die Frage wenigstens offen zu halten und dem umgekehrten, wachsenden ostdeutschen Interesse, ohne „Reich" und „BRD" selbständig zu werden. So die große Linie.

Diese Linie müßte konkret vorgeführt werden mit den vielen Argumenten aus einer fülligen Diskussion und gründlichen Blicken hinter die Kulissen der in Frage kommenden Rechtshandlungen. Jeder Satz, jedes Wort, ja jede Übersetzung wurden immer wieder um und um gewendet in der deutschen Diskussion. Nur einige Hauptargumente möchte ich vorstellen, zumal diese Diskussion rechtszeitgeschichtlich recht gut bearbeitet ist[57].

[55] Eine aufschlußreiche Übersicht dazu bei *Stefan Kadelbach*, Wandel und Kontinuitäten des Völkerrechts und seiner Theorie, in: Rechtsphilosophie und Rechtsdogmatik in Zeiten des Umbruchs, hrsg. v. *Rolf Gröschner*, *Martin Morlok* (ARSP Beiheft 71, Stuttgart 1997) 178–193.

[56] So aber in diesem Zusammenhang z.B. *Ritter*, (wie Anm. 17) 46.

[57] Siehe den speziellen Aufsatz von *Diestelkamp*, 1985 (wie Anm. 6) und ergänzend bes. zu Kelsen und britischen Äußerungen 1946 *ders.*, 1980 (wie Anm. 38), hier Teil 1 V, 481ff.; zu

Der Kapitulationsvertrag vom 8. Mai 1945 schuf jedenfalls laut Art. 4 noch „kein Präjudiz für ... allgemeine Kapitulationsbestimmungen"[58]. Diese folgten in der sog. *Berliner „Erklärung* in Anbetracht der Niederlage Deutschlands und der Übernahme der obersten Regierungsgewalt hinsichtlich Deutschlands" vom 5. Juni 1945 durch die Alliierten. Sie gingen aus von der „bedingungslosen Kapitulation", d.h. der vollständigen Niederwerfung als Staat über das Militärische hinaus (Präambel Abs. 1), einer Formel aus dem amerikanischen Bürgerkrieg[59]. Dem entsprach die Übernahme der „supreme authority", also der gesamten Staatsgewalt (Titel und Präambel Abs. 5). Doch hieß es auch, die Übernahme „bewirkt nicht die Annektierung Deutschlands" (Präambel Abs. 5 a. E.). Abs. 6 erklärte, die Alliierten würden „später die Grenzen Deutschlands ... und die rechtliche Stellung Deutschlands ... festlegen". Im sog. *Potsdamer Protokoll* vom 2. 8. 1945 wird dem neuen Außenministerrat aufgetragen „the preparation of a peace settlement for Germany to be accepted by the Government of Germany when a Government adequate for the purpose is established" (c. II 3 I). Die Rechtsordnung des Reiches wurde mühsam entnazifiziert, beginnend mit *Kontrollratsgesetz Nr. 1* vom 20. 9. 1945 und dreizehn weiteren Gesetzen, und zwar nicht nur enumerativ, sondern vollständig durch die Generalklausel in Nr. 1 Art. II „No German enactement, however or whenever enacted, shall be applied judicially or administratively within the occupied territory in any instance where such application would cause injustice or inequality", sei es durch begünstigendes oder diskriminierendes NS-Recht. Das war die Linie seit 1943, und dies verstand sich nicht von selbst oder leicht per Dekret[60]. Deutsches Recht galt nicht im Zweifel fort, sondern stets unter Vorbehalt. Zudem galt ein generelles Veto- und Kassationsrecht. Auch weitgehende Neubildungen zum Jugendgerichtsgesetz, der Strafprozeßordnung und Zivilprozeßordnung wurden angegangen. Was im Amtsblatt des Kontrollrats erschien, war nur „die Spitze eines Eisbergs"[61]. Unter Auflösung Preußens (*Kontrollratsgesetz Nr. 46* vom 25. 2. 1947) wurden die Länder teils oder ganz neu gebildet, besonders die SBZ-Länder, Nordrhein-Westfalen, Niedersachsen, Hessen, Rheinland-Pfalz, und Schleswig-Holstein, schon im Juni 1945 in der

US und GB wichtig und ergänzend *Etzel*, 1992 (wie Anm. 28) 34 ff., zu US außerdem *Waibel*, 1996 (wie Anm. 36) 58 ff., 68 ff., 78 ff. (ohne Rücksicht auf Etzel). Die völkerrechtlichen Beiträge sind zwar oft sehr eingehend und argumentativ interessant, aber durchweg weniger frei von interessierter Argumentation, s. etwa *Dieter Blumenwitz*, Die Überwindung der deutschen Teilung und die Vier Mächte (Berlin 1990).

[58] Handliche Quellensammlung durch *Dietrich Rauschning* (Hrsg.), Rechtsstellung Deutschlands. Völkerrechtliche Verträge und andere rechtsgestaltende Akte (München ²1989). Die Übersetzungsprobleme gehen dabei freilich verloren.

[59] Dazu *Waibel*, (wie Anm. 36) 60.

[60] So aber etwa *Cl. Vollnhals*; zu alledem genauer mein Beitrag: Strafrechtliche Zeitgeschichten – Vermutungen und Widerlegungen, in: KritV 84 (2001) 223–264, hier 245–247; grundlegend *Etzel*, 1992 (wie Anm. 28).

[61] So *Etzel*, (wie Anm. 28) 133, mit Analyse 138 ff.; allein 278 Rechts-Gutachten nur bis Mitte März erstellte die US-Seite (73); Etzels Maßstab für Erfolg und Scheitern ist dabei eher zu eng, siehe dazu *Rückert*, (wie Anm. 60) 248 f.

SBZ, im September 1945 in der US-Zone, Oktober 1946 in der englischen und 1946/47 in der französischen Zone. Das war ganz neu, die Länder hatten schon in Weimar nicht mehr als eigene Staaten gegolten[62]. Die eingesetzten Regierungen durften unter Kontrolle Verfassungen ausarbeiten. Den Ministerpräsidenten wurde 1948/49 noch enger kontrolliert aufgegeben, eine Verfassung für das westliche Trizonesien zustande zu bringen, also das *Grundgesetz* vom 23. 5. 1949. Die Gemeindeverwaltungen wurden unter scharfer Kontrolle im Zuge der Besetzung neu gebildet, Übergeordnetes existierte zunächst kaum; in der britischen Zone wurde gegen starken Widerstand ein ganz neues Magistratssystem eingeführt[63]. Und man beanspruchte volle Justizhoheit unter Verdrängung der deutschen, in Nürnberg und sonst für die Verbrechen gegen die Menschlichkeit u. ä.; die Gerichtsbarkeit über den Bruch von Kriegsrecht genügte nicht[64]. Das Besatzungsrecht enthielt scharfe Vorbehalte. Man gab 1949 „das größtmögliche Maß an Selbstregierung, das mit der Besetzung vereinbar ist" – aber eben nur dies Maß; man behielt sich ausdrücklich Kontrollrechte vor, auch für die „Einhaltung des Grundgesetzes und der Länderverfassungen" und sogar die Wiederübernahme „der gesamten Gewalt ganz oder teilweise"[65].

Diese Rechtshandlungen der Alliierten schienen eher für Beseitigung zu sprechen. Sie sprachen sie aber nicht ausdrücklich aus.

Auf deutscher Seite betonte man dagegen, die Kapitulation betreffe nur das Militärische. Das „unconditional" und die „supreme authority" beträfen nur die Regierungsgewalt und nicht den Staat als ganzen und als juristische Person. Man übersetzte dies abmildernd mit „Regierungsübernahme" oder „oberste Regierungsgewalt in Deutschland". Aus der Nichtannexion schloß man auf Nichtbeseitigung des Reiches – *tertium non datur* sage das Völkerrecht. Das *argumentum a maiore* (wenn Recht zur Annexion, dann auch zu milderen Mitteln), das Kelsen öffentlich formuliert, und, wie man wohl nicht wußte, Washington und London intern verwendet hatten[66], wurde verworfen. Jedenfalls sei die rechtliche Stellung noch offen, siehe *Berliner Erklärung*, eventuell bis zum aufgeschobenen Friedensvertrag, siehe Potsdam. Ein Friedensvertrag setze Fortbestand des Reiches voraus. Die Rechtsordnung sei nur entnazifiziert und im wesentlichen die des Reiches vor 1933. Die Justizhoheit, also i.w. Nürnberg, sei entweder überschritten entgegen Art. 43 HLKO[67], also trotz bestehender deutscher, oder ausnahmsweise ander-

62 Dazu das „Memorandum des Fünferausschusses an die Alliierten über den föderalen Charakter des Grundgesetzentwurfes", vom 10. 2. 1949 (jetzt handlich in: Die Entstehung des Grundgesetzes für die Bundesrepublik Deutschland. Eine Dokumentation, hrsg. v. *Michael F. Feldkamp* [Stuttgart 1999] 134).

63 Dazu *Diestelkamp*, 1981 (wie Anm. 6) 410f.

64 Dazu klärend *Jung*, (wie Anm. 37) 113ff.

65 So Besatzungsstatut v. 10. 4. 1949, Artt. 1 S. 1, 2f., 3 S. 2., nach *Feldkamp*, (wie Anm. 62) 164ff.

66 Dazu *Waibel*, (wie Anm. 36) 63, und *Etzel*, (wie Anm. 28) 36, 40.

67 Art. 43: „Nachdem die gesetzmäßige Gewalt tatsächlich in die Hände des Besetzenden übergangen ist, hat dieser alle von ihm abhängigen Vorkehrungen zu treffen, um nach Möglichkeit die öffentliche Ordnung wiederherzustellen und aufrechtzuerhalten, und zwar,

weit gerechtfertigt. Die neuen Verfassungen seien im Kern selbstgeschaffen, die neuen Länder ebenfalls konsentiert. Die Grundgesetz-Präambel mit ihrem Beharren auf „Einheit" und „Übergangszeit" und Handeln für alle Deutschen sei unbeanstandet geblieben. Die gemeinsame deutsche Staatsangehörigkeit werde weiter praktiziert. Das Staatsvolk sei trotz erheblicher Verluste nicht untergegangen. Die Staatsgebiets- und Grenzfrage sei jedenfalls offen, siehe Berliner Erklärung. Die oberste Staatsgewalt sei zwar übergegangen, aber in den Gemeinden habe der deutsche Staat ununterbrochen fortbestanden – die „Stunde Null" sei die „Stunde der Verwaltung"[68] gewesen. Vom eigentlichen Besatzungsrecht schwieg man eher – wie auch die Regierung selbst. Die Rechtshandlungen, so der seit 1947/48 ganz überwiegende Schluß, zeigten also keineswegs eine Reichs-Beseitigung. Kein Geringerer als *Günter Dürig* stellte 1955 bei der großen Diskussion der deutschen Staatsrechtslehrer gar den geistvollen, mit konkreten Merkmalen auch kaum widerlegbaren Satz auf, daß ein Staat überdauern könne kraft „objektiver geistiger Tradition"[69] – unter großem Respekt und Beifall. 1966 steigerte er sich gegen die zunehmende Spaltung und Zweistaatlichkeit zu der Formel „Das Deutsche Reich bleibt als Staat erhalten, weil und solange wir selbst es wollen"[70]. So groß war die Not der gegenläufigen Rechtshandlungen. Doch man sah sich nicht gewissermaßen in Konkurs und auch nicht der Reichs-Rechtsfähigkeit entzogen.

Die maßgeblichen Alliierten hielten sich bedeckt. Man wollte „freie Hand"[71]. Dürig zog aus diesem Schweigen den kühnen Schluß, es sei eine „besatzungsrechtliche Fremdbestimmung nicht erfolgt", also „entscheidet nach wie vor das deutsche Selbstverständnis" – dieses war gerade aus dem Besatzungsstatut einigermaßen entlassen worden[72]. Der Diskussion ist es gelungen, alle juristischen Indizienschlüsse aus den indirekten und partiellen Rechtshandlungen zu erschüttern. Es fällt daher schwer, eine Rechtshandlung zu finden, die in jedem Fall Fortbestand oder Beseitigung voraussetzte. Für Laun war es die Nichtannexion, aber nicht nur die Alliierten sahen dies anders[73]. Für sie war freie Verfügungsgewalt auch über die Besetzungsregeln der Landkriegsordnung hinaus wichtig – das sprach für Beseitigung. Andererseits wollten sie die Lasten dieses Vorteils und die

soweit kein zwingendes Hindernis besteht, *unter Beachtung der Landesgesetze.*" (Hervorhebung von mir.)

68 So *Christian-Friedrich Menger*, Deutsche Verfassungsgeschichte der Neuzeit. Eine Einführung in die Grundlagen (Heidelberg [8]1993) Rz. 401, 432; die These war nicht neu, s. *August Freiherr von der Heydte*, 1955 (in: Veröffentlichungen, Anm. 69) 6–24, hier 13: „Auf der untersten Stufe blieb diese Staatsgewalt in jedem Augenblick des Zusammenbruchs aktualisiert."

69 *Günter Dürig*, Der deutsche Staat im Jahre 1945 und seither, in: Veröffentlichungen der Vereinigung d. dt. Staatsrechtslehrer 13 (Berlin 1955) 27–58, hier 50, 58.

70 *Günter Dürig*, Deutsches Reich VII, in: Evangelisches Staatslexikon (Stuttgart 1966), hier 606.

71 Dazu plastisch für Roosevelt 1944 *Diestelkamp*, 1980 (wie Anm. 6) 402; für Churchill 1944 *Waibel*, (wie Anm. 36) 59.

72 *Dürig*, 1955 (wie Anm. 696) 58.

73 Vgl. etwa die zahlreichen pro-Kelsen Stimmen, die *Jung* aufzählt (wie Anm. 37) 116f.

Pflichten einer Annexion nicht tragen – das sprach für Fortbestand. Also ließ man die Sache in der Schwebe. Ergebnis: weder Kelsen noch Laun. Bis sich alles 1990 mit Zustimmung der Deutschen erledigen ließ. 1+1=1 lautete bis dahin die deutsche Algebra (D. Genscher). 2+4 rechneten erneut anders und maßgeblich die Alliierten.

Eine Generallösung in der Untergangsfrage für die erwünschten Vor- und Nachteile wurde also nicht gefunden und daher vermieden. Weder Beseitigung noch Nichtbeseitigung. Sie hätte das alte Völkerrecht offen stürzen und neues begründen müssen. Das vermied man. Auf dieser generellen Ebene wirkte der Rechtsfaktor also hemmend und bewahrend und sogar schonend für die deutsche Wahrnehmung. Er wurde auf Schweigen gestellt, blieb Mahnung und Hemmnis immerhin und wurde konkret kleingearbeitet.

Eine zweite juristische Ebene wurde daher virulent. Substantiell strittige Fragen werden oft auf eine Art Verfahrensebene verschoben mit der Bildung von Rechtsvermutungen für den Fall des Nichtwissens zur substantiellen Regelung. Die Vermutung „nur duldende Übernahme mit Generalvorbehalt" stand so gegen die Vermutung „prinzipielle Übernahme mit Ausnahmen". Man kennt diese Rechtsfiguren, etwa aus dem Verhältnis Gewohnheitsrecht – Gesetzesrecht seit dem späten 18. Jahrhundert. Gewohnheitsrecht hielt man für „stillschweigend" konsentiert, so daß ihm der Herrscher jederzeit die Geltung entziehen konnte. Ähnlich lag es im späten 20. Jahrhundert bei der Übernahme des DDR-Personals, das teils voll entlassen wurde, in Berlin aber unter Duldung mit Vorbehalt übernommen. Die Alliierten ließen sich den Generalvorbehalt nie nehmen. Die deutsche Seite mußte das akzeptieren, sah den Vorbehalt aber immer weniger relevant werden. Noch 1969 wurde z. B. der sog. Abhörvorbehalt mit der sog. Notstandsverfassung und Änderung des Art. 100 Grundgesetz offen virulent und endlich abgelöst[74] – ein Fall der Kleinarbeit.

„Erledigen" ließ sich die Untergangs-Frage 1990 nicht zuletzt deswegen, weil man statt der Generallösung die in solchen Lagen unvermeidliche juristische Überlebenshilfe gewählt hatte: Was sich nicht im Großen lösen ließ, wurde im Kleinen gelöst.

III. Die juristische Überlebenshilfe: die Lösung ohne Generallösung – von Problem zu Problem

Von Klein zu Klein wurden also die juristischen Lösungen der oft großen Probleme erarbeitet, ohne Generallösung – eine gigantische Leistung über viele Jahre, ja bis heute[75]. Die Einzellösungen blieben bemerkenswert stabil. Die Fülle der

[74] Vgl. dazu nur *von Münch-Kunig*, (wie Anm. 8) – *W. Löwer*, Art. 10 Rn. 36f.

[75] Vgl. für die nach „Zwei-plus-Vier" (1990) weiter offenen Probleme *Kunig*, (wie Anm. 8); *Wilfried Fiedler*, Die Wiedererlangung der Souveränität Deutschlands und die Einigung Europas. Zum Zwei-plus-Vier-Vertrag vom 12. 9. 1990, in: JZ 46 (1991) 685–692.

von der Reichs-Frage abhängig erscheinenden und eigens zu klärenden Fragen kann hier nicht ausgebreitet werden, zumal eine Zusammenfassung dafür fehlt. Schon im ersten Zugriff finden sich um die zwanzig größere Bereiche. Ich fasse dies kurz zusammen und deute die unterschiedlichen Antworten je nach Beseitigung oder Nichtbeseitigung des Reiches in Stichworten an:
– (1) das Kriegsende: per se da oder eigens zu erklären?
– (2) die Kriegsführungsbefugnisse der alliierten Amtsinhaber: per se entfallen oder bestehend bis Kriegsende?[76]
– (3) die Behandlung der Kriegsgefangenen: per se erledigt, also Gebot der unmittelbaren Rückführung oder erst noch abzuwickeln nach Kriegsrecht[77]?
– (4) die Kriegsverbrecher: eventuelle Notwendigkeit einer Amnestie oder Behandlung nach Kriegsrecht?
– (5) der Frieden: per se gegeben oder eigens zu kontrahieren?
– (6) die Rechtsfähigkeit: neu zu gründen oder per se gegeben?
– (7) die Grenzen: per se neu zu formen oder prinzipiell wie 1937?
– (8) die Teilung: per se möglich oder eigens zu klären?
– (9) die Außenkompetenz: per se entfallen und neu zu entwickeln oder noch vorhanden?
– (10) die Länder: per se neu und selbständig oder fortgeführt?
– (11) die Justizhoheit: per se entfallen und neu zu gründen oder noch gegeben, nur mit Kriegsrechtsgrenzen (HLKO)?
– (12) die Reichsaktiva: per se zugefallen, gar in Kondominium, oder nicht und nur kriegsrechtlich Feindvermögen?
– (13) die Reichspassiva: per se zu übernehmen oder nicht?
– (14) die Reparationen und Wiedergutmachungen: per se aus Reichsvermögen zu entnehmen oder nur in kriegsrechtlichen oder vertraglichen Grenzen (HLKO)?
– (15) die Staatsdiener des Reiches: per se ohne Rechte (Anstellung, Pensionen, Renten usw.) oder prinzipiell berechtigt?
– (16) die Staatsangehörigkeit: per se weg und neu oder prinzipiell erhalten?
– (17) das Reichsrecht einschließlich Verfassung 1919: per se obsolet und nur unter Vorbehalt weiterzuführen oder prinzipiell geltend?
– (18) der Wiedervereinigungsanspruch: neu zu begründen oder per se bestehend?
– (19) der „Wehrbeitrag" seit 1952: Neuformierung im Grundgesetz mit 2/3-Änderung oder per se gegebene Wehrhoheit, die mit Wegfall der Besatzungsgrenzen ohne Grundgesetzänderung wieder effektiv werde[78]?
– (20) die Reichsbank: in bloßer Liquidation oder nur ruhend, dezentralisiert in

[76] Zu diesem und den zwei folgenden Punkten als Probleme aus amerikanischer Sicht, die in der bisher fast nur deutschen Sicht kaum vorkamen, jetzt *Etzel*, (wie Anm. 28) 39 u.ö., und *Waibel*, (wie Anm. 36) 61 f.

[77] In der Tat wurde den nach Kriegsende Gefangenen der Genfer Konventionsstatus von den USA versagt bzw. ins Ermessen der Kommandeure gestellt, s. *Waibel*, (wie Anm. 36) 65 f.

[78] Siehe zu diesem heftigen Vorgang seit dem EVG-Versuch, in den auch das Bundesverfassungsgericht massiv hineingezogen wurde, jetzt mit Hintergründen *Utz*, (wie Anm. 35) 335 ff.

Landesbanken und Bank deutscher Länder (seit 1948) bei Erhalt der Anteile und dabei fortbestehend[79]?
– (21) das Reichsgericht in Leipzig erloschen oder rechtlich fortgeführt vom Bundesgerichtshof?
– usw.[80]

Ein Blick durch die Liste zeigt sofort, daß jeweils genehme Antworten auf die einundzwanzig Fragen weder auf deutscher noch auf alliierter Seite konsequent und generell für Beseitigung oder Nichtbeseitigung ausfallen konnten. Überall mußten konkrete Kompromisse erarbeitet werden. Deren Darstellung wäre eine Aufgabe einer Rechtsgeschichte für Deutschland nach 1945, die noch nicht abzusehen ist. Nur sehr teilweise ist der Boden monographisch bereitet. Die *prima facie* reiche Literatur bestimmen fast durchweg unhistorische, ohne weiteres interessierte Zugriffe.

Mit der juristischen Überlebensarbeit durch Kleinarbeiten der Probleme verlagert sich die Suche nach dem Faktor Recht räumlich und zeitlich. In zahllosen und vielgestaltigen Formen und Effekten wird man ihn finden. Und die Beseitigungsfrage mutiert zum Dauerbrenner im Hintergrund. Was läßt sich dennoch als Strukturbeitrag ins Auge fassen und klären?

Beachtung verdient vorab, *daß* eine Generallösung nicht zustande kam und gerade dies perpetuiert wurde. Durch den Faktor Recht und Völkerrecht wurde so die Reichs-Frage 45 Jahre in der Schwebe gehalten, auch wenn man dem Westen viele Einzelschritte in Richtung Fortbestand erlaubte und dem Osten viele in Richtung Beseitigung. Die Schwebelage erzwang und eröffnete den Weg in Einzellösungen. Gerade deswegen war nun Problem für Problem konkret zu entscheiden über den Grad der Fortführung oder der Beseitigung der Reichstradition. Die rechtliche „Nicht-Lösung" der Beseitigungsfrage hat so die Lösungswege und Lösungen generell geprägt. Die Genese und Gründe dieser Schwebelage traten gegenüber ihrer schlichten Existenz ebenso zurück wie der Streit um Verstöße gegen Völkerrecht, der hie und da effektiv gewesen sein mag, aber nicht die fundamentale Schwebelage änderte. Daß diese auf Dauer gestellt wurde, war eine typische Leistung des Faktors Recht. Die „deutsche Frage", wie man sie dann meist nannte, blieb nicht einfach nur politisch offen.

[79] Zu dieser besonders schwierigen und finanziell für Staat und Anteilsinhaber wichtigen Frage nun *Joachim Distel*, Die Errichtung des westdeutschen Zentralbanksystems mit der Bank deutscher Länder (Tübingen 2003) hier 220ff.

[80] Zum RG noch unten bei Anm. 99; weitere Spuren finden sich z.B. bei *Jung*, (wie Anm. 37) 114f., die auf die Gutachtenwelle zu Einzelfragen 1946ff. hinweist: Versicherungswesen, Holzeinschlag für die Universität Tübingen; Krupp-Demontage; Eigentum an Beutefahrzeugen; Vermögenssperre und -aufsicht; Land Thüringen neu als Rechtsnachfolger; Rechtssetzungsbefugnis der Gemeinden, Länder und Provinzen.

IV. Der Strukturbeitrag des Rechts

Der juristische GAU fand also nicht statt. Das bedeutet aber, wie gezeigt, nicht schlichte Kontinuität im Recht und durch Recht. In der Kleinarbeit wurden Kontinuitäten neu und neu gebrochen oder begründet. Wo steckt dann etwas wie „Struktur" in diesem Gang von Problem zu Problem? Strukturbehauptungen erfordern Selektionen. Relevantes, Wesentliches, Tragendes muß benannt werden. Wie mit der diachronen Rede von Epochen und Zäsuren schafft man so der Erkenntnis Krücken, um sich besser zurechtzufinden. Es geht nicht um Bewertung[81]. Es geht um Thesen zu Zusammenhängen und deren Überprüfung und Bewährung an den belegbaren Verläufen[82].

1. Die Sprache der Symbole

Was soll man, darf man, muß man auswählen? Denkbar sind eine Reihe von Zusammenhängen, in die der Faktor Recht eingestellt werden könnte: als Bedingung (nur so, wenn Recht da; nicht so, wenn nicht da), als Grund (nur so, weil vom Recht so bewirkt), als Funktion (nur so funktionierend, wenn Recht da), als Genese (nur so, weil aus/mit Recht so geworden), als Element der Kontinuität oder des Bruchs. Derart präzisierte Aussagen fallen offensichtlich schwer, nicht nur für den Faktor Recht. Und welche Zusammenhänge als relevant betrachtet werden dürfen, ist damit noch gar nicht gesagt.

Meist verdichten sich wesentliche Zusammenhänge und Brüche auch in Symbolen. Es lohnt daher, rechtlich geprägte Symbole wie Flaggen und Hymnen zu betrachten. Das Recht wirkt an ihnen unmittelbar mit und entscheidet über Gestalt, Dauer und Intensität. Die Staatssymbole der BRD wie der DDR[83] bestehen in Flagge, Wappen und Hymne. „Die Bundesflagge ist schwarz-rot-gold", ordnet Art. 22 Grundgesetz lapidar an. Das sollte ausnahmsweise nicht nur provisorisch gelten. Ein schwarzes und goldenes Kreuz auf rotem Grunde als zusätzliches Zeichen für die Erneuerung der abendländischen Tradition wurde abgelehnt. Die DDR gab sich in der Verfassung 1949 ebenfalls Schwarz-Rot-Gold (Art. 2 Abs. I), aber seit 1968 (Verfassung Art. 1 Abs. III) kam das Wappen von 1955 mit Hammer und Sichel im Ährenkranz beidseitig offiziell hinzu[84]. Es fehlte nicht viel und es hätten Kreuze und Hammer und Sichel wahrhaft symbolisch nebeneinander Flagge gezeigt. Die DDR setzte sich hier als eigener, zweiter deutscher Staat dezidiert von der Reichstradition ab. 1949 hatten beide Verfassungen an die Reichsfarben von Weimar und 1848 angeknüpft und damit den Willen zu einer Fortführung bekundet. Aber es war nur eine bestimmte Fortführung. Sie lag nicht schlicht im

[81] So aber z.B. *Metzler*, (wie Anm. 13) 248.
[82] Vgl. auch *meine* einleitenden methodischen Bemerkungen über „Zeitgeschichte des Rechts – vier Beispiele", in: ZSGerm 117 (2000) 290–293.
[83] Man kann diese Abkürzungen inzwischen wohl ohne Parteilichkeit verwenden.
[84] Siehe *Hans Hattenhauer*, Deutsche Nationalsymbole. Zeichen und Bedeutung (München 1984) 36ff. und 99f.

Reich, denn dieses hatte bis 1918 Schwarz-Weiß-Rot geflaggt[85]. In Weimar war daraus ein Kompromiß und Dauerkonflikt zwischen zwei Flaggen geworden, Schwarz-Rot-Gold für das Reich, aber zugleich Schwarz-Weiß-Rot für die Marine. Die NS-Zeit wählte bekanntlich wieder ganz anders. Die Symbol-Tradition von 1949 war also eine gebrochene und selektive. Sie betonte die Republikfarben und zeigte darin Struktur. Aber es war nicht die Struktur *des* Deutschen Reiches. Der Wink der Symbolik verdient Beachtung. Erneut erscheinen generelle Beseitigung und Nichtbeseitigung nicht als die wesentlichen Alternativen, sondern die Wahl einer bestimmten konkreten Linie. Dies zeigt eben die Beseitigungsfrage. Denn die Untergangsbehauptung blieb in der Schwebe ebenso wie die Fortbestandsbehauptung. Der Faktor Recht erweist und bestätigt dies, indem er den Weg in die Kleinarbeit am Symbol wies, in der dann immer wieder das Reich als Republik fortgesetzt und neugebaut wurde, und eben nicht das Reich als Monarchie oder gar Diktatur – zumal im Symbol.

Nicht minder bemerkenswert verlief die Geschichte der Hymne. Auch für sie stand Kleinarbeit an. Das Grundgesetz hatte eine Antwort vermieden. Die Reichstradition war bis um 1900 unklar; „Heil Dir im Siegerkranz" war beliebt, zunehmend auch das Deutschland-Lied. 1922 war es das Lied der Reichswehr und offizieller Anlässe geworden. Die DDR entschied sich schon im Oktober 1949 für „Auferstanden aus Ruinen" als „Nationalgesang" – ein deutlich konkreter Schritt aus dem Reich hinaus. Adenauer begann 1950 in Berlin mit der dritten Strophe. 1952 brachte er Heuss dazu, diese als Hymne zu deklarieren. Aber die Bundesregierung erklärte dabei, es sei „davon auszugehen, daß das Deutschlandlied als Ganzes Bundeshymne ist, jedoch aus staatspolitischen Gründen bei staatlichen Anlässen nur die dritte Strophe gesungen wird"[86] – die ganze Rechtslage Deutschlands liegt darin und hat dies geformt: der Schwebezustand, die Kleinarbeit hin zur dritten Strophe, die Entscheidung für einen Vorrang von Einigkeit und Recht und Freiheit, die Verhüllung der Rechtslage durch das nebulöse „staatspolitisch". Den Gipfel der Symbolik hatte man freilich schon am 23. Mai 1949 zur Feierstunde auf das Grundgesetz erreicht[87]. Das Deutschland-Lied war schon geprobt, wurde aber untersagt – die Rechtslage wirkte. Man sang daher mit Heine „Ich hab' mich ergeben mit Herz und Hand, Dir, voll Lieb' und Leben, mein deutsches Vaterland" – das war die durchaus mehrdeutige Geschichtslage.

Für die Rechtslage wie die Geschichtslage um 1945 erscheint danach aus der Eigenperspektive des Rechts wie aus der Relationsperspektive des Rechts als Faktor für andere Elemente die Kontinuitätsfrage von besonderem Strukturinteresse. Welche mit dem Reich gegebenen wesentlichen Strukturen hat also das Recht begünstigt und weitergetragen und welche nicht? Das läßt sich nur an Beispielsbe-

[85] Ebd. 22f., als förmliche Nationalflagge erst seit Wilhelm II. und 1892.
[86] Siehe zum Ganzen *Hattenhauer*, (wie Anm. 84) 51ff.
[87] Berichtet bei *Rudolf Morsey*, Verfassungsschöpfung unter Besatzungsherrschaft ..., in: DÖV (1989) 471–482, 482.

reichen unterhalb der Generalfrage „Beseitigung“ erproben und ausdifferenzieren, zunächst für die Frage „wesentlich“, dann für die Kontinuitätsdimension.

Zu den wesentlichen Strukturen darf man jedenfalls zählen die Binnenstruktur des Staatsaufbaus (Föderalismusproblem), die Intensität der Rechtsbindungen selbst (Rechtsstaatsproblem) und die Struktur der Wirtschaft (Wirtschaftsverfassungsproblem)[88]. Diese drei Beispiele sind zugleich ergiebig als verschiedene Fälle von Recht als Faktor. Andere Bereiche sollen damit weder zurückgesetzt noch abgewertet sein.

2. Der Bereich Föderalismus

Hier ging es um Gesetzgebung, Verwaltung, Justiz und Finanzen – alles zentral; dazu Nation und Staatsaufbau, dauerhafte Traditionsfrontlinien – genug des Gewichts. Intensität und Verlauf der Lösungsarbeit indizieren das große Gewicht ebenso wie die Dichte der Festlegung im Grundgesetz, auch wenn man den Lärm immer neuer Geschichtspolitik damit abzieht. Die Rechtslage Deutschlands ohne altes Reich oder jedenfalls ohne dessen Organe und Strukturen erforderte und ermutigte Wandel und Neuanfang. Gegenüber dem Zentralismus Weimars und erst recht der Gleichschaltung der NS-Zeit schlug das Grundgesetz von 1949 bekanntlich eine dezidiert föderale Linie ein. Über den Verlauf seit den Frankfurter Dokumenten vom Juli 1948 weiß man recht gut Bescheid[89]. Die schwebende Rechtslage Deutschlands erlaubte den Besatzungsmächten massive Vorgaben und erforderte langwierige Kleinarbeit. Vorgegeben wurde ein entschieden föderales System von den Ländern her[90]. Das führte 1948/49 zu einem doppelten langen Ringen, auf deutscher Seite und mit den Westalliierten. Ein Blick in die Dokumente lehrt die Dramatik: Eine sehr zentralistische SPD[91] rang mit der offeneren CDU/CSU[92] und beide mit den Alliierten[93], bis kurz vor dem Grundgesetztermin. Die

[88] Sie passen etwa auch in die Achsen Herrschaft und Wirtschaft bei *Wehler*, s.o. Anm. 25.

[89] Siehe die eindrücklichen Quellen handlich bei *Feldkamp*, (wie Anm. 62); die Literatur ist kaum übersehbar und oft interessengeleitet.

[90] Siehe Frankfurter Dokumente, Dok. I Abs. 2 : Regierungsform des föderalistischen Typs (*Feldkamp*, [wie Anm. 62] 54); warnendes, erläuterndes Memorandum v. 19. 10. 48: finanzielle Machtbefugnisse eines der Kernprobleme (85); usw., siehe auch Anm. 91.

[91] Nürnberger Richtlinien für den Aufbau der Deutschen Republik (SPD): für Einheit, gegen Separatismus und Partikularismus und bloßen Staatenbund (*Feldkamp*, [wie Anm. 62] 46f.); Parteitagsresolution Hannover 22. 4. 49: gegen „fremde Weisung“, für Volkssouveränität im Bund, für Einheit, für gleiche Lebensverhältnisse (172f.); Schumacher, Erklärung 23. 4. 49, polemisch gegen bloß „rheinbundähnlichen Verband“ (175f.).

[92] (Ellwanger) Grundsätze für eine deutsche Bundesverfassung v. 13. 4. 1948, Ziff. 6 klare Abgrenzung, Bund nur explizit, Verwaltung und Rspr. grds. Länder, bestimmter Steueranteil (bei *Feldkamp*, [wie Anm. 62]).

[93] Ältestenrat Parl. Rat am 25. 11. 48 kritisch zum Memorandum der Mil.gouverneure vom 25. 10. 48 (*Feldkamp*, [wie Anm. 62] 109; Interfraktionelle Bspr., 21. 1. 49, Dissens (133); Sog. Fünferausschuß an die Alliierten, 10. 2. 49: vermittelnd, Föderatives im GG-Entwurf erklärend und betonend (134ff.); strenge Kritik der amerik. Militärregierung, 14. 2. 49: bes. zu Finanzen, gegen Gesetzgebungsvorrang des Bundes (142ff.); Memorandum der Militärgouver-

kurze Erinnerung kann genügen, der beliebte geschichtspolitische Streit über Oktroi oder Eigenwerk wird dem Ringen ohnehin nicht gerecht[94] – was bedeutet der Faktor Recht dabei?

Auffallend engagiert und wie selbstverständlich wird gerungen um sehr genaue Normen, mit klaren Befehlen und Regel-Ausnahme-Fixierungen ohne Blankette. Jede Zeile ist getränkt von Rechtsrespekt und Rechtsvertrauen. Je dichter die Fixierung desto besser; jede Streitpartei bemüht sich um normativen Sieg. Möglichst wenig soll der Justiz oder Verwaltung überlassen bleiben und sogar der Gesetzgeber wird gehemmt, da es um Verfassungsnormen geht. Es entstand ein Musterbeispiel für hartes Recht[95], also viel Struktur auf Dauer.

Die Kontinuität erscheint heute groß, ja „seit dem späten Mittelalter tief in der deutschen Geschichte verwurzelt“[96] – gewiß, aber offenbar als Kontinuität eine Projektion[97]. So sehr man später von deutscher föderaler Tradition redete, damals geschah dies kaum. Das Ergebnis erschien damals als starker Kontinuitätsbruch, ohnehin zur gleichgeschalteten NS-Zeit (die insoweit nicht gescheitert schien) und zum eher zentralistischen Weimar, zumal mit dem klaren Hegemon Preußen, aber auch zum Kaiserreich von 1871. Denn unter Bismarck und bis 1918 galt ein anderer Bund, ein Föderalismus von Monarchen und Fürsten, nicht der ‚deutschen Stämme‘ mit sich selbst, der Reichstag war rechtlich schwach, die Reichsverfassung material unergiebig, insbesondere ohne eigene Grundrechte, usw. 1949 ging man neue Wege, gewiß mit einigem alten Geistes-Gepäck, aber in völlig neuen Kontexten. Der neue Föderalismus begann ohne die alte Reichsvielfalt, ohne Preußen und ohne die überkommen scharfen Gegensätze zwischen Industrieland im Westen und Agrarland im Osten. Er ruhte erstmals auf dem für fruchtbare Konkurrenz wesentlichen Fundament einigermaßen ähnlicher Bedingungen und Chancen, bis zur großen Änderung 1969. Die Sonderfälle, wie die Stadtstaaten, blieben Problemfälle bis heute. Denn eine sehr weite Interpretation der Gleichheitsgebote bezüglich der „Lebensverhältnisse“ (Art. 72 Abs. 2 Grund-

neure, 2. 3. 49: strenge Gegenvorschläge; Bund nur zuständig, falls für ein Land effektive Gesetzgebung unmöglich o. für andere schädlich; Finanzen enger (147 ff., besonders lehrreich); nachgiebiges Memo. der Außenminister 22. 4. 49 (174 f.); sechsstündiges Ringen mit den Militärgouverneuren am 25. 4. 49 (177 ff.)

94 Vgl. zuletzt ausf. *Heinrich Willms*, Ausländische Einwirkungen auf die Entstehung des Grundgesetzes (Stuttgart 1999); die eher schildernde Arbeit eines Staatsrechtlers ohne bes. analytischen und historisch sensiblen Zugriff; insofern unergiebig; etwas sehr herb dennoch die Rez. von *Karsten Ruppert*, in: ZSGerm 121 (2004) 929–932; vgl. etwa *Reinhard Mußgnug*, Zustandekommen der Grundgesetzes, in: Handbuch des Staatsrechts I 1995 (wie Fn. 7) § 6 Rn. 71: „Daß der Föderalismus der Bundesrepublik von den Alliierten aufgezwungen worden sei, ist eine Legende“; offener *Dreier-Bauer*, in: Grundgesetz I 1998 (wie Anm. 8) Art. 20 Rn. 7–10.

95 Vgl. oben meine Typisierung, nach Fn. 25 im Text.

96 Siehe etwa den schönen Abschnitt bei *Ritter*, (wie Anm. 17) 50–55.

97 Entsprechend braucht Ritter, s. soeben, eine sehr biegsame Diktion: tief verwurzelt, aber dynamisch, immer wieder gewandelt; tief verwurzelte Beziehung der Deutschen zur Heimat ... usw.

gesetz 1949) hat die einst gewünschte produktive Konkurrenz buchstäblich verdorben[98].

Das Beispiel belegt Bruch und Fortführung und Geschichtsbildbedürfnisse: Der Bruch erschien 1949 eher groß; in der Folge betonte man immer mehr die Fortführung älterer Traditionen; Geschichtsbildbedürfnisse machten sich geltend.

3. Der Bereich Rechtsstaat

Rechtsstaat heißt zuerst Gericht. Mit dem Wegfall der Reichsorgane waren die Höchstgerichte entfallen, vor allem das Reichsgericht in Leipzig. Die letzten 38 in Leipzig verbliebenen Richter von ca. 110 wurden durch den NKWD ohne weiteres Verfahren verhaftet. Nur vier überlebten Gefängnis und Lager. Das Gericht wurde nicht wiedereröffnet[99]. Der Neuaufbau in den Ländern verlief heterogen[100]. Erst seit 1950 wurden neue Höchstgerichte über dem Gerichtsschwerpunkt in den Ländern gebildet. Die Zuständigkeit des BGH wurde stark reduziert i.w. auf die ordentliche Gerichtsbarkeit[101]. Die personelle Kontinuität würde man nach so vielen Diskussionen über die ‚unbewältigte Justiz' für erheblich halten. Sie bestand neben dem Präsidenten Weinkauff, der entgegen manchen Nachrichten nicht Parteimitglied war und seit Oktober 1935 versetzt in den relativ unpolitischen Bereich Patent- und Urheberrecht im 1. Senat[102], nur für sechs Personen[103].

98 Zu diesem Zusammenspiel von Bund und Verfassungsgericht kurz mein Beitrag „Stadt-Land-Recht" (wie Anm. 26) 280f., 285f., mit weiteren Nachweisen.

99 Dazu, als Zeuge, vor allem *August Schaefer*, Das große Sterben im Reichsgericht, in: Dt. Richterzeitung 35 (1957) 249–250; ergänzend *Hans P. Glöckner*, Die Auflösung des Reichsgerichts im Spiegel der archivalischen Überlieferung, in: Festschrift für Bernhard Diestelkamp (Weimar, Köln 1994) 421–456, hier 441f.; Glöckners Suche nach einem rechtlichen „Sterbedatum" des RG mußte paradox ausfallen. Die rechtliche Schwebelage zur Reichs-Beseitigung wird nicht gewürdigt, die Antwort also im Faktischen gefunden (429).

100 Eine gründlichere Darstellung der vielfältigen Lage fehlt; grundlegend ist noch *Eduard Kern*, Geschichte des Gerichtsverfassungsrechts (München 1954), Kap. 8 zu 1945–1950 (S. 284–337, mit guten Nachweisen); neuere Synthese bes. bei *Michael Stolleis*, Rechtsordnung und Justizpolitik 1945–1949, in: Festschrift für Helmut Coing, Bd. 1 (München 1982) 383–407, um einige Nachweise ergänzt jetzt in *ders.*, Recht im Unrecht (Frankfurt 1994) 247–274; für die Justizverwaltungen nützlich *Hans Wrobel*, Verurteilt zur Demokratie. Justiz und Justizpolitik in Deutschland 1945–1949 (München 1989) 109ff., aber nicht ohne Einseitigkeit und i.w. aus zweiter Hand geschrieben.

101 Dazu instruktiv mit Forschungsbericht *Arno Buschmann*, Reichsgericht und Bundesgerichtshof. Umfang und Grenzen einer Kontinuität, in: Eduard von Simson (1810–1899), hrsg. von *B. R. Kern*, *K. P. Schroeder* (Baden-Baden 2001) 132–164, hier 141. Es entfielen die dem RG integrierten Zentralgerichte Disziplinarhof, Staatsgerichtshof, Ehrengerichtshof, Reichswirtschaftsgericht, -versorgungsgericht, -bahngericht, -schiedsgericht, -wahlprüfungsgericht.

102 Dazu nach den Archivalien die bei mir laufende Dissertation von Daniel Herbe zu Weinkauff.

103 Dazu näher *Buschmann*, (wie Anm. 101) 135ff.

Aber der äußere Neubau der Justiz ist zu wenig erforscht, um hier als Beispiel fruchtbar zu sein[104].

Dafür erlauben die Normen einen Zugriff. Denn der Neubau brachte eine bedeutende rechtliche Stärkung der Gerichte durch ein neues Verständnis des Rechtsstaatsprinzips. Der Übergang vom sog. formellen zum materiellen Rechtsstaatsprinzip bietet zugleich ein wesentliches Beispiel dafür, wie weitreichend und kontinuitätsbrechend auch eher weiche Rechtsstrukturen wirken können. Über die alte Bindung der Staatsgewalten an formell korrekte Gesetze hinaus, die den korrekten Gesetzgeber also per se freistellte, forderte das Grundgesetz nun eine volle inhaltliche Bindung aller Gewalten an die Sätze der Verfassung, in Art. 1 Abs. III. Das betraf vor allem die Grundrechtssätze und ihre nun unmittelbare und generelle Garantie durch die Gerichte, zumal das neue Verfassungsgericht. Diese Bindung stärkte also die Gerichte auch gegen den Gesetzgeber. Sie führte zu echter *judicial control* ähnlich wie beim Prinzip „rule of law". Gegenüber Weimars Grundrechtslage war das zwar nicht so neu – entgegen der häufigen, falschen Verallgemeinerung der damaligen Programmsatz-Diskussion[105] –, aber es war nun generell klargestellt und gewollt[106]. Eigens waren nun auch die Grundrechtssätze auf wirklich wesentliche und effektivierbare Sätze beschränkt worden.

Nur auf die Grundrechte zu blicken, griffe aber zu kurz. Erst der Zusammenhang mit dem übergeordneten Rechtsstaatsprinzip erweist eine paradoxe Kontinuität auch hier und eröffnet die tiefere Bedeutung des Wandels. Denn gegen den liberal-formellen Rechtsstaat und für einen inhaltlich gefüllten war schon nach 1933 gekämpft worden[107]. Ebenfalls inhaltlich-materiell verstand man Rechtsstaat nach 1949, aber nun freiheitlich und sozial und in kompetentiell und judikativ gesicherten Bahnen – *im Ganzen* also doch formell und materiell neu. Daß das Recht hier auf eine inhaltliche Ebene ausgriff, war also eine längere Geschichte. Es handelt sich nach 1949 nicht um einen schlichten Übergang von ‚formell zu materiell'.

Das Beispiel zeigt den Ausbau einer eher weichen und eben damit um so weitreichenderen Strukturbildung mit dem Faktor Recht. Es geht weniger um klare Kompetenzen und strenge Folgen wie bei Föderalismus, sondern um die Umsetzung relativ weicher und allgemeiner Verfassungssätze wie der Grundrechte. Ihre prinzipienähnliche Weichheit, zumeist ohne dezidierte konkrete Rechtsfolgen, ermöglichte die gewünschte große Reichweite. Ihre Härte gewannen sie in den Judikaturen. Diese waren nun zu einem „Rechtswegestaat", wie man bald pole-

[104] Die bes. schwierige Archivlage zum Reichsgericht, wie sie *Glöckner*, (wie Anm. 99) ermittelte, gibt einen Eindruck.

[105] Der verdienstvolle Abschnitt „Die Grundrechte und das Bundesverfassungsgericht" bei *Ritter*, (wie Anm. 17) 48–50, spricht für Weimar viel zu pauschal und falsch von „faktisch ignoriert"; klar dazu etwa *Dreier*, in: Grundgesetz (wie Anm. 8) vor Art. 1 Rn. 13; *Michael Stolleis*, Geschichte des öffentlichen Rechts in Deutschland, Bd. 3 (München 1999) 109–114.

[106] Knapp präziser historischer und vergleichender Überblick bei *Helmuth Schultze-Fielitz*, in: Grundgesetz (wie Anm. 8) Art. 20 (Rechtsstaat), Rn. 1–19, auch 44 ff.

[107] Siehe nur *Stolleis*, (wie Anm. 105) 330 ff. mit 42 f.

misch sagte, gestärkt[108]; zum einen im Grundgesetz selbst durch seine neue Gerichtsgarantie gegen jeden Eingriff in Art. 19 IV Satz 1: „Wird jemand durch die öffentliche Gewalt in seinen Rechten verletzt, so steht ihm der Rechtsweg offen"; zum anderen durch die Implementierung dafür effektiver Verfahren wie Richtervorlagepflicht bei Zweifeln (Art. 100) und Verfassungsbeschwerde, die beiden Motoren der Verfassungskontrolle[109]; zum dritten durch die Einrichtung effektiver Gerichte. Vermutlich war demgegenüber die oft betonte NS-Vergangenheit des Personals ein eher marginaler Umstand, zumal er kaum die Leitungsfunktionen betraf, und so belastend er gewiß war. Diese Kombination von Recht und Gericht schuf jedenfalls neue und dichte Strukturen bis hinein in die wesentliche Erweiterung der klassischen Abwehrgrundrechte zu sozialen Teilhaberechten und einem „Sozialstaatsprinzip" in der Judikatur.

Dieses Beispiel belegt strukturelle Fortführungen im rechtlichen Ausgriff auf Inhaltliches, aber doch Bruch im Ganzen.

4. Der Bereich Recht der Wirtschaft

Eine wieder andere Mischung von Wandel und Fortführung bietet ein drittes zentrales Beispiel, der Bereich der rechtlichen Gestaltung der Wirtschaft. Wichtige Forschung liegt vor[110]. Auch hier boten die Beendigung der NS-Zentral- und Planwirtschaft samt Diktaturvorbehalt[111] und die marktwirtschaftlichen Vorstellungen der USA die Chance eines Neuanfangs. Das Gewicht des Bereichs deuten Stichworte an wie Wirtschaftswunder und Wohlfahrtswunder im Westen vs. Mangelwirtschaft und Implosion im Osten, Marktwirtschaft vs. ältere und neuere Staats- und Planwirtschaft, soziale Marktwirtschaft vs. „manchesterliberale" und sozialistisch-kollektive Wirtschaft, „kapitalistische Marktwirtschaft" mit Privateigentum vs. sozialistische mit Volks- bzw. Staatseigentum. Es erscheint kaum übertrieben, das „Gesetz über Leitsätze für die Bewirtschaftung und Preispolitik nach der Geldreform" vom 24. Juni 1948 als „protokonstitutionell" und „singuläres legislatives Produkt" hervorzuheben[112]. Es war eine „wirtschaftsverfassungsrechtliche Proklamation" gegenüber dem kommenden Grundgesetz und stellte ordnungspolitisch die Weichen durch Recht parallel zur zugleich 1948 durchge-

[108] „Rechtswegestaat" als typisch deutsche, alte Tendenz zu bezeichnen wie *Ritter*, (wie Anm. 17) 49, verwischt dies.

[109] Das gilt schon rein statistisch für den Weg nach „Karlsruhe", den sie zu 90% ausmachen.

[110] Vor allem *Knut W. Nörr*, Die Republik der Wirtschaft, Bd. 1 (Tübingen 1999); für Weimar *ders.*, Zwischen den Mühlsteinen. Eine Privatrechtsgeschichte der Weimarer Republik (Tübingen 1988), bes. 105 ff., 166 ff.; ein erster Gesetzgebungsüberblick bei *Franz-J. Kurtenbuch*, *Herbert Biener*, Handels- und Wirtschaftsrecht, in: Deutsche Rechtspolitik. Entwicklungen und Tendenzen in der Bundesrepublik Deutschland seit 1949, hrsg. v. *Hans de With* (Heidelberg ²1980) 185–260.

[111] Siehe als ersten Einblick *Stolleis*, 1994 (wie Anm. 100) 16 f.; 27 f.; *ders.*, Geschichte des öffentlichen Rechts, Bd. 3 (München 1999) 226–230; als Analyse wichtig *Harald Freise*, Wettbewerb und Politik in der Rechtsordnung des Nationalsozialismus (Baden-Baden 1994).

[112] So *Nörr*, (wie Anm. 30) 50–56, hier 50, 52, 51; vgl. die Zitate dort.

führten Währungsreform und Entscheidung für die Marktwirtschaft vom 21. Juni. Darin lag in der Tat ein „revolutionärer Akt, der sich juristisch im Leitsätzegesetz verkörperte"[113]. Es zeugt von disziplinärer Blickverengung, daß in staatsrechtlicher Perspektive zwar die Währungsreform (ohne die Rechtsgrundlagen), aber nicht dieses Gesetz erwähnt wird[114]. Der Faktor Recht etablierte, stützte, präzisierte, implementierte und kontinuierte diesen Bruch und Neuanfang wesentlich.

Die rechtlichen Instrumente erscheinen hier teils härter, soweit es um grundlegende Abgrenzungen geht, teils weicher, soweit der einmal gesteckte Rahmen auszufüllen war. Abzugrenzen war mehrfach: gegen den sog. „Manchesterliberalismus", gegen die ältere Staatsintervention im Kaiserreich, gegen die Weimarer „organisierte Wirtschaft", gegen die NS-Staatswirtschaft, gegen die sozialistische Plan- und Kollektivwirtschaft. Hart und effektiv wurde im Wirtschaftsrecht die rechtliche Abgrenzung gegen Staats- und Planwirtschaft gezogen. Die Sozialisierungsartikel einiger Verfassungen, etwa in Hessen 1946 Artt. 39–42 für Großbetriebe, Großbanken, Energiewirtschaft, Verkehr und Großgrundbesitz, und im Grundgesetz Art. 15[115], gewannen daher kein Leben. Dem Grundgesetz selbst wurde in längerem Streit keine bestimmte freie oder soziale Wirtschaftsordnung zugeschrieben[116], aber doch und vor allem die klare Abgrenzung gegen Plan- und Kollektivwirtschaft. Zur sozialpolitisch und staatlich „organisierten Wirtschaft" im Weimarer Sinne dagegen überwogen die positiven Bezüge[117]. Abgesagt hatte man damit erneut wie ohnehin schon längst auch dem nur noch polemisch gefaßten „Manchesterliberalismus"[118]. Es blieb ein gewisser Dualismus von durchaus „sozial" aufgefaßtem Verfassungsrecht und eher „liberalem" Wirtschaftsrecht.

Weniger hart, streng und konkret ließ sich naturgemäß der nun grundsätzlich freie Raum füllen. Hier wirkten wieder *Rechtsprinzipien*, generell und umfassend, aber eher weich in der Form und den konkreten Folgen. Leitprinzip wurden Privatautonomie, Wettbewerbsfreiheit und Privateigentumsgarantie in Artt. 2, 12

113 *Nörr*, (wie Anm. 30) 43.

114 Vgl. nur *Mußgnug* und *Scholz*, in: Handbuch des Staatsrechts I, 1995 (wie Anm. 7) § 6 Rn. 19 und § 9) Rn. 24; heranzuziehen wären jetzt auch die differenzierteren neueren Forschungen, etwa bei *Karl Häuser*, Gründung der Bank deutscher Länder und Währungsreform, in: Geschichte der deutschen Kreditwirtschaft seit 1945 (Frankfurt 1998) 25ff. und *Distel*, (wie Anm. 31).

115 Dazu oben bei Anm. 38.

116 Dazu jetzt wesentlich *Nörr*, (wie Anm. 30) 95ff.; die verfassungsrechtlichen Perspektiven dazu sind meist disziplinverengt und aktuell interessegeleitet; so wird man nur bei „Sozialstaat" fündig, s. etwa *Rolf Gröschner*, in: Grundgesetz (wie Anm. 8) Art. 20 (Sozialstaat) Rn. 53; oder bei „Steuerstaat" und bei „Sozialstaat", s. *Klaus Vogel* bzw. *Hans F. Zacher*, in: Handbuch des Staatsrechts (wie Anm. 7) § 27 Rn. 71 bzw. § 25 Rn. 51ff., beide dabei pro Marktwirtschaft und gegen sozialistische Wirtschaftsordnung.

117 Dazu grundlegend *Nörr*, (wie Anm. 30) 84ff.

118 Zur längeren Geschichte mein Beitrag: Die Prinzipien des BGB: Aufgabe, Lösung, Erfolg, in: Historisch-kritischer Kommentar zum BGB, Bd. 1 (Tübingen 2003) vor § 1 Rn. 96ff., 107f.; eine Kurzfassung in: Das Bürgerliche Gesetzbuch – ein Gesetzbuch ohne Chance? in: Juristenzeitung 58 (2003) 749–760.

und 14 GG, gemildert durch ebenso unscharfe Sozialbindungen. Die Ausgestaltung fiel wieder wesentlich den Gerichten zu. Das konnte erhebliche Dimensionen annehmen. Die Judikatur vor allem brachte den heute sog. Verbraucherschutz in Gang mit der Umwidmung des dispositiven, eigentlich nur lückenfüllenden Vertragsrechts des BGB zum Modellrecht mit Gerechtigkeits- und Kontrollcharakter, wie sie der Bundesgerichtshof in den späten 50er und 60er Jahren vollzog[119] und es der Gesetzgeber 1976 im „Gesetz über allgemeine Geschäftsbedingungen" besiegelte. Die familienrechtliche Gleichberechtigung setzten die Zivilgerichte von 1953–1958 ohne konkretes Gesetz durch. Sie füllten damit so eigenständig wie wirkungsreich das Verfassungsgebot des Art. 3 Abs. II aus, dessen Grundgesetz-Fristen (Art. 117 Abs. I) der Gesetzgeber 1953–1958 hatte verstreichen lassen[120]. Auch die Einbeziehung der Renten in die Eigentumsgarantie als ihre „wohl bedeutendste Ausweitung" zumal nach der Einführung der dynamischen Renten 1957 war das Werk der Gerichte[121].

Dem Bereich Wirtschaft werden meist „offensichtliche Kontinuitäten" zugeschrieben. „Wohl am wichtigsten" wird genannt, „daß die Bundesrepublik ... eine kapitalistische Marktwirtschaft mit einem nach der Beseitigung nationalsozialistischer Elemente im wesentlichen unveränderten Rechtssystem und einem im Kern gleichen Steuersystem geblieben" sei[122]. In der Tat erscheint etwa das BGB seit 1900 im Text wenig verändert, die Eigentumsgarantie Weimars in Art. 153 erneuerte das Grundgesetz in Art. 14 fast wörtlich, das Handelsrecht von 1896 gilt weitgehend fort, seit 1953 auch für Handwerker.

Dennoch handelt es sich um eine Täuschung, von „im wesentlichen unverändert" auszugehen. Gewiß läßt sich für das „Normengefüge" als solches ein „wirklicher Bruch"[123], also etwas wie Abschaffung oder gründliche Umformung der Rechtssätze etwa des BGB oder der Eigentumsgarantie, nicht finden. Zum historischen Gehalt eines Rechtsbereichs gehören aber auch Neubildungen und juristische Zusammenhänge, die den Kontext fortgeführter Rechtssätze relevant verändern können. Kontinuität der Normen kann so mit Wandel im Recht Hand in Hand gehen, ja vom Wandel überlagert werden. So funktionierte das gleiche BGB in der DDR (bis zum neuen Zivilgesetzbuch 1975/76) ganz anders als in der BRD. Wie steht es mit dem Recht der Wirtschaft im ganzen, das Ritter unter die Überschrift „Anknüpfung an ältere Traditionen und neue Akzente in der Wirtschaft" setzt[124]?

[119] Dazu jetzt bes. *Sibylle Hofer*, in Historisch-krit. Kommentar zum BGB (wie Anm. 118), Bd. 2 (Tübingen 2004/05) §§ 305–310 Rn. 13, 17.
[120] Dazu vor allem *Elisabeth Koch*, in: Münchener Kommentar zum BGB, Bd. 7 (München [4]2000) Einleitung Rn. 250–253.
[121] Dazu etwa *Joachim Wieland*, in: Grundgesetz (wie Anm. 8) Art. 14 Rn. 53ff., Zitat in 53.
[122] So bes. klar *Ritter*, (wie Anm. 17) 24f.; wegen der Kritik im folgenden möchte ich festhalten, daß seine Darstellung gerade wegen ihres großen Vorzugs herangezogen wird, überhaupt etwas Näheres dazu zu bieten und Linien zu wagen.
[123] So Ritters Gewährsmann *Diestelkamp*, 1996 gleich eingangs, (wie Anm. 18) 15f.
[124] *Ritter*, (wie Anm. 17) 24; anders Diestelkamp, der Privatrecht und zumal Wirtschafts-

Der reale und funktionale Gesamtbereich des Wirtschaftsrechts umfaßt Eigentum, Vertrag, Arbeit, Unternehmen, Produktion, Handel, Banken, Börsen, Wettbewerb, Kartelle, Währung, Preise, Aufsichtsrecht, Energierecht, Investitionen und Subventionen, Ausfuhr/Einfuhr u.ä.[125]. Ungebrochen stehengeblieben waren davon i.w. nur die abstrakten Einzelnormen des BGB zu Eigentum und Verträgen und das Handelsrecht. Alle anderen Bereiche erfuhren teils erhebliche Umgestaltungen. Schon die Besatzungsmächte führten Gewerbefreiheit wieder, Entflechtung und Kartellverbot neu ein. Das Arbeitsrecht wurde sozial und mitbestimmend stark ausgebaut. Das Wettbewerbsrecht wurde nach längeren Kämpfen 1957 mit dem „Gesetz gegen Wettbewerbsbeschränkungen" auf freie Konkurrenz und erstmals entschieden gegen Kartelle und Monopole gestellt, zudem 1973 und später deutlich gestärkt. Staatliche Aufsicht wurde meist reduziert, außer im Kartellrecht. Das Bankrecht wurde wesentlich auf Unabhängigkeit gegründet. Im Unternehmensrecht reformierte man seit 1958 im Aktienrecht in Richtung Aktienstreuung („Volksaktien") und Kapitalmarkterschließung[126]. Zum neuen Kontext gehörte erstmals der klare Vorrang des Verfassungsrechts auch gegenüber dem Privatrecht, teils über die sog. Drittwirkung der Grundrechte, teils direkt wie bei der Gleichberechtigung und im Arbeitsrecht.

Die Bedeutung dieser Kontexte läßt sich ohne mehr Forschung nicht genauer bestimmen. Jedenfalls läßt sich aber sagen, daß nicht nur die NS-Elemente wegfielen und altes Wirtschaftsrecht wiederkehrte. Vielmehr kann man komparativ festhalten: Die Struktur wurde freiheitlicher, weil wettbewerbsfreier als je, weil kartellfreier als je, weil interventionsfreier als je. Kenner sprechen von Paradigmenwechsel[127] oder „deutlichem Unterschied" zu zuvor[128]. Zugleich aber wurde die Struktur sozialer, da mehr soziale Korrekturen griffen, durch das Arbeitsrecht samt Konkursausfallgeld (1974), durch die fast paritätische Mitbestimmung, durch das neue Handelsvertreterrecht seit 1953, selbst im Bankrecht durch die Einlagensicherung 1976, generell durch die Gleichberechtigung, durch die AGB-Rechtsprechung und Verbraucherschutzgesetzgebung, durch die Sozialstaatsrechtsprechung, durch die Privatrechtswissenschaft selbst u.a.m.[129].

Im ganzen erweist sich das große Wort von der Kontinuität „kapitalistischer Marktwirtschaft" (Ritter) für alle diese Vorgänge als zu groß. Neben der Kontinuität etlicher Rechtssätze läuft eine Überlagerung durch andere juristische Zusammenhänge, die das Gesamtbild wesentlich verschiebt. Eine soziale Kompo-

recht wenig berührt, sondern im wes. Verfassung, Verwaltung, Soziales, Rechtsstab, Rechtswissenschaft und Rechtspraxis.

125 Gute knappe Orientierung bei *Ernst Steindorff*, Einführung in das Wirtschaftsrecht der Bundesrepublik Deutschland (Darmstadt 1977).

126 Dazu näher *Nörr*, (wie Anm. 30) 236ff.

127 *Nörr*, (wie Anm. 30) 80.

128 *Eisenhardt*, (wie Anm. 16) Rn. 775 mit *Fritz Rittner*, 1991.

129 So die meisten Stimmen, etwa *Nörr*, (wie Anm. 30) 57ff., 78; *Eisenhardt*, (wie Anm. 16) Rn. 771; *Kurtenbuch*, *Biener*, (wie Anm. 110) 186f.; für die Privatrechtswissenschaft mein Beitrag im Hist.-krit. Kommentar (wie Anm. 118) Rn. 99, 105ff.

nente besteht nicht nur ökonomisch[130], sondern vorab und bestimmend im und durch das Rechtssystem.

5. Drei Strukturbeiträge

Die drei Beispiele sollten zugleich drei unterschiedliche Fälle von Strukturbeiträgen des Rechts verdeutlichen. Das Wort „Struktur" kann leicht zu voreiligen Annahmen über Relevanzen verführen. Für die Beispiele Föderalismus, Rechtsstaat und Recht der Wirtschaft scheint die Behauptung, Wesentliches berührt zu haben, aber nicht übertrieben. Wesentlich daran ist auch der Beitrag des Rechts. Drei Varianten wurden erkennbar. Der Blick auf den Beitrag des Rechts schärft auch den Blick für Kontinuitäten und Brüche. Für den Föderalismus erscheint der Bruch danach groß. Für den Rechtsstaat zeigen sich zwar methodische Fortführungen, aber Bruch überwiegt doch im Ganzen. Für das Recht der Wirtschaft zeigt sich neben den offenbaren Kontinuitäten wichtiger Rechtssätze, wie ihr rechtlicher Kontext diese überlagern kann und das Gesamtbild doch entschieden verändert.

6. Die Sprache der Sprache

Ein letzter Zugriff knüpft an die Worte Deutschland, Reich, Deutsches Reich an. Begriffsgeschichtlich ernst genommen zeigt sich, wie „Deutschland" statt „Deutsches Reich" zum Staatsnamen wurde[131] – erneut auch durch Recht und in Rechtsform. In der Sprache, auch und gerade der juristischen, fand die Beseitigung des Reiches statt. Die Alliierten vermieden „Reich", die juristischen Dokumente wie *Berliner Erklärung* oder *Potsdamer Protokoll* sprachen von „Germany"[132]. Die Deutschen selbst sprachen von „Deutscher Republik" wie die SPD 1947[133] oder von „Bundesrepublik Deutschland" wie die „Ellwanger" CDU[134] und der Parlamentarische Rat durch Carlo Schmid und Jakob Kaiser wie Theodor Heuß[135] und von dem „Grundgesetz für die Bundesrepublik Deutschland" (amtlicher Titel; daneben etwa Artt. 20, 23, 116, 123 II, 134, 135) 1949 oder auch schon von „Deutscher Mark" 1948 statt „Reichsmark". Das „Reich" war beseitigt.

Daß ein Carlo Schmid es gewandt und bewegt als „staatliche Wirklichkeit" beschwor[136], änderte nichts daran, daß die sprachlichen Würfel gefallen waren und den Untergang von „Reich" zeigten. Rechtlich, also kontrafaktisch, konnte man

130 So erscheint es bei *Ritter*, (wie Anm. 17) 25.

131 Dieser Abschnitt beruht auf dem sehr aufschlußreichen Vortrag von *Otto Dann*, Deutschland als Begriff in der Epoche seiner Teilung (Text vervielfältigt, Köln, 16. Juli 2002); mehr für die ältere Phase auch *Werner Conze*, „Deutschland" und „deutsche Nation" als historische Begriffe, in: Die Rolle der Nation in der deutschen Geschichte und Gegenwart, hrsg. von *Otto Büsch, James J. Sheehan* (Berlin 1985) 21–38.

132 *Dann*, 5.

133 Siehe bei *Feldkamp*, (wie Anm. 62) Nr. 1.

134 Siehe bei *Feldkamp*, (wie Anm. 62) Nr. 2.

135 *Dann*, 7f.

136 *Dann*, 10.

das Reich in der Schwebe halten – wie hier betont. Aber auch sprachlich und rechtssprachlich verwies „Deutschland“ immerhin auf mehr als nur DDR und BRD. So hielten doch auch die Begriffe die Sache in der Schwebe, bis zur „Abschließenden Regelung in Bezug auf Deutschland“ im Jahre 1990[137]. Die Begriffsgeschichte paßt zur Rechtsgeschichte.

V. Fazit

1. Eine generelle Antwort auf die Frage Beseitigung wurde oft formuliert und versucht, aber juristisch-völkerrechtlich dann nicht gegeben. Der juristische GAU fand nicht statt.

2. Die Rechtslage blieb also in der Schwebe, die Schwebe wurde paradox durch Recht verfestigt. Genau das erschien als passend und wurde wesentlich als eine Leistung des Faktors Recht.

3. Das öffnete den juristischen Raum für viele Antworten, für Lösungen ohne Generallösung, für eine Fülle von Kleinarbeitung je einzelner Probleme. Wenigstens zwanzig Bereiche standen an.

4. Neue Abgrenzungen entstanden so überall, je eigens geprägte. Eine Generallinie ergeben sie nicht.

5. Der Strukturbeitrag des Rechts wurde konkret bestimmt an den drei Beispielsbereichen Föderalismus, Rechtsstaat und Recht der Wirtschaft, daneben an den Symbolen Flagge und Hymne und am Begriff „Deutsches Reich“.

6. Der Strukturbeitrag erwies sich als strukturell wie inhaltlich dreifach unterschiedlich. Strukturell zeigte sich bei Föderalismus eher hartes, strenges und konkretes Recht in Aktion, bei Rechtsstaat mehr weiches, aber damit umfassendes und erst judiziell hartes, bei Recht der Wirtschaft teils im Großen hart abgrenzendes Recht, aber auch eher weiche Ausfüllung des verbleibenden Bereichs. Inhaltlich zeigten sich ganz verschiedene Arten von Wandel und Bruch und Überlagerung im rechtlichen Kontext.

7. Gemeinsam bleibt in alledem, daß der Faktor Recht eigenständiges Gewicht hat. Er ist auf chamäleonartig bunte Weise „meist dabei“ und kann durchaus zur „Achse“ werden. Im Falle „Deutsches Reich“ und „Rechtslage Deutschlands“ sorgte er dafür, daß man sich fast 50 Jahre um diese Achse drehen konnte.

8. Rechtsgeschichtliche und geschichtliche Dimension gehen Hand in Hand. Man muß sie nur verknüpfen. Daß sie in unseren Geschichtsdarstellungen eher auseinanderfallen, hier die Beseitigung eher „faktisch“ gesehen und betont wird, dort die Nichtbeseitigung eher deutsch-„rechtlich“ gesehen, ist unschädlich, solange man nur den Unterschied zwischen beiden Perspektiven benennt. Allerdings verfehlt man so leicht den wesentlichen Punkt des Schwebezustands und die Dimensionen der Kleinarbeitung, in dem beide Dimension völlig übereinstimmen.

[137] *Dann*, 16.

Michael Ruck

Die Tradition der deutschen Verwaltung

I. Einleitung

„Eine einmal voll durchgeführte Bürokratie gehört zu den am schwersten zu zertrümmernden sozialen Gebilden."[1] Diese theoretische Einsicht des Soziologen Max Weber ist im Nachhinein von der deutschen Verwaltungsgeschichte des 20. Jahrhunderts ebenso eindrucksvoll bestätigt worden, wie die ironische Rückschau des Juristen Otto Mayer auf die politische Revolution von 1918/19: „Groß Neues ist ja seit 1914 und 1917 nicht nachzutragen." – „Verfassungsrecht vergeht, Verwaltungsrecht besteht"[2].

Knapp ein halbes Jahrhundert später identifizierte Wolfgang Zapf die „Verwalter der Macht" als wichtige „Träger der gesellschaftlichen Kontinuität" über Umbrüche im Verfassungssystem und auf dem Feld der politischen Elitenrekrutierung hinweg[3]. Mit Blick darauf beklagte Ralf Dahrendorf gleichzeitig – Mitte der 1960er Jahre – die notorische „Seßhaftigkeit der Verwaltungselite in den Stürmen politischen Wandels" als ein wesentliches Hemmnis für die nachhaltige Durchsetzung der „liberalen Demokratie in Deutschland"[4]. Und 1975 konnte Theodor Eschenburg unwidersprochen feststellen: „In den drei Umbrüchen von 1918, 1933 und 1945 hatte das Berufsbeamtentum, wenn auch unter ganz unterschiedlichen Erscheinungsformen und Auswirkungen, sich mit dem ihm eigenen Beharrungsvermögen zu halten gewußt." Erst gegen Ende der 1960er Jahre, als sich ein epochaler „Generationswechsel" innerhalb der höheren Beamtenschaft vor dem Hintergrund tiefgreifender gesellschaftlich-politischer Neuorientierungen vollzogen habe, sei die säkulare „Tendenz zur Verwaltungskontinuität" in Deutschland wenn schon nicht gebrochen, so doch merklich abgeschwächt worden[5].

[1] *Max Weber*, Wirtschaft und Gesellschaft. Grundriß der verstehenden Soziologie, hrsg. von *Johannes Winckelmann*, Studienausgabe (Tübingen ^{5}1976) 569; vgl. ebd. 835.
[2] *Otto Mayer*, Deutsches Verwaltungsrecht (Leipzig ^{3}1924; unveränd. Nachdr. Berlin 1969) Vorwort (zuerst 1895; ^{2}1914/17).
[3] *Wolfgang Zapf*, Die Verwalter der Macht. Materialien zum Sozialprofil der höheren Beamtenschaft, in: *ders.* (Hrsg.), Beiträge zur Analyse der deutschen Oberschicht (München ^{2}1965) 77–154, hier 77.
[4] *Ralf Dahrendorf*, Gesellschaft und Demokratie in Deutschland (München 1965 u.ö.) 280 (erstes Zitat), 39 (zweites Zitat); vgl. ebd. 276, 281.
[5] *Theodor Eschenburg*, Regierung, Bürokratie und Parteien 1945–1949. Ihre Bedeutung für

In der neueren Forschung ist diese Kontinuitätsthese bisweilen wieder in Frage gestellt worden. Gestützt auf eine qualitative und quantitative Auswertung umfangreicher Quellenstudien bestätigte indessen eine Kollektivbiographie der südwestdeutschen Verwaltungsjuristen die zwanzig Jahre alte Aussage Eschenburgs: „Wenn es im 20. Jahrhundert überhaupt einen Kontinuitätsbruch in der (südwest)deutschen Verwaltung gegeben haben sollte, dann hat er sich weder 1918 noch 1933 oder 1945 vollzogen, sondern in den späten sechziger Jahren."[6]

Allerdings beziehen sich diese Aussagen empirisch nur auf die Beamtenschaft als personalen Träger der Verwaltung wie als soziale Gruppe. Zu klären bleibt darüber hinaus, ob und inwieweit sie auch für die institutionelle Seite der modernen Verwaltung – normative Aufgaben, behördliche Organisation und materielle Ressourcen – allgemeine Geltung besitzen.

II. Beharrung im Wandel der deutschen Verwaltung während des 19. und 20. Jahrhunderts

Anfang der 1990er Jahre hat Bernd Wunder der künftigen Verwaltungs- und Beamtengeschichte die zentrale „Forschungsaufgabe" gestellt, herauszufinden, „ob und wann Verwaltungstätigkeit restaurativ, systemstabilisierend oder modernisierend" gewesen sei[7]. Dieser Schlüsselfrage ist Thomas Ellwein wenig später in seiner verwaltungshistorischen Regionalstudie über Ostwestfalen-Lippe mit einem doppelten Anliegen nachgegangen: Was sagt erstens der „Zustand der Verwaltung" über den modernen Staat des 19./20. Jahrhunderts aus und was tragen zweitens die Antworten zum „Verständnis des gegenwärtigen Staates" bei[8]? Nicht nur

die politische Entwicklung der Bundesrepublik, in: Vierteljahrshefte für Zeitgeschichte (VfZ) 24 (1976) 58–74, hier 70; vgl. *ders.*, Der bürokratische Rückhalt, in: Die Zweite Republik. 25 Jahre Bundesrepublik Deutschland. Eine Bilanz, hrsg. von *Richard Löwenthal*, *Hans-Peter Schwarz* (Stuttgart 1974) 64–94, hier 89.

[6] *Michael Ruck*, Korpsgeist und Staatsbewußtsein. Beamte im deutschen Südwesten 1928–1972 (München 1996) 266, im folgenden zitiert: *Ruck*, Korpsgeist; vgl. *ders.*, Administrative Eliten in Demokratie und Diktatur. Beamtenkarrieren in Baden und Württemberg von den zwanziger Jahren bis in die Nachkriegszeit, in: Regionale Eliten zwischen Diktatur und Demokratie. Baden und Württemberg 1930 bis 1952, hrsg. von. *Cornelia Rauh-Kühne*, *Michael Ruck* (München 1993) 37–69, hier 61–63.

[7] *Bernd Wunder*, Zur Geschichte der deutschen Beamtenschaft. Literaturbericht 1945–1985, in: Geschichte und Gesellschaft (GG) 17 (1991) 256–277. Eine souveräne Zusammenfassung des seinerzeitigen Forschungsstandes bietet *ders.*, Geschichte der Bürokratie in Deutschland (Frankfurt 1986).

[8] *Thomas Ellwein*, Der Staat als Zufall und Notwendigkeit. Die jüngere Verwaltungsentwicklung in Deutschland am Beispiel Ostwestfalen-Lippe, Bd. 1: Die öffentliche Verwaltung in der Monarchie 1815–1918, Bd. 2: Die öffentliche Verwaltung im gesellschaftlichen und politischen Wandel 1919–1990 (Opladen 1993/1997), hier Bd. 1 76, 12; im folgenden zitiert: *Ellwein*, Staat I u. II. Vgl. zusammenfassend *ders.*, Das Dilemma der Verwaltung. Verwaltungsstruktur und Verwaltungsreformen in Deutschland (Mannheim u. a. 1994); im folgenden zitiert: *Ellwein*, Dilemma.

Ellwein hat immer wieder auf die ausgeprägte Beharrungskraft jener administrativen Strukturen verwiesen, die Anfang/Mitte des 19. Jahrhunderts in Deutschland entstanden, sich bis 1914 verfestigten und seit 1919 kaum grundlegende Veränderungen erfuhren[9]. Offensichtlich haben weder der enorme Aufgabenzuwachs und der sukzessive Funktionswandel noch ihre organisatorisch-personelle Expansion und interne Differenzierung die öffentlichen Verwaltungen in ihrer Substanz verändert. Die tiefen politischen Zäsuren der Jahre 1918, 1933 und 1945 überdauerten sie im Kern ebenso wie die Konjunkturen der Verwaltungskritik und die wiederholten Anläufe, den gesamten Verwaltungsapparat von Grund auf zu reformieren[10].

Als Ursachen dieser ausgeprägten Beharrungskraft unter ganz unterschiedlichen politischen, gesellschaftlichen und wirtschaftlichen Rahmenbedingungen hat Ellwein – neben ihrer Professionalität – zwei Grundeigenschaften der modernen Verwaltung herausgearbeitet: ihre Heterogenität und ihre Flexibilität. Jenseits der allgemeinen Bindung an das elementare Prinzip der Gesetzlichkeit hat es die „Einheit der Verwaltung“ weder in institutioneller noch in personeller Hinsicht jemals auch nur näherungsweise gegeben. Doch auch die Gesetzesbindung ist durchweg mehr Programm als Wirklichkeit geblieben. Vor allem die Trennung von Aufgaben- und Kostenverantwortung im politisch-parlamentarischen Raum hat den expandierenden Bürokratien ein Maß an Handlungsautonomie zuwachsen lassen, das mit einem instrumentellen Verwaltungsverständnis herkömmlicher Prägung überhaupt nicht in Einklang zu bringen ist.

Der immer wieder gezahlte Preis für die politische Vollzugsdelegation erschöpfte sich nicht in der kaum kontrollierbaren Vollzugsautonomie der beauftragten Verwaltungen[11]. Diese Handlungsautonomie prägte nachhaltig das kollektive Bewußtsein des Verwaltungspersonals und die institutionelle Struktur der Verwaltungen. Aus der Selbstwahrnehmung als eigentliche Träger alltäglicher Herrschaftsausübung hat sich im Laufe der Zeit ein überwölbendes Staatsbewußtsein entwickelt. Diese spezifische Form des Etatismus bildete schon im 19. Jahrhundert die eigentliche Klammer der expandierenden Verwaltungen. Noch verstärkt wurde deren Korpsgeist in deren oberen und mittleren Rängen durch die homogenisierenden Wirkungen der forcierten Professionalisierung und der standardisierten Rekrutierung. So fragmentiert der Öffentliche Dienst objektiv auch war und ist – sein zahlenmäßiger Umfang, sein kollektives Selbstbewußtsein und seine tatsächliche Bedeutung ließen ihn bis an die unmittelbare Gegenwart heran als „Garant(en) der derzeitigen Verwaltung“[12] erscheinen: „Die um 1815 entwickelte Struktur dominiert“ nach wie vor, stellte Ellwein noch Mitte der 1990er

[9] *Ellwein*, Staat I 13, 56f., 76; *ders.*, Staat II 13, 56, 79, 89, 109, 244, 324f., 537; *ders.*, Dilemma 44, 38.
[10] Vgl. *Ellwein*, Staat II 54.
[11] *Ellwein*, Staat I 43f.; *ders.*, Staat II 49f.; *ders.*, Dilemma 46.
[12] *Ellwein*, Dilemma 33; vgl. *ders.*, Staat II 40f.

Jahre fest[13]; auch im Zeichen der staatlichen Wiedervereinigung „regieren" in Deutschland „Tradition und Anpassung"[14].

Die wilhelminische Verwaltungspraxis wurde – wie im frühen 19. Jahrhundert – durch eine beträchtliche „Klientelorientierung" geprägt[15]. Darüber hinaus förderte die wachsende Vielfalt der öffentlichen Verwaltung(en) besonders im kommunalen Bereich eine gewisse Integrationsfähigkeit der bürgerlichen Institutionen gegenüber sub- und gegenkulturellen Kräften der Industriegesellschaft, insbesondere der aufsteigenden Arbeiterbewegung. Gerade diese Abweichungen vom Bild einer monolithischen Herrschaftsverwaltung á la Max Weber sind als eine „wesentliche Ursache" für die „Kontinuität des deutschen Verwaltungsstaates" unter obrigkeitsstaatlichen, demokratischen und totalitären Auspizien benannt worden[16].

Aus einer solchen Perspektive erscheint die Verwaltungskontinuität der Revolutionszeit 1918/19 geradezu selbstverständlich[17]. Tatsächlich wurde der Verwaltungsalltag in dieser politischen Umbruchphase weithin von dem allseitigen Bemühen geprägt, einen „Schein der Normalität" aufrecht zu erhalten. Äußerlich unbeeindruckt versahen die öffentlich Bediensteten ihren gewohnten Dienst. Die neuen Autoritäten ließen ihnen dabei zumeist freie Hand[18]. Während der Zusammenbruchs- und Demobilmachungskrise erwies sich die obrigkeitsstaatliche Administration weithin als kompetent, flexibel und leistungsfähig. Offenkundig „unentbehrlich und dauerhaft" stand sie nach eigenem Selbstverständnis mehr denn je „für den Staat". Allerdings hatten die Verwaltungseliten dabei mitnichten den pluralistisch-demokratischen Parteien- und Verbändestaat von Weimar im Sinn. Hinter der Fassade professioneller Pflichterfüllung blieb die übergroße Mehrheit innerlich jener „Lebenslüge des Obrigkeitsstaates" verhaftet, die Gustav Radbruch 1930 vehement kritisierte[19]. Eher noch bestärkt von den zaghaften Ansätzen republikanischer Personalpolitik entwickelten sich die Fiktionen des autoritären Rechts- und Verwaltungsstaates vorrevolutionärer Zeiten und seiner überpar-

[13] *Ellwein*, Dilemma 52; vgl. ebd. 20, 80; vgl. ferner *ders.*, Staat I 12, 446.

[14] *Ellwein*, Staat I 69; *ders.*, Dilemma 58.

[15] *Ellwein*, Staat I 470ff.; *ders.*, Staat II 26. Vgl. dazu nunmehr aus komparativer Perspektive *Árpád von Klimó*, Staat und Klientel im 19. Jahrhundert. Administrative Eliten in Italien und Preußen im Vergleich 1860–1918 (Vierow b. Greifswald 1997); *ders.*, Politiker und Beamte in Italien und Deutschland (1860–1930). Vergleichende Überlegungen, in: Parteien im Wandel vom Kaiserreich zur Weimarer Republik. Rekrutierung – Qualifizierung – Karrieren, hrsg. von *Dieter Dowe* u.a. (München 1999) 341–362; *ders.*, Zwischen Zentralstaat und Peripherie. Spitzenbeamte in Italien und Preußen-Deutschland 1870–1914, in: Zentralismus und Föderalismus im 19. und 20. Jahrhundert. Deutschland und Italien im Vergleich, hrsg. von *Oliver Janz* u.a. (Berlin 2000) 91–133; *Florian Lang*, Die Verwaltungselite in Deutschland und Frankreich 1871–2000. Regimewechsel und Pfadabhängigkeiten (Baden-Baden 2005).

[16] Vgl. *Ellwein*, Staat I 456, 473f.

[17] Vgl. *Ellwein*, Staat II 56.

[18] Vgl. *Ellwein*, Staat II 54f.; vgl. ebd. 537f.

[19] *Gustav Radbruch*, Die politischen Parteien im System des deutschen Verfassungsrechts, in: Handbuch des Deutschen Staatsrechts, hrsg. von *Gerhard Anschütz*, *Richard Thoma* (Tübingen 1930) Bd. 1 285–294, hier 289.

teilichen, allein dem Gemeinwohl verpflichteten Beamtenschaft je länger desto mehr zum imaginären Fluchtpunkt der technokratischen Tagträume des (leitenden) Verwaltungspersonals[20].

Diese vordemokratischen Verhaltensdispositionen kamen Hitler und seinem Regime zugute, als sie 1933 nach den Schalthebeln der Staatsmacht griffen[21]. Die Staatsdiener zeigten sich fast ausnahmslos kooperationswillig, und viele von ihnen begaben sich demonstrativ in das Lager der „Nationalen Revolution". Ansonsten arbeiteten sie abermals im Rahmen der überkommenen Strukturen, „Verfahren und Gewohnheiten" weiter[22]. Nicht viel anders als 1918/19 verhielt sich auch das werdende NS-Regime. Zwar schuf es sich mit dem sogenannten „Berufsbeamtengesetz" vom April 1933 ein pseudo-legales Instrument zur Einschüchterung des Öffentlichen Dienstes. Höchste Priorität genoß aber die möglichst reibungslose Indienstnahme des hochkomplexen Verwaltungsapparates. Da ihm kaum NS-Ersatzleute zur Verfügung standen, entschieden sich Hitler und seine leitenden Gefolgsleute für ein Arrangement mit den „Professionals"[23]. Allen persönlichen Aversionen zum Trotz ließ die NS-Führung nicht nur Militärs und Industrielle, sondern auch die alten Funktionseliten im Bereich der Verwaltung weiterarbeiten[24].

Deren übergroße Mehrzahl schlug sich mit politischer Mindestanpassung und uneingeschränkter dienstlicher Loyalität recht gut durch das Dickicht der NS-Polykratie. Ihr kollektives Selbstbehauptungslavieren trug wohl auch mit dazu bei, daß der totalitäre Zugriff des wuchernden NS-„Maßnahmenstaates"[25] auf die deutsche Gesellschaft mancherlei Nischen nicht erreichte. Der zweite demokratische Versuch auf deutschem Boden sollte hernach davon profitierten. Doch zunächst wurde mit diesem Anpassungsverhalten ein essentieller Beitrag zur alltäglichen Funktionsfähigkeit der NS-Unrechtsherrschaft geleistet[26]. Mit Blick auf die jahrzehntelange Verdrängung dieser „Mitschuld" der administrativen Eliten hat Thomas Ellwein Ende der 1990er Jahren treffend angemerkt: „Die Traditionsdebatte, welche die Bundeswehr immer wieder erregt hat, könnte auch in der Verwaltung geführt werden."[27]

[20] Vgl. *Ellwein*, Staat II 11f., 30, 56ff., 101, 281. Vgl. dazu nunmehr für Vieles *Rainer Fattmann*, Bildungsbürger in der Defensive. Die akademische Beamtenschaft und der „Reichsbund der höheren Beamten" in der Weimarer Republik (Göttingen 2001).
[21] Vgl. *Ellwein*, Staat II 89.
[22] Ebd. 89; vgl. ebd. 79, 87.
[23] Ebd. 268f.; vgl. ebd. 79, 89.
[24] Vgl. ebd. 86f., 301.
[25] Ernst *Fraenkel*, Der Doppelstaat. Recht und Justiz im Nationalsozialismus (Frankfurt ²1984, amerik. Originalausgabe 1941).
[26] Vgl. *Ellwein*, Staat II 299; vgl. ferner ebd. 101f., 320.
[27] Ebd. 100; vgl. ebd. 87.

III. Kontinuität und Transformation der westdeutschen Verwaltung in der zweiten Nachkriegszeit

Bekanntlich sind großangelegte Personalrevirements aus Anlaß politischer Regimewechsel kein hervorstechendes Merkmal der jüngeren deutschen Verwaltungsgeschichte. Das hohe Maß institutionellen „Beharrungsvermögen(s)“ ist nicht zuletzt auf diese Tatsache zurückzuführen[28]. Das gilt auch für die zweite Nachkriegszeit in Westdeutschland. Anders als 1918/19 schien zwar dieses Mal unter der Ägide der Besatzungsautoritäten eine tiefgreifende Zäsur in der deutschen Verwaltungsentwicklung möglich – und zwar personell wie strukturell. Vor dem Hintergrund des wieder eskalierenden Ost-West-Konfliktes gelangten jedoch unter dem Druck der wirtschaftlichen und gesellschaftlichen Alltagsprobleme rasch wieder organisatorisch erfahrene Seniorbeamte und jüngere Technokraten in administrative Schlüsselpositionen des westdeutschen Wiederaufbaus. Der militärische und politische Zusammenbruch des NS-Regimes unterbrach mithin – wenn überhaupt – die Traditionslinie der deutschen Verwaltung im 20. Jahrhundert nur für eine kurze Übergangsphase.

Auf staatlicher wie auf kommunaler Ebene wirkte die notorische Selbstbehauptungskraft der traditionellen Verwaltung personell und institutionell bis weit in die Nachkriegszeit hinein. In den Westzonen bescherte die Phase der politischen Säuberung von 1945/46 bis 1948/49 den diskreditierten Verwaltungseliten mitnichten jene „personelle Zäsur“, von der selbst in der neueren Literatur gelegentlich noch die Rede ist[29]. So schmerzhaft die temporären Verunsicherungen dieser Übergangszeit von den betroffenen Beamten persönlich empfunden worden sein mögen – aus der Perspektive der 1950er/60er Jahre wirkten die vielkritisierten Prozeduren der Entnazifizierung eher stabilisierend auf den Öffentlichen Dienst traditioneller Prägung. Lutz Niethammer hat die politische Säuberung treffend als „Mitläuferfabrik“ und als „Schule der Anpassung“ zugleich charakterisiert[30]: Im

[28] *Ellwein*, Staat I 56. Zum Folgenden vgl. (mit weiteren Hinweisen) *Michael Ruck*, Kontinuität und Wandel – Westdeutsche Verwaltungseliten unter dem NS-Regime und in der alten Bundesrepublik, in: Verwandlungspolitik. NS-Eliten in der westdeutschen Nachkriegsgesellschaft, hrsg. von *Wilfried Loth*, *Bernd-A. Rusinek* (Frankfurt, New York 1998) 117–142; *ders.*, Verwaltungsjuristen in der Nachkriegszeit – Wandlungen einer deutschen Funktionselite im interregionalen Vergleich, in: Themen juristischer Zeitgeschichte (3), hrsg. von *Franz-Josef Düwell*, *Thomas Vormbaum* (Baden-Baden 1999) 71–98.

[29] *Thomas Klein*, Leitende Beamte der allgemeinen Verwaltung in der preußischen Provinz Hessen-Nassau und in Waldeck 1867–1945 (Darmstadt, Marburg 1988) 9; vgl. ebenso *Agnes Blänsdorf*, Zur Konfrontation mit der NS-Vergangenheit in der Bundesrepublik, der DDR und Österreich. Entnazifizierung und Wiedergutmachungen, in: Aus Politik und Zeitgeschichte. Beilage zur Wochenzeitung Das Parlament, Nr. B 16–17/87, 18. 4. 1987, 3–18, hier 9.

[30] *Lutz Niethammer*, Die Mitläuferfabrik. Die Entnazifizierung am Beispiel Bayerns (Berlin, Bonn ²1982; zuerst Frankfurt 1972); *ders.*, Schule der Anpassung. Die Entnazifizierung in den vier Besatzungszonen (1995), in: *ders.*, Deutschland danach. Postfaschistische Gesellschaft und nationales Gedächtnis, hrsg. von *Ulrich Herbert*, *Dirk van Laak* u. a. (Bonn 1999) 53–58; im folgenden zitiert: *Niethammer*, Schule.

Blick zurück wurden die individuellen und gruppenspezifischen Verwicklungen in die Unrechtspolitik des NS-Maßnahmenstaates nachhaltig bagatellisiert; im Blick nach vorn internalisierten die Verwaltungsleute frühzeitig die grundlegenden Normen und Verhaltensgebote jener westlichen Werte- und Verteidigungsgemeinschaft, in die sich der bundesdeutsche Teilstaat ebenso zügig wie erfolgreich eingliederte. Zusammengehalten wurde das exkulpatorisch-restaurative Bündnis von Verwaltung und Politik zum einen durch den Kalten Krieg, zum anderen durch jenen Wiederaufbaukonsens, in dessen Mittelpunkt nicht die quasi-judizielle „Bewältigung" der NS-Vergangenheit, sondern die Überwindung der wirtschaftlichen und sozialen Alltagsprobleme stand.

Die halbherzigen Versuche der amerikanischen und britischen Besatzungsautoritäten, den Öffentlichen Dienst im allgemeinen und das Berufsbeamtentum im besonderen institutionell von Grund auf zu reformieren, scheiterten auf ganzer Linie am hinhaltenden Widerstand der Beamtenverbände und der Mitte-Rechts-Parteien, aber auch von Teilen der SPD und der Gewerkschaften[31]. Gleichzeitig kehrte in Westdeutschland das frühere Personal auf allen Ebenen wieder in die Verwaltungen zurück. Dieser personelle Restaurationsprozeß vollzog sich seit 1947/48 in drei Schüben, deren Ausläufer bis in die frühen 1960er Jahre hineinreichten[32]. Gelegentliche Kritik prallte an dem parteienübergreifenden Einverständnis darüber ab, daß die umfassende Reintegration der NS-Verwaltungseliten eine unabdingbare Voraussetzung für die Stabilität der jungen Bundesrepublik unter den Bedingungen des Kalten Krieges darstelle[33].

[31] Vgl. zuletzt *Rudolf Morsey*, Gefährdung und Sicherung des Berufsbeamtentums. Entwürfe und Reformkonzepte für den öffentlichen Dienst 1945–1953, in: Die Öffentliche Verwaltung 46 (1993) 1061–1070; im folgenden zitiert: *Morsey*, Gefährdung; vgl. ferner *Hermann-Josef Rupieper*, Die Wurzeln der westdeutschen Nachkriegsdemokratie. Der amerikanische Beitrag 1945–1952 (Opladen 1993) 173–204; vgl. *ders.*, Amerikanisierung in Politik und Verwaltung Westdeutschlands. Ein problematisches Konzept, in: Amerikanisierung und Sowjetisierung in Deutschland 1945–1970, hrsg. von *Konrad Jarausch*, *Hannes Siegrist* (Frankfurt, New York 1997) 49–65; *Curt Garner*, Öffentlicher Dienst, in: Deutschland unter alliierter Besatzung 1945–1949/55. Ein Handbuch, hrsg. von *Wolfgang Benz* (Berlin 1999) 141–149; für die britische Zone vgl. *ders.*, „Zerschlagung des Berufsbeamtentums"? Der deutsche Konflikt um die Neuordnung des öffentlichen Dienstes 1946–1948 am Beispiel Nordrhein-Westfalens, in: VfZ 39 (1991) 55–101.

[32] *Wolfgang Langhorst*, Beamtentum und Artikel 131 des Grundgesetzes. Eine Untersuchung über Bedeutung und Auswirkung der Gesetzgebung zum Artikel 131 des Grundgesetzes unter Einbeziehung der Position der SPD zum Berufsbeamtentum (Frankfurt u.a. 1994) 153 ff. Zu den gesetzlichen Grundlagen und politischen Hintergründen der umfassenden Rückführungsaktion vgl. *Udo Wengst*, Beamtentum zwischen Reform und Tradition. Beamtengesetzgebung in der Gründungsphase der Bundesrepublik Deutschland 1948–1953 (Düsseldorf 1987); *Norbert Frei*, Vergangenheitspolitik. Die Anfänge der Bundesrepublik und die NS-Vergangenheit (München ²1997) 69–100.

[33] Vgl. tendenziell zustimmend *Morsey*, Gefährdung 1070; vgl. dagegen mit kritischem Tenor *Hans Mommsen*, Die Kontinuität der Institution Berufsbeamtentum und die Rekonstruktion der Demokratie in Westdeutschland, in: Zwischen Gehorsamspflicht und Widerstandsrecht: ein unlösbares Dilemma der Beamtenschaft? Dokumentation des 2. Symposiums der Dokumentations- und Forschungsstelle der FHSöV NRW für Beamten- und Ver-

In den westdeutschen Ländern und Gemeinden hatte die personelle Rekonstruktion unter dem Druck der alltäglichen Verwaltungsprobleme der ersten Nachkriegsjahre vielfach schon vor 1947/48 eingesetzt. Denn hier trat der fundamentale Zielkonflikt zwischen raschem Wiederaufbau und personeller Säuberung der öffentlichen Dienste besonders früh und kraß zutage. Die vorrangige Sorge insbesondere der beiden angelsächsischen Siegermächte galt zusehends dem Problem, die deutschen Behörden zügig mit leistungsfähigen Fachleuten auszustatten. Dabei wurde in großem Umfang auf erprobte Verwaltungsbeamte des höheren und gehobenen Dienstes zurückgegriffen. Diese kehrten nun ihr traditionelles Leitbild eines „überparteilichen" Fachbeamtentums wieder demonstrativ hervor. Das in seinem Ursprung vordemokratische Selbstverständnis der deutschen Bürokratie deckte sich aber nur auf den ersten Blick mit dem britischen Verständnis einer „politisch neutralen" Verwaltung[34]. Dessen ungeachtet erleichterte dieses Mißverständnis es den Besatzungsautoritäten, über politische Vorbelastungen qualifizierter Kommunalbediensteter pragmatisch hinwegzusehen. Von Beginn an dominierten denn auch Angehörige der administrativen Eliten traditioneller Prägung die Kommunalverwaltungen der drei Westzonen[35].

Auch in die Landesverwaltungen kehrte das noch dienstfähige Personal binnen weniger Jahre fast geschlossen zurück. Kaum jemand wurde etwa in den südwestdeutschen Innenverwaltungen von den alten Seilschaften dauerhaft ausgeschlossen, weil er sich bis 1945 politisch allzu sehr kompromittiert hatte. Schon das untergegangene NS-Regime hatte auf die Mitarbeit der traditionellen Funktionseliten nicht verzichten mögen und der zügige Neuaufbau schien – wie 1918/19 – selbst Führern der Arbeiterbewegung ohne den administrativen Sachverstand der einschlägigen Fachleute ganz undenkbar. Angesichts dessen hatte etwa der größte Teil des noch dienstfähigen Personals der südwestdeutschen Innenverwaltung seine unterbrochenen Karrieren unter demokratischen Auspizien bereits wieder fortsetzen können, als die „131er"-Regelung zu greifen begann. Lediglich einige besonders stark belastete Beamte mußten sich bis in die frühen 1950er Jahre hinein gedulden, bevor auch sie auf der Basis des Grundgesetzartikels 131 wieder in den Kreis ihrer früheren Kollegen zurückkehren durften. Politisch unbelasteten

waltungsgeschichte im 20. Jahrhundert im Gebiet des heutigen Landes Nordrhein-Westfalen vom 4. und 5. Dezember 1986 in Münster, hrsg. von *Friedrich G. Schwegmann* (Gelsenkirchen 1989) 65–79, hier 78 f.; *Niethammer*, Schule.

[34] Vgl. *Everhard Holtmann*, Demokratische Erneuerung und nachholende Modernisierung – Deutsche Wende-Zeiten 1945 und 1989 im Vergleich, in: 1945–1995. 50 Jahre nach dem Ende des Zweiten Weltkrieges, hrsg. von *Gotthard Jasper* (Erlangen 1998) 37–58.

[35] Vgl. dazu für Vieles als neue Referenzstudie am Beispiel von Münster in Westfalen: *Sabine Mecking*, „Immer treu". Kommunalbeamte zwischen Kaiserreich und Bundesrepublik (Essen 2003); vgl. auch *dies.*, „Besonders qualifizierte Persönlichkeit gesucht". Rekrutierungsfelder und Karrieremuster der städtischen Verwaltungselite eines typischen Behördenquartiers von 1945 bis 1975, in: Demokratisierung und gesellschaftlicher Aufbruch. Die sechziger Jahre als Wendezeit der Bundesrepublik, hrsg. von *Matthias Frese* u. a. (Paderborn u. a. 2003) 529–547; im folgenden zitiert: *Frese* u. a., Demokratisierung. Zum Folgenden vgl. *Ruck*, Korpsgeist 231–256.

„Quereinsteigern“ gelang es hingegen nur in seltenen Einzelfällen, über die ersten Nachkriegsjahre hinaus in der Verwaltung Fuß zu fassen.

So folgte in Westdeutschland der Zusammenbruchskrise von 1945 bis 1947/48 unter dem Primat des „Wiederaufbaus“ zunächst ein Jahrzehnt der strukturellen wie der personellen Bewahrung und Rekonstruktion überkommener administrativer Strukturen. Und doch erlebten die Verwaltungsapparate seit den frühen 1960er Jahren einen „Modernisierungsschub“, der mit personellem Wachstum und institutioneller Differenzierung ohnegleichen einher ging. Als besonders wirkungsmächtig erwies sich dabei jener epochale Generationenwechsel in den öffentlichen Verwaltungen, welcher mit dem Mitte der 1960er Jahre verstärkt einsetzenden Wertewandel innerhalb der deutschen Gesellschaft zeitlich zusammenfiel[36]. Im übrigen gewann der administrative Veränderungsschub der „langen“ 1960er Jahre seine Dynamik nicht zuletzt aus jener wohlfahrtsstaatlichen Expansion, als deren Protagonisten staatliche und kommunale Verwaltungen nun verstärkt auf den Plan traten. Vor allem die jüngeren Jahrgänge der administrativen Eliten hatten mittlerweile fest jenes Leitbild des „Daseinsvorsorgestaates“ verinnerlicht, mit dem Ernst Forsthoff Ende der 1930er Jahre – erfolglos – versuchte hatte, der öffentlichen Verwaltung neuen Rückhalt im polykratischen Machtgerangel des NS-Staates zu geben[37]. Als der Kalte Krieg 1961/62 seine Klimax überschritten hatte, konzentrierte sich die nachrückende Generation auf die bürokratisch-technokratische Prävention und Bearbeitung innerer Konflikte im Zeichen umfassender Daseinsvorsorge.

Ein immer dichter geknüpftes Netz vertikaler und horizontaler „Fachbruderschaften“[38] zwischen den verschiedenen Verwaltungsebenen, den sozialen Selbstverwaltungskörperschaften, einschlägig interessierten Verbänden sowie ihren Vertrauensleuten in Parteien und Parlamenten verlieh den steigenden Anforderungen der Sozialadministration – im weit verstandenen Sinne des Wortes – erhebliche Durchschlagskraft im politischen Raum.

Die ökonomistische Problemwahrnehmung und die technokratischen Verhaltensdispositionen dieser jüngeren Funktionseliten legten eine Reform der Verwaltungsstrukturen nahe, die in erster Linie auf eine effizientere Ressourcenallokation abzielte. Unter den Auspizien der formal hochzentralisierten NS-Herrschaft hatte es zeitweise so ausgesehen, als könnten solche technokratischen Planungs-

[36] Vgl. die Problemskizze von *Michael Ruck*, Verwaltung und Bürger: Einführung, in: *Frese* u. a., Demokratisierung 495–504.

[37] *Ernst Forsthoff*, Rechtsfragen der leistenden Verwaltung (Stuttgart 1959); vgl. ursprünglich *ders.*, Die Verwaltung als Leistungsträger (Stuttgart, Berlin 1938). Für die frühe Kritik an diesem Leitbild vgl. etwa *Heinz-Dietrich Ortlieb*, Glanz und Elend des deutschen Wirtschaftswunders, in: Bestandsaufnahme. Eine deutsche Bilanz 1962. Sechsunddreißig Beiträge deutscher Wissenschaftler, Schriftsteller und Publizisten, hrsg. von *Hans Werner Richter* (München u. a. 1962) 275–291.

[38] *Frido Wagener*, Der öffentliche Dienst im Staat der Gegenwart, in: *Erhard Denninger* u. a., Verfassungstreue und Schutz der Verfassung. Der öffentliche Dienst im Staat der Gegenwart. Berichte und Diskussionen auf der Tagung der Vereinigung der Deutschen Staatsrechtslehrer in Bonn vom 4.–7. Oktober 1978 (Berlin, New York 1979) 215–266, hier 238ff., 251, 253.

strategien ungehemmt Geltung erlangen, nachdem sie sich zuvor unter demokratisch-pluralistischen Verhältnissen Mal um Mal am ausgeprägten Eigensinn von Kommunen, Verbänden und Bevölkerung gebrochen hatten. Dessen parochiale Beharrungskraft ließ während der zweiten Nachkriegszeit wiederum manche Planungsbefürworter beinahe resignieren. Erst im Zeichen der neuen Aufgeschlossenheit für struktur- und prozeßgestaltende Interventionen öffentlicher Körperschaften, die sich um 1960 in der Bundesrepublik wie in anderen westlichen Industrieländern auszubreiten begann, fanden sie rasch wachsenden Rückhalt. Ihr Reformeifer kulminierte in dem Ruf nach einem grundlegenden „Neubau der Verwaltung" in funktionaler wie in territorialer Hinsicht[39] – dem alsbald Proteste von Bürgerinitiativen und Forderungen nach unmittelbarer bürgerlicher Teilhabe an den administrativen Planungs- und Vollzugsprozessen entgegen schollen[40].

IV. Die SBZ/DDR – ein administrativer Sonderweg

Die administrative Bewältigung der Wiedervereinigung bestätigt im wesentlichen die skizzierte Wirkungsmächtigkeit traditioneller Verwaltungsstrukturen in Deutschland. Demgegenüber stellt sich die 1989/90 abrupt beendete Entwicklung in der SBZ/DDR im säkularen Zusammenhang als ein historischer Sonderweg dar. Durch externe Einwirkungen erzwungen, wurde das Phänomen „sozialistische Kaderverwaltung" mit deren Fortfall obsolet. Der deutsch-deutsche Einigungsvertrag von 1990 legte im Grundsatz fest, daß an ihre Stelle alsbald das westdeutsche Verwaltungsmodell zu treten habe. Dieses traditionelle Paradigma ist das Produkt eines jahrzehntelangen Prozesses der sukzessiven und retardierten Anpassung traditioneller Strukturen an die veränderten Bedingungen der Verwaltungsumwelt nach dem Verlaufsmuster: „Beharrung im Wandel". Allerdings war dieses gradualistische Transformationsmodell auf dem Territorium der untergegangenen DDR von vornherein so nicht reproduzierbar. Das totalitäre Zwischenspiel hat dort entschieden zu lange gedauert, als daß noch unmittelbar an die administrativen Traditionsstränge aus der Zeit vor 1945 beziehungsweise 1933 hätte angeknüpft werden können[41]. Jedenfalls gilt das für die personalen Träger der

[39] *Frido Wagener*, Neubau der Verwaltung. Gliederung der öffentlichen Aufgaben und ihrer Träger nach Effektivität und Integrationswert (Berlin 1969; unveränd. Nachdr. 1974).

[40] Vgl. neuerdings *Dieter Grunow*, *Hildegard Pamme*, Kommunale Verwaltung: Gestaltungsspielräume und Ausbau von Partizipationschancen?, in: *Frese* u.a., Demokratisierung 505–528; vgl. ferner (mit weiteren Hinweisen) *Michael Ruck*, Ein kurzer Sommer der konkreten Utopie – Zur westdeutschen Planungsgeschichte der langen 60er Jahre, in: Dynamische Zeiten. Die 60er Jahre in den beiden deutschen Staaten, hrsg. von *Axel Schildt* u.a. (Hamburg ²2003; zuerst 2000) 362–401; *ders.*, Westdeutsche Planungsdiskurse und Planungspraxis der 1960er Jahre im internationalen Kontext, in: Aufbruch in die Zukunft. Die 1960er Jahre zwischen Planungseuphorie und kulturellem Wandel, hrsg. von *Heinz-Gerhard Haupt*, *Jörg Requate* (Weilerswist 2004) 289–325.

[41] Vgl. dazu *Thomas Ellwein*, Tradition – Anpassung – Reform. Über die Besonderheit der Verwaltungsentwicklung in den neuen Bundesländern, in: Verwaltungsreform und Verwal-

Verwaltungskontinuität. Der partielle Austausch administrativer Eliten und deren politische wie gesellschaftliche Degradierung hatte im Laufe der 1950er Jahre den massenhaften Exodus gelernter Verwaltungsleute herkömmlicher Prägung nach Westen bewirkt. In der DDR wurde dadurch ein vorgezogener Generationenwechsel erzwungen und ermöglicht. Unter den Begünstigten dieses Mobilitätsschubes waren viele, deren Herkunft und Ausbildung sie unter „normalen" Umständen schwerlich in gehobene Verwaltungspositionen hätte gelangen lassen. Manches spricht dafür, daß sich unter diesen um 1920 und im folgenden Jahrzehnt geborenen Angehörigen der ostdeutschen „Aufbaugeneration" ein vergleichsweise hohes Maß an langfristig stabilen Loyalitäten gegenüber dem SED-Regime und seiner Verwaltungsdoktrin entwickelt hat[42]. Freilich wurden diese Verhaltensdispositionen mit der wachsenden Enttäuschung jener nachfolgenden Generationen erkauft, deren Aufstiegserwartungen während der 1970er/80er Jahre nicht nur an der mangelnden Leistungsfähigkeit und Innovationskraft des politischen wie des ökonomischen Systems der DDR, sondern auch an der Blockade vieler Aufstiegsposten durch die Aufbaugeneration zerbrachen. Zunächst jedoch begünstigten sie mutmaßlich einen ebenso durchgreifenden wie nachhaltigen Bruch mit den institutionellen und mentalen Traditionen des deutschen Berufsbeamtentums. Mit der (und für die) Dauer des SED-Staates gewann dieser Kontinuitätsbruch – zumal unter den hermetischen Bedingungen nach dem Mauerbau – den irreversiblen Charakter einer epochalen Zäsur.

V. Fazit und Ausblick

Im Laufe des 20. Jahrhunderts ist wiederholt versucht worden, das administrative System in Deutschland von Grund auf zu reformieren. Demgegenüber erwies(en) sich die traditionellen Verwaltung(en) durchweg als höchst unempfindlich gegenüber planvollen Modernisierungsversuchen. Aller bisherigen Erfahrung nach sind Reformen nicht durch revolutionäre Umstrukturierungen, sondern jeweils nur durch graduelle Erweiterung, Ausdifferenzierung und Modifikation der bestehenden Institutionen durchzusetzen.

Gleichwohl hat die Verwaltung ihr Gesicht im Laufe des vergangenen Jahrhunderts stark verändert – strukturell wie personell[43]. Dieser säkulare Transformationsprozeß resultierte nicht so sehr aus kurz- und mittelfristigen Interventionen

tungspolitik im Prozeß der deutschen Einigung, hrsg. von *Wolfgang Seibel* u. a. (Baden-Baden 1993) 30–40; im folgenden zitiert: *Seibel* u. a., Verwaltungsreform.

42 Ein Kenner der DDR-Geschichte wie *Gert-Joachim Glaeßner* hält diese „tradierte(n) Verhaltensnormen und Wahrnehmungsmuster" nach wie vor für virulent; siehe *ders.*, Vom „demokratischen Zentralismus" zur demokratischen Verwaltung? Probleme des Umbaus einer Kaderverwaltung, in: *Seibel* u. a., Verwaltungsreform 67–79, hier 79; vgl. *Hellmut Wollmann*, *Wolfgang Jaedicke*, Neubau der Kommunalverwaltung in Ostdeutschland – zwischen Kontinuität und Umbruch, in: ebd. 98–116, hier 106.

43 Vgl. *Ellwein*, Staat II 537.

aus dem politischen Raum, sondern aus dem sozialen Wandel, dem Wertewandel und dem politisch-konstitutionellen Wandel[44].

Diese Entwicklung ist nicht kontinuierlich, sondern in zwei großen Schüben vonstatten gegangen: der eine setzte im Sommer 1914 ein, der andere zu Beginn der 1950er Jahre. Die administrativen Erfordernisse des Ersten Weltkrieges leiteten jene „zunehmende Zentralisierung von Politik und Verwaltung und die immer weiter reichende Einbindung der kommunalen Selbstverwaltung in staatliche Vollzüge" ein[45], welche sich nach der Niederlage im Zeichen des Weimarer Sozialstaatskompromisses ungebrochen fortsetzte. Der zweite Veränderungsschub begann während der Rekonstruktionsphase nach dem Zweiten Weltkrieg. Unter den Bedingungen von wirtschaftlicher Prosperität, sozialstaatlicher Expansion und „nahezu revolutionäre(n)" Wandlungen der westdeutschen Gesellschaft setzte ein „grundlegender Organisationswandel" ein[46].

Erst ein Vierteljahrhundert nach Gründung der Bundesrepublik bahnte sich jene „deutliche Zäsur" innerhalb der öffentlichen Verwaltung an, die 1945 bis 1950 selbst in Ansätzen ausgeblieben war[47]. Bedingung und Konsequenz dieses beschleunigten Transformationsprozesses war der Verlust jener relativen Autonomie, welche die administrativen Eliten auf dem Feld ihrer personellen Selbstrekrutierung bis weit in die NS-Zeit hinein und darüber hinaus zu bewahren vermocht hatten. Diese Kooptationskraft ist seither nachhaltig durch langfristige Wandlungsprozesse geschwächt worden. Sie haben ihren Ausgang auf der Ebene der Sozialstruktur genommen und sich im Bildungssystem fortgesetzt, um schließlich in einen tiefgreifenden Wertewandel einzumünden. Politische Interventionen der NS-Machthaber oder der Besatzungsautoritäten mögen diesen Erosionsprozeß beschleunigt haben, indem sie mancherlei überkommene Strukturen beschädigten und deren Rekonstruktion verzögerten. Grundsätzlich verlief dieser Prozeß jedoch weitgehend eigengesetzlich durch die politischen Regime hindurch. Nur einmal mehr wurde deutlich, wie gering die tatsächlichen Einflußmöglichkeiten der jeweiligen politischen Eliten auf den säkularen Wandel der sozialen Strukturen im allgemeinen und auf die Rekrutierung der administrativen wie der juristischen Funktionseliten im besonderen sind.

Allen Wandlungen zum Trotz haben Thomas Ellwein und Ralf Zoll Ende der 1960er Jahre „neben wesentlichen Auflösungstendenzen … auch noch bedeutsame Beharrungsmomente vor allem im Bereich unpolitischer Einstellungen" der

[44] Ebd. 38f.
[45] Ebd. 53, 538f.
[46] Ebd. 325f., 539ff.
[47] *Thomas Ellwein*, Verfassung und Verwaltung, in: Zäsuren nach 1945. Essays zur Periodisierung der deutschen Nachkriegsgeschichte, hrsg. von *Martin Broszat* (München 1983) 47–62, hier 48, 58; vgl. dazu nunmehr auch *Werner Jann*, Zur Entwicklung der öffentlichen Verwaltung, in: 50 Jahre Bundesrepublik Deutschland. Rahmenbedingungen – Entwicklungen – Perspektiven, hrsg. von *Thomas Ellwein*, *Everhard Holtmann* (Wiesbaden, Opladen 1999) 520–543; *Edwin Czerwick*, Demokratisierung der öffentlichen Verwaltung in Deutschland. Von Weimar zur Bundesrepublik, in: GG 28 (2002) 183–203.

höheren Ministerialbeamtenschaft diagnostiziert[48]. Das Prinzip der „demokratischen Verwaltung“ britischer Provenienz hatte eben während der Besatzungszeit keine nachhaltige Resonanz unter den westdeutschen Verwaltungseliten gefunden. Mit Blick auf die 1970er/80er Jahre ist Horst Bosetzky denn auch zu dem nüchternen Befund gelangt: „Mit der ... 4-A-Strategie (Ausblendung, Abstoßung, Absorption und Adaption) ist es der Bürokratie ... gelungen, erfolgreich mit dem Phänomen Wertewandel umzugehen.“[49] Andererseits hat Hans-Ulrich Derlien den oberen Rängen des deutschen Berufsbeamtentums Anfang der 1990er Jahre ausdrücklich ein hohes Maß an grundsätzlicher „Systemkonformität“ und an „politische(r) Loyalität auch nach Regierungswechseln“ sowie eine „geringe Neigung zu technokratischen Attitüden“ bescheinigt[50]. Sowohl die Feststellungen Bärbel Steinkempers von 1974 als auch die Ergebnisse neuester Elitenstudien weisen in die gleiche Richtung[51]. Freilich war und ist der etatistische Regelungsanspruch im Sinne umfassender Daseinsvorsorge ungeachtet dieser gewissen Liberalisierung in den öffentlichen Verwaltungen noch allenthalben spürbar. Erst die Zukunft wird mithin zeigen, ob der demokratisch-pluralistische Lernprozeß der administrativen Eliten in Deutschland lediglich konstellationsgebunden war –

[48] *Thomas Ellwein, Ralf Zoll*, Berufsbeamtentum – Anspruch und Wirklichkeit. Zur Entwicklung und Problematik des öffentlichen Dienstes (Düsseldorf 1973) 206. Die Aussagen beziehen sich auf Erhebungsdaten von 1966/68.

[49] *Horst Bosetzky*, Bürokratische Sozialisation in den Zeiten des Wertewandels, in: Systemrationalität und Partialinteresse. Festschrift für Renate Mayntz, hrsg. von *Hans-Ulrich Derlien* u. a. (Baden-Baden 1994) 99–122, hier 114.

[50] *Hans-Ulrich Derlien*, Regierungswechsel, Regimewechsel und Zusammensetzung der politisch-administrativen Elite, in: Die alte Bundesrepublik. Kontinuität und Wandel, hrsg. von *Bernhard Blanke, Hellmut Wollmann* (Opladen 1991) 253–270, hier 268; vgl. *ders.*, Die administrative Elite. Kontinuität und Wandel 1949 bis 1984, in: Eliten in der Bundesrepublik Deutschland, hrsg. von Landeszentrale für politische Bildung Baden-Württemberg, *Hans-Georg Wehling* (Red.), (Stuttgart 1990) 98–108; *ders.*, Verwaltung zwischen Berufsbeamtentum und Parteipolitik: Personalrekrutierung und Personalpatronage im öffentlichen Dienst, in: Politische Bildung 21 (1988) H. 2, 57–72; *ders.*, Continuity and Change in the West German Federal Executive Elite, 1949–1984, in: European Journal of Political Research 18 (1990) 349–372; *ders.*, Historical Legacy and Recent Developments in the German Higher Civil Service, in: International Review of Administrative Sciences 57 (1991), 385–401; vgl. auch die umfang- und materialreiche, analytisch jedoch defiziente Studie von *Christiane Dreher*, Karrieren in der Bundesverwaltung. Voraussetzungen, Merkmale und Etappen von Aufstiegsprozessen im öffentlichen Dienst (Berlin 1996) 497 ff.

[51] *Bärbel Steinkemper*, Klassische und politische Bürokraten in der Ministerialverwaltung der Bundesrepublik Deutschland. Eine Darstellung sozialstruktureller Merkmale unter dem Aspekt politischer Funktionen der Verwaltung (Köln u. a.) 1974. Vgl. etwa die große „Potsdamer Elitestudie“ von 1995; zu deren Ergebnissen siehe ausführlich *Wilhelm Bürklin, Hilke Rebensdorf* u. a., Eliten in Deutschland. Rekrutierung und Integration (Opladen 1997). Zu den einschlägigen Forschungsergebnissen der 1980er Jahre vgl. *Ursula Hoffmann-Lange*, Eliten, Macht und Konflikt in der Bundesrepublik (Opladen 1992). Zum Gesamtkomplex vgl. nunmehr *Everhard Holtmann*, Vom „klassischen“ zum „politischen Bürokraten“? Einstellungen und Einstellungswandel im öffentlichen Dienst in Deutschland seit 1945, in: 50 Jahre Bundesrepublik Deutschland, hrsg. von *Eckhard Jesse, Konrad Löw* (Berlin 1999) 101–120.

oder ob jene „stillschweigende Revolution", welche sich hinter den Fassaden struktureller Kontinuität seit den 1960er Jahren vollzogen haben soll, in den höheren Rängen der Verwaltung tatsächlich ein nachhaltig verändertes, krisenfestes „Rollenverständnis" erzeugt hat[52]. Damit wäre in der Tat eine grundlegend neue Tradition der deutschen Verwaltung begründet worden.

[52] So die optimistische Diagnose von *Kenneth H. F. Dyson*, Die westdeutsche „Parteibuch"-Verwaltung. Eine Auswertung, in: Die Verwaltung 12 (1979) 129–160, hier 154 f., 158.

Eckart Conze

Herrschaft und Politik

Ein Kommentar

„Politische Herrschaft" im Sinne Max Webers meint stets sozial strukturierte, das heißt: organisierte und normierte Macht[1]. Diese Macht kann ganz unterschiedlich legitimiert sein, sie kann von ganz unterschiedlichen Herrschaftsträgern und auf ganz unterschiedlichen Ebenen – von der lokalen bis zur internationalen – ausgeübt werden. Können wir mit einem solchen Verständnis von politischer Herrschaft die deutsche Geschichte des 20. Jahrhunderts politikhistorisch (im besten Sinne des Wortes) angemessen erfassen? Laufen wir so nicht schnurstracks in die Falle einer Verengung des historischen „Raums", vor der Michael Geyer gewarnt hat[2]? Sind Webersche Kategorien – vielfach gewonnen und bislang hauptsächlich angewandt in der Analyse der (deutschen) Geschichte des 19. Jahrhunderts – geeignet, Interpretationslinien zu gewinnen für das 20. Jahrhundert? Fällt das 20. Jahrhundert tatsächlich – zeitlich wie räumlich – aus jedem Analyserahmen, durch jedes Analyseraster, das man – auch – auf das 19. Jahrhundert anlegen könnte? Es geht dabei gar nicht darum, kategorial die Grenzen zwischen 19. und 20. Jahrhundert zu verwischen. Es besteht aber die Gefahr, daß eine Zeitgeschichtsforschung, die rein historistisch aus ihrem eigenen zeitlichen Gegenstandsbereich heraus Fragestellungen und Interpretationsachsen gewinnt, gerade mit Blick auf die Geschichte des gesamten 20. Jahrhunderts gleichsam in der Luft hängt. Ob man nun über den wandelbaren Rahmen des nationalen Prinzips spricht (Michael Geyer) oder über die Legitimation des Staates als Sozialstaat und durch die von ihm bereitgestellten bzw. stabilisierten Konsummöglichkeiten (Andreas Wirsching), über Recht und Rechtsstaatlichkeit (Joachim Rückert) oder über den modernen Anstalts- und Verwaltungsstaat (Michael Ruck) – all diese Problemlagen haben als Referenzhorizont die Moderne: ihre Herausbildung und ihren Aufstieg, ihre klassische Phase, ihre Krise, ihre Rekonsolidierung und ihren Niedergang im Zeichen der Postmoderne, die nicht nur begrifflich engstens an die Moderne gekoppelt bleibt, sondern die auf die Moderne als Bezugssystem sachlich wie analytisch geradezu angewiesen ist[3].

[1] *Max Weber*, Wirtschaft und Gesellschaft (Tübingen ^{5}1972) 541–550.
[2] S. den Beitrag von *Michael Geyer*, in diesem Band 21 ff.
[3] Vgl. dazu insbesondere *Ulrich Beck*, Die Erfindung des Politischen. Zu einer Theorie refle-

Von der Kleinteiligkeit des 20. Jahrhunderts ist immer wieder die Rede; die rasche, kataraktartige Aufeinanderfolge von Brüchen und Zäsuren wird betont: 1918, 1933, 1945/49. Das ist nicht zu bestreiten, aber doch dreifach zu differenzieren.

Erstens: War das sogenannte „lange" 19. Jahrhundert wirklich so viel ärmer an Zäsuren und an politikhistorischen Wendepunkten? Ist Linearität tatsächlich sein definierendes Signum? Länger als eine Generation hielt kaum eine Ordnung: von der napoleonischen Herrschaft – gar nicht zu reden von den Jahren zwischen 1790 und 1810 – über Restauration und Vormärz, von 1848 über die Reaktion zur Nationalstaatsbildung der 1860er Jahre. Sicher, Fürsten und Dynastien sorgten für ein gewisses Maß an Kontinuität, doch garantiert war – man denke an Hannover oder Kurhessen 1866 – nicht einmal das. Und welches Maß an Diskontinuität, an Unsicherheit und Orientierungsverlust (für den einzelnen) schuf die Industrialisierung mit all ihren Folgen, die Beschleunigung von Zeit, die Kompression von Raum[4]? Die Erfahrung von 1789 generalisierte und perpetuierte sich; Zukunft wurde offen und ist es seither geblieben – und das erschien den Menschen allen Fortschrittsideen der Aufklärung zum Trotze nicht nur positiv. „Erwartungshorizont" und „Erfahrungsraum" (Reinhart Koselleck) traten auseinander[5]. Nicht nur traditionelle Krisenerfahrungen, sondern ganz neuartige Verlust- und „Störerfahrungen" (Peter Sloterdijk) brachten und bringen bis heute das lange Zeit so relativ stabile oder relativ leicht zu restabilisierende Verhältnis aus der Balance[6]. Zu diskutieren ist freilich, ob man mit Kosellecks Begriffspaar den Katastrophen des 20. Jahrhunderts analytisch gerecht werden kann. Denn „Erwartungshorizont" und „Erfahrungsraum" klafften im 20. Jahrhundert nicht nur weiter auseinander denn je, sondern was geschah, lag jenseits des Denkbaren, des Vorstellbaren und damit jenseits jeder individuellen wie kollektiven Erfahrungs- *und* Erwartungsmöglichkeit.

Zweitens: Der Diskontinuitäts- und Bruchbefund wird immer wieder mit Blick auf die erste Hälfte des 20. Jahrhunderts gewonnen, genauer gesagt: auf die drei, dreieinhalb Jahrzehnte zwischen 1914 und 1949, also auf ein Drittel des gesamten

xiver Modernisierung (Frankfurt a. M. 1993); *ders.* u. a., Reflexive Modernisierung. Eine Kontroverse (Frankfurt a. M. 1996); *Anthony Giddens*, The Consequences of Modernity (Cambridge 1990).

4 Vgl. hierzu u. a. *Peter Borscheid*, Das Tempo-Virus. Eine Kulturgeschichte der Beschleunigung (Frankfurt a. M. 2004); *Wolfgang Schivelbusch*, Geschichte der Eisenbahnreise. Zur Industrialisierung von Raum und Zeit im 19. Jahrhundert (Frankfurt a. M. 1989) sowie jüngst *Hartmut Rosa*, Beschleunigung. Die Veränderung der Temporalstrukturen in der Moderne (Habil.schrift, Jena 2004).

5 *Reinhart Koselleck*, „Erfahrungsraum" und „Erwartungshorizont" – zwei historische Kategorien, in: *ders.*, Vergangene Zukunft. Zur Semantik geschichtlicher Zeiten (Frankfurt a. M. [4]2000) 349–375; vgl. auch, an Koselleck anknüpfend, *Ernst Wolfgang Becker*, Zeit der Revolution! – Revolution der Zeit? Zeiterfahrungen in Deutschland in der Ära der Revolutionen 1789–1848/49 (Göttingen 1999).

6 *Peter Sloterdijk*, Literatur und Organisation von Lebenserfahrung. Autobiographien der zwanziger Jahre (München 1978) 113 f.; vgl. dazu auch *Martina Wagner-Egelhaaf*, Autobiographie (Stuttgart 2000) 29–32.

Jahrhunderts. Die Jahrzehnte seit 1949 werden nicht einbezogen. Das ist eine verkürzte und verkürzende Perspektive. So sehr die Geschichte jener dreieinhalb Jahrzehnte, insbesondere die Geschichte von Diktatur, Krieg und Völkermord, auch in die Zeit nach 1945 und – natürlich – in die Gegenwart hineinreicht, so schwierig ist es, die deutsche Geschichte seit 1949 in das Diskontinuitätsinterpretament der ersten Jahrhunderthälfte zu pressen. Statt dessen gilt es doch für die Zeit nach 1949 Kontinuität zu erklären und – trotz der Tendenzwende von 1973/74 – ein ganz neues Maß an Sicherheit und Berechenbarkeit. Das muß gerade gegenwärtig besonders ins Auge fallen, wo – nach 50 Jahren – schmerzhafte Abschiede bevorstehen von Sicherheiten und individuellen wie kollektiven Kontinuitätsprofiten, nicht zuletzt im Bereich der Sozialstaatlichkeit[7]. In jedem Falle gilt es – was nicht als borniert-schulterklopfendes Bundesrepublikanertum mißzuverstehen ist –, das historiographische Eigengewicht der Zeit nach 1945/49 auch im Gesamtkontext der deutschen Geschichte des 20. Jahrhunderts zu respektieren.

Drittens gilt: Je stärker man – seit dem Ende des Kalten Krieges und der deutschen Vereinigung – das 20. Jahrhundert als Ganzes in den Blick nimmt, desto augenfälliger werden Entwicklungslinien, wenn nicht sogar Kontinuitätslinien, die erhebliche Zeiträume des gesamten Jahrhunderts übergreifen. Damit geht die Zeitgeschichte heute weit über das hinaus, was in den 1980er Jahren das Institut für Zeitgeschichte tat, als es durch den Blick auf die Zeit „Von Stalingrad zur Währungsreform" die punktgenaue Zäsur des 8. Mai 1945 relativierte[8]. Freilich blieben damals die Zäsur, die Diskontinuität und der Bruch der überwölbende Deutungshorizont, wenn auch auf einen größeren Zeitraum bezogen. Bestand hatte allerdings die Feststellung von der „politikhistorischen" Zäsur des Jahres 1945, und auch wer heute stärker Kontinuitäten und kohärente Entwicklungsstränge in der deutschen Geschichte des 20. Jahrhunderts betont als Diskontinuitäten, der tut dies doch mit dem *ceterum censeo* des politikgeschichtlichen Bruchs.

Dem liegt ein unausgesprochener Konsens zugrunde, der Politik – und damit Politikgeschichte – im engsten Sinne an Regierungshandeln, am politisch-konstitutionellen System, an der Regierungsform festmacht. Wir verwenden hier einen Politikbegriff, der von oben her, vom Staat her denkt, und so sehr das auch dem Politikverständnis in Deutschland und deutscher Historiker im 20. Jahrhundert korrespondieren mag, so wenig kann Politik – auch zu Zwecken historischer Analyse – in dieser Staats- und Regierungszentrierung aufgehen[9]. Folgen wir Karl Rohe und betrachten Politik als die „historisch variable Antwort [...] auf die fun-

[7] S. dazu allgemein *Gabriele Metzler*, Der deutsche Sozialstaat. Vom bismarckschen Erfolgsmodell zum Pflegefall (Stuttgart, München 2003). Zum Sicherheitsdenken in der Gesellschaft der Bundesrepublik s. *Eckart Conze*, Sicherheit als Kultur. Überlegungen zu einer „modernen Politikgeschichte" der Bundesrepublik Deutschland, in: VfZ 53 (2005) 357–380.

[8] *Martin Broszat* u. a. (Hrsg.), Von Stalingrad zur Währungsreform. Zur Sozialgeschichte des Umbruchs in Deutschland (München [3]1990).

[9] Begriffsgeschichtlich zu „Politik": *Volker Sellin*, Politik, in: *Otto Brunner* u. a. (Hrsg.), Geschichtliche Grundbegriffe, Bd. 4 (Stuttgart 1978) 789–874.

damentale Ordnungsproblematik sozialer Verbände", dann haben wir auf dieser allgemeinen Ebene die Beziehung zwischen Staat, zwischen modernem Staat und Politik ganz gelöst[10]. Vielleicht muß man so weit nicht gehen. Aber selbst wenn man David Eastons klassische Definition von Politik verwendet, reduziert man Politik nicht auf Staats- und Regierungshandeln, so wichtig dies auch sein mag. Easton grenzt das politische System von seinem Umfeld dadurch ab, daß er ihm die Kompetenz zuschreibt, Werte autoritativ für eine Gesellschaft zu verteilen. Der Inhalt der Politik bestehe aus Wertzuweisungen in den funktionalen Sachbereichen Sicherheit, Wohlfahrt (im Sinne wirtschaftlichen Wohlstands) und Herrschaft. Die Sicherheit der physischen Existenz des einzelnen und der Gesellschaft, die materiellen und kulturellen Mittel zur Entfaltung dieser Existenz würden innerhalb der Gesellschaft und durch sie erzeugt und im Rahmen der herrschaftlichen Ordnung, die vom einzelnen unterschiedlich mitgestaltet wird, verteilt[11].

Damit ist eine Kontinuität bezeichnet im Sinne einer Anforderung an politische Herrschaft, die in dieser Kompaktheit mit dem späten 19. Jahrhundert Gestalt angenommen hat und nicht nur einen strukturellen Imperativ für jedes „Regieren" bildet, sondern auch auf die Legitimation von politischer Herrschaft abhebt. Von der demokratiestabilisierenden Wirkung der Konsumgesellschaft und breiter Konsummöglichkeiten spricht Andreas Wirsching. Wo liegt aber die genaue Verbindung von Demokratie und Konsumgesellschaft? So wenig es ein Zufall ist, daß die stabilste Phase der Weimarer Republik mit der frühen Entfaltung von Massenkultur konvergierte, und so wenig das „Wirtschaftswunder" die institutionelle Ordnung der Bundesrepublik befestigen und gesellschaftliche Liberalisierungsprozesse ermöglichen half, so wenig läßt sich an der herrschaftsstabilisierenden Wirkung von Konsummöglichkeiten ganz allgemein zweifeln: Das gilt für den Nationalsozialismus bis weit in die Kriegsjahre hinein, und Götz Aly hat diesen Zusammenhang jetzt pointierend analysiert[12]. Allerdings ist dringend davor zu warnen, das gegenwärtige Maß an deutscher Sozialstaatlichkeit, das man zu Recht kritisieren mag, durch den Hinweis auf kriegs- und genozidgenerierte soziale Versorgungspotentiale zu diskreditieren. Dies wäre eine besonders perfide Variante der „Auschwitz-Keule". In bestimmten Phasen der DDR-Geschichte (z.B. das sog. „Neue Ökonomische System der Planung und Leitung" [NÖSPL] der 60er Jahre) wirkte die Sozialstaatlichkeit gleichermaßen stabilisierend[13]. Der umgekehrte Sachverhalt der politischen Erschütterung durch Wirtschafts- und Konsumkrisen bedarf hier keiner weiteren Ausführung. Auch jüngere Entwicklungen in Osteuropa und den Nachfolgestaaten der Sowjetunion zeigen, daß sich stabile Demokratien über Armenhäusern nicht errichten lassen. Damit verbindet sich der

[10] *Karl Rohe, Andreas Dörner*, Politikbegriffe, in: Lexikon der Politik, Bd. 1 (Politische Theorien), hrsg. v. *Dieter Nohlen, Rainer-Olaf Schultze* (München 1995) 453–458, hier 457.

[11] *David Easton*, A Framework for Political Analysis (Englewood Cliffs 1965) 50.

[12] *Götz Aly*, Hitlers Volksstaat. Raub, Rassenkrieg und nationaler Sozialismus (Frankfurt a.M. 2005).

[13] Vgl. u.a. *Ina Merkel*, Utopie und Bedürfnis. Die Geschichte der Konsumkultur in der DDR (Köln u.a. 1999).

Punkt „Legitimität durch Sozialpolitik". Die aktuellen Entwicklungen hierzulande machen in diesem Zusammenhang auch sichtbar, daß nicht die Systeme sozialer Sicherung per se legitimitätsstiftend oder legitimitätsfördernd sind, sondern sich Legitimität vielmehr davon ableitet, ob diese Systeme individuellen Wohlstand und materielle Sicherheit garantieren können. Werden die sozialen Sicherungssysteme in ihrer Konstruktion und Funktion als Hindernis für Wirtschaftswachstum und damit Wohlstand erkannt, stehen sie rasch zur Disposition, wie ein Blick auf die Thatcher-Revolution und ihre Akzeptanz in der britischen Gesellschaft zeigt[14].

Massenkultur und Massenkonsum provozierten stets Kultur- und Konsumkritik, die in ihrer Schärfe, ihrer Heftigkeit und vor allem ihrer politischen Vertretung durch Parteien und Verbände soziopolitisch extrem destabilisierend wirken konnte. Schon der Antiamerikanismus der 1920er Jahre ist ein Beispiel dafür. Er verband sich leicht und vielfach mit nationalistisch-völkisch-rassistischer Agitation von rechts[15] und konnte Wirkung entfalten, weil im mentalen Dispositiv der Deutschen – und nicht nur der Deutschen im übrigen – die *Idee* des autonomen Nationalstaats, der nationalen Kultur und der nationalen Wirtschaft so fest verankert und als erstrebenswerte Normalität anerkannt war. Das übersah nicht nur, sondern leugnete bewußt all jene Prozesse der Internationalisierung (politisch und ökonomisch), aber auch Entwicklungen von Kulturtransfer, die seit der zweiten Hälfte des 19. Jahrhunderts eingesetzt hatten[16], die jedoch angesichts der Fundamentalnationalisierung des 19. Jahrhunderts in Verbindung mit den nationalisierenden Erfahrungen des Ersten Weltkriegs sowie durch die Konstruktion des autonomen nationalen Machtstaats als Zentral- und Basiseinheit politischen Handelns kaum wahrgenommen, geschweige denn akzeptiert wurden. Linien dieses kulturellen Antiamerikanismus, die bekanntermaßen so alt sind wie die Vereinigten Staaten selbst, ziehen sich über den Nationalsozialismus weiter in Bundesrepublik und DDR[17]. In der westdeutschen Gesellschaft der Nachkriegszeit konnten sie indes um so weniger Wirkung entfalten, je mehr und je breiter die politische Westbindung der Bundesrepublik, das Bündnis mit den USA und die ameri-

[14] Vgl. *Dominik Geppert*, Thatchers konservative Revolution. Der Richtungswandel der britischen Tories 1975–1979 (München 2002).

[15] Dazu verschiedene Beiträge in: *Alf Lüdtke* u.a. (Hrsg.), Amerikanisierung. Traum und Alptraum im Deutschland des 20. Jahrhunderts (Stuttgart 1996) sowie *Philipp Gassert*, Amerika im Dritten Reich. Ideologie, Propaganda und Volksmeinung 1933–1945 (Stuttgart 1997).

[16] Vgl. dazu *Martin Geyer, Johannes Paulmann* (Hrsg.), The Mechanics of Internationalism. Culture, Society, and Politics from the 1840s to the First World War (Oxford 2001) oder auch, in anderer Perspektive, *Daniel T. Rogers*, Atlantic Crossings. Social Politics in a Progressive Age (Cambridge, Mass. 1998).

[17] S. dazu *Dan Diner*, Verkehrte Welten. Antiamerikanismus in Deutschland (Frankfurt a.M. 1993); *Gesine Schwan*, Antikommunismus und Antiamerikanismus in Deutschland. Kontinuität und Wandel nach 1945 (Baden-Baden 1999); *Philipp Gassert*, Gegen Ost und West. Antiamerikanismus in der Bundesrepublik, in: *Detlef Junker* (Hrsg.), Die USA und Deutschland im Zeitalter des Kalten Krieges (Stuttgart, München 2001) Bd. 1, 944–954, sowie *ders.*, Mit Amerika gegen Amerika. Antiamerikanismus in Westdeutschland, in: ebd., Bd. 2, 750–760.

kanische Dominanz- und Schutzfunktion, politisch und gesellschaftlich akzeptiert wurden. Beides gehört zusammen, und selbst de Gaulle sprach von der „schützenden Hegemonie" der USA. Für einen politischen Antiamerikanismus gab es in der Bundesrepublik der Ära Adenauer ohnehin keinen Raum. Selbst die Kultur-Antiamerikanisten der konservativ-katholischen „Abendländischen Bewegung" akzeptierten das Bündnis mit den USA angesichts der kommunistischen Bedrohung, die man zwar letztlich aus den gleichen Ideen des 18. und 19. Jahrhunderts gespeist sah wie den westlich-amerikanischen Liberalismus, die man jedoch im Zeichen des Kalten Krieges und seiner Bipolarität als gefährlicher und aggressiver einschätzte[18]. Ein nennenswerter politischer Antiamerikanismus konnte sich erst in den 1960er Jahren wieder entwickeln.

Das unterstreicht die demokratiestabilisierende Wirkung des Kalten Krieges und insbesondere der Besatzungsmächte unter Führung der USA für die junge Bundesrepublik. In der scharfen Bipolarität des Ost-West-Konflikts gab es keinen Platz in der Mitte, keinen Raum für einen „deutschen Weg", und das bezieht sich nicht nur auf Außen- und Sicherheitspolitik und Militärallianzen, sondern auch auf die innenpolitischen und verfassungsrechtlichen Grundstrukturen des Weststaats. So sehr das Ende des „Dritten Reiches" den Weg frei machte für die demokratischen Eliten der Weimarer Republik, so sehr bedurften diese Eliten – und Adenauer ist das beste Beispiel dafür – des Rückhalts durch die Alliierten, und so sehr steuerten und kontrollierten die Besatzungsmächte den Aufbau der Bundesrepublik und ihre frühe politische Entwicklung (Stichworte: Frankfurter Dokumente, Besatzungsstatut etc.). Man muß das nicht unbedingt „Demokratieoktroi" nennen, kann aber zumindest von einer den demokratischen Neuaufbau stabilisierenden Wirkung des alliierten Einflusses sprechen. Der Verweis auf die Besatzungsmächte und auf die Dominanz der USA – wie gesagt: verstärkt durch die weltpolitische Konstellation des Kalten Krieges – stützte bis Ende der 50er Jahre Adenauer und die Unionsparteien und drängte die SPD in Richtung Godesberg; die SPD, die sich in den 60er Jahren unter Brandt als „deutschem Kennedy" als die amerikanischste aller Parteien inszenierte und auch dadurch ihren Aufstieg in Regierungsverantwortung 1966/69 bewerkstelligte[19]. Gerade mit Blick auf die späten 40er und die 50er Jahre wäre freilich auch zu fragen, ob und, wenn ja, in welchem Maße die Besatzungsmächte die Tradition der von Andreas Wirsching angesprochenen Delegation politischer Macht an dritte, gleichsam außerhalb der Verfassung stehende Kräfte fortsetzten, so segensreich sich dieser mehr oder weniger extrakonstitutionelle Machtfaktor diesmal erwiesen haben mag.

[18] *Axel Schildt*, Zwischen Abendland und Amerika. Studien zur westdeutschen Ideenlandschaft der fünfziger Jahre (München 1999); vgl. auch *Vanessa Conze*, Abendland gegen Amerika! „Europa" als antiamerikanisches Konzept im westeuropäischen Konservatismus (1950–1970), in: *Jan C. Behrends* u. a. (Hrsg.), Antiamerikanismus im 20. Jahrhundert. Studien zu Ost- und Westeuropa (Bonn 2005) 204–224.

[19] Vgl. *Julia Angster*, Konsenskapitalismus und Sozialdemokratie. Die Westernisierung von SPD und DGB (München 2003), sowie *Klaus Schönhoven*, Wendejahre. Die Sozialdemokratie in der Zeit der Großen Koalition 1966–1969 (Bonn 2004).

Wie konnte es kommen, mag man vor diesem Hintergrund fragen, daß die Alliierten die juristische, die staats- und völkerrechtliche These vom Fortbestand des Deutschen Reiches akzeptierten? Es geht hier um eine alles andere als unbedeutende Kontinuitätslinie über 1945 hinaus, zumal sich, so der Beitrag von Joachim Rückert, aus der allgemeinen Fortbestandsthese speziellere Kontinuitätsstränge ableiteten: in der Staatsdienerschaft (Beamte und Justiz; siehe dazu auch den Beitrag von Michael Ruck), im Staatsbürgerschaftsrecht[20] oder im Kontext Staatshaftung/Wiedergutmachung[21]. Historiker neigen dazu, den Bereich des Rechts rasch der Dimension von Herrschaft und Politik zuzuordnen, ja ihr unterzuordnen. Auch dieser Band (wie schon das Programm des ihm zugrunde liegenden Kolloquiums) spiegelt das wider[22]. Das aber ist nur dann richtig, wenn man Recht auf die reine Normebene beschränken will. Die Frage muß indes sein, wie Recht seinerseits – und zwar auch Staats- und Völkerrecht – politische und soziale Strukturen prägen kann und prägt. Diese Wechselbeziehung ist gar nicht stark genug zu betonen. So trägt man auch einem Grundsachverhalt Rechnung, der zu den definierenden Elementen moderner Staatsbildung seit der Frühen Neuzeit gehört: der Verrechtlichung von Politik. Das bezieht sich nicht nur auf die Entstehung von Rechtsstaatlichkeit, sondern auch auf die Tendenz, Politisches als Rechtliches zu behandeln. „Das politisch Erwünschte erscheint im rechtlichen Gewande als unausweichlich und zwingend", hat Bernhard Diestelkamp einmal formuliert[23]. Die Thematik des Fortbestands des Deutschen Reiches nach 1945 ist ein Paradebeispiel dafür. Es ist bezeichnend, daß die Kontinuitätsthese in der Frühzeit, insbesondere in den Jahren unmittelbar nach 1945, keineswegs allgemein akzeptiert war: weder rechtlich noch politisch. Allerdings fand sie schon 1949 Eingang ins Grundgesetz und wurde zunächst auch von der DDR vertreten. In beiden Teilen Deutschlands wurde die Anknüpfung an die staatliche Existenz des Deutschen Reiches zur Staatsideologie, welche ein Bekenntnis zur staatlichen Einheit ermöglichen sollte – trotz oder gerade wegen der Mitwirkung an der staatlichen Spaltung. (Die DDR ging erst 1951 zur Untergangsthese über, und erst danach folgte der Gegensatz zwischen Untergangs- und Kontinuitätsthese den Frontlinien des Kalten Krieges – mit allen deutsch-deutschen Weiterungen, die hier nicht auszuführen sind.) Als die Spaltung sich vertiefte und – zumindest mittelfristig – unüberwindbar wurde, blieb die Fortbestandsthese einer der ganz wenigen, wenn

[20] Dazu *Dieter Gosewinkel*, Einbürgern und Ausschließen. Die Nationalisierung der Staatsangehörigkeit vom Deutschen Bund bis zur Bundesrepublik Deutschland (Göttingen ²2003).

[21] Dazu *Hans Günter Hockerts*, *Christiane Kuller* (Hrsg.), Nach der Verfolgung. Wiedergutmachung nationalsozialistischen Unrechts in Deutschland? (Göttingen 2003) sowie *Constantin Goschler*, Schuld und Schulden. Die Politik der Wiedergutmachung für NS-Verfolgte seit 1945 (Göttingen 2005).

[22] Vgl. dazu aber die Kritik, festgemacht an Hans-Ulrich Wehlers Gesellschaftsgeschichte, von *Dieter Grimm*, Die Bedeutung des Rechts in der Gesellschaftsgeschichte. Eine Anfrage, in: Perspektiven der Gesellschaftsgeschichte, hrsg. v. *Paul Nolte* u.a. (München 2000) 47–57.

[23] *Bernhard Diestelkamp*, Rechtsgeschichte als Zeitgeschichte. Historische Betrachtungen zur Entstehung und Durchsetzung der Theorie vom Fortbestand des Deutschen Reiches als Staat nach 1945, in: Zeitschrift für neuere Rechtsgeschichte 7 (1985) 181–207, hier 183.

nicht der einzige Bezugspunkt für Wiedervereinigungshoffnungen und – zunehmend – die Wiedervereinigungsrhetorik. An die Stelle der sich verflüchtigenden politischen Realität gesamtdeutscher Staatlichkeit trat die juristische Realität der Kontinuitätsthese. Als die Ostverträge die Teilung *politisch* anerkannten, unterstrich das Bundesverfassungsgericht *rechtlich* den Fortbestand der Einheit[24]. Bemerkung am Rande: Bayern, das das Karlsruher Urteil von 1973 erwirkt hatte, hatte 1949 im Parlamentarischen Rat das Grundgesetz nicht zuletzt wegen der Kontinuitätsproblematik abgelehnt.

Auch in der Kontinuitätsdiskussion zeigt sich die durch das gesamte 20. Jahrhundert reichende Wirkungsmacht des Nationalen, der Idee der Nation und des Nationalstaats. Michael Geyer hat zu Recht auf die Koexistenz von nationaler Idee als dem Prinzip nationaler Selbstbestimmung einerseits und mächtigen Tendenzen der Internationalisierung und Transnationalisierung andererseits verwiesen. Aus dieser Parallelität, die zugleich ein komplexes und hoch brisantes Spannungsfeld konstituierte, wäre ein strukturbildender Ansatz für die (deutsche) Geschichte des 20. Jahrhunderts zu gewinnen, der zum einen die Stränge ins 19. Jahrhundert nicht völlig kappt und der zum anderen unseren Blick auch auf Fragen von Außenpolitik und internationalen Beziehungen lenkt! Sie sind in dieser Sektion wie in dem gesamten Kolloquium eher zu kurz gekommen.

Die Geschichte des 20. Jahrhunderts, die deutsche zumal, aber nicht nur sie – ist sie nicht auch zu schreiben als die Geschichte ganz unterschiedlicher Versuche, die Dynamik, die Macht und Ansprüche des nationalen Prinzips mit den Tendenzen und Kräften der Internationalisierung, ja der Trans- und Supranationalisierung zu verbinden? Greift man nicht doch zu kurz, wenn man Nationalisierung und Internationalisierung, Nationalismus und Internationalismus immer nur als Gegensätze versteht, als sich wechselseitig ausschließende Entwicklungen und Kräfte? Von den Mitteleuropa-Konzepten in Spätwilhelminismus und Erstem Weltkrieg, über die Paneuropa-Idee der Weimarer Jahre, die deutscherseits immer auch mit dem Ziel der Revision des Versailler Vertrags in Verbindung gebracht wurde, bis hin zur „Neuen Ordnung" Europas unter nationalsozialistischen Vorzeichen im Zweiten Weltkrieg reichen die Anstrengungen, die Nation übernational-europäisch „aufzuheben". Ob nun in einem Großwirtschaftsraum, in einer Konföderation oder in einem Imperium[25]? Und der britische Historiker Alan Milward ist

[24] Vgl. ebd. 206 f. Bemerkenswert erscheint mir in Diestelkamps Aufsatz der wissenssoziologische Ansatz, der den juristisch-politischen Umgang mit der Kontinuitätsproblematik überzeugend als „gesellschaftliche Konstruktion von Wirklichkeit" faßt. Was uns heute, konstruktivistisch erleuchtet, selbstverständlich erscheinen mag, war es 1985, als der Aufsatz erschien, mitnichten.

[25] Vgl. *Jürgen Elvert*, Mitteleuropa! Deutsche Pläne zur europäischen Ordnung (1918–1945) (Stuttgart 1999); *Reinhard Frommelt*, Paneuropa oder Mitteleuropa. Einigungsbestrebungen im Kalkül deutscher Wirtschaft und Politik 1925–1933 (Stuttgart 1977); *Vanessa Conze*, Richard Coudenhove-Kalergi. Umstrittener Visionär Europas (Gleichen, Zürich 2004); *dies.*, Das Europa der Deutschen. Europaideen in Deutschland zwischen Reichstradition und Westorientierung (1920–1970) (München 2005); *Hans Werner Neulen*, Europa und das

nicht der einzige, der die europäische Integration der Nachkriegszeit als Ergebnis einer strategisch angelegten Politik zur Rettung des Nationalstaats begreift, als „European rescue of the nation-state“[26]. In solchem Lichte betrachtet, ist die Geschichte des 20. Jahrhunderts in ihrem Kern die Geschichte der Dynamik nationaler Energien und Interessen und gleichzeitig der permanente Versuch ihrer Kontrolle und Einhegung, und der ganze Bogen von der Hypernationalisierung bis hin zur Entnationalisierung läßt sich durch das letzte Jahrhundert spannen. Gleichzeitig zieht sich die Frage globaler Macht durch das 20. Jahrhundert: von den Weltreichsvisionen an seinem Beginn[27] hin zu der Vorstellung einer Hypermacht an seinem Ende. Das sollte davon abhalten, die Fragen von Außenpolitik und internationalen Beziehungen zu sehr in den Hintergrund treten zu lassen.

Dritte Reich. Einigungsbestrebungen im deutschen Machtbereich 1939–1945 (München 1987).

26 *Alan S. Milward*, The European Rescue of the Nation State (London 1992).

27 Vgl. *Sönke Neitzel*, Weltmacht oder Untergang. Die Weltreichslehre im Zeitalter des Imperialismus (Paderborn 2000).

II. Wirtschaft und Gesellschaft

Harold James

Continuities and Structural Breaks in German Economic History in the Twentieth Century

In order to be able to decide what constitutes structural breaks, it is important to identify what are the basic or underlying long term trends of German (and indeed European) history in the twentieth century. A fundamental pattern of European economic development could be described alternately in terms of:

– globalization (integration in the world economy with substantial flows of goods, but also of capital and labor), the reactions against it and the creation of a national economy, and then re-globalization in the second half of the century. This pattern can be depicted in a graphic form as a U, with a high degree of integration at the beginning and end of the century, and low integration in the turbulent middle.

– increased incomes as a result of technological change and sustained rises in productivity. If we try to present this result graphically, we see a major series of disruptions and breaks in the middle years of the century. But we may find it possible to calculate a trend from beginning to end that would also supply a hypothetical or counter-factual version of what might have occurred in the mid-century, if political circumstances had been different. Such an exercise underlies Borchardt's analysis of the sickness (or below capacity performance) of the Weimar economy[1].

These two trends are related to each other, most obviously because of the importance of the transnational transfer of technologies. The period of deglobalization was also the least satisfactory in terms of growth or welfare. Neither of the two basic trends, globalization and prosperity, were driven by political decisions or processes.

Political expectations *reflect* some of these economic experiences but not of course all of them. In terms of the political chronology, and of social psychology, there can be little doubt that the big political caesuras of 1914, 1933, 1945, and 1989 had a profound impact. They also shaped the institutions, which dealt with the consequences of economic growth, or its absence. But there are also some caesuras set by the world economic context, which raised new questions about the responsiveness of political institutions. Such a caesura occurred in the 1970s, with

[1] *Knut Borchardt*, Perspectives on Modern German Economic History and Policy (translated by *Peter Lambert*) (Cambridge 1991).

the two oil crises, the phenomenon of stagflation, the questioning of growth, and the display of the limits of Keynesianism.

1. Deglobalization

The particular steps or turning points in the story of deglobalization can be defined in outline as:

1914: the outbreak of war destroyed the integrated international economy that had emerged in the late nineteenth century. But even before 1914, there had been an extensive polemic, in which many – especially on the agrarian right – attacked the international linkages of the gold standard. Conservative German politicians began to see their currency in mercantilist terms, and to complain of the loss of gold. One deputy told the Reichstag of the old song: "What's the use of a pretty girl, when others take her for a whirl?"[2] The demand for trade protection had of course been a central issue of German political life since the 1870s. After 1914, the arguments of those who had argued against international linkages on security grounds became louder and also more plausible: international trade reduced the capacity to supply food, and international financial flows made the monetary system vulnerable to politically induced speculative attacks, such as that mounted by France against German financial institutions during the 1911 Morocco crisis.

1923–1924: the return to the international economy occurred with a commitment to a restoration of a modified version of the international gold standard (gold exchange standard). But the new international monetary order contained a substantial potential for destabilization. The gold standard was a mechanism for restoring credibility in currency stabilization, but it also was a perfect mechanism for transferring monetary shocks across national frontiers. The deflationary potential of the gold exchange standard was increased by the adoption of fractional reserve requirements (in the German case, the requirement of a 40 percent cover of note issue by gold or foreign exchange).

1931: a contagious currency crisis, of which central Europe (Austria, Hungary and Germany) was an epicenter, destroyed the international monetary order. As Ritschl recently pointed out, the parallel character of two claims on German foreign exchange earnings – reparations and the service of commercial debt – contributed to a debt-overhang that provided the basis of a panic by creditors, and thus a withdrawal of funds[3]. Germany adopted exchange controls that were progressively tightened in the course of the 1930s, and were used as a model by other coun-

[2] Raab in Reichstag on January 15, 1908, Reichstag, Vol. 229, p. 2445. „Was nützet mir ein schönes Mädchen, wenn andere damit spazieren gehen?"

[3] *Albert Ritschl*, Deutschlands Krise und Konjunktur 1924–1934: Binnenkonjunktur, Auslandsverschuldung und Reparationsproblem zwischen Dawes-Plan und Transfersperre (Berlin 2002).

tries, above all in central Europe (so that "Schachtianism" became a form of economic management).

1933: the political revolution that followed from the Nazi seizure of power made the choice of national economic policies over the international order fully apparent. The Nazi economic ideology blamed "internationalism" as connected with the reparations system, and with damaging (and Jewish) speculation.

1948–1949: the creation in eastern Germany of a socialist state preserved some of the elements of the command economy, cut off from international developments, as it had evolved during the Nazi era. Some analysts have interpreted the GDR experience as a guide to what Nazi economics might have resulted in, in the counter-factual case of an absence of war[4]. Artificial prices repressed the market mechanism, and led to deteriorations in efficiency and in the quality of goods produced. Thus though there were very high levels of investment in the GDR, and these were often assumed by naive observers to be the major determinant of economic growth, the results were surprisingly disappointing.

2. Reglobalization

Like the destruction of the global framework, the course of reglobalization also was not a simple process that resulted from one unique set of policy choices, though there were some landmark events that set the points for the future journey of Germany into the world economy: above all, the implementation of a currency reform and price liberalization in 1948; the decision in 1950 not to reimpose controls in the light of a large external deficit; and the acceptance of the Treat of Rome (1957).

The course of integration required, however, above all a new sort of international order, in which economic liberalism became "embedded" (to use the phrase of Ruggie) in regular economic transactions[5]. There was a new monetary framework, as elaborated by the United Nations Monetary and Economic Conference at Bretton Woods (July 1944), in which the authors of a new monetary order, notably John Maynard Keynes and Harry Dexter White, set out a vision that was different to both the gold standard and its interwar variant, and to Schachtianism. It was designed, for instance, to eliminate multiple exchange rates, which had been an important element of the management of trade in the 1930s. Most importantly, the agreement provided for a move to the restoration of convertibility of current account transactions (but not capital account transactions, which the makers of Bretton Woods still felt should be controlled).

[4] *Christoph Buchheim*, Die Wirtschaftsentwicklung im Dritten Reich – mehr Desaster als Wunder, in: Vierteljahrshefte für Zeitgeschichte 49 (2001) 653–664.
[5] *John Gerard Ruggie*, Winning the Peace: America and World Order in the New Era (New York 1996).

An important source of growth in the 1950s was trade liberalization in the framework of the GATT, the gradual move to current account convertibility, and the consequent dramatic expansion of trade (later, after 1958, redirected in the framework of the EEC). The European Recovery Program had allowed investment directed at the overcoming of specific bottlenecks that would otherwise have been a hindrance to growth (such as coal mining, machine tools, and the provision of electrical power). The institutional features of the postwar order can be described as the reintegration of Germany in the world economy (see Buchheim)[6].

But that postwar order can also be viewed as the creation of circumstances, which allowed the evolution of a distinctively *German* version of economic growth, built around a number of major elements that replaced previous sources of instability in German political economy.

1. The stable currency. This was the legacy of the 1948 currency reform, and was widely seen as a, if not *the*, major success of postwar Germany. At the time of this reform, largely imposed by the Allies, Germany had had a reputation as an inflationist culture. Two great inflations, associated with military spending and war, had over thirty years twice destroyed the value of the German currency. The first inflation was widely credited with destroying the political stability of Weimar Germany. Some writers, notably Elias Canetti, even made a causal link between the hyperinflation and the holocaust, arguing that Germans had been conditioned to see humans in large quantities as statistically insignificant, and analogous to the zeroes that proliferated at the time of the inflation.

The link between inflation and the over-extension of political expectations was actually vividly described in advance by the banker and economist Karl Helfferich. Helfferich started off with a criticism of the gold standard. It would, he suggested, be possible in theory to generate a constant price standard of value more easily with a paper currency. In that sense the development of the early twentieth century corresponded to a deep historical logic. Helfferich concluded, "that in a certain sense paper currency represents the logical culmination of the history of money"[7]. But Helfferich immediately saw the disadvantages: if the state defined the value of money, there would be a politicization of money, as debtors and creditors would organize politically and press for the monetary policy appropriate to their circumstances: inflation and deflation respectively. To some extent this had occurred already in the debates of the 1890s about the deflation, when farmers demanded the introduction of an inflationary bi-metallic (silver and gold) standard. "As much as at first sight an advantage of a pure paper currency lies in the ability of the state to keep the value of the currency absolutely stable by regulating the issue of money according to the demand, in practice there are considerable difficulties … On the one hand, all who owe money would plea for as large an issue of

[6] *Christoph Buchheim*, Die Wiedereingliederung Westdeutschlands in die Weltwirtschaft 1945–1958 (München 1990).

[7] *Karl Helfferich*, Das Geld (Leipzig [2]1910) 588: „dass in gewissem Sinne das reine Papiergeld den äußersten Punkt der Entwicklungsgeschichte des Geldes bildet".

money as possible in order to diminish the value of money; on the other hand, creditors and recipients of fixed incomes, wages, salaries and pensions, would fight for an increase in the value of money. The struggle over the value of money would lead more than any other conflict of interests to a demoralization of economic and social life."[8] It is hard to think of a more stunningly accurate prediction of the experiences of Germany with paper money in the three decades after 1914. What gives the prophecy a particularly delicate irony is that Helfferich was the man who, as Interior and then Treasury Secretary during the First World War, did most to set off that process that he had so accurately described. The process of inflation, with its polarization of groups into interest-based coalitions fighting redistributive battles through the control and manipulation of the money supply, was an ultimately logical outcome of the decisions of the early 1870s, to subject money to national decision-making, or to create a national money. In the end, the idea and the practice of national money practically destroyed the nation as a community of fate (*Schicksalsgemeinschaft*).

The new monetary stability after the 1948 currency reform symbolized a more general self-limitation in German politics that would be a fundamental building block for a new political society, in which limits were to be set on political choices in order to prevent a self-destructive building up of mutually contradictory claims. The Deutsche Mark was stable because its institutional setting limited politically seductive opportunities for fiscal and monetary expansionism.

At the beginning, however, this stability had been endowed externally, and there was a great deal of fear and worry about the effects of the currency reform. It is remarkable how quickly the German economic miracle made for an internalization of the values of stability. Already by the later 1950s, Germans believed that threats to stability no longer came from internal political problems, but from the outside, from the dollar glut following U.S. military expenditure and overseas investments by U.S. corporations. Now it was the rest of the world that was inflationary, and the DM that had become the source of stability and confidence.

In this regard, the role of the Deutsche Mark was quite the opposite of the international history of the U.S. dollar. For the United States, the dollar frequently appeared as more than simply a national symbol. It was a weapon in international politics, as the United States was able to threaten dollar depreciation as a way of enforcing its trade policy. Especially since the Presidency of Richard Nixon, the dollar stood for what could be obtained by politics, rather than for the limitations

[8] Ibid. 589–590. „So sehr man auf den ersten Blick einen Vorteil der reinen Papierwährung darin erblicken mag, dass sie die Staatsgewalt in die Lage setze, durch eine Regulierung der Geldausgabe nach dem Geldbedarfe den Geldwert in voller Stabilität zu erhalten, so große Schwierigkeiten würden der praktischen Verwirklichung dieses Vorteils entgegenstehen. … Auf der einen Seite würden alle, die Geld schulden, für eine möglichst starke Geldausgabe und die möglichste Verringerung des Geldwertes kämpfen, auf der anderen Seite würden alle Gläubiger und alle diejenigen, die feste Gehälter, Renten und Löhne empfangen, an einer Hochhaltung und Steigerung des Geldwertes interessiert sein. Der Kampf um den Geldwert müsste mehr als jeder andere wirtschaftliche Interessenkonflikt zur Demoralisation des wirtschaftlichen und gesellschaftlichen Lebens führen."

on political action. To use a popular American phrase, the dollar is a "can do" currency (while the Deutsche Mark was a "cannot do" currency).

After the crises of the early 1970s and the collapse of the Bretton Woods system, which it blamed on the mismanagement of the U.S. dollar, the German Bundesbank drew the corresponding lesson. It searched for a rule-based approach to monetary management, in the form of monetary targets, which it saw as the guarantor of "stability culture".

2. Social Partnership (the extension of the principle of *Mitbestimmung*). Interwar German democracy had been plagued by bitter distributional conflicts, between labor and capital, as well as within the labor movement and employer organizations. The postwar order set out to bind labor into a new compromise. At the company level, this was to be done by laws on employee representation. A fifty percent codetermination was established by the law of 1951 for coal or steel companies (*Montanindustrie*), in other words in the basic industrial sectors where the conflicts of interwar Germany had been most acute. In 1956 the provisions of the 1951 law were extended to the parent companies of *Montan* business, and the fifty percent regulation was eventually extended to all larger companies, but only in 1976.

3. Social Inclusiveness. The extension of welfare state provisions was closely linked to the creation of political legitimacy. A dramatic instance was the 1957 pensions reform, which was a prelude to the only election in the Federal Republic when one party gained more than half the total vote.

The concept of *soziale Marktwirtschaft* was an elusive one, and in the hands of Ludwig Erhard and of the leading members of the ordo-liberal school, there was some rhetorical fudging that presented the new order as a third or middle way between the dangerous extremes of socialism and the planned economy on the one hand, and nineteenth century "Manchesterism" or "paleo-liberalism". Sometimes Erhard even described himself as a planner, providing that the plan encompassed organic rather than artificial growth[9].

4. Macro-economic stabilization policies. There was less discussion of this in the 1950s than in the 1960s, particularly when a small economic downturn in 1966–1967 was linked with an upsurge of political extremism on the right as well as the left. A lively debate started about whether Bonn was Weimar. The response of the Great Coalition after 1966 was to emphasize macro-economic and fiscal means of combating unemployment and recession. In particular the 1967 Law on Stability and Growth strikingly took up the arsenal of Keynesian demand management as a way of reconciling the elements of a "magic quadrangle" of price stability, growth, full employment, and balanced external accounts. The major architect, Karl Schiller, spoke of a *Globalsteuerung* that would facilitate but not distort individual choices: a view not very far from Erhard's view about what sorts of planning might be appropriate. By this time, there was a substantial degree of con-

[9] *A. J. Nicholls*, Freedom with Responsibility: the Social Market Economy in Germany, 1918–1963 (Oxford 1994).

sensus about appropriate economic policy management between the two major parties. The SPD had initially been highly critical of Erhard, but by 1959 in the Bad Godesberg Program provided a classic description of the ideal of *soziale Marktwirtschaft*.

These four elements provided a basis for the evolution of a consensus between the major parties, around *soziale Marktwirtschaft*, that was quite different from the original postwar concepts of macro-economic management, and which were later identified by Helmut Schmidt (above all in the 1976 Bundestag election) as the *Modell Deutschland*. It was widely admired, and many observers in Britain and the United States saw this model (or an analogous Japanese one that also emphasized social solidarity at the expense of individualism) as generating faster and better (i.e. more just) long term economic growth.

3. The Limits of the National Economy

Just as the idea of a *Modell Deutschland* was being worked out intellectually and politically, it was challenged by a new wave of globalization, in particular the increase in international capital mobility. By the late 1960s inflation posed a major challenge to the stability of the "magic quadrangle". Many Germans saw the source as external, emanating from the international monetary system and the U.S. mishandling of the dollar – especially during the Nixon presidency after 1969. In the debates about international economic policy in the early 1970s (and in conflict with Karl Schiller, who held a classically liberal position on the external account issue), Finance Minister Helmut Schmidt identified capital mobility as the source of a fundamental threat. For the moment, Schmidt rather than Schiller won.

The new wave of globalization driven by capital mobility threatened the German model and German prosperity. After the 1970s, there was a new internationalization of finance, of enterprises, and a continually increasing threat to the classic model of German industrial relations. In particular the steel crisis of the later 1970s showed the extent of the vulnerability of a sector that had since the mid-nineteenth century been at the heart of the German economy and of economic policy-making. The model of *Mitbestimmung*, in which the legal provisions applied to German companies and required the representation on the supervisory board of their German workforce, looked odd when companies were internationalized, and foreign workers were not included in the representation.

The challenge of internationalization can be seen at a level of enterprise history, as well as in the new challenges facing economic policy. The German enterprise as reconstituted in the Erhard *Wirtschaftswunder* years was quite recognizably the traditional German enterprise. One influential analysis of the roots of the postwar economic resurgence (by Olson) has emphasized the way in which in Germany and Japan military defeat broke up old special interest clusters that acted to impede growth, and allowed the formation of associations more geared to an overall good[10]. But it is striking how superficial much of the breaking-up was, and how quickly the new order allowed the reemergence of traditional ways of doing business. In Japan, Italy and Germany defeat and occupation actually encouraged a reemergence of a kind of business structure, family capitalism, that offered an alternative to state-centered approaches. In a period of political upheaval, it is natural to think that the family and its internalized bonds of trust allowed for a return of confidence.

Attempts by the Allies at deconcentration and decartellization only produced after a decade a restoration of some of the old structures in banking and industry. The major commercial banks were broken up into regional banks, at first on a *Land* basis, but they then recombined to form units for the western occupation zones, and by 1957 they reconstituted themselves as single entities for the Federal Republic. The steel industry was broken up, and iron and steel separated from coalmines. But in the 1960s, a big merger movement began and companies such as the August Thyssen Hütte recaptured some of their former dominance in a different form. Codetermination (like the Allied deconcentration initiative, with which it had originally been linked) was an external intervention that by acting as an irritant in German corporate life in the event actually acted as a stimulant to traditional industry to reformulate and reassert its interests. In the first instance, it encouraged steel businesses to look elsewhere and try to escape from being part of *Montanindustrie*. The legislator then tried to catch up with them, with a gradual extension of the principle of co-determination. But then the flight continued; and in 1967 and 1971 new legislative initiatives delayed companies' exit from *Mitbestimmung* in cases where the basis of production had changed[11].

Family ownership, even for major industrial holdings, could be reconstituted. At first this long-standing structural feature of German business life had appeared threatened by the military and political collapse of Germany. It was not just the obvious armaments suppliers, the Krupps and Flicks, who were the focus of Allied attention. For instance, the OMGUS investigation of the GHH began with the observation that: "The Ruhr with its big family combines is a classical place to study the influences of family complexes on the economic and political destinies of a country." Descendants of the two Haniel brothers, Franz and Gerhard, in 1906 had owned 77 percent of the share capital of the GHH. On September 1, 1939, they still owned 65 percent, and this ratio was more or less unchanged through the War, when there had been few share transactions: On May 8, 1945, the day of the German surrender, it was still 64 percent. But on August 15, 1951, the Haniels only owned 35 percent of the capital of GHH. The New York law firm, which represented the GHH in its dealings with the Allied High Commission,

[10] *Mancur Olson*, The Rise and Decline of Nations: Economic Growth, Stagflation, and Social Rigidities (New Haven 1982).

[11] See *Gloria Müller*, Montanmitbestimmung bei Eisen und Stahl. Eine Momentaufahme in der Geschichte, in *Ottfried Dascher*, *Christian Kleinschmidt* (eds.), Die Eisen- und Stahlindustrie im Dortmunder Raum: wirtschaftliche Entwicklung, soziale Strukturen und technologischer Wandel im 19. und 20. Jahrhundert (Dortmund 1992) 511–524.

Shearman and Sterling and Wright, reported that "the drop from 1945 to 1951 has been due primarily to expenses for estate and property taxes and the necessity of living out of capital. Most of the substantial owners are advanced in years and the prospects are that estate taxes will continue to reduce the holdings."

In fact, however, the Haniel family interest regrouped using a trading company, Franz Haniel und Cie as a vehicle, and family capitalism was quickly reestablished. The family model of enterprise was also a characteristic of the many new *Mittelstand* firms, which provided a powerful basis for the economic recovery.

Germany remained a land of family capitalism, despite some erosion after the 1970s. At the beginning of the twenty-first century 25.0 percent of the total market value of listed corporate assets in Germany was controlled by just fifteen families (and 15.7 percent by five families). For Italy, which is usually considered the classical land of family capitalism, the equivalent figures are 21.9 percent and 16.8 percent. By contrast, in the United Kingdom, the equivalent figures are just 6.6 percent and 4.1 percent[12].

The story of a German restoration can also be told at the enterprise level in terms of personal and managerial continuities. For instance, there is the famous case of Hermann Josef Abs at Deutsche Bank, who was both the star of the bank after 1938, and the major force behind the reconstruction of the enterprise in the 1950s. Born in 1901, he was a representative of the "Jahrhundertgeneration" that has been the focus of much discussion by those who see German history in terms of the conflict of generational cohorts[13]. The vision of the bank that he propounded was entirely traditional. But it depended upon a large measure of regulation and control, with interest rates fixed until the 1970s, so that bankers could say that they would know at the start of each year what they earn by the end of the year[14]. The new uncertainties required the formulation of a flexible planning process that was possible only on the basis of advanced electronic data processing capacity. The bank became what Hans Büschgen called "an open sociotechnical system" rather than a carefully delineated hierarchical pyramid of decision making. By the mid-1980s, the old (now retired) bankers like Abs were quite open in their contempt for the new generation of managers, in particular Alfred Herrhausen, who had in effect created a new institution[15].

Any traditional model of the firm was threatened by a new industrial and managerial revolution in the 1970s; and then by the inability of *Mittelstand* families to reproduce themselves as business units, as the ideas underlying family existence were subject to a profound transformation.

[12] *Mara Faccio, Larry H. P. Lang*, The Ultimate Ownership of Western European Corporations, in: Journal of Financial Economics 65 (2002) 393.

[13] See *Thomas Kohut, Jürgen Reulecke*, Die Jahrhundertgeneration: Geschichte und Geschichten von Deutschland im Jahrhundert (forthcoming).

[14] *Hans Büschgen*, Deutsche Bank: 1957 to the Present, in: *Lothar Gall* et al., The Deutsche Bank, 1870–1995 (London 1995) 550.

[15] There is a popular but revealing account of this tension in *Andres Veiel*, Black Box BRD (München 2002).

Traditionally, Germany had been a country of producer or investment goods, and the arrangements for *soziale Marktwirtschaft* represented an agreement between producers: labor and capital. But the 1960s was the era of especially rapid growth in consumer goods industries in which it was important to respond to rapidly changing individual choices. The most characteristic or at least the most flamboyant entrepreneurs, who celebrated a new style of business, were no longer working in heavy industry. They were concerned above all with the development of consumer markets: in developing innovative approaches to retailing (Otto Versand, Neckermann, Quelle, Otto Beisheim's Metro), in publishing (Reinhard Mohn's Bertelsmann, or Franz and Aenne Burda's publications), and consumer electronics (Max Grundig). They popularized a mission of creating a new egalitarianism of consumption. Neckermann called it "using high class goods to make class obsolete", and added that "the market is the world of dreams becoming reality"[16].

The socialist critic Hans Magnus Enzensberger subjected the Neckermann catalogue to an amusingly accurate, but also rather snobbishly condescending, review in 1960, which used the supply of goods as a barometer test of national taste and opinion in Germany: "The autumn catalogue is more precise and more incorruptible than any demoscopic investigation. It doesn't register non-committal answers to non-committal questions, but rather the decisions of a compact majority, which pays in cash ... An article must be created in such a way, that it can unite a majority behind it. The catalogue is more than a result of a normal commercial calculation: it is the result of an invisible plebiscite."[17] The cultivation of consumer markets required an ability quickly to respond to shifts in demand and fashion: and this could not be carefully planned in the way that had been a part of the traditional German industrial culture.

The new environment required flexibility and an approach, which saw output not in terms of particular products but of inter-connected systems that needed continual updating. The model for much of the new approach was provided by IBM. IBM did not sell a product: the mainframe computers of the 1960s and 1970s were leased rather than sold, and IBM regarded its major activity as the provision of continual service of a complex combination of hardware and software. Former IBM Deutschland managers went into many other parts of German business life (one, Hans Olaf Henkel, became President of the Employers' Federation). And they brought their approach with them.

[16] „Wir überwinden die Klassen durch Güter von Klasse ... Der Markt ist zur Wirklichkeit werdende Traumwelt", from *Josef Neckermann*, Erinnerungen (Frankfurt a.M. 1990) 279.

[17] „Es [dieses Werk] ist unbestechlicher und genauer als jede demoskopische Untersuchung. Nicht unverbindliche Antworten auf unverbindliche Umfragen werden hier registriert, sondern Beschlüsse der kompakten Majorität, die in bar bezahlt werden ... Er [der Artikel] muß so beschaffen sein, daß sich eine Mehrheit auf ihn einigen kann. Der Katalog ist somit mehr als das Resultat einer normalen kaufmännischen Kalkulation: er ist das Resultat eines unsichtbaren Plebiszits." *Hans Magnus Enzensberger*, Das Plebiszit der Verbraucher, reprinted in Einzelheiten (Frankfurt 1962) 137–138.

Information technology and internationalization (which interact with each other) transformed the traditional enterprise. Thus, although there has been a great deal of emphasis in some accounts on the novelty of the Federal Republic and the "Americanization of West German industry" (as Berghahn expressed it in the title of a rightly celebrated book), the basic structural break actually occurred rather later and involved a deep caesura with traditional German ways of doing business.

Conclusion

This approach to the chronology of economic change and challenges offers an alternative to a dating that tells the story of economic shifts mostly in terms of major political structural breaks. The greatest economic break in this version appears in the 1970s, when there were no great or obvious political turning points (the whole of the 1970s was managed by a left-center coalition government). In this version, in the period of deglobalization (1910s to 1970s), Germany operated first a largely unsuccessful national economy (1919–1945), and then (in western Germany) a largely successful version (1948–1973). But both were systems in which political decisions about economic policy laid down the basis for the outcome of distributional struggles, and politicians claimed that they deserved credit for economic success. Hjalmar Schacht in the 1930s liked to refer to a *Wirtschaftswunder*, and Erhard in the 1950s was happy to be seen as the father of economic recovery (though he disliked the term *Wirtschaftswunder*, in part because of its Schachtian connotations). The previous and subsequent periods were rather different. In these eras, the absence of policy choices led to a disappointment of expectations about what politics could do, and to a general disenchantment (the phenomenon of modern Germany known as *Politikverdrossenheit*). The widely shared model of the political direction of economic processes was under attack.

Heinz-Gerhard Haupt

Städtische Mittelschichten in Deutschland zwischen Diktatur und Demokratie (1930–1960): Einige Forschungsperspektiven

Es gehört zu den Standardargumenten von sozialgeschichtlichen Analysen zu Deutschland, daß die militärische Kapitulation des Jahres 1945 auch einen Einschnitt in der Geschichte der wichtigsten sozialen Großgruppen darstellte. Dies ist immer wieder für die gesellschaftliche und politische Entmachtung der adeligen Großagrarier, aber auch für das besitzende und akademische Bürgertum, den alten und neuen Mittelstand, die ländliche Welt und die Arbeiterklasse betont worden. In dieser Perspektive hat die Forschung vor allem die Auswirkungen des Krieges auf diese sozialen Formationen ebenso wie die soziale Fluidität in der unmittelbaren und späteren Nachkriegszeit betont, in der durch die Flüchtlingsströme neue Konstellationen entstanden. Aber auch die Währungsreform sowie sozialpolitische Interventionen gehören zu den Faktoren, die zur Erklärung sozialer Standorte und Perspektiven genannt werden. Dieses Interesse an der Zäsur des Jahres 1945 hing eng mit politischen Selbstbeschreibungen der Bundesrepublik zusammen, die deren neue politische Qualität in den Mittelpunkt rückten. Parallel dazu hat es aber auch an Analysen von Kontinuitätslinien nicht gefehlt. Die durch den Nationalsozialismus geschaffenen Ausgangsbedingungen für die Sozialgeschichte der Bundesrepublik, auf die sich die folgenden Bemerkungen konzentrieren, sind in ihren Folgewirkungen für die Bundesrepublik durchaus genannt worden.

Jüngst hat Hans-Ulrich Wehler unter der Perspektive der sozialen Ungleichheit nach Privilegienstrukturen in den deutschen Führungsschichten und nach Mechanismen gefahndet, die die Reproduktion bürgerlicher Macht auch nach 1945 – „Phönix aus der Asche"-gleich[1] – ermöglichten. Auch die vom Arbeitskreis für moderne Sozialgeschichte publizierten Studien haben sich mit der These eines Neubeginns nach dem Zweiten Weltkrieg auseinandergesetzt und in der Regel salomonisch sowohl tiefgreifende Veränderungen als auch Fortschreibungen aus der

[1] *Hans-Ulrich Wehler*, Deutsches Bürgertum nach 1945: Exitus oder Phönix aus der Asche?, in: GG 27 (2001) 617–634. Da es sich im folgenden um einen Essay handelt, ist auf ausführliche Anmerkungen verzichtet worden. Nachgewiesen werden nur Zitate und direkte Verweise.

Zwischenkriegszeit festgestellt. So hat Josef Mooser in seiner einflußreichen Studie zur Arbeiterklasse zwar nach 1945 die stärkere Homogenisierung der proletarischen Lebensumstände herausgearbeitet und für die 1950er Jahre „von der beispiellosen Anhebung der materiellen Lage" gesprochen, die Folgen für die „typischen Lebenshaltungs- und Erwerbsformen der Arbeiterfamilie" hatte[2], erkennt gleichzeitig aber in der Art der körperlichen Arbeit, den Mustern sozialer Mobilität und den Heiratskreisen sehr wohl traditionelle soziale Strukturen. Auch Jürgen Kocka und Michael Prinz haben für die Angestellten einerseits langfristige Tendenzen zum Abbau des Arbeiter-Angestellten-Unterschiedes vor allem in der Einkommensentwicklung, aber auch am Arbeitsplatz unterstrichen, die sie aus der Weimarer Republik herleiten und als „eine langfristige Entwicklung" wahrnehmen, „die in NS-Diktatur, Krieg und Zusammenbruch beschleunigt wurden". Wenn diese Differenzen auch in der Bundesrepublik nicht vollständig verschwunden sind, so haben sie doch – und dies wird als Novum der Nachkriegsgeschichte herausgearbeitet – nicht zu einem „mittelständisch-rechtsgerichtete(n) Protestpotential unter den angestellten Arbeitnehmern" geführt[3], das in der Weimarer Republik einen Teil der Angestelltenverbände geprägt hatte und zu den Faktoren gezählt wird, die den Aufstieg des Nationalsozialismus ermöglicht haben. Das Fehlen einer „Panik im Mittelstand" (Theodor Geiger) gehört auch zu den zentralen Argumenten von Heinrich August Winkler, wenn er Handwerk und Einzelhandel nach 1949 untersucht. Dafür macht er die ökonomische Stabilisierung des kleinbetrieblichen Bereichs ebenso verantwortlich wie gewisse Erhaltungsinterventionen der staatlichen Instanzen und einen deutlichen Bedeutungsverlust dieser sozialen Gruppen. Kontinuitäten sieht Winkler vor allem mit der NS-Zeit, da bereits in ihr der „alte Mittelstand" als „entbehrlich" angesehen und bei den wesentlichen struktur- und ordnungspolitischen Entscheidungen des Regimes ebenso wie bei dessen symbolischen Selbstdarstellungen keineswegs in dem Maße berücksichtigt wurde, wie dies im Kaiserreich der Fall gewesen war. Auch andere Faktoren können stärker, als dies Winkler tat, in eine längere Perspektive gestellt werden. Frederick McKitrick hat in seiner Dissertation nachgewiesen, wie sehr der handwerkliche Kleinbetrieb bereits unter den Imperativen der Kriegswirtschaft modernisiert und kapitalisiert wurde. Wenn auch in der unmittelbaren Nachkriegszeit die „Flucht in die Selbständigkeit" die Zahl der handwerklichen Betriebe anschwellen ließ, so setzten sich doch in den folgenden Jahrzehnten jene Betriebe durch, die mehrere familienfremde Arbeitskräfte beschäftigten und über eine solidere Kapitalausstattung verfügten als die traditionellen Handwerksbe-

[2] *Josef Mooser*, Abschied von der „Proletarität". Sozialstruktur und Lage der Arbeiterschaft in der Bundesrepublik in historischer Perspektive, in: *Werner Conze, M. Rainer Lepsius* (Hrsg.), Sozialgeschichte der Bundesrepublik Deutschland. Beiträge zum Kontinuitätsproblem (Stuttgart ^{2}1985) 143–186, hier 163.

[3] *Jürgen Kocka, Michel Prinz*, Vom „neuen Mittelstand" zum angestellten Arbeitnehmer. Kontinuität und Wandel der deutschen Angestellten seit der Weimarer Republik, in: ebd. 210–255, hier 253.

triebe[4]. Selbst der ordnungspolitische Ritterschlag des Handwerks, den die Wiedereinführung des Großen Befähigungsnachweises im Jahre 1953 bedeutet hatte, konnte auf eine längere Vorgeschichte zurückblicken und gehörte zu jenen Maßnahmen, mit denen die Nationalsozialisten das Handwerk gewinnen wollten, wie Adelheid von Saldern überzeugend nachgewiesen hat[5].

In all diesen bekannten Studien wird deutlich, daß es gerade für sozialhistorisch angelegte Studien wenig Sinn macht, von scharfen, durch die politische Geschichte gesetzten, Zäsuren auszugehen, sondern daß das Nebeneinander von Veränderungen und Kontinuitäten jeweils in ihrem spezifischen Mischungsverhältnis zu betrachten ist. Diese Erkenntnis ist keineswegs neu, sondern jüngst für das Bürgertum von Eckart Conze überzeugend betont worden[6]. Die den Argumenten der zitierten Aufsätze zugrunde liegende Nomenklatur ist der sozialgeschichtlichen Forschung zum 19. Jahrhundert entlehnt und orientiert sich an den Kategorien von Max Weber, die zwischen Besitzklassen und sozialen Klassen unterscheiden und den Markt zu jenem Bereich machen, der über die Zuweisung von sozialen Plätzen und Positionen entscheidet. In dem hier interessierenden Bereich der städtischen Mittelschichten hat diese Forschung die oben referierten *master narratives* produziert, die eine unterschiedliche Entwicklung innerhalb der westdeutschen Arbeiterklasse einerseits, innerhalb der alten und der neuen Mittelschichten andererseits impliziert haben. Im folgenden soll mit einem anderen Ansatz experimentiert werden, der den Zusammenhang dieser drei sozialen Teilgruppen in städtischen Lebensverhältnissen in den Mittelpunkt rückt.

Dieses Experiment steht von vornherein unter verschärftem Ideologieverdacht, scheint es doch jene Kategorien wiederzubeleben, die in den 1950er Jahren Theodor Geiger in seinem Buch zur „Gesellschaft im Schmelztiegel" entwickelt hat. Geiger hatte nicht nur aus Differenzierungsprozessen unter Arbeitern auf die Schwächung der Klassenlinien geschlossen, sondern auch mit dem Fortbestehen und der Veränderung des alten Mittelstandes und dem Wachstum der Angestelltenschicht auf zusätzliche Faktoren der sozialstrukturellen Veränderung hingewiesen, die nicht im Schema der Klassengesellschaft aufgingen: „Alles scheint im Gleiten zu sein, eine klar sich abzeichnende Struktur ist kaum zu finden", diagnostizierte er mit Resignation[7]. Vor allem aber Helmut Schelskys „nivellierte Mittelstandsgesellschaft", deren konservativer und die gesellschaftliche Wirklichkeit der 1950er Jahre stark überzeichnender Charakter wiederholt von Soziologen und Historikern unterstrichen wurde, scheint Pate bei einer Konzentration auf städti-

[4] *Heinrich August Winkler*, Stabilisierung durch Schrumpfung: Der gewerbliche Mittelstand in der Bundesrepublik, in: ebd. 187–209; *Frederick McKitrick*, An Unexspected Path to Modernisation: The Case of German Artisans during the Second World War, in: CEH 5.3. (1996) 401–426.

[5] *Adelheid von Saldern*, Mittelstand im „Dritten Reich". Handwerker – Einzelhändler – Bauern (Frankfurt a. M., New York 1979).

[6] *Eckart Conze*, Eine bürgerliche Republik? Bürgertum und Bürgerlichkeit in der westdeutschen Nachkriegsgesellschaft, in: GG 30 (2004) 527–542.

[7] *Theodor Geiger*, Die Klassengesellschaft im Schmelztiegel (Köln, Hagen 1949) 147.

sche Mittelschichten zu stehen. Er geht aus von einer durch soziale Auf- und Abstiegsbewegung bewegten Sozialstruktur, die soziale Klassen und Schichten auflöst und „zu einer sozialen Nivellierung in einer verhältnismäßig einheitlichen Gesellschaftsschicht (führt), die ebenso wenig proletarisch wie bürgerlich ist, das heißt durch den Verlust der Klassenspannung und sozialen Hierarchie gekennzeichnet wird“[8]. Beide Diagnosen sind für das Selbstverständnis der 1950er Jahre in der Bundesrepublik insofern wichtig, als sie sich deutlich von der Marxschen Klassentheorie abwenden und ein Bild sozialer Harmonie entwerfen. Sie können aber in ihrer Methodik, einzelne Faktoren zu gesamtgesellschaftlichen Strukturmerkmalen hochzurechnen, nicht überzeugen und auch kaum sozialhistorische Studien anleiten.

Die massivste Argumentation gegen eine eher an Teilgruppen von Klassenformationen interessierten Analyse hat aber Rainer Geißler vorgebracht, der sich für „sozialkritische Ungleichheitsforschung“ und gegen „‚postmoderne‘, unverbindliche Vielfaltsforschung“ gewandt hat, die sich nicht mehr primär um „die problematische Ungleichheit der Lebensbedingungen, sondern die bunte Vielfalt der Handlungsmöglichkeiten, Lebensformen, Lebensführung und Lebensstile“ kümmert[9]. In ihr sieht er die Tendenz angelegt, „daß vertikale Strukturen wegdifferenziert, wegpluralisiert, wegindividualisiert und wegdynamisiert werden. Sie werden mit einem Schleier von Prozessen der Individualisierung, Pluralisierung, Differenzierung und Dynamisierung verhüllt und unkenntlich gemacht.“[10] Diese Philippika wendet sich sowohl gegen die „Fahrstuhlthese“ von Ulrich Beck als auch gegen die Lebensstilforschung, die eher kurzfristige Konstellationen als strukturelle Muster erfassen kann. Gleichwohl sieht Geißler die Dimension der sozialen Ungleichheit nicht als das Prokrustesbett an, in die jede sozialstrukturelle Analyse gepresst werden soll, sondern als ein flexibles Instrument. Diese läßt durchaus eine Untersuchung wie die hier angeregte zu den städtischen Mittelschichten zu. Denn, so Geißler, soziale Klassen und Schichten „sind in der Realität der modernen Sozialstruktur keine sozialen Gruppierungen mit klaren Grenzen“. Sie können als heuristische Begriffe nur wahrscheinliche Zusammenhänge angeben und sind auch in ihren Überschneidungen zu sehen: „Die Grenzen zwischen den Klassen und Schichten ‚verschwimmen‘, oder, wenn man diesen Sachverhalt in einem anderen Bild ausdrückt, Schichten und Klassen überlappen sich.“[11] Diesen Überlappungen, die sich in den 1950er Jahren ausmachen lassen, sind die folgenden Bemerkungen gewidmet, die sich weniger um den Nachweis weiterhin bestehender und auch nicht angezweifelter sozialer vertikaler Ungleichheit bemüht, sondern um die Illustration von horizontalen Beziehungen, die über Klassengren-

[8] *Helmut Schelsky*, Auf der Suche nach Wirklichkeit. Gesammelte Aufsätze (Düsseldorf 1979) 327.

[9] *Rainer Geißler*, Kein Abschied von Klasse und Schicht. Ideologische Gefahren der deutschen Sozialstrukturanalyse, in: KZfSS 48 (1996) 319–338, hier 323f.

[10] Ebd. 323.

[11] Ebd. 333.

zen hinweg wirksam sind, ohne daß dadurch die Struktur gesamtgesellschaftlicher Ungleichheit in Frage gestellt würde.

Um stärker Formen der Interaktion als der Trennung zu unterstreichen, die Geschichte der Arbeiter, Angestellten, Handwerksmeister und Einzelhändler enger miteinander zu verbinden, scheint eine Geschichte der sozialen Praktiken, Lebensformen und Mechanismen anregend. Dieser Ansatz kann sich an der französischen Geschichtswissenschaft orientieren, die mit Emile Durkheim auf der Bedeutung des „lien social", der sozialen Beziehungsnetze, insistiert hat. Der verstorbene Stadthistoriker Bernard Lepetit hat diese Ausrichtung auf Netzwerke und Interaktionsverhältnisse im sozialen Raum in den 1990er Jahren geradezu als einen Schwerpunkt der methodischen Neuorientierung der Annales-Schule angesehen, wenn er lakonisch schrieb: „les hommes ne sont pas seulement au monde, mais entre eux" und erklärend fortfuhr, alle analytischen Schemata „trouvent dans les modalités d'agencement du social et dans les pratiques interindividuelles et collectives qui les font jouer la source de la compréhension du social[12]". Oder – um den frühen Pierre Bourdieu zu bemühen – die sozialen Praktiken müssen erfaßt werden „dans le mouvement même de leur effectuation"[13]. Dieser methodische Ansatz ist vor allem von Maurizio Gribaudi in die Praxis umgesetzt worden, der die in ganz Frankreich für das 19. und beginnende 20. Jahrhundert und mit Hilfe lokaler Genealogen gesammelten Heiratsakten, die sog. TRA-Enquête, auswertet. In dieser Enquete sind alle Heiraten erfaßt, deren Familienname mit den Buchstaben TRA begann. Gribaudi untersucht sie nicht auf Aussagen über die soziale Aufstiegs- oder Abstiegsmobilität – wie dies Jacques Dupâquier getan hat –, sondern als Indikator sozialer Netzwerke. Sie geben ihm den Schlüssel, um mit Blick auf die jeweiligen Partner, deren Eltern und die Trauzeugen soziale Beziehungsnetze zu rekonstruieren, welche Aussagen nicht nur über die soziale Nähe und Ferne von Berufsgruppen erlauben, sondern auch über die Chancen von Mitgliedern einzelner Berufe, sich außerhalb ihres eigenen Milieus zu verheiraten bzw. mit anderen sozialen Gruppen in Kontakt zu treten. Die dabei in Langzeitstudien herausgearbeiteten Interaktionsformen „structurent l'espace social de manière cohérente et active, et favorisent le développement d'attitudes et de stratégies qui guident des actions orientées par des perspectives percues comme possible"[14].

Soziales Handeln wird mithin nicht auf die Auswirkung einer zuvor unterstellten Gesellschaftsstruktur oder von Klassenverhältnissen reduziert, sondern als aktiver Faktor ernst genommen und in seinem Einfluß auf gesellschaftliche Klassifikationsprozesse untersucht. Lepetit argumentiert in diesem Sinn: „On proposait donc, au point de départ d'un nouveau moment historiographique, de recommencer à prêter une attention particulière à la société, et d'analyser celle-ci comme

[12] *Bernard Lepetit*, Histoire des pratiques, pratique de l'histoire, in: *ders.* (Hrsg.), Les formes de l'expérience. Une autre histoire sociale (Paris 1995) 9–22, hier: 13f.
[13] *Pierre Bourdieu*, Esquisse d'une théorie de la pratique, précédé de trois études d'ethnologie kabyle (Genf 1972) 163.
[14] *Maurizio Gribaudi*, Les discontinuités du social. Un modèle configurationnel, in: *Lepetit* (Hrsg.), ebd. 187–225, hier 188.

une catégorie de la pratique sociale, c'est-à-dire de considérer que les identités sociales ou les liens sociaux n'ont pas de nature, mais des usages."[15] In dieser Schwerpunktsetzung liegt eine deutliche Absage an eine Sozialgeschichte, die ihre Kategorien a priori formuliert. „Au lieu de réifier les groupes (ordres, classes, cités, tribus etc.) et de prendre pour donnée, sur la base d'une batterie de critères essentiels (une position lignagère, une position économique, etc.) l'appartenance des individus à ces groupes qui les enferment et les définissent, les sciences sociales inversent maintenant la perspective. En considérant les identifications et les assignations identitaires comme les produits, d'une durée variable, de l'interaction sociale, elles confèrent aux identités sociales l'utilité et la malléabilité des catégorie de la pratique."[16]

Diese gleichsam induktive Konstruktion des sozialen Raumes, die von Berufsbezeichnungen und deren Verbindungsnetzen ausgeht, hat im deutschsprachigen Raum – soweit ich sehe – so keine Nachahmung gefunden. Man wird ihr in bestimmten Spielarten der Sozialgeschichte sicher Theorielosigkeit vorwerfen, da sie nicht zielstrebig auf die Bestimmung von Klassen- oder Schichtengrenzen abzielt, in anderen wird man ihr eine naive Sicht des Sozialen unterstellen, da sie deren herrschaftlich geprägten Charakter in dem Konzept des „lien social" ausblendet. Vor allem aber wird die Offenheit und Vieldeutigkeit der sozialen Kontakte und Interaktionen sich dem Vorwurf stellen müssen, sie privilegiere gegenüber der sozialen Ungleichheit, die auch im 20. Jahrhundert noch die westeuropäischen Gesellschaften prägt, andere, in ihrer Relevanz für Arbeits- und Lebensverhältnisse nachrangige Faktoren. Als Forschungsstrategie indessen, um ein Fortschreiben der aus der Analyse des 19. Jahrhunderts gewonnenen Kategorien zu vermeiden und neue Kategorien für die sich verändernden sozialen Lagen im 20. Jahrhundert zu gewinnen, bietet sich diese Konzentration auf soziale Praktiken jedoch an, die in der deutschen Gesellschaftsgeschichte der Vergangenheit vor allem im Kontext von Homogenisierungs- oder Heterogenisierungstendenzen gesellschaftlicher Klassen Beachtung fanden. Demgegenüber hat auch in der neueren kulturwissenschaftlichen Diskussion das Konzept der Performanz zu Recht den Akzent auf die aktive Rolle von Praktiken gelegt, die in dem Maße an der Konstruktion von übergreifenden Zusammenhängen mitwirken, in der sie von diesen geprägt wurden.

Neben theoretischen Bedenken sind dabei freilich die forschungspraktischen Probleme nicht zu übersehen, die sich in der Arbeit mit Personenstandsdaten ergeben. Selbst in den Studien von Maurizio Gribaudi ist sichtbar, daß die von ihm benutzten Heiratsakten nur Ergebnisse der Praktiken, nicht aber diese selbst erfassen können und damit dem zitierten emphatischen Anspruch von Pierre Bourdieu nicht nachkommen. Für die deutsche Nachkriegsgeschichte setzt der in Frankreich gewählte Ansatz eine kontinuierliche, institutionell abgesicherte Arbeit an umfangreichen Datenmaterialien voraus, der in der gegenwärtigen anti-

15 *Lepetit*, ebd. 13.
16 Ebd. 17.

quantitativ ausgerichteten Forschungskonjunktur und angesichts kurzfristig konzipierter Forschungsförderung wenig Erfolgschancen hat. Auf ein derartiges Sample kann mithin nicht zurückgegriffen werden.

Im folgenden soll deshalb auf drei verschiedenen Ebenen dafür plädiert werden, die städtischen Mittelschichten in ihren internen Kontakten stärker bei sozialgeschichtlichen Analysen der bundesrepublikanischen Gesellschaft zu berücksichtigen. Einmal sollen zeitgenössische soziologische Analysen daraufhin befragt werden, ob sie diese Kategorie benutzten oder zumindest klassenübergreifende Strukturen einbezogen und wie sie sie einschätzten. Dann sollen sozialstrukturelle Daten und Ansätze in der Forschung genannt werden, die für eine horizontale Vernetzung plädieren können. Schließlich sind verschiedene Alltagspraktiken zu nennen, die die sozialen Interaktionen zwischen den hier als Ensemble gesehenen Berufsgruppen förderten.

1.) Die am Kölner Institut für Mittelstandsforschung durchgeführten Studien zu „Vorstellungen vom Mittelstand" faßte im Jahre 1960 der später an der Universität Bielefeld tätige Soziologe Hansjürgen Daheim folgendermaßen zusammen: „Die gesamte Bevölkerung hat im wesentlichen den gleichen Mittelstandsbegriff ... In der Vorstellung der Bevölkerung in der Bundesrepublik gehört also die Masse der kleinen und mittleren Selbständigen sowie der qualifizierten Angestellten und mittleren Beamten zur gesellschaftlichen Mitte." Interessanter als diese aggregierte Sicht sind die Berufsgruppen, die von den meisten befragten Personen der Mitte der Gesellschaft zugeordnet werden: „Völlig übereinstimmend als zur gesellschaftlichen Mitte gehörig werden von allen Randgruppen nur der Buchhalter, der Lehrer, der Stadtinspektor und der Lebensmittelhändler angesehen. Dazu kommen beim überwiegenden Teil der Randgruppen auch der Werkmeister und der Schneidermeister."[17] Diese Fremd- und Selbsteinschätzungen, die begrenzt klassenspezifisch gebrochen und unterschiedlich sind, interessieren hier nur als Illustration eines über die sozialstrukturellen Grenzen hinweg existierenden Zusammenhangs. Dieser umfaßt sowohl Beamtenpositionen wie Angestelltenberufe aus dem Dienstleistungs- und Produktionssektor und aus Selbständigenpositionen, zu denen auch der in einem Massenhandwerk tätige Schneidermeister gehört. In einer zeitlich parallel publizierten Untersuchung geht es um die Selbstwahrnehmung des sozialen Platzes der Befragten. Die Autoren unterscheiden eine nicht-industrielle untere Mittelschicht, der sie „die Masse der Angestellten" und unteren Beamten ebenso zuzählen wie Handwerksmeister mit kleineren Betrieben und kleine Selbständige, und grenzen sie von einer industriellen unteren Mittelschicht ab. Zu dieser gehören die obersten Gruppen der „Arbeiter", u.a. auch „Facharbeiter mit besonderer Ausbildung und Überwachungsfunktionen". Beide Teile der Mittelschichten sind durch gleichartige Verhaltensweisen verbunden. „In ihrer sozialen Selbsteinstufung, dem Erlebnis der sozialen Umwelt, ihrem Weltbild im allgemeinen und der Beurteilung ihrer eigenen Rolle in ihm zeigen sie fast

[17] *Hansjürgen Daheim*, Die Vorstellungen vom Mittelstand, in: KZfSS 12 (1960) 237–277, hier 267, 262.

identische Züge mit der Gruppe der selbständigen Handwerksmeister, den einfachen Angestellten und den unteren Beamten ... Auch hier finden wir also Ordnung und Gewissenhaftigkeit, Betonung der Moral, Verantwortungsgefühl, Besitzorientierung und Sicherheitsstreben in der Auseinandersetzung mit einer von Systemen und Prinzipien beherrschten Welt."[18] Interessant ist an dieser geradezu idealtypisch konstruierten Selbstsicht vor allem, daß sie die untere Mittelschicht auch in die Kreise der Arbeiter hinein ausweitet und Facharbeiter ihr zuzählt. Diese Sichtweise war nicht isoliert, denn auch in anderen soziologischen Untersuchungen wurde nicht nur zwischen verschiedenen Typen von Mittelschichten unterschieden, sondern auch die Überlappungen zwischen Angestellten, kleinen Beamten, Selbständigen und Facharbeitern deutlich gemacht. Aufgrund einer repräsentativen Stichprobe von 3400 Personen kam Morris Janowitz 1955 nicht nur zu dem Ergebnis, daß sich die berufliche Struktur der bundesrepublikanischen Bevölkerung kaum von der des Jahres 1939 unterschied, sondern auch daß sich gemessen an Einkommen, Rang und Prestige die Gesellschaft tendenziell auf eine Mittelstandsgesellschaft zu bewegte. Die obere und untere Mittelschicht, zu der er Selbständige, mittlere und untere Beamte rechnete, machte nach seiner Darstellung ein Drittel der Bevölkerung aus, während die obere Unterschicht aus Facharbeitern und unselbständigen Handwerkern 13,3% zählte. Auch für ihn verbanden sich in der unteren Mittelschicht und oberen Unterschicht unterschiedliche Lebensweisen, in die sich Beamte, Angestellte, Selbständige und Arbeiter teilten[19]. Auch Erwin K. Scheuch benutzte eine ähnliche Nomenklatur, wenn er auch zu unterschiedlichen Proportionen kam. Er legte den Beruf und das Einkommen des Hauptemährers der Familie sowie seine Schulbildung als Kriterien zugrunde, um Oberschicht, obere, mittlere und untere Mittelschicht sowie obere und untere Unterschicht voneinander zu unterscheiden[20].

Diese differenzierten Unterscheidungen sind eine Folge der benutzten Quellen ebenso wie der unterlegten Gesellschaftssicht. Sie tragen der Tatsache Rechnung, daß vor allem Einkommens- und Vermögensdaten zu subtilen Untergliederungen einladen. Da die gesellschaftlichen Schichten in einem hierarchischen Zusammenhang gesehen werden, steht in den Studien eher ihr Übereinander als ihr Neben- und Miteinander im Mittelpunkt. Sie interessieren hier aber als Kronzeugen für die soziale Nähe, die sie zwischen den Lebenslagen von Angestellten, Selbständigen und Facharbeitern unterstreichen. Renate Mayntz hat in ihrer Studie über Euskirchen vor allem auf jenen Teil der Arbeiter verwiesen, die sich nicht mehr an der „Proletarität", sondern an dem Leitbild der Angestellten und Selbständigen orientierte: „Hier scheint sich, zumindest was das Zugehörigkeitsgefühl angeht,

[18] *H. Moore*, *Gerhard Kleining*, Das soziale Selbstbild der Gesellschaftsschichten in Deutschland, in: KZfSS 12 (1960) 86–119, hier 99, 102.

[19] *Morris Janowitz*, Soziale Schichtung und Mobilität in Westdeutschland, in: KZfSS 10 (1958) 6ff.

[20] *Erwin K. Scheuch* u. Mitarbeit von *Hansjürgen Daheim*, Sozialprestige und soziale Schichtung, in: *D. V. Glass*, *René König* (Hrsg.), Soziale Schichtung und soziale Mobilität, Sonderheft der KZfSS (1961).

die durch die Berufsdifferenzierung und höheren fachlichen Ansprüche verursachte Auffächerung der früher einheitlicheren Arbeiterschaft auszuwirken, die zu einer wesentlichen materiellen Besserstellung sowie einer höheren gesellschaftlichen Anerkennung des fachlich besonders qualifizierten Teiles der Arbeiterschaft geführt hat und in der Folge auch zu einer Umorientierung der schichtmäßigen Selbstzurechnung."[21]

Diese zeitgenössischen Taxinomien können und sollen nicht als adäquate Darstellungen der sozialen Wirklichkeit gelesen werden, sind aber als zeitgenössische Ordnungsprinzipien interessant. Diese können aus Gründen des Antimarxismus natürlich die Existenz von Klassengrenzen nivellieren und empirische Daten dieser These entsprechend extensiv interpretieren. Aber sie verweisen doch auf verbreitete Vorstellungen über die Strukturen der industriellen Gesellschaft, die in einer sich entwickelnden Wissenschaft artikuliert und durch sie verbreitet wurden. Vor allem sollen sie als Anregung benutzt werden, um in empirischen Studien über die Nähe der Lebenslage und Lebensperspektive von Berufsgruppen zu forschen, die in den bisherigen sozialgeschichtlichen Untersuchungen getrennt betrachtet wurden.

2.) Gleichwohl gibt es auch in der bisherigen Forschung bereits Hinweise auf die Existenz derartig klassen- und schichtenübergreifender Strukturen. Einmal ist auf die Verquickung der Lebenswirklichkeit von Proletariern und Mittelklassen verwiesen worden. Zu ihr gehören die von Frauen von Facharbeitern geführten Läden, in denen eine für das Familieneinkommen notwendige Ergänzung erwirtschaftet wurde. Jener Bergarbeiter des Ruhrpotts repräsentiert diesen Typus, wenn er in einem Interview den Tante-Emma-Laden nennt, den seine Ehefrau in den 1950er Jahren leitete[22]. Diese Einzelhandelsbetriebe erzielten kaum einen Umsatz von mehr als 20000 DM und gehörten zu jenen Läden, die mit höchstens vier Beschäftigten betriebswirtschaftlich als unrentabel angesehen wurden. Deshalb waren sie vor allem für das familiäre Zusatzeinkommen geeignet[23]. Auf sie konnten vor der Rentenreform des Jahres 1957 auch jene älteren Arbeiter und Arbeiterinnen zurückgreifen, die mit der Last der Altersarmut zu kämpfen hatten. Bevor die Alterssicherung auch auf die Selbständigen ausgedehnt wurde, hatten auch Kleinhandwerker vor allem im Alter massive ökonomische Probleme. Dies läßt sich etwa an den Anfang der 1950er Jahre von der Bielefelder Handwerkskammer ausgegebenen weihnachtlichen Unterstützungszahlungen an 300 Meister ablesen[24]. Auch die Einmannbetriebe des Handwerks verbanden Lebenslagen von Arbeitern und Selbständigen. Oftmals wurden sie in Zeiten der Arbeitslosigkeit

[21] *Renate Mayntz*, Soziale Schichtung und sozialer Wandel in einer Industriegemeinde. Eine soziologische Untersuchung in der Stadt Euskirchen (Stuttgart 1958) 104f.

[22] *B. Parisius*, Arbeiter zwischen Resignation und Integration. Auf den Spuren der Soziologie der fünfziger Jahre, in: *Lutz Niethammer* (Hrsg.), „Hinterher merkt man, daß es richtig war, daß es schiefgegangen ist." Nachkriegs-Erfahrungen im Ruhrgebiet (Berlin, Bonn 1983) 107–148, hier 138.

[23] *Winkler*, ebd. 192.

[24] *Burkhart Holtwick*, Der zerstrittene Berufsstand (Paderborn 2000).

gegründet, um der Familie ein Überleben zu ermöglichen. Mit geringem Kapital ausgestattet, verschwanden sie zumeist nach kurzer Zeit. Von den 24000 Handwerksbetrieben, die es im Jahre 1947 im Bezirk der Handwerkskammer Bielefeld gab, waren etwa zwanzig Jahre später nur 16000 übrig geblieben[25]. Vor allem die Alleinmeister waren von einem Konzentrationsprozeß betroffen, in dem der durchschnittliche Umsatz und die durchschnittliche Beschäftigtenzahl pro Betrieb zunahm. Zwischen 1956 und 1968 ging etwa in Nordrhein-Westfalen die Zahl der Alleinmeister um 7% zurück. Die auch nach dem Zweiten Weltkrieg fortbestehende Bedeutung dieser kleinbetrieblichen Produktions- und Distributionsformen erklärt Burkhart Lutz strukturell. Nach seiner These existierte eine „duale Wirtschaftsstruktur", in der der kleinbetrieblich-familienzentrierten, nur nachrangig Lohnarbeit einsetzenden Produktion mit dem Ziel der Bedarfsdekkung ein moderner Sektor gegenüberstand, der am Markt orientiert war und in großem Ausmaß Lohnarbeit einsetzte[26].

Strukturelle Überlappungen zwischen dem Milieu der Angestellten und Beamten mit dem der Arbeiter sieht Rainer Geißler im Kontext der „ausführende(n) Dienstleistungsschicht", die zwar als Kellner und Verkäuferinnen, Briefträger und Tankwart keine körperliche Arbeit verrichten, „sich im Hinblick auf ihre Arbeits- und Lebensbedingungen (aber) ganz in der Nähe der Arbeiterschaft (befinden), wobei die Grenzen zwischen diesen beiden Schichten bisweilen verschwimmen". Anfangs der 1990er Jahre rechnet Geißler noch immer 13% aller Erwerbstätigen diesem Bereich zu[27].

Zudem konnte zwischen Mittelklassenberufen und Arbeitern soziale Nähe durch ökonomischen und sozialen Erfolg entstehen. An der Gruppe der mittleren und höheren Beamten und Angestellten sowie der stabilen Handwerksmeister und Einzelhändler orientierten sich jene Arbeiter, die Heidi Rosenbaum im Hannover-Linden des frühen 20. Jahrhunderts als „kleinbürgerlich orientierte Familie" bezeichnet hat. Vor allem am Konsumverhalten, an der Teilnahme im bürgerlichen Schützenverein und einem Erziehungsstil, der für den sozialen Aufstieg vorbereiten sollte, macht sie diese Orientierung der Familie fest: „Es wurde nicht gehungert, aber sehr sparsam gewirtschaftet und relativ bedürfnislos gelebt, um den beiden Söhnen die überdurchschnittlichen Ausbildungen zu ermöglichen." Aus den Interviews, die sie geführt hat, zieht sie weiterreichende Konsequenzen: „Konzentriert man sich ... stärker auf die Rekonstruktion der verschiedenen Lebenslagen, wie hier geschehen, so löst sich die vermeintlich einheitliche Lebensweise der Arbeiterschaft zunehmend auf, und es werden Differenzierungen sichtbar, die bislang nicht in den Blick geraten waren. Die Realität ist ersichtlich viel weniger eindeutig und einheitlich gewesen, als angenommen wurde. Der Über-

[25] Ebd. 323.

[26] *Burkhart Lutz*, Der kurze Traum immerwährender Prosperität. Eine Neuinterpretation der industriell-kapitalistischen Entwicklung im Europa des 20. Jahrhunderts (Frankfurt a. M. 1984).

[27] *Rainer Geißler*, Die Sozialstruktur Deutschlands. Zur gesellschaftlichen Entwicklung mit einer Zwischenbilanz zur Vereinigung (Opladen 1996) 144.

gang zwischen Teilen der Arbeiterschaft und dem Kleinbürgertum waren fließend."[28] In der Forschung sind freilich stärker die Übergänge zwischen un- und angelernten und Facharbeitern oder die „Kragenlinie" zwischen Angestellten und Arbeitern analysiert worden. Auch jener Werkmeister Ferdinand Runte, von dem in den „Frankfurter Heften" des Jahres 1954 berichtet wird, würde zu diesen sozialen Grenzgängern gehört haben. Er arbeitete mit seinen drei erwachsenen Söhnen in der großindustriellen Produktion. Der Artikel schildert, wie sie mit gesichertem Einkommen nicht nur sparten, sondern sich auch bürgerliche Attribute und Praktiken zulegen konnten: So fuhren die Söhne in ihrem Urlaub ins Ausland[29]. Klaus Tenfelde hat in gleicher Richtung für das Ruhrgebiet von einer „Normalisierung der Klassenbeziehungen nach dem Zweiten Weltkrieg" gesprochen, unter denen er auch „die weitere Verflüssigung der Übergänge zwischen Unter- und Mittelschicht" nennt, ohne diese allerdings im Detail auszuführen[30].

3.) Es macht Sinn, die soziale Nähe zwischen verschiedenen sozialen Schichten in lokalen Fallstudien zu untersuchen. Dabei wäre das Augenmerk auf jene kleinen und mittleren Städte zu richten, in denen soziale Beziehungen wahrscheinlich leichter zu erfassen sind als in den Vierteln von Großstädten. Auf die nach 1945 angestellten Stadtstudien, die sich mit der Integration von Flüchtlingen und Heimatvertriebenen beschäftigten oder die sich mit der These von E. Pfeil auseinandersetzten, die Nachbarschaftsbeziehungen hätten sich im Zuge der sozialen Veränderungen gelockert, kann dabei zurückgegriffen werden. Auch ist es sinnvoll, die breite, bereits für die Zeit des Nationalsozialismus existierende, stadtgeschichtliche Forschung einzubeziehen und nach Kontinuitäten und Brüchen zu fragen. Mit guten Argumenten plädiert für die hier interessierende Fragestellung Detlef Schmiechen-Ackermann dafür, Viertel der „kleinen Leute" zu privilegieren[31]. In diesem Rahmen können Studien zu Praktiken des Aufstiegs- und Heiratsverhaltens wichtige Aufschlüsse über die Intensität der Beziehungen zwischen verschiedenen Berufsgruppen geben. Repräsentative Untersuchungen deuten darauf hin, daß die Facharbeiter sich zwar in ihrer Mehrzahl aus Facharbeiterfamilien rekrutieren, daß sie aber intergenerationell in einem nach 1960 zunehmenden Maße Angestellten- und Beamtenpositionen anstreben, während die Selbstständigkeit der Handwerker und Einzelhändler nach 1945 an Bedeutung verliert, aber nicht ganz bedeutungslos wird. Auch intragenerationell sind die Berufe des „neuen Mittelstandes" Ziele von Facharbeitern, während das Dasein als Selbständiger weniger attraktiv ist. Für die hier vertretene Annahme einer klassenüber-

[28] *Heidi Rosenbaum*, Proletarische Familien. Arbeiterfamilien und Arbeiterväter im frühen 20. Jahrhundert zwischen traditioneller, sozialdemokratischer und kleinbürgerlicher Orientierung (Frankfurt a. M. 1992) 331, 292.
[29] *K. W. Böttcher*, Beitrag über den Arbeiter, in: Frankfurter Hefte 9 (1954) 9–21.
[30] *Klaus Tenfelde*, Soziale Schichtung und soziale Konflikte, in: *Wolfgang Köllmann* u. a. (Hrsg.), Das Ruhrgebiet im Industriezeitalter, Bd. 2 (Düsseldorf 1990) 121–218, hier 186.
[31] *Detlef Schmiechen-Ackermann*, Nationalsozialismus und proletarische Quartiersmilieus. Anpassungs- und Verweigerungsverhalten in großstädtischen Arbeitervierteln, in: Comparativ 2 (1999) 43–56, hier 46 f.

greifenden Mittelschicht spricht auch, daß Facharbeiter, Vorarbeiter und Meister im Jahre 1971 zwar weiterhin mehrheitlich ihre Ehefrauen in Arbeiterkreisen suchen, aber bis zu einem Viertel auch Töchter von Angestellten bzw. Beamten oder Selbständigen heiraten[32]. Wenn man vom Bild einer durch klare Grenzen gekennzeichneten Klassengesellschaft ausgeht, so sind diese Grenzen sozial durchlässiger gewesen und haben die sozialen Kontakte zwischen den zuvor als proletarisch oder mittelständisch eingeordneten Berufsgruppen sich auch nach 1945, wenn auch verändert, erhalten.

Es würde eingehender lokaler Studien bedürfen, um zu ermitteln, ob und inwieweit sich diese Beziehungen auch auf andere Formen der Vergesellschaftung stützen konnten. Das Vereinswesen wäre dabei ebenso zu bedenken wie das kirchliche Leben, das sowohl verbindend als auch trennend wirken kann. In dieser Perspektive kann es sinnvoll sein, auf den von Pierre Bourdieu entwickelten Begriff des sozialen Raumes zurückzugreifen und für einzelne Städte danach zu fragen, wie die Kämpfe um die Bestimmung dessen, was als Kriterien städtischer Mittelklassenzugehörigkeit ausgegeben wird, abliefen[33]. In dem Maße, in dem der Begriff der gesellschaftlichen Mitte eine starke Anziehungskraft auch für die Selbstverortung von Arbeitern ausübte, ist davon auszugehen, daß in einzelnen Städten durch Statussymbole und Mitgliedschaften in der Auseinandersetzung um die Zugehörigkeit zu den Mittelschichten In- cvund Exklusionsprozesse organisiert wurden. Es ist zwar sozialhistorisch wichtig, die – trotz der bis in die 1950er Jahre fortbestehenden Konsumstrukturen – sich verbessernde materielle Lebenssituation von Arbeiterfamilien generell festzustellen. Relevanter ist aber, welche Konsumgüter als *marker* der Zugehörigkeit zu den Mittelschichten fungierte: das Telefon, der Fernseher, das Automobil? Die sozialen Distinktionsprozesse, die mit dem Besitz von Konsumgütern, Häusern und ihrer Lage, Mitgliedschaft im Tennis- oder Automobilklub verbunden sind, wären in ihren Veränderungen und ihrer Konflikthaftigkeit nachzuzeichnen. Sie können dann auch mit unterschiedlichen Milieus und deren politischer Artikulation in Verbindung gebracht werden.

Einzelne Berufsgruppen ihrerseits verteidigen ihren mittelständischen Charakter dadurch, daß sie sich von Außenseitern abgrenzen. Die Einmannbetriebe des Handwerks werden im Bielefeld der 1950er Jahre von ihren betuchteren Kollegen kritisiert und marginalisiert. Auch im Einzelhandel blicken die Besitzer von Fachgeschäften der Innenstädte auf ihre Kollegen und Kolleginnen herab, die vor allem im Lebensmittelhandel in Kleinstbetrieben wirtschaften[34].

Das Konzept der „städtischen Mittelschichten" lädt dazu ein, Makrostudien durch Mikrountersuchungen zu ergänzen und ggf. zu korrigieren. Es orientiert die Forschung hin zum städtischen Raum, in dem sich Familien sozial plazieren

[32] Siehe die hervorragende Synthese in: *Josef Mooser*, Arbeiterleben in Deutschland 1900–1970. Klassenlagen, Kultur und Politik (Frankfurt a.M. 1984) 104ff.
[33] *Pierre Bourdieu*, Sozialer Raum und ‚Klassen'. Leçon sur la leçon, Zwei Vorlesungen (Frankfurt a.M. 1985).
[34] Siehe zahlreiche Beispiele in *Holtwick*, Der zerstrittene Berufsstand.

und diese Plazierung symbolischen Ausdruck findet. Es fordert zu Arbeiten auf, die nach der sozialen Nähe von verschiedenen Berufsgruppen fragt, die aufgrund ihrer Praktiken der Berufstätigkeit, des sozialen Aufstiegs, der Heirat und ihrer Vergesellschaftungsformen über Klassengrenzen hinweg in engem Kontakt stehen. Lassen sich hier ein dichtes Netz und erleichterte Kontaktmöglichkeiten nachweisen, so würde der Verzicht auf mittelständisches Protestverhalten oder auch Klassenkampfparolen auch aus dem Erfolg der sozialen Plazierung im städtischen Rahmen erklärt werden können. Dabei sind die „städtischen Mittelschichten" weder als homogene Einheit noch als unbestrittene Kategorie zu sehen. In ihnen werden unterschiedliche Milieus zu unterscheiden sein: jene, die an ihrem unteren Rand um das Obenbleiben ringen und jene, die das Monopol errungen haben, die Kategorien der Zugehörigkeit zur gesellschaftlichen Mitte zu definieren. Soziale und politische Konflikte auf lokaler Ebene wird man auch in diesem Kontext interpretieren können. Denn die städtischen Mittelschichten sind keine feststehende Kategorie, sondern werden konstruiert sowohl durch die in Berufswahl, Heiratsverhalten, Konsummuster und Vergesellschaftungsformen wirksamen Praktiken gesellschaftlicher Akteure als auch durch die symbolische Besetzung des sozialen Raumes und durch Abgrenzung von jenen Praktiken, die von einer Mehrheit der Stadtbewohner als nicht zu den Mittelschichten gehörig angesehen werden.

Merith Niehuss

Familie und Geschlechterbeziehungen von der Zwischenkriegszeit bis in die Nachkriegszeit

Der vorliegende Band zu „Strukturmerkmalen der deutschen Geschichte" fragt nach Kohärenz, nach Kontinuität und nach Brüchen in der deutschen Zeitgeschichte, fragt vor allem nach dem Ausmaß der Zäsur des Jahres 1945. Der folgende Beitrag versucht, anhand dieser Begriffe die Geschichte der Familie zu strukturieren und nicht nur Kontinuitäten und Brüche herauszustellen, sondern auch kohärente Entwicklungslinien aufzuzeigen, die hier vor allem in der familiär gelebten Tradition des Sozialstaates gesehen werden.

1. 2× Kontinuität und 1× Bruch: Verfassung und Familienrecht

Obwohl der Zeitraum zwischen 1920 und 1970 von extremen politischen Umbrüchen gezeichnet war, blieben die Strukturen des Familienrechts, wie sie das BGB 1896 festgelegt hatte, prinzipiell bestehen und wurden selbst in der DDR erst 1965 ersetzt. Auch die nationalsozialistische Diktatur hat an den Grundfesten des BGB nichts verändert, allerdings neue Gesetze von beträchtlicher Tragweite für die Betroffenen hinzugefügt. So stellt sich die Frage, inwiefern diese rechtliche und gesetzliche Basis familiären Lebens und der Familienbildung überhaupt Brüche gezeitigt hat. Grundsätzlich kann man davon ausgehen, daß gesetzliche Veränderungen den gesellschaftlichen Entwicklungen nicht vorauseilen, sondern vielmehr in einem gemessenen Abstand folgen. Dennoch: Dreimal gab es in Deutschland nach Einführung des BGB eine Verfassungsänderung, 1919 und 1949 (für beide deutschen Staaten), und dreimal mußte der Gesetzgeber etliche Paragraphen des bürgerlichen Gesetzbuches ändern, um der neuen Verfassung gerecht zu werden.

Sowohl in der Weimarer Verfassung wie im Bonner Grundgesetz und in der Verfassung der DDR war die Gleichheit der Geschlechter verankert worden. „Die Ehe beruht auf der Gleichberechtigung beider Geschlechter", hieß es in Art. 119 Abs. 2 der Weimarer Reichsverfassung. In der Folge hätte z.B. das bisherige eheliche Güterrecht geändert werden müssen, das es dem Ehemann allein ermöglichte, auf die Vermögen beider zurückzugreifen. Eine Umsetzung dieses Grundsatzes in die Rechtsprechung wurde zwischen 1924 und 1931 immer wieder diskutiert, jedoch vor der Machtergreifung der Nationalsozialisten nicht mehr durchgesetzt[1]. So galten die Leitsätze eines patriarchalischen Familienbildes bis weit in die Zeit nach dem Zweiten Weltkrieg:

„Der Mann wurde als Haupt der Familie gesehen, ihm kam es zu, in allen das gemeinschaftliche eheliche Leben betreffenden Angelegenheiten zu entscheiden und Wohnort wie Wohnung zu bestimmen. Sein Name war für den gemeinsamen Ehe- wie Familiennamen maßgeblich, so daß die Frau mit der Heirat obligatorisch ihren Namen wechselte und auch die Kinder nach dem Manne hießen. Dem Manne stand es nach dem gesetzlichen Güterstand zu, das Vermögen der Ehefrau in den Besitz zu nehmen, zu verwalten und wie ein Nießbraucher zu nutzen. Und ihm in erster Linie stand die ‚elterliche Gewalt' über die gemeinsamen Kinder zu, Vermögenssorge und gesetzliche Vertretung des Kindes blieben ausschließlich ihm vorbehalten. Der Frau wurde hingegen der Platz im Hause angewiesen, sie war vor allem berechtigt und verpflichtet, das gemeinschaftliche Hauswesen zu leiten', und zu diesem Zweck war ihr die sogenannte Schlüsselgewalt eingeräumt, d.h. das Recht, im häuslichen Wirkungskreis Geschäfte mit Wirkung für den Mann zu tätigen."[2]

Die Abkehr von dem sehr einseitigen ehelichen Güterrecht wurde bereits auf dem Juristentag 1925 einheitlich beschlossen und als Alternative die Zugewinngemeinschaft befürwortet[3]. An diese und vergleichbare Überlegungen zu den anderen genannten Topoi lehnte sich die Rechtsprechung nach 1949 in der Bundesrepublik schließlich an.

Während der Zeit des Nationalsozialismus wurde an der Realisierung der durch die Verfassung vorgegebenen Gleichheitsforderungen nicht weiter gearbeitet. Das Regime bemühte sich, die Familien als Ganzes politisch, d.h. auch rassepolitisch, auseinander zu differenzieren. Unter anderem wurde das auch später noch gültige Zerrüttungsprinzip bei Ehescheidungen eingeführt, nicht als modernes Element, sondern um unliebsame Eheschließungen, u.a. beispielsweise Mischehen, leichter trennen zu können. Der Bruch im Familienrecht erfolgte nicht in allgemeinen Gesetzen jede Ehe betreffend, sondern indem nach rasseideologischen Gesichtspunkten unterschieden wurde zwischen erwünschten und nicht erwünschten Ehen. Jene nicht erwünschten Familien erlebten das Regime als deutlichen Bruch ihrer gesamten Lebensplanung. Die anderen nicht; für sie bestand Kontinuität der Rechtssituation.

Die Forderungen des Gleichheitsgrundsatzes, der 1949 im Bonner Grundgesetz verankert wurde, waren durch ihre Positionierung nicht irgendwo weiter hinten im Familienrecht, sondern ganz vorne bei den allgemeinen Bestimmungen zur Gleichheit, ungleich unmittelbarer als die der Weimarer Verfassung, und zogen unvermeidlich entsprechende Gesetzesänderungen nach sich. Jedoch brauchte

[1] *Stephan Buchholz*, Das Bürgerliche Gesetzbuch und die Frauen: zur Kritik des Ehegüterrechts, in: *Ute Gerhard* (Hrsg.), Frauen in der Geschichte des Rechts (München 1997) 682; im folgenden zitiert: *Gerhard*, Frauen.

[2] *Dieter Schwab*, Gleichberechtigung und Familienrecht im 20. Jahrhundert, in: *Gerhard*, Frauen 792f.

[3] Ebd. 797f.

auch dies mehr Zeit als ursprünglich angenommen. Auch mit dem Gleichberechtigungsgesetz von 1957/59 waren noch längst nicht alle Ziele erreicht. Die Diskussionen der 1950er Jahre entbehrten der Aufbruchstimmung der Weimarer Jahre, standen vielmehr unter anderem unter dem Druck der Argumente der wieder zu gesellschaftlichem Einfluß gekommenen katholischen Kirche und spiegelten mit dem Verbleib im traditionellen Gedankengut auch die moralische Gegnerschaft zur Gesetzgebung der DDR in jenen Jahren wider, die in ihrer Rechtsprechung die völlige Gleichberechtigung der Geschlechter im Familienrecht zu erreichen sich bemühte. Immerhin hat das Bonner Gleichberechtigungsgesetz von 1957/59 einiges durchgesetzt. Die Tätigkeit der Hausfrau erhielt den gleichen Rang wie die Erwerbstätigkeit des Ehemannes, womit die Zugewinngemeinschaft zum gesetzlichen Güterstand wurde. Allerdings wurde die Frau nach wie vor auf die Tätigkeiten im Haus verwiesen, durfte nur erwerbstätig werden, wenn dies mit ihren Pflichten in Ehe und Familie vereinbar war. Zwar erhielt sie nunmehr das Sorgerecht für die Kinder, nicht jedoch das Recht, die Kinder gesetzlich zu vertreten. Auch das Letztentscheidungsrecht bei Streitigkeiten sollte dem Mann vorbehalten sein, wie es die Kirche forderte; dem gebot jedoch das Verfassungsgericht Einhalt. Aber erst die Eherechtsreform der sozialliberalen Koalition von 1976 räumte die letzten Ungleichheiten beiseite und gewährte beiden Ehegatten die gleichen Rechte und Pflichten[4].

Weit radikaler erfolgte die gesellschaftliche Strukturveränderung vor allem durch die wirtschaftlichen Erfordernisse des sozialistischen anderen Deutschland. Obwohl die ideologischen Forderungen des Marxismus-Leninismus eine Vergesellschaftung familiärer Aufgaben vorsahen, verankerte die DDR in ihrer Verfassung den Schutz der Familie und der Ehe. Allerdings wandte man sich deutlich ab von der bürgerlichen patriarchalischen Geschlechterbeziehung. Schon in den Verfassungen der sowjetisch besetzten ostdeutschen Zone wurde die Gleichberechtigung der Geschlechter auf allen Gebieten des staatlichen, wirtschaftlichen und gesellschaftlichen Lebens gefordert, und in der Verfassung der DDR hieß es 1949 lapidar: „Gesetze und Bestimmungen, die die Gleichberechtigung von Mann und Frau in der Familie beeinträchtigen, sind aufgehoben."[5] Frauen erhielten gleiche Rechte wie der Mann bei der Wahl des Wohnortes, bei Fragen der Haushaltsführung und der Kindererziehung. Grundsätzlich galt bei Ehepaaren Gütertrennung, so daß jeder Partner auch nach der Eheschließung sein eigenes Vermögen selbständig verwaltete. Gemeinsam angeschaffte Gegenstände gehörten beiden Ehepartnern, unabhängig davon, ob die Frau durch eigenes Einkommen oder durch Haushaltstätigkeit (und damit über einen Ausgleichsanspruch) zum Kauf beitrug. Allerdings übernahm die Frau bei Eheschließung nach wie vor ohne Ausnahme den Namen des Mannes. Im – bedeutenden – Unterschied zur bundesrepublika-

[4] Vgl. ebd. 811f.
[5] Zur gesellschaftlichen Stellung der Frau in der DDR (Leipzig 1978) 65.

nischen Regelung durften auch unverheiratete Frauen die Bezeichnung „Frau" und nicht „Fräulein" führen[6].

Auf die Realität gelebten Ehelebens kann an dieser Stelle nicht ausführlich eingegangen werden. Sicherlich zeigte sich ein Trend zur partnerschaftlichen Ehe in Ost- wie Westdeutschland gleichermaßen – dieser Wandel vollzog sich allerdings sehr langsam und schichtspezifisch unterschiedlich. Dies spiegelt die allmähliche Fortentwicklung der gesetzlichen Bedingungen wider, denn auch in der DDR erfolgten beständig gesetzliche Neuerungen, wie vor allem 1965 die Einführung des Familiengesetzbuches. Die Entwicklung des Ehe- und Familienrechts vollzog sich in Westdeutschland nicht in Brüchen, sondern folgte der gesellschaftlichen Realität des Familienlebens in gewissem Abstand nach. Auch die Brüche in der DDR-Gesetzgebung, die für eine sofortige Gleichberechtigung der Frau sorgen sollten, mußten sich in der gesellschaftlichen Praxis erst noch verankern. Eine wirksame Veränderung der Familienstrukturen ergab sich auch in der DDR erst durch die gelebte berufliche Beanspruchung der Frauen zusammen mit der erst in den 1970er Jahren erreichten umfassenden Kleinkinderbetreuung.

2. Brüche: unerwünschte Familien im Nationalsozialismus

Die nationalsozialistische Diktatur zeitigte auf das Familienleben der Bevölkerung in zweifacher Hinsicht erhebliche Auswirkungen: Erstens waren durch den totalen Krieg fast alle Familien in Deutschland (und Europa) von Menschenverlusten betroffen, vor allem durch den Tod so vieler Männer litten viele Witwen und Waisen auch Jahre später unter deutlich schlechteren Lebensbedingungen als sie für vollständige Familien galten. Gegen Ende und anschließend in der Folge des Krieges sorgten Massenflucht und Vertreibung für erneutes Leid, und die dadurch bedingten erheblichen Eigentumsumschichtungen jener Jahre brachten eine bedeutende berufliche Neuorientierung der Flüchtlinge, die ihre Familien im Innersten betrafen.

Zweitens erfolgte mit der Machtübernahme der Nationalsozialisten eine quer zur bestehenden Gesellschaftsstruktur sich bewegende Spaltung in „erwünschte" und „unerwünschte" Familien und Familienangehörige. Dies soll hier an drei Beispielen verdeutlicht werden.

Erbgesundheit

Die Diskussion um die Erbgesundheit ist im Deutschen Reich wie auch in anderen Staaten (vor allem Großbritannien und Frankreich) bereits im Kaiserreich, vehement dann vor allem in der Weimarer Republik geführt worden[7]. 1934 machten

[6] Kleine Enzyklopädie „Die Frau" (Leipzig 1962) 72ff.

[7] Vgl. *Cornelie Usborne*, Politics of the Body in Weimar Germany. Women's Reproductive Rights and Duties (London 1992).

die Nationalsozialisten aus diesen eugenischen „Vorarbeiten" das verschärfte Gesetz zur Verhütung erbkranken Nachwuchses, das die Zwangssterilisation Erbkranker vorsah[8]. 1935 folgte das Eheverbot von Gesunden mit sogenannten Erbkranken. Die Begriffe „Eheeignung" und „Ehetauglichkeit" wurden zu zentralen Begriffen der familienpolitischen Agenda. Wurde das Eheeignungszeugnis verweigert, beispielsweise weil die „Prognosen über die Befähigung der Beurteilten, einer sachgemäßen Erziehung der Nachkommenschaft angemessen nachzukommen", schlecht ausfielen, entfiel nicht nur der Anspruch auf ein Ehestandsdarlehen, sondern es bestand unter Umständen die Gefahr einer Zwangssterilisation[9].

Mischehen

Das „Gesetz zum Schutz des deutschen Blutes und der deutschen Ehre" vom 15. 09. 1935 verbot die Eheschließung wie auch den außerehelichen Verkehr zwischen „Volljuden und Staatsangehörigen deutschen oder artverwandten Blutes". Bestehende Mischehen[10] blieben jedoch nach wie vor juristisch unangetastet. Das nationalsozialistische Regime schützte aber Juden in Mischehen nicht wegen des hohen Grades an Assimilation zur „arischen" Rasse vor der Deportation in ein KZ, es geschah vielmehr aus Angst vor Unruhen unter den arischen Ehepartnern, Kindern und Verwandten. Diese Sorge war durchaus begründet: Mit der gleich nach der Machtübernahme beginnenden und sich fortan schubweise steigernden Schikanierung der Juden im öffentlichen und privaten Leben traf man auch die arischen Ehepartner, die Kernfamilie also, die Keimzelle gesellschaftlicher Sozialisation. Unzählige Hochzeiten sind an dem neuen Gesetz gescheitert; wo jüdische Großeltern oder Urgroßeltern völlig unerwartet für die betroffenen Familien entdeckt wurden, änderte sich unter Umständen das ganze Leben. Menschliche Schwächen und Stärken traten anhand dieser Gesetzeslage besonders deutlich zutage. Viele Paare hielten ohne Heirat zueinander, viele reichten jedoch auch die Scheidung ein, weil sie den Belastungen durch die Schikanen nicht gewachsen waren oder dem Druck der Propaganda gerne nachgaben[11].

Mit Verkündung des Blutschutzgesetzes verstärkte sich der psychologische Druck auf die arischen Partner aus Mischehen geradezu ins Unerträgliche. So formulierte auch einer der führenden NS-Juristen: „Die rassische Zuspitzung unserer Tage wird übrigens in manchen Mischehen den Konfliktstoff so vermehren, daß

[8] Vgl. hierzu *Gisela Bock*, Zwangssterilisation im Nationalsozialismus. Studien zur Rassepolitik und Frauenpolitik (Opladen 1986).
[9] *Gabriele Czarnowski*, Das kontrollierte Paar. Ehe- und Sexualpolitik im Nationalsozialismus (Weinheim 1991) 211.
[10] Vgl. zum Folgenden *Merith Niehuss*, Eheschließung im Nationalsozialismus, in: *Gerhard*, Frauen 851–870.
[11] Vgl. zu Mischlingen im Dritten Reich *Beate Meyer*, „Jüdische Mischlinge". Rassenpolitik und Verfolgungserfahrung 1933–1945 (Hamburg 1999).

bereits das bestehende Scheidungsrecht zur Lösung ausreicht."[12] Nach vorsichtigen Schätzungen sind zwischen 7% und 20% aller Mischehen geschieden worden. Das ist wohl viel angesichts der damals wesentlich geringeren normalen Scheidungsrate, aber es ist auch wenig angesichts des massiven Drucks, der auf diesen Mischehen lastete und den das Regime kontinuierlich verstärkte.

Familien im Widerstand

Die radikale Ablehnung der Weimarer Verfassung brachte den Mitgliedern und Aktivisten der Kommunistischen Partei schon in den 20er Jahren Partei- und Publikationsverbote; KP-Mitglieder waren es gewohnt, in der Illegalität zu agieren. Sie waren gesellschaftliche Außenseiter mit starkem Gruppenzusammenhalt und – ähnlich der SPD – starker familiärer Parteieinbindung. Wohl keine andere Gruppierung des Widerstands, so ist sich die Forschung einig, hat unter dem faschistischen Regime so viel Blut gelassen wie die KPD. Die nach 1933 in Deutschland verbliebenen KP-Mitglieder befanden sich – und ihre Familien mit ihnen – gleichsam per definitionem im Widerstand gegen das Regime. Bespitzelung, aufgefundene Mitgliederlisten und Denunziationen führten innerhalb dieser Gruppen beständig zu Verhaftungen. Frauen und Männer der illegalen Partei versuchten, die Lücken zu füllen. Immer mehr Frauen übernahmen nun die Verteilung und den Verkauf von Parteizeitungen und Flugblättern, kassierten Mitgliedsbeiträge, die man für die Unterstützung verarmter Familien benötigte. Eine der wichtigsten Aufgaben, in die Frauen weit häufiger involviert waren als Männer, bestand darin, den von der Gestapo gesuchten Illegalen Unterschlupf zu gewähren oder sie bei zuverlässigen Freunden unterzubringen.

Im Dezember 1935 verhaftete die Gestapo in Stuttgart eine junge Frau, die bereits im Jahr 1933 wegen ihrer politischen Tätigkeiten von der Universität verwiesen worden war. Die ehemalige Biologiestudentin Lilo Herrmann[13] hatte seitdem ein breites Spektrum antifaschistischer konspirativer Tätigkeiten entwickelt – unter anderem spionierte sie bei den Firmen Bosch, Daimler und Dornier über damals noch geheimgehaltene Rüstungsprojekte. Sie war die erste Frau, die wegen Hochverrats zum Tode verurteilt wurde. Sie starb im Juni 1938 in Berlin-Plötzensee durch das Fallbeil, und ihr Tod erregte Aufsehen: Lilo Herrmann hinterließ ein gerade erst zweijähriges Kind – die Nationalsozialisten hatten eine junge Mutter hingerichtet. Spontan hatten sich auf die Nachricht vom Todesurteil im Ausland Komitees gebildet, die Protestnoten an die deutsche Regierung richteten: Aus Belgien, Frankreich, den Niederlanden, Norwegen, der Tschechoslowakei, Schweden und der Schweiz kamen die Schreiben. In Großbritannien forderte der Kongreß mit einer Unterschriftenliste von 830000 Frauen die Aufhebung des Ur-

[12] Zit. in: *Hans Wrobel*, Die Anfechtung der Rassenmischehe. Diskriminierung und Entrechtung der Juden 1933 bis 1945, in: Der Unrechts-Staat, Bd. II (Redaktion Kritische Justiz [Hrsg.]) 107.

[13] Vgl. zum Folgenden *Martha Schad*, Frauen gegen Hitler. Schicksale im Nationalsozialismus (München 2001) 204–212.

teils, die französische Gewerkschaft CGT protestierte im Namen ihrer Mitglieder. Der Name Lilo Herrmann gehörte zu den meistgenannten Namen deutscher Antifaschisten in jenen Jahren. Jedoch konnten weder öffentliche Proteste noch unzählige Versuche auf diplomatischer Ebene das Todesurteil aufheben. Dennoch hatte dieser Protest die Nationalsozialisten offenbar beeindruckt, denn sie verfuhren in Zukunft vorsichtiger:

Als Hilde Coppi, ein Mitglied der roten Kapelle, zum Tode verurteilt wurde, war sie im siebten Monat schwanger. Im November brachte sie ihren Sohn zur Welt; der Vater, Hans Coppi, ebenfalls mit der Gruppe verhaftet, durfte sein Kind einmal sehen, bevor man ihn im Dezember hinrichtete. Hilde Coppi ließ man am Leben, solange sie ihr Kind stillte und exekutierte sie danach. Anders als im Fall Lilo Herrmann gelangten aber weit weniger Informationen an die Öffentlichkeit.

Während es dem Regime offenbar keinerlei Schwierigkeiten bereitete, jüdische Familien auszurotten, Männer, Frauen und Kinder umzubringen, tat es sich ungleich schwerer, in „deutsche" Familien einzudringen. Erfolgreich hatte der Vatikan verhindert, daß Ehen, auch Mischehen, aufgelöst werden könnten, wenn sie dem Regime nicht genehm waren: Lediglich noch zu schließende Ehen konnte das Regime verhindern, wenn sie als unerwünscht galten. Der Bruch in der Lebensführung ist für die von Verfolgung betroffenen Familien unübersehbar. Andere Familien lebten ihr Familienleben uneingeschränkt weiter. Diskontinuitäten und Kontinuitäten scheinen, wenn man sich die Grenzfälle betrachtet, eher zufällig verteilt: Mit einem Juden verheiratet zu sein oder mit einer Jüdin – wer hatte in den säkularen Jahren der Weimarer Republik davon Notiz genommen? Mitglied einer extremen Partei zu sein – bei 1932 mehr als 250000 KPD-Mitgliedern und annähernd sechs Millionen KPD-Wählern nicht gerade ungewöhnlich.

3. Umbrüche: Kinderzahlen der Familien in der Bundesrepublik und der DDR

Als Hintergrund zeichnete sich in Deutschland bereits im ausgehenden 19. Jahrhundert ein langfristiger Trend zur Verringerung der Kinderzahlen in den Familien ab, der sogenannte erste Geburtenrückgang, der vor allem eine signifikante Verringerung von Familien mit vier und mehr Kindern aufzeigt.

Tendenziell wird in Gesellschaften dann geheiratet, wenn eine Familie ernährt werden kann. Insofern haben die mannigfachen Wirtschaftskrisen und kriegerischen Auseinandersetzungen des Behandlungszeitraums entsprechenden Einfluß auf die Zahl der Eheschließungen gehabt. Die Kinderzahl in den Familien unterlag indes neben solch kurzfristigen „Aufschüben" auch langfristig wirksamen Einbrüchen, deren markantester der Geburteneinbruch in der Bundesrepublik in den 1960er Jahren war.

Von Anbeginn des Einbruchs war klar, daß es sich nicht allein um eine Fortsetzung des ersten Geburtenrückgangs handelte, sondern daß dieser „zweite" Ge-

Geborene und Gestorbene in den Alten Bundesländern 1950 bis 1990 (Angaben in Tausend der Bevölkerung)[14]

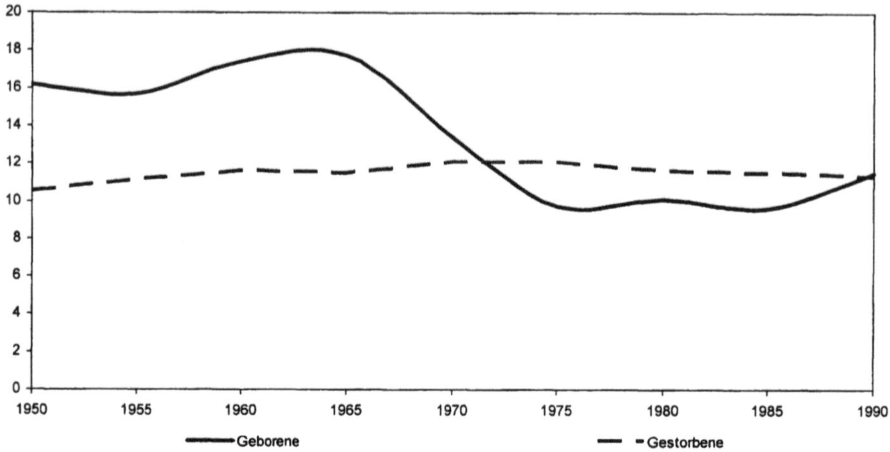

burtenrückgang eine andere Qualität aufwies: Familien hatten nicht einfach nur weniger Kinder als früher, es handelte sich vielmehr um veränderte Familien[15].

Demographisch betrachtet war folgendes geschehen: Der bereits langfristig bestehende Trend in den Familien, immer seltener vier und mehr Kinder zu bekommen, verstärkte sich[16]. Dies betraf vor allem Frauen der Jahrgänge um 1935, die in der Phase zwischen 1965 und 1970 bereits drei Kinder hatten, ein viertes aber nicht mehr bekommen wollten. Ferner reduzierte sich auch die Zahl der Geburten dritter Kinder bei der Generation Frauen, die um 1939 geboren war; deren dritte Kinder wären ebenfalls genau in diesem Jahrfünft geboren worden. Frauen, die nach 1946 geboren sind, hätten in dieser Zeitspanne ihre zweiten Kinder bekommen müssen. Sie tendierten aber vermehrt zu nur mehr einem einzigen Kind. Da die Kriegsjahrgänge 1940–1946 ohnehin schwach waren, verstärkte sich der Geburteneffekt hierdurch zusätzlich. All diese Trends summierten sich im Zeitraum zwischen 1965 und 1970 und führten zu jenem dramatischen Absinken der Geburtenziffern, das bis heute fälschlich als „Pillenknick" bezeichnet wird. Ein tendenziell sinkendes Heiratsalter, das noch vor dem Krieg unweigerlich die Gebur-

[14] Angefertigt nach Angaben aus: Statistik der Bundesrepublik Deutschland 1956, 1966, 2002.

[15] *Klaus Peter Strohmeier*, Geburtenrückgang als Ausdruck von Gesellschaftswandel. Soziologische Erklärungsversuche der Bevölkerungsentwicklung in der Bundesrepublik, in: Bevölkerungsentwicklung und Bevölkerungspolitik in der Bundesrepublik (Stuttgart u. a. 1988) 60.

[16] Vgl. hierzu wie auch zum Trend während der 1950er Jahre *Merith Niehuss*, Familie, Frau und Gesellschaft. Studien zur Strukturgeschichte der Familie in Westdeutschland 1945–1960 (Göttingen 2001).

tenraten durchschnittlich erhöht hätte, ebenso wie die insgesamt hohe Heiratsneigung, also Häufigkeit, konnten diesen Trend nicht aufhalten[17].

In den 1960er Jahren gab es in westdeutschen Großstädten bereits mehr Familien mit nur einem Kind als Familien mit zwei Kindern; und es gab dort mehr Ehepaare ohne Kind als Dreikinder-Familien[18]. Dennoch reduzierten alle Gruppen ihre Kinderzahlen, wenngleich nicht immer aus denselben Gründen. Bereits im Jahr 1930 war auch in bäuerlichen Familien die „Vollwertigkeit der Geburten"[19] erreicht, wurden 95% aller Neugeborenen älter als 15 Jahre. Tendenziell überlebte also fast jedes Kind, das geboren wurde. Gerade für bäuerliche Betriebe, die an einen Hofnachfolger denken mußten, an Kinder als Mitarbeiter im Familienbetrieb, entfiel damit ein Grund für die übergroßen Kinderzahlen, wie man sie noch nach der Jahrhundertwende von den Höfen kannte. Damals wußten die Eltern, daß nicht jedes Kind überleben würde. Nach dem Zweiten Weltkrieg setzte sich zudem der Trend des Rückgangs landwirtschaftlicher Betriebe fort, und die bestehenden Betriebe wurden größer, beschäftigten aber durch die Maschinisierung tendenziell immer weniger Menschen. Auch hierdurch verkleinerte sich die bäuerliche Familie.

Auch die Geburtenentwicklung in der DDR sank bis etwa 1970. Zunächst schien dieser Staat der große Verlierer zu sein. Die Massenflucht in den goldenen Westen zog vor allem ledige junge Männer ab, was zu dem kriegsbedingten Männermangel jener Jahre hinzugerechnet werden muß. Erst der Mauerbau zwang die Menschen, sich mit dem Staat zu arrangieren, der seinerseits auch ungewöhnliche Mittel ergreifen mußte, um die Lücken im Arbeitskräftemarkt zu stopfen: Frauen wurden durch Anreize und gesellschaftlichen Druck an die Arbeitsplätze gelockt, und man versuchte, sie dort auch zu halten, wenn sie kleine Kinder zu versorgen hatten. Das gelang in den ersten Jahrzehnten nur mäßig, und der Staat reüssierte erst, als er gezielt und mit sozialstaatlichen Methoden Geld verteilte.

4. Brüche? Erwerbstätigkeit verheirateter Frauen im west-östlichen Vergleich

Die Erwerbstätigkeit verheirateter Frauen und Mütter unterlag unterschiedlichen gesellschaftlichen und gesetzlichen Vorgaben: Noch in der Zwischenkriegszeit konnte die Mitarbeit der Ehefrau im bäuerlichen Betrieb oder im Handwerksbetrieb geradezu eingeklagt werden, blieb auch in der Zeit der Bundesrepublik ge-

[17] Vgl. hierzu auch: *Merith Niehuss*, Einführung in Sektion I: Erwerbs-, Familien- und Hausarbeit – Geschlechterrollen im Wandel, in: Demokratisierung und gesellschaftlicher Aufbruch. Die sechziger Jahre als Wendezeit der Bundesrepublik, hrsg. von *Matthias Frese*, *Julia Paulus*, *Karl Teppe* (Paderborn u. a. 2003) 27–37.

[18] *Niehuss*, Familie, Frau und Gesellschaft 359ff.

[19] *Hans Linde*, Theorie der säkularen Nachwuchsbeschränkung 1800 bis 2000 (Frankfurt, New York 1984) 56f.

sellschaftlich üblich und selbstverständlich[20]. Andererseits konnte eine verheiratete Frau kaum erwerbstätig werden, wenn der Ehemann damit nicht einverstanden war. Auch dies war gesellschaftlich üblich und selbstverständlich, wenngleich, wie erwähnt, eine Kündigung des Arbeitsverhältnisses seiner Frau durch den Ehemann in der Realität nicht mehr vorkam.

Zunächst einmal: Das Ausmaß weiblicher Erwerbsarbeit scheint geradezu eine Konstante zu sein. Ungefähr 30–33% aller Frauen – so war es 1930 und so war es auch noch 1980 in der Bundesrepublik – arbeiteten. Jedoch änderte sich die Art ihrer Arbeit. Vor dem Zweiten Weltkrieg hatte die Tätigkeit als mithelfende Familienangehörige, in Handwerkerfamilien und vor allem in der Landwirtschaft überwogen, nach dem Zweiten Weltkrieg fanden Frauen zunehmend außerhäusliche Beschäftigung. 1939 arbeiteten 36,3% aller erwerbstätigen Frauen als mithelfende Familienangehörige, 1961 nur mehr 22,1%. Diese Gruppe lag nun deutlich unter der von Angestellten und Beamtinnen (29,8%) und der von Arbeiterinnen (32,0%)[21]. Zunehmend – und das ist der zweite wichtige Trend – wurden verheiratete Frauen und Mütter außerhäuslich erwerbstätig. Die absolute Zahl erwerbstätiger Frauen nahm zwischen 1950 und 1957 um 1,4 Millionen auf 9,3 Millionen zu und stieg bis 1965 nur noch unwesentlich um 800000 Frauen an. In dieser Gruppe kletterte jedoch der Anteil erwerbstätiger Frauen mit Kindern (unter 14 Jahren) von knapp 10% 1950 auf 16% 1957 und auf 20% 1965. Der Anteil verheirateter Frauen insgesamt stieg von 21% 1950 über 31% 1957 auf 43% aller erwerbstätigen Frauen 1965[22]. Zum Ende der 1960er Jahre war demnach jede zweite erwerbstätige Frau verheiratet, und jede fünfte versorgte zu Hause gleichzeitig jüngere Kinder.

Diese Zunahme weiblicher Erwerbstätigkeit vollzog sich in Westdeutschland generationenspezifisch. Frauen, die vor dem Ersten Weltkrieg geboren waren, tendierten dazu, so lange „mitzuarbeiten", wie es für das Familienbudget unbedingt erforderlich war. Wie die Auswertungen von Versicherungsdaten zeigen, gaben sie ihre Arbeitsstellen ohne Rücksicht auf noch zu erwerbende Rentenansprüche auf, wenn ihr Einkommen nicht mehr unbedingt gebraucht wurde. Frauen hingegen, die nach 1920 geboren wurden, wiesen deutlich mehr Versicherungsjahre auf und tendierten dazu, auch nach der Geburt des ersten Kindes noch weiter zu arbeiten[23]. Nach dem Zweiten Weltkrieg tat die Konjunkturlage das ihrige: Viele der bestehenden Familien und nahezu alle neu gegründeten Familien begannen in dieser Zeit mit „Nichts", mußten sich allen Hausrat, alle Möbel selbst verdienen. Ein Zuverdienst der Ehefrau kam in diesen wirtschaftlichen Notzeiten bis etwa 1950

[20] Vgl. hierzu *Klaus-Jörg Ruhl*, Verordnete Unterordnung. Berufstätige Frauen zwischen Wirtschaftswachstum und konservativer Ideologie in der Nachkriegszeit (1945–1963) (München 1994).

[21] *Angelika Willms*, Grundzüge der Entwicklung von Frauenarbeit von 1880 bis 1980, in: *Walter Müller, dies., Johann Handl* (Hrsg.), Strukturwandel der Frauenarbeit 1880–1980 (Frankfurt a. M., New York 1983) 54.

[22] *Niehuss*, Familie, Frau und Gesellschaft 224.

[23] Ebd. 234–243.

sehr gelegen. Danach aber produzierte der Markt Konsumgüter in großer Fülle – was zu Beginn der 1950er Jahre als „Luxus" galt, konnte 1960 bereits zur Standardausrüstung eines Haushaltes gehören. So arbeiteten viele Frauen weiter, wobei zeitgenössische soziologische Studien zeigten, daß die „Lust am Zuverdienen" durchaus auch ein autonomer Grund für die Mitarbeit sein konnte. Man gewöhnte sich an mehr Selbstständigkeit und an den Umgang mit eigenen Kolleginnen, an Abwechslung vom Hausfrauenalltag. Je jünger die Frauen – und vor allem: je besser ausgebildet sie waren – um so mehr trafen diese Gründe auf sie zu.

Dieser erhebliche Wandel vollzog sich zunächst ohne strukturelle Erleichterungen für verheiratete Frauen und Mütter, die sich immer noch um die Unterbringung der Kinder, um Einkauf und Haushalt kümmern mußten und zudem kaum mit einem verkürzten Arbeitstag rechnen konnten[24]. Denn auch noch zu Beginn der 1960er Jahre ging der Arbeitsmarkt vom sogenannten Normalarbeitstag aus, vom Achtstundentag, was eine Erwerbsarbeit für verheiratete Frauen und Mütter zweifellos erschwerte. Erst als die Not der Industrie am größten und der weibliche Arbeitsmarkt zu den Bedingungen des Normalarbeitstages „bis in den letzten Winkel der Republik ausgereizt" war[25], unternahmen Staat und Industrie vermehrte Anstrengungen, den Bedürfnissen eines speziell weiblichen Arbeitsmarktes näher zu kommen und Teilzeitarbeitsangebote zu forcieren. Es bedurfte immenser Vorarbeiten des Gesetzgebers im Bereich des Arbeitsrechts, um vom „Normalarbeitstag" abrücken und Teilzeitarbeit einführen zu können, die vor allem für verheiratete Frauen und Mütter erhebliche Vorteile brachte[26]. Ohne diese begleitenden strukturellen Maßnahmen, wie die Anerkennung eines Anspruches auf Arbeitslosenunterstützung bereits bei einer Beschäftigung von nur 25 Wochenstunden, war Teilzeitarbeit in diesem Ausmaß nicht durchzusetzen. Seit Mitte der 1960er Jahre wurde die Teilzeitarbeit auch in der Sozialversicherung verankert, was ihren weiteren Siegeszug unter den Beschäftigungsverhältnissen für diese Frauengruppe sicherte.

Wenn es auch erst 1969 gelang, das Teilzeitbeschäftigungsverhältnis in den Beamtinnenberufen zu verankern, hielt die Teilzeitarbeit dafür in den Angestelltenberufen sehr schnell ihren Einzug. Hier spielen neue Technologien eine erhebliche Rolle: Die 1950er Jahre waren gekennzeichnet durch intensive Technisierungsschübe in den Fabriken, die zu einem Anstieg von einfach zu erlernenden und ohne körperliche Kraft auszuführenden Arbeitsvorgängen führten[27]. Hierfür

[24] Vgl. hierzu und zu den restriktiven Arbeitsschutzmaßnahmen *Robert Moeller*, Geschützte Mütter. Frauen und Familien in der westdeutschen Nachkriegspolitik (München 1992).

[25] *Christine von Oertzen*, Teilzeitarbeit für die „moderne" Ehefrau: Gesellschaftlicher Wandel und geschlechtsspezifische Arbeitsteilung in den 1960er Jahren, in: Demokratisierung 63–81.

[26] Vgl. hierzu ausführlich: *Christine von Oertzen*, Teilzeitarbeit und die Lust am Zuverdienen. Geschlechterpolitik und gesellschaftlicher Wandel in Westdeutschland, 1948–1969 (Göttingen 1999) 120–209.

[27] Vgl. zum Wandel in den 1950er Jahren ausführlich *Niehuss*, Familie, Frau und Gesellschaft 214ff.

wurden vermehrt ungelernte und angelernte Kräfte benötigt, die für den Arbeitgeber am kostengünstigsten in der Gruppe der Frauen und teilweise auch unter Gastarbeitern zu finden waren. Auch die Arbeit in den Büros wurde technisch revolutioniert: Der seit Einführung der mechanischen Schreibmaschine überwiegend weiblich besetzte Beruf der Sekretärin war zunächst als Halbtagsbeschäftigung für die meisten Chefs nicht denkbar. Dem widersprach die ständig erwartete Betreuung und vor allem die enge Verbindung von stenographisch aufgenommenem Diktat und maschineller Abschrift. Das Diktiergerät trennte diese Vorgänge, machte sie unabhängig voneinander und fügte der gehobenen Sekretärinnentätigkeit eine Schreibkraft hinzu, die bequem auch halbtags tätig sein konnte. Schreibbüros kamen auf und absorbierten neu auf den Arbeitsmarkt gelangende Frauen, die nicht als Arbeiterin, sondern als Angestellte gesellschaftlich hoch eingeschätzte Arbeit leisteten.

Für alle Frauen, die ein Teilzeitarbeitsverhältnis eingingen, galt, daß sie hierbei lediglich „zuverdienten“, daß dieser Arbeitsplatz also einen Haupternährer voraussetzte und daß sie sich weiterhin um Haushalt und Kinder allein kümmern mußten. Dies galt jedoch bei einer dermaßen reduzierten Tätigkeit auch gesellschaftlich als machbar, ganz im Gegensatz zur Tätigkeit in einem Normalarbeitsverhältnis, das – gesellschaftlich beurteilt – immer noch zwangsläufig eine Vernachlässigung von Haushalt, Ehemann und Kindern mit sich brachte.

In der DDR zeichneten sich durchaus ähnliche Verhaltensmuster der verheirateten Frauen und Mütter ab, vor dem Hintergrund allerdings einer grundsätzlich verschiedenen Wirtschaftslenkungspolitik[28]. Trotz der Versuche des Staates, Frauen und Mütter kontinuierlich an die Arbeitsplätze zu binden, weil der Staat von Anbeginn und anders als die Bundesrepublik einen großen Arbeitskräftemangel aufwies, gelang dies nur mäßig. Frauen tendierten auch hier zu Teilzeitarbeitsverhältnissen, weil die Kinderbetreuung noch nicht flächendeckend geregelt war – und zu Teilen auch nicht gewollt wurde – und weil, wie im Westen auch, die gesamte Hausarbeit auf den Schultern der Frauen lastete, unabhängig davon, ob sie gar nicht, teilzeit- oder vollbeschäftigt waren. Der Staat bemühte sich von Anbeginn, die Situation erwerbstätiger Mütter zu verbessern. Eine der wirkungsvollen Maßnahmen war die Einführung des Hausarbeitstages für erwerbstätige verheiratete Frauen und Mütter[29] bereits unter der Besatzungsherrschaft, an dem der Staat bis über sein Ende hinaus festhielt. Sukzessive erreichte die DDR schließlich bis 1980 eine Frauenerwerbsquote von 80%, was gegenüber der immer noch bei 35% liegenden bundesrepublikanischen als immens hoch erscheinen muß. Die DDR-Rentnerinnen haben durch den Bezug einer vollen Rente nach der Wiedervereinigung beider Deutschlands eindrucksvoll zu diesem Bild beigetragen. Dennoch:

[28] Vgl. als Beispiele: *Gunilla Budde* (Hrsg.), Frauen arbeiten. Weibliche Erwerbstätigkeit in Ost- und Westdeutschland nach 1945 (Göttingen 1997).

[29] Vgl. hierzu ausführlich und im Vergleich zwischen Ost und West: *Carola Sachse*, Der Hausarbeitstag. Gerechtigkeit und Gleichberechtigung in Ost und West 1939–1994 (Göttingen 2002).

Geborene und Gestorbene in den Neuen Ländern und Ostberlin 1950 bis 1990 (Angaben je Tausend der Gesamtbevölkerung)[30]

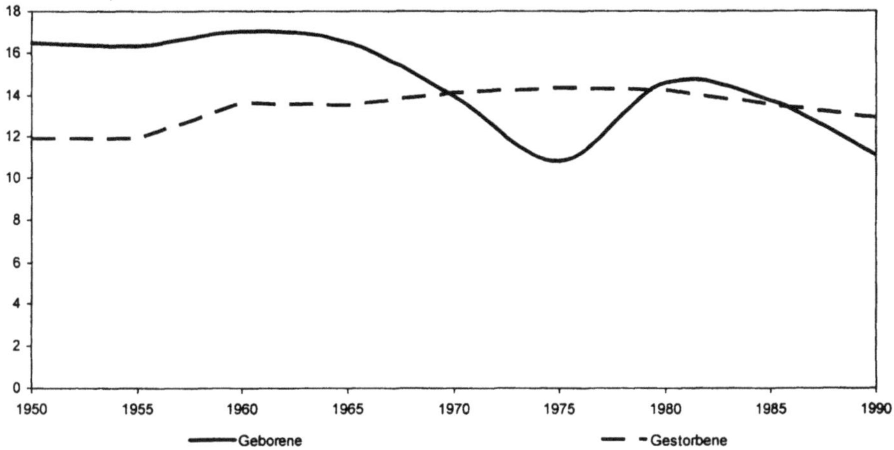

Wie erwähnt lastete auch auf den berufstätigen Frauen der DDR ein Großteil der Hausarbeit, wenngleich die Kinderbetreuungsstätten etwa seit 1970 flächendekkend für eine weitgehende Entlastung in diesem Bereich sorgten. Obwohl auch Frauen in der DDR immer noch signifikant weniger häufig in Führungspositionen zu finden waren, erwiesen sie sich dennoch als Nutznießer einer weitreichenden staatlichen Sozialpolitik vor allem im Bereich des (weit gefaßten) Mutterschutzes, also etwa bei Krankheiten der Kinder, bei Wohnungsstreitigkeiten im Scheidungsfall und ähnliches mehr. Der Staat erreichte, was er wollte: steigende Geburtenraten seit 1975.

Es ist wohl deutlich geworden, wie schwierig es ist, in diesem Bereich von Kontinuitäten und Brüchen zu sprechen. Ich neige dazu, den einsetzenden Wohlstand durch die Vollbeschäftigung in der Bundesrepublik seit etwa 1956/57 und die eben angesprochene, auch arbeitsrechtliche Ermöglichung der Teilzeitbeschäftigung von Frauen als Zeit der Diskontinuität zu betrachten, obwohl man nicht verkennen darf, daß der Generationswechsel, der ebenfalls angesprochen wurde, mit einem anderen generativen Verhalten das Seinige hierzu beigetragen hat. In der DDR beobachten wir diesen Bruch vor allem durch die Einführung eines anderen Staatssystems, das eine frühere und effektiver durchgesetzte Gleichberechtigung der Geschlechter mit sich brachte, auf der anderen Seite aber auch die Pflichten der Frauen verdoppelte. So äußerte es eine Schriftstellerin 1984: „Wenn man die gleichen Rechte hat und die doppelten Pflichten, kann man die Rechte nicht alle wahrnehmen, das ist einfach praktisch nicht möglich.“[31] Diese Brüche in der Vita

[30] Quelle: Angefertigt nach Angaben aus: Statistisches Jahrbuch der DDR, 1980, 1990.
[31] Irmtraud Morgner in einem Interview, zit. nach: *Gisela Helwig*, Frauen in der Bundes-

von Frauen und Müttern wirkten sich auf die Gesamtfamilie aus und verursachten einschneidende Änderungen im gesellschaftlichen Selbstverständnis der Familien, denn die gesellschaftliche Ein- und Wertschätzung der Familie verharrte auf einem ganz anderen Niveau, und dies soll im folgenden letzten Abschnitt herausgearbeitet werden.

5. Kohärenz: Das gesellschaftliche Selbstverständnis der Familien im Sozialstaat

Die Vollbeschäftigung in Westdeutschland seit Ende der 1950er Jahre und der Arbeitskräftemangel in Ostdeutschland von Anbeginn an zwangen Staat und Industrie zur Anwerbung vor allem der weiblichen Arbeitskraftreserve, der verheirateten Frauen und Mütter, und schufen damit vollendete Tatsachen in Gesellschaften, die zunächst moralisch noch nicht bereit waren, die außerhäusliche Erwerbstätigkeit von Müttern zu akzeptieren.

Im 19. Jahrhundert und in der Zwischenkriegszeit waren die Wertmaßstäbe noch ganz eindeutig. Frauenarbeit wurde gesellschaftlich akzeptiert, solange die Frauen noch nicht verheiratet waren und solange ihre Arbeit der Mithilfe im Familienbetrieb galt. Müttererwerbstätigkeit, wenn sie außer Haus erfolgte, war grundsätzlich verwerflich, und die Not der ärmeren Schichten, die die Arbeiterfrauen in die Fabriken trieb, war beständig Gegenstand sozialwissenschaftlicher Analysen, staatlicher Sozialpolitik und gewerkschaftlich diskutierter Arbeitsschutzmaßnahmen. In den oberen Mittelschichten galt eine zu lange und teure Ausbildung der Töchter als Verschwendung von Ressourcen, da sie nach der Heirat nicht mehr in dem erlernten Beruf tätig sein würden. Jene Frauen, die gegen Ende des Jahrhunderts aus dieser Zwangsentwicklung ausbrachen, und sich für die Ausübung eines Berufes entschieden, mußten damit (und das taten sie auch in hohem Maße) auf eine Familiengründung verzichten. Das typische Beispiel war der Beruf der Lehrerin, bei dem der Staat sogar soweit ging, eine bereits voll verbeamtete Lehrerin zu entlassen, sobald sie heiratete (die Zölibatsregelung im Beamtengesetz galt in der Bundesrepublik bis 1950). Diese dichotome Lebenslaufperspektive, die im 19. Jahrhundert auch von Teilen der Frauenbewegung gebilligt wurde, ist als familiäre Wertzuschreibung bis weit in die Bundesrepublik hinein erhalten geblieben. Bei beständig verbesserter Bildung und Ausbildung nahmen die Berufswünsche junger Frauen jedoch schon in der Weimarer Zeit zu und wurden seit den 1960er Jahren deutlich anspruchsvoller, seit immer mehr Mädchen die Möglichkeit zu einer abgeschlossenen Lehre erhielten, seit das Universitätsstudium für Frauen nicht mehr die Ausnahme bildete. Dem gesellschaftlichen Druck standzuhalten und sich der Dreifachbelastung Haushalt – Kinderbetreuung – Beruf zu stellen, war nicht jede Frau gewachsen und nicht jeder Partner war bereit, die Konsequen-

republik und der DDR, in: Ungleiche Schwestern? Frauen in Ost- und Westdeutschland (Hrsg.: Haus der Geschichte der Bundesrepublik Deutschland) (Bonn 1998) 32.

zen mitzutragen. Was blieb, war die endgültige Entscheidung zwischen Kindern und Beruf. Die Zahl kinderloser Ehen nahm auch infolgedessen rapide zu.

Wie bereits erwähnt, verstärkte das Dritte Reich diese Dichotomie eher, als daß es sie abbaute. Sogar als für die Kriegsproduktion dringend jede Kraft gebraucht wurde, griff man nicht auf die Mütter zurück, teils, um keinen Unwillen heraufzubeschwören, aber eben auch, um sich nicht die Blöße geben zu müssen, von der breit akzeptierten Werthaltung: die Mutter gehört ins Haus, nicht abrücken zu müssen. Politik und Gesellschaft in der Bundesrepublik verharrten dann um so mehr bei diesem Familienbild, je dezidierter die DDR eine gleichberechtigte Partnerschaft von Mann und Frau verkündete und je deutlicher sie sich bemühte, alle Frauen – eben auch die Mütter – an die Arbeitsplätze zu bekommen. Die klare Abgrenzung zur DDR-Familienpolitik wurde im Verlauf des Kalten Krieges geradezu zur Voraussetzung für das Beibehalten eines Familienbildes, das die Hierarchie zwischen den Geschlechtern und ihre starre Rollenzuweisung fest in den Kanon westdeutscher gesellschaftlicher Werte einmeißelte. Mütter-Erwerbsarbeit war in der Bundesrepublik seit den 1950er Jahren mehr denn je verpönt. Auch die Tatsache, daß das reale Erwerbsverhalten von verheirateten Frauen und Müttern sich bis Ende der 1950er Jahre signifikant veränderte, und zwar in West- wie in Ostdeutschland, fand in der westdeutschen Bewertung nur negative Stimmen. Die bundesrepublikanische Gesellschaft verharrte in ihrer tradierten Wertigkeit, wogegen die DDR-Politiker sich bemühten, ihre Wirtschaftspolitik unter dem Mantel der geschlechtlichen Gleichberechtigung am Arbeitsplatz in ein positives und gesellschaftlich breit akzeptiertes neues Frauen- und Familienbild zu verwandeln.

Seit den 1960er Jahren zeigte die Technisierung der Küche[32] im Westen wie im Osten durch die zunehmenden Arbeitserleichterungen, daß Hausarbeit mit nunmehr weit weniger Zeit- und Arbeitsaufwand als bisher betrieben werden konnte: Der Kühlschrank ermöglichte einen Vorratseinkauf auch von Frischwaren, und die Waschmaschine erleichterte die vielleicht schwerste Frauenarbeit im Haushalt. Auch wenn viele weitere Entwicklungen im Bereich der Haushaltsgeräte – man denke nur an die Kartoffelschälmaschine – eher einer bastelbegeisterten Männerwelt entsprachen, als daß sie tatsächlich Erleichterungen in der Haushaltsführung gebracht hätten, ließ doch die Technikbegeisterung bei der Küchenausstattung in beiden Staaten allmählich die „Nur-Hausfrau“ unter Druck geraten. In der Bundesrepublik sollte die so gewonnene Freizeit der Hausfrau vermehrt für die Kindererziehung und die jetzt auch intellektuelle Betreuung des Ehemannes verwendet werden (ein „gutes“ Gespräch zum Feierabend …), während der SED-Staat die „Nur-Hausfrau“ mit allen Mitteln an den Arbeitsplatz locken wollte. Die gesellschaftlichen Vorstellungen des Familienleitbildes entwickelten sich weiterhin diametral auseinander.

[32] Vgl. zur frühen Technisierung: *Martina Heßler*, „Mrs. Modern Woman“. Zur Sozial- und Kulturgeschichte der Haushaltstechnisierung (Frankfurt, New York 2001); sowie *Ulrike Lindner*, Rationalisierungsdiskurse und Aushandlungsprozesse. Der moderne Haushalt und die traditionelle Hausfrauenrolle in den 1960er Jahren, in: Demokratisierung 83–106.

Auch und gerade in der Kinderpolitik lagen beide Staaten auseinander, obwohl in beiden Staaten – in der DDR von Anbeginn und in der Bundesrepublik spätestens seit dem zweiten Geburtenrückgang nach 1965 – das Interesse an Geburtenförderung groß war. Mit der sinkenden Kinderzahl seit Beginn des 20. Jahrhunderts hatte sich jedoch auch die Einstellung zum Kind geändert. Weniger Kinder ließen das Augenmerk länger auf ihnen ruhen, machten, zumal in der Zeit ansteigenden Wohlstands, immer intensivere Ausbildungen möglich, änderten das Erziehungsverhalten. Hier vor allem verteufelte nun die bundesrepublikanische Gesellschaft die – wohlgemerkt nur außerhäusliche – Müttererwerbstätigkeit: Hatte die ganze Weimarer Zeit die *Versorgung* des Ehemannes und der Kinder im Vordergrund der Hausarbeit gestanden, rückte nun die *Erziehung* der Kinder an diesen Platz. Zu verweisen ist hier z.B. auf die Architektur der Neubauten: Die Durchreiche von der Küche ins Wohnzimmer sollte laut Architektenaussagen auch dazu dienen, die Kinder von der Küche aus beim Spielen im Wohnzimmer zu beobachten. Genau diese Zeit fehlte aber, so der gesellschaftliche Eindruck, der vermittelt wurde, den erwerbstätigen Frauen. Rabenmütter hießen sie nunmehr, und ihre Kinder „Schlüsselkinder“. Heute wissen wir, daß genau dieses auf nur einen verschwindend geringen Prozentanteil der westdeutschen Mütter zutraf, die, wenn sie arbeiteten, sehr wohl für eine Betreuung ihrer Kinder gesorgt hatten. Jedoch führte es nachhaltig zu einem schlechten Gewissen. Und dieses schlechte Gewissen reicht bis in unsere Tage. Bis heute ist es vorwiegend der Frau überlassen, sich um die Unterbringung der Kinder zu kümmern, wenn sie denn nebenbei arbeiten will, und natürlich den Haushalt zu führen.

Das war nun in der DDR spätestens seit 1970/75 anders, als die staatlichen Kinderkrippen, Kindergärten und Kinderhorte eine Betreuung der Kinder flächendeckend, und auf den Arbeitsplatz der Mutter abgestimmt, sicherstellten. Zweifellos standen dieser staatlichen Politik nicht alle Frauen kritiklos gegenüber, überließ man doch gerade in dem Einparteienstaat damit die Erziehung des Nachwuchses der vorherrschenden Ideologie. Dennoch gelang es dem Staat, die in Westdeutschland kohärent weiterbestehende Wertzuweisung der Rolle der Mutter in der Familie zu durchbrechen und ein Familienbild zu erstellen, das eine Vereinbarkeit von Beruf und Mutterschaft zur gesellschaftlichen Selbstverständlichkeit machte.

In Westdeutschland begann in dieser Hinsicht eine vorsichtige Emanzipation mit der Einführung der Teilzeitarbeit. Als Beispiel für die Hürden, die für ein tradiertes Rollenverhalten in den Familien sogar bis dahin zu überwinden waren, mag die Steuerpolitik dienen[33]: Die ursprüngliche Besteuerung des weiblichen Zuverdienstes wurde zunächst auf der Lohnsteuerkarte des Hauptverdieners, also des Ehemannes, vermerkt. Eine steuerliche Herabstufung des Familienvaters bei einem Zuverdienst der Ehefrau, wurde von den Männern allerdings überwiegend als so diskriminierend empfunden, daß eine spürbar große Gruppe von Ehefrauen zu Beginn der 1960er Jahre lieber die Arbeit aufgab, als den häuslichen Unfrieden

[33] *Oertzen*, Teilzeitarbeit.

zu ertragen. Erst die Sonderbesteuerung des Zusatzeinkommens der Frau (Steuerklasse F – wie Frau, die heutige Steuerklasse V), die mit einer erheblichen Gehaltsminderung ihrerseits einherging, brachte den häuslichen Frieden und das tradierte Rollenverständnis wieder in Einklang miteinander. Die Zahl teilzeitarbeitender Frauen nahm mit dieser Gesetzesänderung rapide zu. Angesichts der ansonsten zu beobachtenden Schwerfälligkeit des bundesdeutschen Steuerwesens verweist diese flexible Reaktion doch auf ein breit akzeptiertes gesellschaftliches Rollenverständnis unter eindeutig männlicher Vorherrschaft.

Ein Wandel der Geschlechterrollen hatte in der Bundesrepublik in den 1960er Jahren noch nicht stattgefunden. Mit allen ihren Fasern, so möchte man konstatieren, ergänzte die Frau in jenen Jahren noch den Mann. Ihre Erwerbstätigkeit richtete sie ganz nach seinen Bedürfnissen aus, sie nahm höhere Steuerlast in Kauf, um eine angenommene Diskriminierung des Mannes zu vermeiden, nahm ihrer Ausbildung nicht gemäße Berufe an, um gleichzeitig Kinder und Haushalt adäquat versorgen zu können, fühlte sich bald gedrängt, hinzu zu verdienen, um ihm eine angemessene Gesprächspartnerin zu sein, bald gedrängt, die Berufstätigkeit zu unterbrechen, um ihrer Mutterrolle gerecht zu werden. Frauen aus der 68er Bewegung unterwarfen sich einer rigorosen Zurschaustellung von Sexualität, um politisch mitreden zu können – denn auch die Studentengeneration der 68er war von einer praktizierten Gleichberechtigung noch meilenweit entfernt[34]. Erst die neue Frauenbewegung der 1970er Jahre löste sich bewußt aus diesen Zwängen – bis heute jedoch bleibt in der Bundesrepublik an jeder außerhäuslich erwerbstätigen Mutter ein Hauch von Rabenmutter ...

Daß der Staat hier nicht nur ein Familienbild übernimmt und es verfestigt, sondern daß er es formt, es „macht“, zeigt sich deutlich erst beim Blick auf andere Sozialstaaten, wie beispielsweise auf die DDR. Die neuere Geschichtsschreibung hat in den letzten Jahren immer wieder vergleichende Blicke auf die europäischen Wohlfahrtsstaaten geworfen:

Nach 1945 folgten fast alle westeuropäischen Länder dem „starken Familienernährermodell“ nach Diane Sainsbury[35], in Abwandlung vom Modell des starken Wohlfahrtsstaates, wie es Ilona Ostner und Jane Lewis[36] vorgeschlagen haben. Sie gingen davon aus, daß der Mann die Familie ernähren kann und die Frau sich unentgeltlich dem Haushalt, der Versorgung von Mann und Kindern und der Pflege der Angehörigen widmet. Jedoch bestehen durchaus grundlegende Unterschiede: In Schweden etwa bestand trotz der Anerkennung des Bismarckschen Systems bereits seit 1913 eine Volksrente, die auch an nicht erwerbstätige Frauen ausbe-

34 Vgl. hierzu *Kristina Schulz*, Der lange Atem der Provokation. Die Frauenbewegung in der Bundesrepublik und in Frankreich 1968–1976 (Frankfurt, New York 2002); *Julia Paulus*, *Anne Neugebauer*: „Das Ringen um die Eingliederung der Frau in eine sich wandelnde Welt“. Frauenvereine und -organisationen um 1968 zwischen „alter“ und „neuer“ Frauenbewegung, in: Westfälische Forschungen 48 (1998) 69–95.

35 *Diane Sainsbury*, Gender, Equality and Welfare State (Cambridge 1996).

36 *Jane Lewis*, *Ilona Ostner*, Gender and the Evolution of European Social Policies (Bremen 1994).

zahlt wurde. Die Beiträge hierzu brachten die Männer auf: Man ging, anders als in Deutschland, davon aus, daß die Reproduktionstätigkeit der Frauen gesellschaftlich relevante Arbeit sei. In den 30er und 40er Jahren, gerade als in Deutschland jeder Gedanke an eine Modernisierung des Sozialstaates zunichte gemacht wurde, modernisierte Schweden erneut sein System und festigte genau diesen Grundsatz[37]. Die andere Einschätzung der Rolle der Frau als Mutter resultiert aus der lange Zeit agrarischen schwedischen Gesellschaft, die nicht die Erfahrung des patriarchalischen Bismarckstaates und vor allem nicht die Erfahrung des männerzentrierten Nationalsozialismus gemacht hatte. Seit Ende der 40er Jahre wurden Kinderbeihilfen in Schweden an die Mütter ausbezahlt – in Deutschland bis heute stets an den Hauptemährer. Bereits in den 60er Jahren sprach man in Schweden von einer Ganztagsbetreuung der Kinder, um den Müttern die Arbeitsplatzsuche zu erleichtern. Ähnliches ist in Finnland zu beobachten, das seinen Wandel vom Agrar- zum Industriestaat erst im 20. Jahrhundert vollzog. Die partnerschaftliche Einstellung zur Frau ist hier noch stärker ausgeprägt; der Staat schuf in großem Ausmaß soziale Dienstleistungen für Familien, die wiederum in erster Linie Frauentätigkeiten waren, so daß in Finnland auch heute noch Frauen die Majorität der Vollzeitbeschäftigten im öffentlichen Dienst stellen[38].

6. Ausblick

Die Strukturen der Familien, vor allem ihre Kinderzahlen, sind keine unabhängige Variable. Nicht nur Kriege und wirtschaftliche Einbrüche oder Aufschwünge zeitigen Folgen, sondern auch die Politik des Sozialstaats tut ihre Wirkung. Nur eben anders, als man lange Zeit annahm. Denn seit Beginn des 20. Jahrhunderts, so können wir den strukturellen Wandel der Familien resümieren, hat der Staat versucht, durch Bevölkerungspolitik Einfluß auf das generative Verhalten zu nehmen und die Kinderzahlen in Deutschland (und anderen Staaten) zu erhöhen. Ganz anders allerdings, als man sich noch in der Zwischenkriegszeit und vor allem im Dritten Reich eine effektive „Bevölkerungspolitik" vorstellte, hatten weder fördernde Elemente wie Ehestandsdarlehen und Mutterkreuze, noch sanktionierende Maßnahmen wie Abtreibungsverbote und Ehetauglichkeitszeugnisse, irgendeine spürbare Wirkung auf die Zahl der Kinder in den Familien. Weder Geld noch gute Worte taten ihre Wirkung, weder das Kindergeld in der Bundesrepublik und auch nicht der Appell an den Patriotismus, wie etwa in Frankreich im 19. und noch zu Beginn des 20. Jahrhunderts, als der Staat dazu aufrief, doch mehr Soldaten fürs Vaterland zu zeugen.

[37] Vgl. hierzu ausführlich *Wiebke Kolbe*, Elternschaft im Wohlfahrtsstaat. Schweden und die Bundesrepublik im Vergleich 1945–2000 (Frankfurt, New York 2002).

[38] *Carmen Klement*, *Brigitte Rudolph*, Auswirkungen staatlicher Rahmenbedingungen und kultureller Leitbilder auf das Geschlechterverhältnis, in: Aus Politik und Zeitgeschichte B 44 (2003) 23–29.

Es ist vielmehr die durch die Angebote des Sozialstaats definierte Rolle der Ehefrauen und Mütter, die als einflußreichste Variable die Kinderzahlen in den Familien bestimmt. An der Geschichte des geteilten Deutschlands wird dies besonders deutlich. Als in den späten 1970er Jahren sich die staatliche Kinderbetreuung in der DDR auch quantitativ durchsetzte, empfanden mehr und mehr Frauen keinen Rollenkonflikt mehr, gleichzeitig erwerbstätig und Mutter zu sein. Einen schlechten Leumund für die erwerbstätige Mutter verbot zugleich die staatliche Ideologie. So differenzierte sich die deutsch-deutsche Lebensperspektive für Frauen auseinander: Als sich etwa kurz nach der Wiedervereinigung in Berlin eine ost-west-gemischte Redaktion der Zeitschrift „Wochenpost" herausbildete, stellte eine Redakteurin fest: „Alle Frauen aus dem Osten hatten Kinder. Alle aus dem Westen hatten keine. Alle. Es war wie ein Gesetz."[39] Was in der DDR durch wirtschaftliche Zwänge und mit unverhohlenem ideologischen Druck erfolgte, setzte sich in den skandinavischen Staaten unter anderen Vorzeichen, aber durchaus mit Mitteln des Sozialstaats durch. In Frankreich halfen der ganztägige Kindergarten und die Ganztagsschule, Mütter für eine Erwerbstätigkeit freizusetzen, obwohl der Staat erhebliche Beträge an Frauen bezahlte, die nach der Geburt von Kindern zu Hause blieben. Die Bundesrepublik verharrte hingegen bei einem Familienbild, das sich aus der Tradition des 19. Jahrhunderts ergab und durch die aktive Gegnerschaft zur DDR-Familienpolitik gestärkt wurde und das sozialstaatliche Maßnahmen bzw. fehlende Maßnahmen bis heute festigen. Daß auch heute noch gerade gut ausgebildete Frauen sich zwischen Karriere und Kindern entscheiden müssen, wie vormals die Lehrerin im 19. Jahrhundert, führt sowohl zu einer geringen Präsenz von Frauen in gehobenen Positionen als auch zu geringen Kinderzahlen. Deutschland bildet bei beiden Rubriken eines der europäischen Schlußlichter.

[39] *Regine Sylvester*, Hausfrau oder Feministin – der fremde Westen, in: Ungleiche Schwestern 71.

Dirk van Laak

Garanten der Beständigkeit

Infrastrukturen als Integrationsmedien des Raumes und der Zeit

Obwohl Infrastrukturen gerade auf die Organisation von Raum und Zeit die stärksten Auswirkungen gehabt haben, entziehen sie sich den üblichen Kategorisierungen der historischen Ordnung. Als vermittelnde Sachsysteme haben sich Verkehrs- und Kommunikationseinrichtungen sowie Anlagen der Ver- und Entsorgung ungemein nachhaltig zwischen den Menschen und die Natur geschoben. Damit nehmen sie eine spezifische Mittlerstellung zwischen militärischen und zivilen Bereichen der Gesellschaft ein, zwischen Zentralen und Peripherien, Städten und Umlanden, Staat, Wirtschaft und Verbrauchern, arm und reich. Sie erschließen, verbinden, vernetzen und integrieren, sie entlasten und erweitern den Horizont, sie erhöhen unsere Abhängigkeit von großtechnischen Systemen und steigern zugleich unsere Begehrlichkeit.

Daß Infrastrukturen Voraussetzung und Ergebnis von Interaktionen zwischen räumlichen, zeitlichen und sozialen Schichten und überaus wirksame Medien zur Erschließung und Ordnung des öffentlichen Raums darstellen, scheint für eine historische Analyse eher ein Vor- als ein Nachteil zu sein. Auch daß Infrastrukturen ideologisch wie dogmatisch ebenso schwer zurechenbar sind wie ihre Zuständigkeit zwischen der „unsichtbaren Hand" des Marktes und „öffentlicher Hand" des Staates, zwischen Liberalismus und Sozialismus, verhindert es meiner Ansicht nach erfolgreich, bei ihrer Analyse in die ausgetretenen Pfade der historischen Interpretation zu rutschen. Die berichten in aller Regel von Tätern und Opfern, Ursachen und Wirkungen und identifizieren dabei präzise Akteure und Akteursgruppen, etwa Stände, Schichten, Klassen oder Eliten und deren spezifische Milieus und Mentalitäten.

Noch dazu – und das macht sie für eine Betrachtung von Strukturproblemen des 20. Jahrhundert ertragreich – entzieht sich die Geschichte von Infrastrukturen der üblichen Periodisierung: Nicht so sehr Vor-, Zwischen- oder Nachkriegszeiten haben hier Einschnitte vollzogen. Statt dessen stellt sich die Zeit zwischen dem Ersten Weltkrieg und den 1970er Jahren in Deutschland als gleichsam „klassische" Epoche eines nahezu ungebrochenen und durch Kriegseinwirkungen allenfalls vorübergehend zurückgeworfenen Infrastrukturausbaus dar. Bei genauerem Hinsehen ist diese Kernzeit des 20. Jahrhunderts zugleich die Ära des exponentiell zunehmenden Ressourcen- und Energieverbrauchs, der stärksten ökonomischen Wachstumsphasen, des Umschwungs von der staatlichen Nachsorge- und Schutzpolitik zur Vorsorge- und Vorleistungspolitik und damit auch der Versuche zu einer zentralen Planung und Steuerung von Wirtschaft, Gesellschaft und Lebenswelt. Zugleich scheint das beherrschende Thema dieser Politik die Lösung der „sozialen Fragen“ über einen Weg zu sein, der die im 19. Jahrhundert herausgebildeten gesellschaftlichen Fronten – etwa den „Klassenkampf“ – zu überwinden versucht. Im historischen Rückblick stellen sich Infrastrukturen als probate Mittel dar, die politischen Folgen von Knappheit abzufedern – dies freilich weithin auf Kosten der Umwelt oder durch ein Verschieben unliebsamer Folgen auf der Zeitachse.

Es wäre im einzelnen zu prüfen und nachzuweisen, ob über Infrastrukturen ein bewußtes „Bedürfnismanagement“ vollzogen und Technologien der Ver- und Entsorgung als Mittel eingesetzt wurden, die soziale Gerechtigkeitsfrage zu „versachlichen“. Statt ideologisch aufgeheizt über den Klassenkampf konnte scheinbar neutral darüber diskutiert werden, wie man den Wasserverbrauch berechnen soll: pro Kopf, pro Raumanzahl, pro Fläche oder pro Mietwert, bis man schließlich die Wasseruhren einführte. Politisch sind solche Vorleistungen meist als Prävention gesehen worden, um Wachstum, Stabilität und Vollbeschäftigung zu sichern, aber auch sozialen Sprengstoff zu neutralisieren. „Ethik löst die Soziale Frage von innen – Technik von außen,“ dies war eine der Formeln, welche die Erwartung vieler Technikbegeisterter in sich trug[1].

Der Anspruch einer sachgerechten und unterschiedslosen Dienstleistung nach dem Kriterium des „Gemeinwohls“ jedenfalls läßt sich als technokratische Hintergrundideologie bei den Kommunalverwaltungen, dem technischen Aufbau- wie dem Betreiberpersonal von Infrastruktureinrichtungen nachweisen. Sie bevorzugte nahezu durchgängig zentralisierende großtechnische Lösungen und war in höchstem Grade einflußreich – wenn sich Infrastruktur auch kaum aus einer bestimmten Ideologie ableiten läßt. Vielmehr muß nach prägenden Leit- und Raumbildern geforscht werden, die in aller Regel den Gedanken der „Zirkulation“ variieren[2]. Der „heimliche Lehrplan“ moderner Infrastrukturen läßt sich bereits in utopischen und technokratischen Visionen des 18. und 19. Jahrhunderts erkennen, wo große Gemeinschaftswerke und eine technisch umfassend integrierte Gesellschaft geradezu leitmotivisch auftauchten. Henri de Saint-Simon und seine Jünger entwarfen bereits eine infrastrukturell vernetzte und durch Experten gesteuerte Gesellschaft[3]. Daß unter der Fahne des „Gemeinwohls“ immer

[1] *Richard N. Coudenhove-Kalergi*, Revolution durch Technik (Leipzig, Wien 1932) 18.

[2] *Wolfgang Schivelbusch*, Geschichte der Eisenbahnreise. Zur Industrialisierung von Raum und Zeit im 19. Jahrhundert (München 1977) 171–174; im folgenden zitiert: *Schivelbusch*, Eisenbahnreise.

[3] So etwa die Theorien des Saint-Simonisten Michel Chevalier. Vgl. zu ihm *Marlis G. Steinert*, Michel Chevalier: l'évolution de sa pensée économique, sociale et politique (1830–1852), (Diss. masch. Saarbrücken 1956) sowie *Jean Walch*, Michel Chevalier. Economiste Saint-Simonien, 1806–1879 (Paris 1974).

auch ein Kampf um Pfründe, Einfluß und Gewinne tobt, ist wohl selbstverständlich. Die Wirkmacht dieser Ideologie ist aber schwer zu bestimmen, sie liegt quer zu den gängigen, politik- und ökonomieorientierten Aufmerksamkeitshorizonten der Historiographie[4]. Die „klassische" Ära der nationalen und internationalen Erschließung mittels Infrastrukturen – und begleitend die „klassische" Ära der Technokratie – ist in den 1970er Jahren langsam zu Ende gegangen, aus Gründen, auf die am Schluß noch einmal eingegangen wird. Seitdem ist auch die Debatte über die Aufgaben des Staates neu erwacht[5].

***

Der Begriff „Infrastruktur" ist erstmals für das Jahr 1875 nachweisbar. Seine eigentliche Karriere begann um 1950 in der NATO und der Entwicklungshilfe, um in den 1960er Jahren zu einer Signalvokabel politischer Rhetorik zu avancieren[6]. Seither sind vor allem in den Wirtschafts- und Planungswissenschaften zahllose Definitionsversuche vorgelegt worden, die jedoch in der Regel nicht berücksichtigten, daß es sich dabei um einen ebenso dynamischen wie „scheinneutralen" Terminus handelte, dessen Inhalt sich beständig erweiterte. Dabei brachte er die wachstumsorientierte Erwartung an Vorsorgeleistungen zum Ausdruck, die in der Regel staatlich bereitgestellt wurden. Folgt man einer der jüngeren Definitionen von Georg Hermes aus dem Jahr 1998, kann man unter Infrastruktur „die Gesamtheit der sächlichen, personellen und organisatorischen Vorkehrungen [verstehen], die der Mobilität von Personen, dem Transport von Gütern und der Entfernungen überwindenden Kommunikation dienen"[7]. Eine ältere Definition sah in ihr die Ausstattung eines räumlichen Bereichs mit öffentlichen Einrichtungen aus Mitteln des Sozialkapitals[8]. Im Angelsächsischen spricht man eher von „social overhead capital"[9] oder „public utilities"[10]. Man kann Infrastrukturen aus rechtlicher, politischer, technischer, ökonomischer, raumordnender oder sozialer Perspektive definieren, und jeweils kommt etwas anderes dabei heraus[11]. In *historischer* Perspektive wird man Infrastrukturen in allen Gesellschaften ausmachen, in

[4] Hierzu aber *Stefan Willeke*, Die Technokratiebewegung in Nordamerika und Deutschland zwischen den Weltkriegen. Eine vergleichende Analyse (Frankfurt a.M. u.a. 1995).
[5] *Dieter Grimm* (Hrsg.), Staatsaufgaben (Baden-Baden 1994); *Irene Gerlach*, *Peter Nitschke* (Hrsg.), Metamorphosen des Leviathan? Staatsaufgaben im Umbruch (Opladen 2000).
[6] Hierzu ausführlicher *Dirk van Laak*, Der Begriff „Infrastruktur" und was er vor seiner Erfindung besagte, in: Archiv für Begriffsgeschichte 41 (1999) 280–299; *ders.*, Infra-Strukturgeschichte, in: Geschichte und Gesellschaft 27 (2001) 367–393.
[7] *Georg Hermes*, Staatliche Infrastrukturverantwortung. Rechtliche Grundstrukturen netzgebundener Transport- und Übertragungssysteme zwischen Daseinsvorsorge und Wettbewerbsregulierung am Beispiel der leitungsgebundenen Energieversorgung in Europa (Tübingen 1998) 168.
[8] *Felix Boesler*, zit. nach *Hans Filbinger*, Probleme der Infrastruktur in der Raumordnung, in: Staatsanzeiger für Baden-Württemberg 14 (Nr. 80 vom 9. Oktober 1965).
[9] *Albert O. Hirschman*, The Strategy of Economic Development (New Haven 1958) 83.
[10] *J. Friedrich Zwicky*, Public Utilities (Jena 1937).
[11] Einen guten Überblick bietet *Thomas Schulze*, Infrastruktur als politische Aufgabe. Dogmengeschichtliche, methodologische und theoretische Aspekte (Frankfurt a.M. u.a. 1993).

denen Arbeitsteilung herrscht und sich vermittelnde wie verbindende Instanzen herausbilden, ohne die ein Verkehr im weitesten Sinne nicht möglich ist; Verkehr sei hier verstanden als Übermittlung von Dingen, Kräften oder Informationen, als Versorgung und Entsorgung oder als Möglichkeit der Rekreation.

Infrastrukturen haben etwas mit der Verkürzung von Raum und Zeit zu tun, das hat Wolfgang Schivelbusch für die frühe Eisenbahn ebenso eindrucksvoll wie paradigmatisch beschrieben[12]. Sie finden sich meist an Orten der Verdichtung wie als Agenten des Anschlusses und der Integration. Über sie ist eine Entlastung der Individuen von unmittelbaren Subsistenzfragen möglich. Als vermittelnde Subsysteme umgeben sie den Einzelnen mit einer „zweiten Natur", die seine vertikale und horizontale Mobilität entscheidend erhöht – und das in einer Zeit, in der die Bevölkerungsdichte sich in Deutschland allein zwischen 1910 und 1970 verdoppelte[13].

Für die Infrastrukturgeschichte bis heute zentral ist die Frage nach der Zuständigkeit für derlei Einrichtungen. Ihre Beantwortung war abhängig von der jeweiligen Wirtschafts- und Staatsphilosophie, hat sich jedoch in dem hier vorgestellten Zeitraum in Deutschland in aller Regel zugunsten der „öffentlichen Hand" entschieden, während die „unsichtbare Hand" des Marktes nur in Zwischenphasen eine „Entstaatlichung" des „öffentlichen Sektors" hat erreichen können. Aber schon 1863 hatte der Nationalökonom Adolph Wagner ein „Gesetz der wachsenden Ausdehnung der Staatsthätigkeit" beschrieben[14]. Es läßt sich tatsächlich in der Vervielfachung der Pro-Kopf-Ausgaben des Staates nachweisen: Wurden 1913 erst ca. 7,5% des Bruttosozialprodukts für öffentliche Ausgaben reserviert, waren dies 1924 schon ca. 14,3%, 1967 dagegen ca. 30% – ein Anteil, der sich aller Deregulierungen zum Trotz im wesentlichen bis heute hält[15]. Der Ruf der liberalen Enthaltsamkeitslehre nach einem *laissez faire* traf eher den Staat als die Kommunen, die zu wesentlichen Agenten der Infrastruktur-Implementierung und -Ausweitung wurden[16]. Dabei bildeten sich in einer Situation rechtlicher Unklarheit zahlreiche Mischformen zum Bau und Betrieb von Kommunalbetrieben heraus, die durch Ver- und Entsorgungsanlagen sowie Hygiene- und Verkehrseinrichtungen die schlimmsten Konsequenzen der „sozialen Frage" zu lindern, aber auch dem repräsentativen Leitbild der „Urbanität" zu entsprechen versuchten. Hier wußten die Gemeinden rechtliche Unsicherheiten zwischen öffentlichem und Pri-

[12] *Schivelbusch*, Eisenbahnreise (wie Anm. 2) 35–38, wo die Wirkung der Eisenbahn geschildert wird als Vernichtung von Raum und Zeit.

[13] *Hendrik Gröttrup*, Die kommunale Leistungsverwaltung (Stuttgart ^{2}1976) 8 f.; im folgenden zitiert: *Gröttrup*, Leistungsverwaltung; (1816 waren es noch 47 Einwohner pro Quadratkilometer gewesen, 1910 124 Ew./qkm und 1970 247 Ew./qkm).

[14] Vgl. *Herbert Timm*, Das Gesetz der wachsenden Staatsausgaben, in: Finanzarchiv N.F. 21 (1961) 201–247; *Eduard Rosenthal*, Der Wandel der Staatsaufgaben in der letzten Geschichtsperiode. Rede gehalten zur Feier der akademischen Preisverleihung am 21. Juni 1913 (Jena 1913).

[15] *Gröttrup*, Leistungsverwaltung 17.

[16] *Gröttrup*, Leistungsverwaltung 37. Die seit 1903 erscheinende „Städte-Zeitung" (hrsg. von Ing. *Hans Dominik*) verwandte im Untertitel den Begriff „Kommunaltechnik".

vatrecht in der Regel für sich zu nutzen[17]. Erste Versuche zu einer Systematisierung der Staatszwecke erfolgten von Seiten der Steuerlehre, die neben der Aufrechterhaltung von Sicherheit und Ordnung zunehmend auch den Gedanken einer Einkommensumverteilung in sich aufnahm[18]. Dennoch konnte bis in die Weimarer Republik hinein die öffentliche Versorgung sich in einem weithin rechtsfreien Raum entwickeln[19].

Um die Wende in die 1920er Jahre jedoch hatten sich viele der technischen Systemfragen – wie die nach Gleichstrom, Wechselstrom oder Drehstrom oder nach einer Trennung von Abwasser, Brauchwasser und Trinkwasser – geklärt. Viele Infrastruktursysteme hatten sich bereits zu beträchtlicher Größe und zudem zu komplexen sozio-technischen Systemen vernetzt. Man denke nur an die Deutsche Reichsbahn oder die Deutsche Reichspost, die zu dieser Zeit bereits „Staaten im Staate" waren, umfassende Funktionen auf sich vereinigt und Monopole gesichert hatten, und die auch vom Personaleinsatz her zu den größten Unternehmen in Deutschland gehörten. Der Gedanke der grenzüberschreitenden „Verbundwirtschaft" hatte Fuß gefaßt und nicht nur den Gemeinwirtschaftsgedanken des Ersten Weltkriegs, sondern auch bereits den Großraumgedanken der Zwischenkriegszeit mitgeprägt. Das Schlagwort von den „Großkraft"- oder „Überlandzentralen" brachte dies zum Ausdruck[20]. Ein 1919 erlassenes Sozialisierungsgesetz für die deutsche Stromwirtschaft scheiterte freilich einstweilen noch an der Weigerung der Länder und Kommunen, sich den Zugriff auf lukrative Einnahmen nehmen zu lassen[21].

[17] *Gröttrup*, Leistungsverwaltung 42f.; *Wolfgang R. Krabbe*, Kommunalpolitik und Industrialisierung. Die Entfaltung der städtischen Leistungsverwaltung im 19. und frühen 20. Jahrhundert (Stuttgart u. a. 1985); *Jürgen Reulecke* (Hrsg.), Die Stadt als Dienstleistungszentrum. Beiträge zur Geschichte der „Sozialstadt" im 19. und frühen 20. Jahrhundert (St. Katharinen 1995).

[18] *Gröttrup*, Leistungsverwaltung 46. Vgl. auch *Ernst-Wolfgang Böckenförde*, Eigentum, Sozialbindung des Eigentums, Enteignung (1972), in: *ders.*, Staat, Gesellschaft, Freiheit. Studien zur Staatstheorie und zum Verfassungsrecht (Frankfurt a. M. 1976) 318–335. Die Präambel der Reichsverfassung von 1871 hatte bereits Sicherheit *und* Wohlfahrt als Staatsziele und in Art. 48 Post und Telefon als „einheitliche Staatsverkehrsanstalten" definiert.

[19] *Hans Fischerhof*, Öffentliche Versorgung mit Wasser, Gas, Elektrizität und öffentliche Verwaltung, in: *ders.*, Rechtsfragen der Energiewirtschaft (Gräfelfing/München 1966) 38. Ähnlich *Johannes Depenbrock*, Die Stellung der Kommunen in der Versorgungswirtschaft (München 1961), der auf das sog. Reichsseuchengesetz von 1900, und dort besonders auf § 35, verweist, in welchem aus gesundheitspolizeilicher Sicht geregelt wurde, daß Wasser und Abwasser durch Staatsbeamte zu überwachen, Mißstände durch Gemeinden zu beseitigen und diese ggf. zur Herstellung von Ver- und Entsorgungsanlagen verpflichtet seien.

[20] Vgl. *Ludwig Aschoff*, Form und Endziel einer allgemeinen Versorgung mit Elektrizität (Berlin 1917); *Gerold Ambrosius*, Die öffentliche Wirtschaft in der Weimarer Republik. Kommunale Versorgungsunternehmen als Instrumente der Wirtschaftspolitik (Baden-Baden 1984).

[21] Auch in den afrikanischen Kolonien, so der Nationalökonom Robert Jannasch in einem charakteristischen Transfer deutscher Vorerfahrungen auf vermeintlich „unerschlossene Gebiete", sei es „gar wohl möglich, z. B. eine Eisenbahn durch eine für jetzt noch menschenleere Gegend mit Hülfe von Anleihen zu bauen, für die man die künftige Werthsteigerung der in

Im Gefolge des Größenwachstums dieser Netze wurde deren spezifisches Momentum, ihre Eigendynamik und die Selbstläufigkeit ihres Wachstums aber immer sichtbarer[22]. Im Zuge einer möglichst flächendeckenden Versorgung gingen Strom-, Wasser-, Gas-, Verkehrs- und zunehmend auch Kommunikationsnetze dazu über, Vorbehalte, wie sie etwa gegenüber Gasanschlüssen in privaten Wohnungen bestanden, durch Anschlußzwänge zu überwinden oder aber durch eine gezielte Weckung von Begehrlichkeiten zu bezwingen. Der Wandel von der Güterknappheit zur Bedürfnisexpansion stand technisch unter dem Gedanken der „Auslastung". Dies sollte für die Geschichte der Umwelt des 20. Jahrhunderts von fatal nachhaltiger Bedeutung sein, denn in der Regel wurde der hemmungslose Verbrauch von Großabnehmern durch Kostenreduktionen sanktioniert[23].

In internationaler Parallelität erwiesen sich Infrastrukturen in den 1920er Jahren zudem als antizyklisch einsetzbares Mittel der Beschäftigungs- und Konjunkturförderung, nicht mehr nur der Entwicklungspolitik. Hatte die französische Regierung solch eine Vorausplanung öffentlicher Arbeiten bis zum Einsatz in einem konjunkturpolitisch passenden Augenblick schon zu Beginn des Jahrhunderts praktiziert, so verbanden sich in Deutschland ab 1927 die Einführung der Arbeitslosenversicherung und der Arbeitslosenfürsorge mit Programmen zur „produktiven Erwerbslosenfürsorge" bzw. für „öffentliche Notstandsarbeiten", die unter der Verwaltung der Reichsanstalt für Arbeitsvermittlung und Arbeitslosenversicherung standen[24].

Doch in unfreien Gesellschaften wie der Sowjetunion sind derlei Arbeiten – in verwilderter Abwandlung der seit alters her bekannten Rechtsauffassung, daß soziale Devianz und Delinquenz durch Arbeiten für das „Gemeinwohl" zu kompensieren seien – auch Medien der Disziplinierung gewesen. Der Anteil von forcierter, ja Zwangsarbeit am Entstehen von Infrastrukturbauten ist jedenfalls auch

der Nähe der Bahn liegenden Grundstücke als Pfand bestellt. Aehnlich, wie es z.B. in der Nähe einer rasch wachsenden Großstadt richtige Speculation sein kann, unverkaufte Hausbauplätze durch Anlegung von Cloaken, Trottoirs etc. vor ihnen her zu empfehlen." *Wilhelm Roscher, Robert Jannasch*, Kolonien, Kolonialpolitik und Auswanderung (Leipzig ³1885) 111.

22 *Thomas P. Hughes*, Networks of Power. Electrification in Western Society, 1880–1930 (Baltimore, London ²1988); *Eugen Diesel*, Völkerschicksal und Technik (Stuttgart, Berlin 1930) 121 f.: „Technik im modernen Sinne ist die Zwischenschaltung eines naturwissenschaftlich begründeten chemischen, physikalischen, maschinellen Arbeitsgebietes zwischen den Menschen und den von ihm erstrebten Zweck oder Ziel. So steht das Maschinenpaar aus Kraft- und Arbeitsmaschine zwischen Mensch und dem Produkt: dem Kleid, dem Gerät, dem Hausrat, ja einigen Nahrungsmitteln. Es steht ferner als Verkehrsmaschine zwischen dem Ausgangspunkt und dem Endziel, als Nachrichtenapparatur zwischen Mensch und Mensch und so fort. Diese zwischengeschaltete mechanische Apparatur, das ist die moderne Technik. Sie besitzt eine Art von Eigenleben und Eigengesetzlichkeit ...".

23 Strategien der Nachfrageerzeugung identifiziert auch die soziologische Forschung zu „Großen Technischen Systemen" als deren wichtigste Wachstumsfaktoren, vgl. etwa *Renate Mayntz*, Technische Infrastruktur-Systeme, in: *dies.*, Differenzierung und Verselbständigung (Frankfurt, New York 1988) 249.

24 *Reimut Jochimsen*, Art. „Öffentliche Arbeiten", in: Staatslexikon, Bd. 5 (Freiburg i. Br. 1960) 1161–1166, hier: 1163–1166.

im 20. Jahrhundert kaum zu überschätzen[25]. Aber nicht nur die Entstehung solcher Einrichtung kann disziplinierende Wirkungen entfalten, auch ihr anschließender Gebrauch, und das in einer Form, der sich kaum ein Nutzer zu entziehen vermag. Hier ist auf das Entstehen einer scheinbar unaufhaltsamen Flut von Verordnungen und die Verdichtung von Regeln hinzuweisen, die den reibungslosen Gebrauch von Gemeinschaftseinrichtungen zu wahren versucht. Infrastrukturen des Verkehrs, aber auch der Kommunikation, stellen Anforderungen an Pünktlichkeit, Regelmäßigkeit und Betriebssicherheit, die auf die Betreiber und die Nutzer gleichermaßen ausstrahlen. Es wäre noch zu untersuchen, inwieweit man es bei diesen gebauten Elementen der Verläßlichkeit mit einer zu den Thesen von Norbert Elias teilweise gegenläufigen *Veräußerung* von Verhaltensstandards zu tun hat.

Spätestens seit den 1920er Jahren wurden Infrastrukturen nicht nur von den Kommunal- und Verwaltungswissenschaften, sondern auch von der Raumordnung und Raumplanung als zentrale Steuerungsinstrumente eingesetzt. Denn die Erfahrungen mit einem allerorten dynamisierten Raum lagen parallel zu den allenthalben sich ausdehnenden Infrastrukturnetzen. Gerade die Elektrizität trug überschießende Erwartungen an eine *Integration* in sich: Raum und Zeit schienen für sie keine Rolle zu spielen, sie war überall verfügbar, in Kraft, Licht oder Wärme umzuwandeln und dennoch unsichtbar – sieht man von den Strommasten oder den heutigen Ikonen einer veränderten Energieauffassung, den Windrädern – einmal ab. Das „Netz" wurde zu einem technischen Raumbild, die „Vernetzung" zu einer Angelegenheit des kommunalen oder nationalen Prestiges, man denke etwa an die U-Bahnen und Metros, die zu einer „Metropole" eben dazuzugehören schienen[26].

In den Regionen Berlin, Halle-Dessau und dem Ruhrgebiet setzte die Raumordnung in Deutschland am frühesten ein und wechselte von der defensiven Gefahrenabwehr zu einer gestaltenden „Struktur"-Politik hinüber[27]. Nur ging es wie so oft in der Weimarer Zeit: Viele der gutgemeinten Ansätze zur Etablierung eines umfassenden Sozial- und Wohlfahrtsstaates stießen bei der Durchsetzung bald auf unüberwindliche Probleme.

***

Auch für den Bereich der Infrastrukturen ist daher nachzuvollziehen, wie das „Dritte Reich" auf den Konzepten der Weimarer Zeit aufruhte und durch entschlossene Umsetzung dann einen Großteil des Prestiges für sich vereinnahmte.

[25] Im Nationalsozialismus ist dieser Ansatz freilich noch absurder zu einer „Vernichtung durch Arbeit" radikalisiert worden.

[26] *Benson Bobrick*, Labyrinths of Iron. Subways in History, Myth, Art, Technology, and War (New York 1994); *Dietmar Neutatz*, Die Moskauer Metro. Von den ersten Plänen bis zur Großbaustelle des Stalinismus, 1897–1935 (Köln, Weimar, Wien 2001).

[27] Beim „Zweckverband für Groß-Berlin" (seit 1911) und dem „Siedlungsverband Ruhrkohlenbezirk" (seit 1920) handelte es sich zunächst noch weniger um Entwicklungs- als um Auffang- und Folgeplanung.

Der Autobahnbau ist hierfür nur das prominenteste Beispiel, an dem sich vor allem das Widerspiel zwischen Ästhetik und Effizienz demonstrieren läßt[28]. Hatte man die „Landschaft" schon vorher als etwas zu Gestaltendes wahrgenommen und sich nicht gescheut, an die „natürliche Ausstattung" eines Raumes Effizienzkriterien anzulegen, bekam das Konzept der „Raumordnung" nun einen ganzheitlichen Anspruch. Die sich nach 1933 ausdrücklich „organisch" gebenden Raumvorstellungen wurden nun offen politischen Kriterien unterworfen. So meinte etwa Rudolf Heß 1934 in einer Rede an die internationalen Straßenbauer, „daß richtig gezogene Verkehrswege feste Ringe sind, die das Volk und seinen ihm von der Natur und Vorsehung gegebenen Raum binden zu unlösbarer Einheit. Für uns hat die Straße nicht nur einen zeitlichen praktischen Wert, für uns ist sie nicht allein Sinnbild des Könnens deutscher Technik, Wissenschaft und Wirtschaft, für uns ist darüber hinaus die Straße wieder geworden [ein, *v.L.*] politisch-historisches Dokument der Zeit, nach dem die Nachwelt uns beurteilen wird. Noch heute sind die Römerstraßen in unserem Lande Zeugen der schöpferischen Kraft eines großen Volkes unter der Führung kraftvoller Persönlichkeiten."[29] Am Vorbild „Rom" maß sich auch die spätere „Großraum"-Technik beständig.

Und wie beim Straßenbau der Römer sollte sich diese nationalsozialistische Infrastruktur in der populären Erinnerung später von ihren politischen Implikationen wieder lösen und als legendäre Artefakte des vermeintlichen „Gemeinwohls" tatsächlich überdauern[30]. Zu diesem Eindruck trug bei, daß im einzelnen das Verwaltungspersonal sich – nach dem Motto des Verwaltungsjuristen Otto Mayer, daß Verfassungsrecht *vergehe*, Verwaltungsrecht jedoch *bestehe* – teilweise wohl tatsächlich gegen politische Vereinnahmung zu verwahren verstand und etwa die Reichspost im „Dritten Reich" gegenüber der Gestapo das Postgeheimnis als einen Wert an sich verteidigte[31].

Mit der Gemeindeordnung vom Januar 1935, dem Energiewirtschaftsgesetz vom Dezember 1935 und der Eigenbetriebsverordnung vom November 1938 sollten die „volkswirtschaftlich schädlichen Folgen des Wettbewerbs" eingedämmt und sollte daneben natürlich auch eine kriegswirtschaftliche Steuerung ermöglicht werden. Gab es 1934 noch rund 16000 Energieversorgungsunternehmen, waren

[28] Hierzu jetzt *Thomas Zeller*, Straßen, Bahn, Panorama. Verkehrswege und Landschaftsveränderung in Deutschland von 1930 bis 1990 (Frankfurt a.M. u.a. 2002).

[29] *Rudolf Heß*, An die internationalen Straßenbauer. Rede zur Eröffnung des VII. Internationalen Straßenkongresses am 3. September 1934 in der Münchener Residenz, in: *ders.*, Reden (München 1938) 65–77, hier: 70f.

[30] Vgl. hierzu die Debatte über die politischen Implikationen von Artefakten, *Langdon Winner*, Autonomous Technology. Technics-out-of-control as a Theme in Political Thought, (Cambridge, Mass. 1977); *Bernward Joerges*, Die Brücken des Robert Moses: Stille Post in der Stadt- und Techniksoziologie, in: Leviathan 27 (1999) 43–63.

[31] *Wolfgang Lotz*, *Gerd R. Ueberschär*, Die Deutsche Reichspost 1933–1945. Eine politische Verwaltungsgeschichte, Bd. 1 (Berlin 1999) 189f. Umgekehrt hat *Raul Hilberg* in: Sonderzüge nach Auschwitz (Mainz 1981) die Umcodierung einer Infrastruktur zu einem Desintegrationsmedium beschrieben und die Frage nach der „Neutralität" einer solchen Einrichtung aufgeworfen.

sie 1998, als das Energierecht erneut modifiziert wurde, auf rund 1000 geschrumpft, darunter auf sieben Regionalunternehmen, die sich etwa 80% der Stromproduktion teilten[32].

Die Raumplanung, ihrem Selbstverständnis nach eine nationalsozialistische „Metawissenschaft", nahm sich im Überschwang nach der Machtergreifung alles Mögliche vor, um den deutschen Lebensraum zu gestalten, zu integrieren und schließlich aus ihm heraus zu expandieren. Infrastrukturen sollten nun möglichst ungestört durch Partikularinteressen als Steuerungsinstrumente für ein vermeintlich „gesundes" Wirtschafts-, Volks- und Raumgefüge eingesetzt werden. Eine in dieser Zeit geplante Veröffentlichung des Wissenschaftsautors Anton Zischka bezeichnete sie denn auch sinnfällig als „Lebensadern der Gemeinschaft"[33].

Ähnliches hatte Ernst Forsthoff im Sinn, als er 1938 den Begriff der „Daseinsvorsorge" in die Debatte warf, der zu einem der suggestivsten Schlüsselwörter der „verwalteten Welt" wurde[34]. Ursprünglich sollte die rechtlich gesicherte Teilhabe an der Daseinsvorsorge einen Ersatz für die im „Dritten Reich" historisch vermeintlich überholten Grundrechte bilden[35]. Die infrastrukturell umfassend versorgte Volksgemeinschaft wurde als Chance gesehen, die im Klassenkampf um spärliche Ressourcen fragmentierte Gesellschaft wieder organisch zusammenzufügen. Denn Überfülle schien die gesellschaftlichen Verteilungskämpfe aufzuheben und alles an seinen natürlichen Platz zu fügen. Es braucht keine feinen Ohren, um aus dieser Beschreibung die Parallelität zu sozialistischen Vorstellungen herauszuhören, aber auch die hinter der liberalen Marktökonomie stehende Utopie. Denn eine technokratische Zuarbeit und die Überführung des gesellschaftlichen Mehrprodukts in eine vermeintlich „sachgerechte" Verteilung nach Maßgabe von Expertenwissen sind in *jedem* politischen System geschätzt und gerne angenommen worden[36].

Unter den Vorzeichen des totalen Staates wurde aber auch eine andere Eigenschaft von Infrastruktur-Netzen zur vollen Ausprägung gebracht, nämlich die immer wieder zentrale Frage, wer angeschlossen wird und wer ausgeschlossen bleibt. Die Judenpolitik des „Dritten Reiches" kann man daher auch aus der Per-

32 Dazu *Bernhard Stier*, Staat und Strom. Die politische Steuerung des Elektrizitätssystems in Deutschland 1890–1950 (Ubstadt-Weiher 1999).

33 *Anton Zischka*, Lebensadern der Gemeinschaft (517 Seiten, entstanden zwischen 1941–1944, Archiv des Deutschen Museums). Ein ähnlicher Tenor bei *Alexander Friedrich*, Die unsichtbare Armee. Das Buch der Energie (Berlin 1942).

34 *Karl Korn*, Sprache in der verwalteten Welt (Olten, Freiburg i.Br. 1959). Zusammenfassend *Wolfgang Rüfner*, Daseinsvorsorge und soziale Sicherheit, in: *Josef Isensee*, *Paul Kirchhof* (Hrsg.), Handbuch des Staatsrechts der Bundesrepublik Deutschland (Heidelberg 1996) 1037–1084.

35 *Dieter Scheidemann*, Der Begriff Daseinsvorsorge. Ursprung, Funktion und Wandlungen der Konzeption Ernst Forsthoffs (Göttingen, Zürich 1991) 15.

36 Hierauf verwies schon vor rund 30 Jahren *Charles S. Maier*, Zwischen Taylorismus und Technokratie. Gesellschaftspolitik im Zeichen industrieller Rationalität in den zwanziger Jahren in Europa, in: *Michael Stürmer* (Hrsg.), Die Weimarer Republik. Belagerte Civitas (Königstein/Ts. 1980) 188–203 (zuerst 1970).

spektive einer „negativen Raumordnung" betrachten: Wenn für die Volksgemeinschaft Infrastrukturen als „Lebensadern der Gemeinschaft" definiert wurden, so war es von distinkter Symbolik, wenn die „Gemeinschaftsfremden" vom Zugang zu öffentlichen Infrastrukturen demonstrativ ausgeschlossen wurden. Man denke hierbei nur an die Verbote, sich als Jude auf öffentliche Parkbänke zu setzen, öffentliche Verkehrsmittel zu benutzen oder einen Volksempfänger zu besitzen. Auschwitz ist insofern auch als eine Einrichtung zu verstehen, in welcher eine unliebsame soziale Tatsache „entsorgt" wurde und dies möglichst so unsichtbar und unmerklich, wie Infrastrukturen der Entsorgung eben üblicherweise vorgehen, nämlich sachlich, kalt und sprachlich derart camoufliert, daß möglichst alles Störende daraus entwichen ist.

***

Die Nachkriegszeit stand in Deutschland ganz im Zeichen der raschen Wiederherstellung eines funktionierenden Wirtschaftskreislaufs. Viele Infrastruktureinrichtungen wurden repariert und verfeinerten bzw. verbreiterten sich zu Massengütern. Trotz der teilweise überwältigenden Bedeutung für den Alltag der meisten Bürger geschah dies weiterhin meist jenseits der großen politischen Debatten. Die Gewöhnung an einen westlichen, d.h. angebotsorientierten Lebensstil erfolgte ungemein bereitwillig, und die „Konsumkultur" basierte auf einer Fülle von „modernen" Infrastrukturen[37]. Die Wachstumsraten der westdeutschen „Wunderwirtschaft" erlaubten dem Staat einen fortgesetzten Ausbau der Versorgungseinrichtungen.

Trotz vielfacher Polemik gegen den östlichen Weg in Plan- und Zentralverwaltungswirtschaft ist dabei auch in Deutschland weiter zentral geplant worden, wenn man sich im Westen auch schwerpunktmäßig auf die vermeintlich sachliche Infrastruktur konzentrierte, weniger auf Eingriffe in die Wirtschaftsverfassung selbst, wie im Osten[38]. Doch verblieben im Infrastrukturbereich durchaus Residuen des autoritären Staates wie das Enteignungsrecht, die Monopolstellung, der Anschlußzwang oder die Regulierungskompetenz. Ab 1957 wurde im Bundesfernstraßenbau sogar mit Vierjahresplänen gearbeitet, und der „Grüne Plan" Heinrich Lübkes bereinigte die deutsche Flur vielleicht stärker als Drittes Reich und Zweiter Weltkrieg.

Dennoch gab es bereits in den 1950er Jahren Ansätze zu einer Debatte, ob der eingeschlagene Weg der richtige sei. In der Diskussion um den Primat der rechts- bzw. sozialstaatlichen Ausdeutung des Grundgesetzes vermerkte ausgerechnet Ernst Forsthoff schon 1958: „Diese Konversion der Daseinsvorsorge in Herrschaftsmittel, die übrigens Georges Sorel schon als Möglichkeit erkannt hatte, wäre das gefährlichste Attentat auf die individuelle Freiheit, das nach Lage der

[37] *Dietmar Klenke*, „Freier Stau für freie Bürger". Die Geschichte der bundesdeutschen Verkehrspolitik 1949–1994 (Darmstadt 1995); *Barbara Mettler-Meibom*, *Christine Bauhardt* (Hrsg.), Nahe Ferne – fremde Nähe: Infrastrukturen und Alltag (Berlin 1993).

[38] Vgl. *Haus der Geschichte der Bundesrepublik Deutschland* (Hrsg.), Markt oder Plan. Wirtschaftsordnungen in Deutschland 1945–1961 (Frankfurt, New York 1997).

Tatsachen dem Staat zu Gebote stünde, das aber mit den Mitteln des Rechts unter allen Umständen ausgeschlossen werden muß."[39] Rückte Forsthoff hier – neben der Abwehr sozialstaatlichen Anspruchsdenkens – die Frage nach der Steuerung über die Leistungsverwaltung in den Mittelpunkt, wurde um 1960 herum in Fachorganen schon eine Debatte über die Frage geführt, ob „Daseinsvorsorge" unwiderruflich Sache der öffentlichen Hand sei. Dabei wurde darauf verwiesen, daß Forsthoffs Terminus „zur Stützung der Herrschaft des totalen Staates über die Privatwirtschaft" gedient habe[40]. Von liberaler Seite wurde in diesem Zusammenhang an die historische Pionierrolle der Privatwirtschaft bei der Infrastruktur erinnert.

Auch in der Kulturkritik begann sich eine ambivalente Einschätzung von umfassenden Versorgungsnetzen abzuzeichnen. Wurde einerseits das schleichende „Dominantwerden technischer Kategorien in der Lebenswelt" (Hans Freyer[41]) konstatiert, begann man sich andererseits auf die Integrationsleistungen von Infrastrukturen zu besinnen. „Das technische Werk", meinte der Publizist Ferdinand Fried schon 1950, „ist also nun das einzige Mittel, um die Menschen heute noch zu größeren Gemeinschaften zusammenzuhalten."[42] Und er illustrierte die Funktionsweise dieser Institution weiter: „Was ist nicht alles erforderlich, daß eine elektrische Glühbirne brennt [...]. Alles das setzt ein unübersehbares Heer von Menschen in Bewegung, erfordert eine langfristige und umsichtige Planung und Ordnung, durch die alle diese Menschen mehr oder weniger, ständig oder vorübergehend verbunden und zusammengehalten werden [...], ein ungeheures Netz gegenseitiger vertraglicher Verflechtungen, und man fügt sich damit in eine gewaltige Organisation ein, ohne die das moderne Dasein in Anarchie verfallen würde."[43]

Parallel dazu weitete die „Infrastruktureuphorie" der 1960er Jahre[44] den Begriff inhaltlich ständig weiter auf die Einrichtungen der sozialen Infrastruktur, also etwa das Bildungs- und das Gesundheitswesen, und zunehmend auch den Umweltschutz aus. Der *lebensnotwendigen* wurde nun die *lebensverbessernde* Infrastruktur an die Seite gestellt, von einem eigenen Bundesministerium für Infrastrukturpolitik war sogar die Rede. Während die klassische Sozialpolitik als Einkommensumverteilungspolitik und damit als Kurieren an Symptomen galt, schien Infrastruktur-Politik strukturell vorzugehen und Chancengleichheit zu materialisieren.

[39] *Ernst Forsthoff*, Die Daseinsvorsorge und die Kommunen (1958), in: *ders.*, Rechtsstaat im Wandel. Verfassungsrechtliche Abhandlungen 1950–1964 (Stuttgart 1964) 111–128, hier: 115.
[40] *Hans Blank*, Energieversorgung unwiderruflich Sache der öffentlichen Hand?, in: Monatshefte für freiheitliche Wirtschaftspolitik 4 (1958) 348–353, hier: 351, sowie *Bodo Börner*, Irrwisch Daseinsvorsorge., in: Bayrisches Verwaltungsblatt 17 (1971) 406–408.
[41] *Hans Freyer*, Über das Dominantwerden technischer Kategorien in der Lebenswelt (Mainz 1960).
[42] *Ferdinand Fried*, Der Umsturz der Gesellschaft (Stuttgart 1950) 333.
[43] Ebd. 335f.
[44] *Hans-Rudolf Peters*, Infrastrukturpolitik in der Marktwirtschaft, in: *Dieter Cassel, Gernot Gutmann, Hans Jörg Thieme* (Hrsg.), 25 Jahre Marktwirtschaft in der Bundesrepublik Deutschland. Konzeption und Wirklichkeit (Stuttgart 1972) 299–315, hier: 299.

Dreißig Jahre nach dem Energiewirtschaftsgesetz mahnte das Bundesraumordnungsgesetz von 1965 die Angleichung der Arbeits-, aber auch der Lebensbedingungen zwischen den einzelnen Teilen der Volkswirtschaft an, wobei es Bezug auf den Grundgesetzartikel 72 nahm, der von der Wahrung der Einheitlichkeit der Lebensverhältnisse spricht. Dieser Anspruch sollte zwar das Telos der infrastrukturgesteuerten Raumplanung kenntlich werden lassen und später in Bezug auf die „angeschlossene" Ex-DDR erneut formuliert werden[45]. Doch wurden die Grenzen der Durchführbarkeit solcher Ziele rasch deutlich, das Gesetz erwies sich als eine Peripetie der „klassischen" Periode der Infrastruktur, die nun langsam an ihr Ende kam. Dafür waren mehrere Entwicklungen verantwortlich, die in den 1970er Jahren besonders deutlich hervortraten:

– Zum ersten wurden durch die weltwirtschaftlich angespannte Lage nach dem „Ende des Wachstums" ab 1972 *Finanzierungsprobleme* unübersehbar. Dazu kam ein allgemeiner Bevölkerungsrückgang und damit ein Nachlassen der Steueraufkommen zu einer Zeit, als zunehmende Umweltauflagen viele der Infrastruktur-Projekte zusätzlich verteuerten.

– Zum zweiten gab es seit den ausgehenden 1960er Jahren wachsende *Widerstände* gegen kommunale oder nationale *Prestigeprojekte* in Zeiten materieller Verknappung und sozialstaatlicher Einsparungen, aber auch gegen eine allzu offensichtliche Instrumentalisierung von Infrastrukturprojekten zu sachfremden Zwecken[46].

– Zum dritten wurden nun zunehmend *Fehlverhalten* und *Mißbrauch* thematisiert, etwa die selbstverständliche Erwartung sozialstaatlicher Betreuung und Versorgung, das sog. „Freifahrerverhalten" und der allgemeinen Gewöhnung an Subventionen. Die „Gemütsruhe im Wohlfahrtsstaat" führte auf der Negativseite zu Solidaritätsverlust und einer anonymen Streuung der Verantwortung[47].

– Zum vierten machte sich im Gefolge von „1968" ein *Wertewandel* bemerkbar, nicht nur in Umweltfragen, sondern auch beim Einfordern einer stärkeren Bürgerbeteiligung an Entscheidungen und bei der Mittelvergabe. Dazu kamen Proteste gegen die mit Infrastruktur verbundenen Nivellierungstendenzen und gegen

[45] *Robert Momberg*, Theorie und Politik der Infrastruktur unter Berücksichtigung institutionen- und polit-ökonomischer Einflußfaktoren. Eine Analyse am Beispiel der Bereiche Eisenbahn und Hochschule (Frankfurt a. M. u. a. 2000); im folgenden zitiert: *Momberg*, Infrastruktur. Besaßen die neuen Bundesländer 1990 noch unter 40% der Infrastruktur-Ausstattung des Westens, war diese Quote im Jahr 2000 bereits auf rund 75% gestiegen (ebd. 23).

[46] Momberg konstatiert, daß Infrastruktur-Politik sich für öffentliche Entscheidungsträger als Medium zur Verfolgung individueller, machtpolitischer Ziele eigne; sie werde daher von wohlfahrtstheoretischen Normativen entkoppelt, um Partialinteressen unterworfen zu werden, etwa der „Wählerstimmenmaximierung im polit-ökonomischen Kräftespiel von Interessengruppen, Wählern und Bürokraten". Die Wähler jedoch seien i. d. R. die am schlechtesten informierten Akteure in Entscheidungsprozessen, obwohl sich alles an ihren Voten ausrichte (*Momberg*, Infrastruktur 293 f.).

[47] *Bram van Stolk*, *Cas Wouters*, Die Gemütsruhe des Wohlfahrtsstaates, in: *Peter Gleichmann* u. a. (Hrsg.), Macht und Zivilisation. Materialien zu Norbert Elias' Zivilisationstheorie, Bd. 2 (Frankfurt a. M. 1984) 242–260.

die „Bevormundung" bzw. „Entmündigung" durch Expertokraten und das Einreden immer neuer „Bedürfnisse".

– Zum fünften schien *Verdrängtes aus dem Untergrund* aufzutauchen. Angesichts der gewaltigen Müllhalden, der kranken Bäume oder des „Pseudokrupp" schien die eingespielte Strategie, Probleme in andere Räume und in ferne Zeiten zu verlagern, nicht mehr zu greifen, eine Rückverlagerung von nachteiligen Folgen auf die Verursacher deutete sich an. Die von öffentlichen, zum Teil gewaltsamen Konflikten begleitete Atomdebatte bündelte diesen Wandel exemplarisch.

– Zum sechsten klagte nun auch die Privatwirtschaft über *Wettbewerbsverzerrungen* im öffentlichen Sektor. Dabei führte sie das ökonomische Äquivalent zur „Mündigkeit" des Bürgers – die „Souveränität" des Konsumenten – ins Feld. Erneut wurde jetzt diskutiert, ob der Staatssektor nicht generell unwirtschaftlich sei und den „natürlichen" Selektionsprozeß des Marktes unterbinde.

In der Folge dieser Einwände sind zahlreiche Bereiche, die man Jahrzehnte über wie selbstverständlich als „Staatsaufgaben" wahrgenommen hatte, reprivatisiert und dereguliert worden[48]. Seit den 1980er Jahren wurde die „öffentliche Wirtschaft" tatsächlich wieder stärkerem Wettbewerb unterworfen, und der Staat zog sich, etwa mit dem modifizierten Energierecht von 1998, auf eine „Infrastrukturverantwortung" (Georg Hermes) zurück. Ob dies reichen wird, um nicht nur die bestehenden Netzwerke zu betreiben, sondern auch die durch technische Innovationsschübe ständig neu hinzukommenden Infrastrukturen unterschiedslos zugänglich zu machen, wird sich erst noch herausstellen müssen.

Dieser Trend zu einer europaweit konstatierbaren neoliberalen Phase nach dem Ende der Ära des Wachstumsparadigmas ist schon deshalb nicht aufzuhalten, weil es inzwischen um den Aufbau europaweiter Netzwerke geht. Im EG-Vertrag Art. 129b Abs. 1 hat die Europäische Union 1996 den Begriff „transeuropäische Netze" gewählt, um infrastrukturelle „Grunddienste" zu kennzeichnen, die man in Anlehnung an Zischka nun vielleicht als „Lebensadern der europäischen Gemeinschaft" definieren könnte. Auch in einstweiliger Ermangelung einer starken europäischen Zentralgewalt hat wohl der marktwirtschaftliche Weg der Angleichung unterschiedlicher Systeme eingeschlagen werden müssen, wenn die begleitende Normierung im einzelnen auch als bevormundende „Regulierungswut" empfunden werden mag. Mit diesem erneuten Maßstabssprung stellen sich alle rechtlichen und politischen Fragen an die heimlichen Lehrpläne von Infrastrukturen aufs Neue, und man darf sehr gespannt sein, ob hierbei die Entlastungs- oder die Entmündigungseffekte, die Integrations- oder die Nivellierungseffekte letztlich dominant sein werden.

***

Im 20. Jahrhundert erweist sich der Ausbau von Infrastruktur als ein auffällig *durchgängiges* und *expansives Phänomen*, für das die politisch und ökonomisch

[48] *Ulrich Scheele*, Privatisierung von Infrastruktur. Möglichkeiten und Alternativen (Köln 1993).

zentralen Fragen nach privater oder öffentlicher Initiative, nach Herrschaft und Partizipation, nach Profit und Verlust etc. nachrangig erscheinen. Gerade die wechselvolle deutsche Geschichte im 20. Jahrhundert erweist diese Einrichtungen der Ver- und Entsorgung, des Verkehrs und der Kommunikation als Kontinuitätsfaktoren über politische und ökonomische Zäsuren hinweg. Sie verstanden sich oft als Ausdruck einer „intergenerationellen Verantwortlichkeit“[49], denen folglich *per definitionem* ein überzeitliches Moment innewohnte. Als Elemente der Dauer waren für ihren Aufbau oft ausgefeilte Planungsinstrumentarien zu schaffen sowie Prognosen über einen künftigen Bedarf und voraussichtlichen Verbrauch zu erstellen. Dabei sollten sie sich von politischen und wirtschaftlichen Unwägbarkeiten zudem möglichst unabhängig machen, also eine eigene Rationalität des unterschiedslosen „Funktionierens“ ausbilden.

Doch darf man die Erfolge der Planungen wohl generell nicht zu hoch veranschlagen: Die Momente der Defensive, der Fehlkalkulationen und folglich der ungeplanten Umnutzung von Infrastrukturnetzen sind allgegenwärtig. Auch hat sich mit zunehmender Deutlichkeit gezeigt, daß in Kriegs- und Konfliktfällen Versorgungs- und Kommunikationseinrichtungen zu „Achillesfersen“ der antagonistischen Parteien werden. Infrastrukturen besitzen eben nicht nur beim wirtschaftlichen und sozialen Aufbau, sondern auch bei der Destruktion oder einer „feindlichen Übernahme“ strategische Priorität, gerade wegen ihrer massiven Alltagsrelevanz. Es bedurfte einiger spektakulärer Zusammenbrüche, etwa von Stromnetzen, und terroristischer Anschläge, um die Multiplikationseffekte solcher großtechnischen Systeme wieder ins öffentliche Bewußtsein zu heben und zu verdeutlichen, in welch prekärer Abhängigkeit wir uns von ihnen befinden.

Zu untersuchen bleibt, inwieweit Infrastrukturen nicht nur eine Begleiterscheinung, sondern eine notwendige *Voraussetzung* moderner Massengesellschaften sind und wie stark sie dabei als Medien eines zentralisierten Bedürfnismanagements gewirkt haben. Denn sie greifen sowohl in Lebenswelten, als auch in Verhaltenstraditionen ein und konfigurieren sie nicht selten von innen heraus neu. Nach dem Vorbild der offenen Versorgungs- und Dienstleistungseinrichtungen ist das „Netz“ in pluralen Gesellschaften heute sogar zu einer vorherrschenden Sozialmetapher avanciert. Damit sind Infrastrukturen zweifellos zu geschichtlichen Faktoren eigener Wertigkeit geworden. Eine Strukturgeschichte der Moderne wird ohne Berücksichtigung dieser „Garanten der Beständigkeit“ nicht geschrieben werden können.

[49] *Alvin M. Weinberg*, „Immortal“ Energy Systems and Intergenerational Justice, in: Energy Policy 13 (1985) 51–59, hier: 54.

Lutz Raphael

Das Ende des Deutschen Reiches als Zäsur nationaler Expertenkulturen?

Überlegungen zu den Folgen des politischen Umbruchs 1945 für Technik und Wissenschaften in Deutschland

A. Nationale Expertenkulturen – ein brauchbares Konzept?

Die Geschichte von Wissenschaft und Technik ist erst im letzten Jahrzehnt stärker ins Blickfeld der deutschen Zeithistoriker gerückt; daran ist zu erinnern, wenn man die Neubewertungen und Kontroversen verstehen will, welche durch aktuelle Forschungsergebnisse der Wissenschaftsgeschichte gerade für die deutsche Geschichte der Zwischenkriegszeit ausgelöst worden sind. Angesichts großer laufender bzw. gerade abgeschlossener Forschungsvorhaben auf diesem Gebiet (DFG-Forschergruppe zur Geschichte der DFG 1920–1970, Präsidentenkommission der Max-Planck-Gesellschaft zur Geschichte der Kaiser-Wilhelm-Gesellschaft im Nationalsozialismus, DFG-Schwerpunktprogramm „Wissenschaft, Politik und Gesellschaft. Deutschland im internationalen Zusammenhang im späten 19. und 20. Jahrhundert") muß jede Zwischenbilanz vorläufig sein und wird bald veralten[1]. Vor dem Hintergrund einer sich auch methodisch und konzeptionell

[1] Aus der Fülle der Literatur seien hier nur die wichtigsten Aufsatzbände genannt, die meist im Zusammenhang internationaler Tagungen entstanden sind: *Christoph Meinel, Peter Voswinckel* (Hrsg.), Medizin, Naturwissenschaft, Technik und Nationalsozialismus. Kontinuitäten und Diskontinuitäten (Stuttgart 1994); *Monika Renneberg, Mark Walker* (Hrsg.), Science, Technology, and National Socialism (Cambridge 1994); *Doris Kaufmann* (Hrsg.), Geschichte der Kaiser-Wilhelm-Gesellschaft im Nationalsozialismus. Bestandsaufnahme und Perspektiven der Forschung, 2 Bde. (Göttingen 2000), im folgenden zitiert: *Kaufmann*, Geschichte; *Margit Szöllösi-Janze* (Hrsg.), Science in the Third Reich (Oxford 2001), im folgenden zitiert: *Szöllösi-Janze*, Science; *Rüdiger vom Bruch, Brigitte Kaderas* (Hrsg.), Wissenschaft und Wissenschaftspolitik. Bestandsaufnahmen und Kontinuitäten im Deutschland des 20. Jahrhunderts (Stuttgart 2002), im folgenden zitiert: *vom Bruch, Kaderas*, Wissenschaft. Hinweise und Überblicke über die neuere Forschungsliteratur bieten: *Margit Szöllösi-Janze*, Wissenschaftsgesellschaft in Deutschland: Überlegungen zur Neubestimmung der deutschen Zeitgeschichte über Verwissenschaftlichungsprozesse, in: Geschichte und Gesellschaft 30 (2004) 277–313, im folgenden zitiert: *Szöllösi-Janze*, Wissenschaftsgesellschaft; zur NS-Zeit; *dies*, National Socialism and the Sciences: Reflections, Conclusions and Historical Perspecti-

weiter ausdifferenzierenden neuen Wissenschaftsgeschichte, die sich immer stärker für Querverbindungen zur Politik- und zur Kulturgeschichte öffnet, sind die folgenden Überlegungen als ein Interpretationsentwurf zu lesen, der versucht, einige grundlegende Zusammenhänge zu benennen. Sie sind vor allem aus der Beschäftigung des Verfassers mit Entwicklungen in den deutschsprachigen Geistes- und Sozialwissenschaften im 20. Jahrhundert erwachsen.

In neueren Studien zur Wissenschaftsgeschichte in Deutschland taucht der Begriff des „Experten" häufiger auf. Margit Szöllösi-Janze etwa nutzt ihn in ihren Untersuchungen, um die Mittlerstellung von Naturwissenschaftlern zwischen Forschung, Industrie und Staat zu bezeichnen. „Experten vermitteln Ratsuchenden Zugang zu speziellen Wissensinhalten, über die diese selbst nicht verfügen, über deren Bedeutung sie sich aber im klaren sind, d.h. parallel zu den Experten entwickelt sich auch eine ganz unterschiedlich zusammengesetzte Klientel, die Spezialwissen nachfragt. Dies bedeutet, daß in Wissensgesellschaften die Ausübung von Herrschaft und Macht in zunehmenden Maße durch Experten, die über Spezialwissen verfügen, mediatisiert wird."[2] Szöllösi-Janze hat in ihren Studien dabei drei Funktionen bzw. Rollen unterschieden, in denen „Experten" im 20. Jahrhundert vermehrt aufgetreten sind: Sie waren erstens Mediatoren zwischen Akteuren aus Wissenschaft, Staat, Wirtschaft und Gesellschaft, sie traten zweitens als Organisatoren auf, um Institutionen für anwendungsnahe bzw. anwendungsorientierte Forschung zu gründen und zu führen. Drittens waren Experten zuweilen auch Innovatoren, die dafür sorgten, daß neuartige Formen der Expertise und der Forschung installiert wurden. Am Beispiel des Chemikers Fritz Haber hat sie diese Funktionen des modernen Wissenschaftlers als Experten eindrucksvoll illustriert[3].

Für den Bereich der Humanwissenschaften hat der Verfasser ebenfalls den Begriff des „Experten" vorgeschlagen, ihn aber etwas weiter gefaßt, um auch nichtuniversitäre, nicht wissenschaftlich akkreditierte Fachleute im Besitz spezifischen Wissens einbeziehen zu können[4]. Dies ergibt sich zunächst einmal aus den untersuchten Sachverhalten selbst: Sozialexperten wurden und werden durch politische Entscheidungen mitgeschaffen, erst als Sachverständige in Beratungsgremien, Kommissionen sowie als Angestellte von Institutionen bzw. Organisationen können sie ihr praktisch erworbenes und/oder wissenschaftlich beglaubigtes Wissen als Expertise einbringen. Die soziale Konstruktionsleistung, die dem Experten zu-

ves, in: *Szöllösi-Janze*, Science 1–35; *Lutz Raphael*, Radikales Ordnungsdenken und die Organisation totalitärer Herrschaft: Weltanschauungseliten und Humanwissenschaften im NS-Regime, in: Geschichte und Gesellschaft 27 (2001) 5–40, im folgenden zitiert: *Raphael*, Radikales Ordnungsdenken.

2 *Margit Szöllösi-Janze*, Wissenschaftler als Experte – Kooperationsverhältnisse von Staat, Militär, Wirtschaft und Wissenschaft 1914–1933, in: *Kaufmann*, Geschichte 46–64; Zitat 47f. im folgenden zitiert: *Szöllösi-Janze*, Wissenschaftler.

3 *Margit Szöllösi-Janze*, Fritz Haber: 1868–1934; eine Biographie (München 1998).

4 *Lutz Raphael*, Experten im Sozialstaat, in: Drei Wege deutscher Sozialstaatlichkeit. NS-Diktatur, Bundesrepublik und DDR im Vergleich, hrsg. v. *Hans Günter Hockerts* (München 1998) 231–258, im folgenden zitiert: *Raphael*, Experten.

grunde liegt, tritt hier deutlicher als bei den naturwissenschaftlichen und technischen Experten zutage, bei denen das sachliche Informationsdefizit der Laien quasi unmittelbar zu Tage tritt.

In beiden Fällen dient der säkulare Prozeß der „Verwissenschaftlichung" als Hintergrundannahme, um jeweils spezifische institutionelle und personelle Konstellationen zwischen staatlicher Bürokratie, Wissenschaft und Gesellschaft in einer überwölbenden Perspektive zu betrachten und kategorial einzuordnen. Im folgenden wird also unterschiedslos von „Experten" die Rede sein, wenn es sich um Menschen mit so unterschiedlichem Wissen und Berufshabitus wie Ingenieuren, Chemikern, Medizinern, Raumplanern, Soziologen oder Wirtschaftswissenschaftlern handelt. Damit wird auf ihre strukturell homologe Stellung im politischen Entscheidungsprozeß, in der Öffentlichkeit, aber auch in der Gestaltung konkreter Lebenswelten in Deutschland abgehoben. Keineswegs unterstellt dies einen gemeinsamen Bestand von Wissen und Berufsnormen. Deshalb soll auch von Expertenkulturen im Plural die Rede sein, um die professionsspezifischen bzw. den jeweiligen Handlungszusammenhängen und ihren Institutionen eigenen Deutungs-, Wahrnehmungs- und Verhaltensmuster zu kennzeichnen.

In folgenden Handlungsfeldern läßt sich die Dreieckskonstellation Staat, Gesellschaft bzw. Wirtschaft und Wissenschaft wiederfinden, welche eingangs als konstitutiv für die Expertenrolle bestimmt worden ist:

– Die Felder der „Sozialexperten": Expertise für die Gesetzgebung und in der Verwaltung auf den Feldern der Sozialversicherungen, der Wohlfahrtspflege, des öffentlichen Gesundheitswesens, des Wohnungswesens, der Arbeitsmarktpolitik und Arbeitsverwaltung entwickelte sich in Deutschland seit dem Kaiserreich, zunächst im Zeichen kontinuierlichen Ausbaus auch über die politische Zäsur des Jahres 1918/1919 hinweg. Dagegen hatten die politischen Umbrüche 1933 und 1945 deutliche Folgen für die personellen und institutionellen Rahmenbedingungen der Sozialexpertise, konkret deren Handlungsspielräume und fachliche Autonomie, die politisch-weltanschaulichen Referenzsysteme der Expertendiskurse und schließlich auf die Institutionen, in denen Sozialexperten agierten[5].

– Die anwendungsbezogene naturwissenschaftliche bzw. ingenieurwissenschaftliche „Großforschung" und Beratung zwischen Wirtschaft, Staat und Wissenschaft. Sie hatte bereits im Kaiserreich in staatlichen Forschungseinrichtungen sowie schließlich in den Instituten der Kaiser-Wilhelm-Gesellschaft eine dauerhafte Organisationsform gefunden, welche die politischen Zäsuren 1918/19 und 1933, wenn auch mit spezifischen Veränderungen, überdauerte. Auch hier entstanden feste Netzwerke der Kooperation, welche mit der ständig wachsenden wirtschaftlichen und politischen Relevanz von Naturwissenschaft und Technik sich erweitert und vervielfältigt haben. Die drei Stichworte Rüstung, Atomenergie und Umwelt benennen exemplarisch Bereiche, in denen die Politisierung der Expertentätigkeiten und der entsprechenden Netzwerke besonders hoch war und ist.

[5] *Raphael*, Experten.

– Die Welt der wirtschaftswissenschaftlichen Expertise im Bereich von Verwaltung, Politik und schließlich Unternehmen: Wirtschaftswissenschaftler haben im Verlauf des 20. Jahrhunderts, beschleunigt in den letzten drei Jahrzehnten, in wachsendem Maße Expertenfunktionen in Beratergremien oder Sachverständigenkommissionen in Form von Gutachten, Begleitforschung oder wissenschaftlicher Prognostik übernommen, wenn es um Wirtschafts- oder Finanzpolitik geht.
– Schließlich hat sich auch eine kleinere Welt geisteswissenschaftlicher Expertise herausgebildet, deren Mitglieder in Kommissionen oder Beiräten Entscheidungen in Geschichtspolitik und Geschichtskultur, in Kunst- und Kulturpolitik vorbereiten oder treffen.
– Als letztes Handlungsfeld sei der engere Bereich außen- bzw. sicherheitspolitischer Politikberatung genannt. Lange Zeit ist er im Schatten der arcana imperii geblieben; aber Geographen, Historiker, Wirtschaftswissenschaftler oder Juristen haben als Berater der außen- und sicherheitspolitisch Verantwortlichen ihre Expertisen beigesteuert zu den politischen Entscheidungen. Wie in den anderen Bereichen hat sich in den wechselnden politischen Regimen Deutschlands zwischen 1918 und 1990 ein spezifisches Netzwerk von Institutionen und Personen etabliert.

Bereits diese unvollständige Auflistung einiger Handlungsfelder von Experten mag verdeutlichen, daß am Ende des 20. Jahrhunderts kaum ein Politikfeld, kaum ein Lebensbereich übriggeblieben ist, in dem nicht Expertise angeboten und ein entsprechendes verwissenschaftlichtes Wissen produziert wird.

B. Professionals, Wissenschaftler, Deutsche – Deutungshorizonte von Expertenkulturen

Margit Szöllösi-Janze hat jüngst in mehreren programmatischen Beiträgen dafür geworben, das Konzept der „Wissensgesellschaft" zu nutzen, um die deutsche Zeitgeschichtsforschung zeitlich in den weiteren Kontext eines seit 1880 dauernden „langen" 20. Jahrhunderts zu stellen und inhaltlich den vielfältigen Wirkungen von Verwissenschaftlichung in Gesellschaft, Wirtschaft, Politik und Kultur und den zunehmenden Verflechtungen von Wirtschaft, Politik und Wissenschaft Rechnung zu tragen[6]. Sie greift dabei im wesentlichen auf soziologische Konzepte der „knowledge society" zurück, wie sie in der deutschsprachigen Soziologie vor allem von Stehr und Weingart weiterentwickelt worden sind[7]. Der primäre Pro-

[6] *Margit Szöllösi-Janze*, Wissensgesellschaft – ein neues Konzept zur Erschließung der deutsch-deutschen Zeitgeschichte?, in: Koordinaten deutscher Geschichte in der Epoche des Ost-West-Konflikts, hrsg. v. *Hans Günter Hockerts* (München 2004) 277–305, im folgenden zitiert: *Szöllösi-Janze*, Wissensgesellschaft – ein neues Konzept; *dies.*, Wissenschaftsgesellschaft in Deutschland 278–286.

[7] *Nico Stehr*, Arbeit, Eigentum und Wissen. Zur Theorie von Wissensgesellschaft (Frankfurt a.M. 1994); *Peter Weingart*, Die Stunde der Wahrheit? Zum Verhältnis der Wissenschaft zu Politik, Wirtschaft und Medien in der Wissensgesellschaft (Weilerswist 2001).

blemhorizont dieser sozialwissenschaftlichen Theorie ist zunächst einmal die Gegenwart. Die Entwicklungen vor 1960/70 sind von ihren Vertretern eher selektiv wahrgenommen und ohne zeitliche Tiefenschärfe thematisiert worden. Periodisierungsfragen sind mit diesem auf langfristige Trends abstellenden strukturfunktionalistischen Ansatz in erster Näherung nur schwer zu beantworten, hier sind eigene wissenschaftshistorische und allgemeinhistorische Anstrengungen nötig. Szöllösi-Janze hat für die deutschen Entwicklungen erste Periodisierungsvorschläge entwickelt[8]. Sie sieht die Jahrzehnte zwischen 1880 und 1930 als Startphase. In diesen Jahrzehnten etablierten sich die wichtigsten Institutionen, welche die Kooperationen zwischen Wirtschaft, Politik und Naturwissenschaft regulierten; in dieser Zeit, vor allem im Kaiserreich, wurden auch jene Verhaltensmuster und Denkgewohnheiten generiert, welche den Habitus mehrerer Generationen deutscher Experten und Wissenschaftler bestimmen sollten. Aus beidem resultierte eine Pfadabhängigkeit, welche in den Einzeluntersuchungen der Technik- und Wissenschaftsgeschichte vielfach bestätigt worden ist und die auch bis weit in die zweite deutsche Nachkriegszeit spürbar blieb. Weitere Zeitabschnitte bestimmt Szöllösi-Janze zeitlich weniger genau: Sie betont jedoch für einen Kernzeitraum zwischen 1930 und 1970 die Kontinuitäten etablierter Kooperationen und die sich steigernde Dynamik der Verwissenschaftlichungsprozesse. In allen vier politischen Regimen dieses Zeitraums intensivierten sich die Kooperationen zwischen Wirtschaft, Staat und Wissenschaft im Zeichen einer zweckorientierten, politisch zentral gesteuerten und maßgeblich finanzierten Großforschung, sei es nun für Rüstungszwecke, Atomenergie oder industrielle Anwendungen. Politische Steuerung im nationalen Rahmen bildet also den strukturgeschichtlichen Hintergrund der Expertenkulturen in dieser Phase[9]. Auch für die Entwicklungen in den Sozialwissenschaften erweist sich dieser Periodisierungsvorschlag grosso modo als nützlich, wenn man ihn bis in die 70er Jahre ausweitet: Es sind die Jahrzehnte des Aufstiegs und der Etablierung empirischer Sozialforschung und professioneller Sozialberufe[10]. Auch die „Verwissenschaftlichung des Sozialen" vollzog sich im Dreieck von Politik, Wirtschaft und Wissenschaft, auch hier dominierte bis weit in die 70er Jahre die öffentliche Nachfrage und die nationalstaatliche Regulierung.

Seit den 70er Jahren kommt es zu einschneidenden Veränderungen in den gesellschaftlichen und politischen Rahmenbedingungen für die etablierten Kooperationsverhältnisse und Expertentätigkeiten. Die wechselseitige Durchdringung von Gesellschaft und Wissenschaft ist stärker geworden und entwickelt gleichzeitig ganz neue Formen; dabei verlieren die alten nationalstaatlichen Großorganisationen, die bisher diese Kooperationen maßgeblich bestimmt haben, zusehends an Steuerungskompetenz und Relevanz. Erst jetzt verdichten sich die empirischen

[8] *Szöllösi-Janze*, Wissensgesellschaft in Deutschland 286–304.

[9] *Szöllösi-Janze*, Wissensgesellschaft – ein neues Konzept 284–305.

[10] *Christoph Weischer*, Das Unternehmen „empirische Sozialforschung". Strukturen, Praktiken und Leitbilder der Sozialforschung in der Bundesrepublik Deutschland (München 2004), im folgenden zitiert: *Weischer*, Empirische Sozialforschung.

Befunde für die grundlegende These der soziologischen Theorie der „Wissensgesellschaft“ vom Abbau der Grenzen zwischen Politik, Wissenschaft und Gesellschaft. Erst jetzt stellt sich jene quasi osmotische Durchlässigkeit zwischen den seit mehr als 200 Jahren sich ausdifferenzierenden Großsystemen her, deren vielfältigen und widersprüchlichen Phänomenen die besondere Aufmerksamkeit der empirischen Forschung und der Theoriebildung der aktuellen Wissensforschung gilt. Alle Indikatoren deuten also auf den Beginn einer neuen Phase in den 70er/80er Jahren des 20. Jahrhunderts.

Halten wir fest: Diese Periodisierungsvorschläge überspringen alle wichtigen politischen Zäsuren der deutschen Zeitgeschichte und sie sind in den allgemeinen Trendbeschreibungen insbesondere für die zweite und dritte Phase problemlos auch auf andere entwickelte kapitalistische Industrieländer übertragbar. Angesichts des weiten, letztlich globalgeschichtlichen Problemhorizonts, den Konstruktionen wie „Expertenkultur“, „Wissensgesellschaft“ oder „Verwissenschaftlichung“ voraussetzen, wären nationalspezifische Besonderheiten nur durch den Vergleich herauszuarbeiten und empirisch zu prüfen. Das ist hier nicht zu leisten, deshalb wird es im folgenden darum gehen, Hypothesen bzw. Thesen zu formulieren, die der weiteren empirischen Überprüfung und Korrektur bedürfen.

Die Prägekraft nationaler Traditionen für „Expertenkulturen“ hängt ganz wesentlich davon ab, in welchem Maße zentrale Sozialisationsinstanzen und Institutionen Gemeinsamkeiten erzeugt haben, welche den primären Tendenzen zur fachwissenschaftlichen und professionellen Spezialisierung entgegenwirkten und damit nicht erst auf der Ebene politischer Vergemeinschaftung bzw. nationaler Vergesellschaftungsmuster Verständigung über Fächergrenzen ermöglichten.

Drei solcher fächerübergreifender Einbettungen werden in den Forschungsdiskussionen immer wieder thematisiert: die Spezifika der akademischen Bildungswelt, der technisch-wissenschaftlichen Innovationskultur und der Professionalisierungsmuster akademischer Berufe in Deutschland.

Für die Dauer des Deutschen Reiches (1871–1945) ist vor allem an die großen Sozialisationsagenturen des höheren Bildungswesens zu erinnern, welche die große Mehrheit der Experten mit einem hohen Maß an Gemeinsamkeiten ausstatteten. Mediziner, Juristen, Chemiker, Physiker oder Ingenieure waren eingebettet in eine akademische Welt, partizipierten in jeweils spezifischer Form an der deutschen Bildungsideologie und pflegten darüber hinaus ein ausgeprägtes Sendungsbewußtsein, das sie scharf von nicht-akademischen Berufen trennte. Ein Vergleich der Sozialisationsmuster ist für die in den Blick zu nehmenden Professionen meines Wissens noch nicht vorgenommen worden; erkennbar sind allein die bildungsbürgerlichen und standespolitischen Gemeinsamkeiten, welche bei allen Differenzen zwischen den „zwei Kulturen“ der Geistes- und Naturwissenschaften doch für die Expertenkulturen des Deutschen Reiches zu beobachten sind: „Bildung“ fungierte bis weit ins Lager der Naturwissenschaftler und der Ingenieure als Chiffre für gemeinsame Ansprüche vorbildhafter Lebensführung und Deutungskompetenz in Abgrenzung zu anderen Gruppen der deutschen Gesellschaft, aber auch gegenüber den Kollegen des Auslandes. Die Kontinuität der

Lernorte und der Bildungswerte schuf jedenfalls Gemeinsamkeiten, welche die Welt der akademisch gebildeten Experten prägten. Deren institutionelle und konzeptionelle Grundlagen wurden nach 1945 in der DDR tiefgreifend verändert, während sie in der BRD nach einer ersten Phase konservierender Wiederbelebung seit den 60er Jahren erodierten.

Ein zweites Element kommt hinzu: Parallel zur Internationalisierung von Wissenschaft und Technik setzte im 19. Jahrhundert eine nationalzentrierte Thematisierung dieser „Fortschritts"geschichte ein, so daß die Rede von „deutscher Technik", einem „deutschen Weg", gerade auch in den Ingenieurwissenschaften und in der Technikentwicklung zum festen Bestand der Selbst- und Fremdbeobachtung natur- und ingenieurwissenschaftlicher Experten des Kaiserreichs gehörte. Der internationale Wettbewerb der Wissenschaftler, Ingenieure und Unternehmen artikulierte sich in der Sprache des kulturellen Nationalismus[11]. Dessen diskursive wie aber auch reale Spuren lassen sich im Konzept nationaler „Innovationssysteme" wiederentdecken, mit dessen Hilfe Technik- und Wissenschaftshistoriker langfristig beobachtbare nationale Unterschiede in der Hervorbringung wissenschaftlich-technischer Innovationen und in der Umsetzung technischer Veränderungen untersuchen. Pfadabhängigkeiten sind also in diesem Fall zugleich auch als nationalspezifische und nationalbewußte Formen des beruflichen Selbstverständnisses zu verstehen, in denen sich eine nationale Referenzebene vor allem für natur- und technikwissenschaftliche Experten erkennen läßt.

Die sozialgeschichtliche Forschung zur Entwicklung der bürgerlichen Berufswelten hat sich im deutschen Fall vor allem auf das lange 19. Jahrhundert konzentriert. Dabei ist immer wieder das Gewicht des amtsprofessionellen Musters hervorgehoben worden, welches sich vor allem in der ersten Hälfte des 19. Jahrhunderts angesichts der spezifischen Schwäche von Marktökonomie und bürgerlicher Gesellschaft in den deutschen Staaten etablierte. Die starke habituelle Ausrichtung zahlreicher bürgerlicher Berufsgruppen mit wissenschaftlicher Ausbildung (Ingenieure, Nationalökonomen, Juristen) am Beamtenmodell überdauerte auch die Zeit, in welcher der Staat der wichtigste Arbeitgeber dieser Berufsgruppen war, und sorgte, so der übereinstimmende Befund der einschlägigen Studien, für einen Überhang an autoritärer Staatsbindung im Kontext einer international für diese Professionen zu beobachtenden Selbstlegitimation durch Gemeinwohlbezug. In dieser national-konservativen, aber auch national-liberalen Aufladung des eigenen Berufsethos unterschieden sich die deutschen Professionen bis 1933 jedoch kaum oder bestenfalls graduell von ihren ausländischen Kollegen. Kapitalismuskritik und technokratische Gestaltungsmodelle waren jedenfalls Bestandteil der europäischen oder internationalen Expertenkulturen, welche sich bis zum Ersten Weltkrieg etabliert hatten. Die nationalistische Radikalisierung und deren Verbindung mit zunehmend autoritär-repressiven Interventionsvorschlägen in den eigenen Expertisen läßt sich in den akademischen Berufswelten des Deut-

[11] *Joachim Radkau*, Technik in Deutschland. Vom 18. Jahrhundert bis zur Gegenwart. (Frankfurt a. M. 1989) 29–40, im folgenden zitiert: *Radkau*, Technik.

schen Reiches zwar bereits vor 1914 beobachten, entfaltete aber erst in der Zeit der Weltkriege in engster Verbindungen mit dem politisch-militärischen Geschehen und den gesellschaftlichen Umbrüchen seine kumulative Dynamik.

Dies führt denn auch zu einer letzten Beobachtung. Die ersten vorliegenden Studien über langfristige Wertorientierungen und Deutungsmuster akademischer Berufsgruppen, aus denen sich die Expertenkulturen maßgeblich speisten, vermitteln uns das Bild von Mehrheiten, welche in besonderem Maße autoritären Gesellschaftsbildern zuneigten und vor diesem Hintergrund eine Affinität zu repressiv-autoritären Formen der Sozialinterventionen entwickelten. Die Selbstmobilisierung der meisten Experten in der Zeit der NS-Diktatur und ihr substantieller Beitrag zur Radikalisierung des Regimes stehen inzwischen außer Frage. Auffällig ist, daß nach der Ausschaltung der liberalen, demokratischen und sozialistischen Minderheiten unter Ärzten, Juristen und Geisteswissenschaftlern zwischen 1933 und 1945 die Liberalisierung der von diesen Fachkulturen geprägten Expertenkreise in der BRD und mit Einschränkung auch in der DDR vielfach länger brauchte als in anderen sozialen Milieus oder Berufsgruppen[12].

C. Thesen über Expertenkulturen und die Zäsur von 1945

1. Die „nationale Welle" als einheitsstiftende Basispolitisierung ganz unterschiedlicher Expertenfelder im Deutschen Reich brach mit der militärisch-politischen Zäsur 1945 zusammen. Die deutschen Wissenschaftler und Techniker hatten im Kaiserreich, wie wir bereits angedeutet haben, im internationalen Wettbewerb um Patente, Nobelpreise und wissenschaftliche Spitzenleistungen in vielen Bereichen führende Positionen errungen und entsprechend selbstbewußt ihre Erfolge zugleich auch als nationale Errungenschaften thematisiert. Vor allem die USA wurden bereits im späten Kaiserreich als zentraler Referenzpunkt im System wechselseitiger nationalzentrierter Beobachtungen etabliert. Dieses nationale, zum Teil bereits nationalistisch-chauvinistische Deutungsmuster wurde durch den Ersten Weltkrieg, vor allem jedoch durch die überraschende Niederlage 1918 in extremem Maße radikalisiert. „Nie war soviel von ‚deutscher Technik' die Rede wie in der Zeit der Kriege und der nationalsozialistischen Autarkiewirtschaft", faßt Radkau in seiner Übersichtsdarstellung zur Technikgeschichte Deutschlands diese Tendenz zusammen[13]. Ingenieure, Chemiker oder Mediziner grenzten sich gegenüber der internationalen Zusammenarbeit ab, verweigerten den Austausch mit Kollegen aus den Siegernationen und steigerten statt dessen in beachtlichem Maße ihre Bereitschaft im nationalen Interesse auch Disziplin überschreitend zu kooperieren.

[12] *Ulrich Herbert*, Liberalisierung als Lernprozeß. Die Bundesrepublik in der deutschen Geschichte – eine Skizze, in: Wandlungsprozesse in Westdeutschland. Belastung, Integration, Liberalisierung 1945–1980, hrsg. v. *Ulrich Herbert* (Göttingen 2002) 7–49.
[13] *Radkau*, Technik 229.

Diese nationale Indienstnahme und Selbstmobilisierung der Experten verlief in Deutschland parallel zur wichtigen zweiten Etappe bei der institutionellen Verankerung anwendungsorientierter Wissenschaft[14]. Die großen Institute der Kaiser-Wilhelm-Gesellschaft, die Notgemeinschaft der deutschen Wissenschaft, schließlich der Reichsforschungsrat markieren auf Reichsebene die organisatorische Umsetzung dieser engen Verflechtungen zwischen Wissenschaft, Wirtschaft und Staat. Im NS-Regime kam es bekanntlich zu einem Boom staatlicher bzw. öffentlicher Förderung angewandter Forschung und zu einem enormen Ausbau von Expertenkommissionen und „Arbeitsgemeinschaften", deren Hauptaugenmerk darauf gerichtet war, den nationalen Zielen zuzuarbeiten und gleichzeitig für die eigenen Disziplinen und Forschungsinteressen besonderen Nutzen aus den günstigen politischen Förderbedingungen zu ziehen. Diese Einheitlichkeit eines nationalisierten und politisierten Ensembles von jeweils spezifischen Expertenkulturen, wie es sich bereits in der Weimarer Republik abzeichnete und dann jedoch unter den spezifischen Bedingungen der NS-Diktatur durchgesetzt wurde, ist im internationalen Vergleich eher atypisch. So ist es in vergleichender Perspektive keineswegs überraschend zu beobachten, daß diese „nationale Welle" mit dem Zusammenbruch des Deutschen Reiches 1945 und dem Ende imperialer Großmachtträume des deutschen Nationalismus ebenfalls verschwand.

2. Diese „nationale Welle" hatte weitreichende Auswirkungen für die Expertenkulturen, ihre Wissensbestände; sie bahnte aktiven Koppelungen fachspezifischer Denkstile mit politischen Leitideen wie Autarkie und Wehrfähigkeit der Nation oder Schutz und Pflege des Volkskörpers (plus seines Lebensraums) den Weg. Der Aufstieg der Eugenik, dann der Rassenhygiene zu einer Schlüsseldisziplin in den Humanwissenschaften, mit besonderer Relevanz für die Experten im sozial- und gesundheitspolitischen Feld bietet ein Beispiel für diesen Prozeß[15]. Die enge Ausrichtung der angewandten Naturwissenschaften und der Ingenieurwissenschaften auf die Entwicklung von Ersatzstoffen im Zeichen von Autarkie und Wehrfähigkeit, schließlich das Leitmodell der Rationalisierung im Sinn des optimalen Einsatzes national verfügbarer Ressourcen für den nationalen Wiederaufstieg bieten weitere Beispiele für solche zeittypischen Koppelungen. Sie alle können als fachspezifische Varianten einer „nationalen Welle" verstanden werden, welche die Experten ergriff und ihre Berufspraxis unmittelbar tangierte, und nicht primär die parteipolitischen Präferenzen am Wahltag betraf.

3. Diese „nationale Welle" untergrub maßgeblich die internationale Vernetzung der Experten und die Wettbewerbsfähigkeit der beteiligten Disziplinen. Mit Blick auf die technikgeschichtlichen Folgen, also für die „Innovationssysteme" an der Schnittstelle von Naturwissenschaft, Technik, Wirtschaft und Staat hat Ulrich Wengenroth seine These von der „Flucht in den Käfig" formuliert[16]. Drei Ele-

[14] *Szöllösi-Janze*, Wissenschaftler als Experte.
[15] *Paul Weindling*, Health, Race and German Politics between National Unification and Nazism 1879–1949 (Cambridge 1989).
[16] *Ulrich Wengenroth*, Die Flucht in den Käfig: Wissenschafts- und Innovationskultur in

mente machten diese nationalistische Selbstmobilisierung technikgeschichtlich zu einer Sackgasse: Die deutschtümelnden Experten pflegten die Selbstisolation, akzeptierten bzw. bejahten schließlich die Vertreibung von über 20 Nobelpreisträgern und damit die Selbstamputation der wissenschaftlichen Elite im April 1933, zweitens pflegten sie im Bereich der wissenschaftlich-technischen Expertise eine Ersatzstoffkultur, die sich dem politisch-militärischen Ziel nationaler Autarkie unterordnete, und drittens prägte sich eine spezifische Ferne zu Markt und Konsum aus, welche staatsdirigistischen bzw. autoritär-protektionistischen Maßnahmen mehr vertraute als liberal-demokratischen Steuerungsverfahren in Wirtschaft, Gesellschaft und Politik[17]. Das Gesamtsyndrom eines technisch-wissenschaftlichen Isolationismus fand ebenfalls 1945 ein Ende, seine Nachwirkungen auf Denkstile und Verfahren in den unterschiedlichen Wissensfeldern und Expertenkulturen blieben jedoch bis in die 1960er Jahre spürbar.

4. Die Prägung der naturwissenschaftlich-technischen Expertenkulturen durch die enge Verbindung von militärischen Interessen, Großmachtstatus und Wirtschaftsinteressen im Zeichen imperialer Ziele endete ebenfalls mit dem Jahr 1945. Für diesen Teilbereich haben Beobachter von engen „Kollaborationsverhältnissen" mit dem NS-Regime[18] gesprochen. Zu dem Syndrom von Protektionismus, Autarkie und fachspezifischer „Innovationskultur", für welches die IG Farben das Extrembeispiel liefert, traten vor allem die Elemente von Expansion und Krieg hinzu. Sie waren im deutschen Fall seit dem Kaiserreich präsent und entfalteten vor allem nach 1914 ihre Wirkung. Die „Experimentierlust" von Naturwissenschaftlern und Ingenieuren wandte sich verstärkt rüstungs- und wehrtechnisch relevanten Problemen zu. Bei Kriegsende 1945, so konstatierte jüngst H. Maier, konnten die Siegermächte auf einen außerordentlichen Bestand „rüstungstechnologischer Innovationen" zurückgreifen, den die Labors und Werkstätten des Deutschen Reiches bereithielten[19]. Trotz einer vielfach unkoordinierten, in jedem Fall durch Ressortegoismen behinderten Förderung der rüstungsrelevanten Forschung im NS-Regime waren auf dem Gebiet der Luftfahrttechnik, des U-Boot-Baus, der Giftgasentwicklung oder der Raketentechnik personelle und sachliche Ressourcen vorhanden, welche die einseitige Ausrichtung der technisch-naturwissenschaftlichen Expertenkulturen auf militärische Zielsetzungen widerspiegeln.

Für sozialwissenschaftliche und juristische Experten war die Militarisierung nicht minder bedeutsam. Auch hier waren Krieg und Wehrhaftigkeit zentrale Be-

Deutschland 1900–1960, in: *vom Bruch*, *Kaderas*, Wissenschaft 52–59, im folgenden zitiert: *Wengenroth*, Flucht.

[17] *Wengenroth*, Flucht.

[18] *Herbert Mehrtens*, Kollaborationsverhältnisse. Natur- und Technikwissenschaftler im NS-Staat und ihre Historie, in: Medizin, Naturwissenschaft, Technik und Nationalsozialismus. Kontinuitäten und Diskontinuitäten, hrsg. v. *Christoph Meinel*, *Peter Voswinckel* (Stuttgart 1994) 19.

[19] *Helmut Maier*, „Unideologische Normalwissenschaft" oder Rüstungsforschung? Wandlungen naturwissenschaftlich-technologischer Forschung und Entwicklung im „Dritten Reich", in: *vom Bruch*, *Kaderas*, Wissenschaft 253–262.

zugspunkte für die eigenen Planungen bzw. Expertisen. „Volk“ und „Raum“ wurden bekanntlich bereits in der Weimarer Republik Leitmetaphern in diesen Expertenkulturen[20]. Deren gemeinsame Zielperspektive war die Wiederherstellung einer politischen und sozialen „Ordnung“, welche den machtpolitischen Wiederaufstieg Deutschlands ermöglichen sollte. Damit waren in den meisten Fällen implizit oder explizit imperiale Expansionsziele verbunden. Als dann die außenpolitischen und militärischen Erfolge des NS-Regimes in kürzester Zeit den Wiederaufstieg bewerkstelligt hatten, verloren die meisten Experten jedes Maß und artikulierten in zahlreichen Planeingaben und Ausarbeitungen ihre Visionen einer imperialen Ordnung.

Die deutsche Tradition eines militärisch-industriellen Komplexes als eines Kernbereiches und Leitsektors des nationalen Innovationssystems und als zentraler Bezugspunkt auch zahlreicher anderer Expertenkulturen ging ebenfalls mit dem Deutschen Reich unter.

Auch das Verblassen militärischer Leitbilder für benachbarte Expertenkulturen – zu denken ist hier an Ingenieure, Psychologen oder Mediziner – gehört in diesen Zusammenhang.

5. Die unterschiedlichen Expertenkreise haben die Zäsur 1945 im wesentlichen ohne Statusverlust überstanden: Der Kreis der dauerhaft ausgeschlossenen Aktivisten des NS-Regimes blieb klein, die funktionalen Interessen der Siegermächte und dann der beiden Nachkriegsregime in BRD und DDR an den verschiedenen Expertengruppen war viel zu groß, als daß auf kollektivbiographischer Ebene markante Brüche zu verzeichnen wären. Vor allem Naturwissenschaftler, Mediziner und Ingenieure überstanden die Entnazifizierungsverfahren weitgehend unbeschadet bzw. unbehelligt. Bei Sozialwissenschaftlern und Juristen verloren einige wenige ideologische Exponenten der NS-Diktatur ihre Stellung, kehrten aber vielfach wieder nach Jahren der Ächtung bzw. Marginalisierung zurück in den Wissenschaftsbetrieb und nahmen zum Teil auch wieder prominente Positionen in den Expertenstäben der Nachkriegsregime ein. Dies gilt vor allem für die Bundesrepublik.

Der Wechsel in die Nachkriegsordnung gelang den Experten um so leichter, als der Nationalsozialismus lange Zeit primär als gefährliche Kombination einer irrationalen, wissenschaftsfremden Ideologie bzw. Weltanschauung mit einer neuartigen Herrschaftstechnik in Händen einer „gewissenlosen“ Clique gedeutet wurde. Dieses Bild imprägnierte die Experten über lange Zeit gegen Kritik und Selbstzweifel. Vor allem Naturwissenschaftler und Ingenieure nutzten die Ideologie „unpolitischer“ Wissenschaft.

6. Es kam nach 1945 ein generationenspezifischer Nachhalleffekt zustande, der maßgeblich für Kontinuität in den fachlichen, disziplinären Orientierungen über die politischen und lebensweltlichen Zäsuren des Jahres 1945 hinaus sorgte. In vielen Disziplinen und Expertenkulturen scheinen – so lehrt der Blick in die eher noch seltenen wissenschaftsgeschichtlichen Studien – die fach- bzw. bereichsspe-

20 *Raphael*, Radikales Ordnungsdenken.

zifischen Prägungen weitgehend unbehelligt überlebt zu haben. Allein die aktiven Koppelungen der disziplinspezifischen Denkstile mit den Kategorien imperialer Nationalisierung fielen weg oder wurden durch neue bzw. alte Verbindungen ersetzt (Abendland-Ideologie, Antikommunismus). Im Bereich von Technik und Naturwissenschaften spielte die Zäsur 1945 natürlich für den Bereich der Rüstungs-, Luftfahrt- und Kernforschung eine ungleich größere Rolle, weil die Auflagen der Alliierten eine Umorientierung von Forschungen und die Abwanderung von Forschern zur Folge hatten. Vor allem für die humanwissenschaftlichen Experten standen die 50er und frühen 60er Jahre jedoch ganz eindeutig im Zeichen der Kontinuität. Erste Studien zu so unterschiedlichen Bereichen wie Kriminologie, Psychiatrie oder Fürsorge zeigen uns Experten, die im wesentlichen an autoritären Ordnungsmustern festhielten, nach wie vor zu repressiven Lösungen zugunsten einer vermeintlich bedrohten Mehrheitsgesellschaft neigten und gegenüber neueren wissenschaftlichen Tendenzen aus dem Ausland reserviert-ablehnend gegenüberstanden[21]. Selbst in einem Bereich wie der betrieblichen Psychologie, in der die Wiederherstellung der Tarifautonomie und dann die Einführung der Mitbestimmung einen klaren Bruch der strukturellen Rahmenbedingungen mit dem Nationalsozialismus bedeuteten, hielten sich die Modelle führungszentrierter Vergemeinschaftung bis in die 60er Jahre[22].

7. Dementsprechend ist die Zäsur des Jahres 1945 primär als fachliche Neuorientierung im und durch den Generationenwechsel wirksam geworden. Sie läßt sich als Ausgangspunkt für zunächst zögerlich einsetzende, dann aber rasch breitenwirksame Transformationen der unterschiedlichen Expertenkulturen interpretieren. Viele Faktoren können dafür verantwortlich gemacht werden: Der institutionelle Rahmen für die Verzahnungen von Wissenschaft, Politik und Wirtschaft wurde neu abgesteckt. In der DDR übernahmen Staat und Partei die politische Kontrolle und administrative Steuerung der Expertensysteme. Stärker noch als im Deutschen Reich wurde nun die Rolle des Experten allein auf den Pol Staat ausgerichtet, dabei verlor er vor allem seine Eigenständigkeit als Organisator von Kooperationen zwischen den unterschiedlichen Bereichen von Wirtschaft, Gesellschaft und Staat; eine Rolle, welche zweifellos zu den Spezifika der Expertenkultur vor 1945 und in der Bundesrepublik gehört. Im westlichen Teilstaat kam es bei allen Kontinuitäten auf personeller und organisatorischer Ebene – z.B. in Instituten und Fakultäten – zu neuen Organisationsformen an der Schnittstelle zwischen Wissenschaft und Politik. Dies gilt für die naturwissenschaftlich-technikwissenschaftliche Großforschung ebenso wie für die empirische Sozialforschung und reichte bis zu den neuen institutionellen Arrangements, welche zwischen Max-

[21] Vgl. die Beiträge von *Immanuel Baumann*, Interpretation und Sanktionierung von Jugendkriminalität, in: *Herbert*, Wandlungsprozesse 348–377; *Julia Ubbelohde*, Der Umgang mit jugendlichen Normverstößen, in: ebd. 402–435; *Cornelia Brink*, Zwangseinweisungen in die Psychiatrie, in: ebd. 467–507.

[22] *Johannes Platz*, *Ruth Rosenberger*; *Lutz Raphael*, Anwendungsorientierte Betriebspsychologie und Eignungsdiagnostik: Kontinuitäten und Neuorientierungen (1930–1960), in: *vom Bruch*, *Kaderas*, Wissenschaft 291–309.

Planck-Gesellschaft, DFG, Fraunhofergesellschaft als den großen Selbstverwaltungsorganisationen der Wissenschaft und den staatlichen Institutionen auf Bund- und Länderebene aufgebaut wurden[23].

Als zweites wirkten sehr bald die neuen Sozialisationswege für die Nachwuchsgenerationen der Experten. Dramatisch war dies in der Physik, wo der Rückstand gegenüber der internationalen Forschung am größten war, galt aber auch in zahlreichen anderen naturwissenschaftlichen Disziplinen. Die kollektive Rückkehr in die Internationalität der Forschungszusammenhänge erfolgte in einem ersten Schritt als nachholendes Lernen der ersten Nachkriegsgeneration. Während das internationale Gefälle in vielen Gebieten der Naturwissenschaften eindeutig war und entsprechenden Umorientierungen den Weg bahnte, vollzog sich die Neuorientierung in den Sozialwissenschaften zum einen langsamer, zum andern aber auch konfliktreicher, weil in diesem Fall die Neuausrichtung an internationalen Wissensbeständen und Forschungskontexten zugleich auch mit einer expliziten Abwertung tradierter nationaler Wissens- und Diskurskomponenten verbunden war.

8. Aus den Neuorientierungen im Generationenwechsel ergibt sich ein Aspekt, der hier besonders hervorgehoben werden soll: Die Expertenkulturen spielten eine wichtige Rolle bei der Adaptation der beiden deutschen Gesellschaften an die neuen internationalen politischen und ökonomischen Rahmenbedingungen, welche sich aus der engen Blockbindung der beiden deutschen Teilstaaten ergaben. Voraussetzung für diese aktive Rolle, welche erst mit der allmählichen Verschiebung der internen Kräfteverhältnisse nach 1945 ergriffen wurde, war der fachspezifische Zwang zur internationalen Kooperation angesichts des Verlustes von Forschungsressourcen und Innovationsvorsprüngen. In beiden deutschen Staaten wurden Expertenkulturen wieder internationalisiert, diesmal jedoch aus Positionen machtpolitischer Ohnmacht, ökonomischer Rückständigkeit oder wissenschaftlichen Nachholbedarfs heraus. Dies ergab sich aus der Umkehrung der wissenschaftlich-technischen Positionen Deutschlands zwischen 1914 und 1945. Zeitpunkt und Ausmaß der „Öffnung" für „fremdes" Expertenwissen divergieren nach Fächern und Bereichen. Fächer wie Psychologie oder Soziologie erlebten typischerweise in den 50er Jahren eine „Amerikanisierung" ihrer Fachkulturen[24]. Neben genuin „amerikanischen" bzw. „westlichen" Disziplinen, wie etwa der „Demokratiewissenschaft" Politologie, stehen seit den 60er Jahren die unterschiedlichen naturwissenschaftlichen Disziplinen mit je eigenen Phasen und Formen der Neuorientierung an den internationalen Standards (häufig in der in den USA realisierten Wissensform) oder die Ingenieurwissenschaften mit unterschiedlicher nationaler Traditionspflege. Die Verbindungen zu „Westernisierung"

[23] *Gerhard A. Ritter*, Großforschung und Staat in Deutschland. Ein historischer Überblick (München 1992).

[24] *Alexandre Métraux*, Der Methodenstreit und die Amerikanisierung der Psychologie in der Bundesrepublik 1950–1970, in: Geschichte der deutschen Psychologie im zwanzigsten Jahrhundert, hrsg. v. *Mitchell G. Ash*, *Ulfried Geuter* (Opladen 1985) 225–251; *Weischer*, Empirische Sozialforschung 44–57.

oder „Liberalisierung“ der bundesrepublikanischen Gesellschaft sind keineswegs einheitlich, auf der Ebene der Wissensinhalte in vielen Fällen eher locker bzw. oberflächlich, stärkere Wirkungen dürften von lebensweltlichen Veränderungen in den Arbeitsbedingungen von Experten (Studium und Beruf im Ausland etc., Lebensstile etc.) ausgegangen sein. Doch gehörten jüngere Experten zu jenen Gruppen in den beiden deutschen Staaten, welche die Öffnung hin zu den übergreifenden internationalen Vernetzungen der Fachdisziplinen und Expertennetzwerke anstrebten. Für die DDR bedarf diese These sicherlich der genaueren Überprüfung. Angesichts des vielfach geringeren Niveaus der Vernetzung der sozialistischen Staatenwelt sind die sozialen und kulturellen Auswirkungen dieser Orientierung insgesamt wohl als deutlich geringer zu vermuten als im Fall der Bundesrepublik, wo die doppelte Integration in das atlantische Bündnissystem und in die EWG alle eingangs skizzierten Expertenfelder tiefgreifend verändert hat.

Alles spricht deshalb für die Vermutung, daß seit 1945 der nationalstaatliche Rahmen keinen zentralen Bezugspunkt mehr für die Vereinheitlichung der unterschiedlichen Expertenkulturen dargestellt hat. Statt dessen gewann die Einbindung westdeutscher Expertenkulturen (z. B. Raumplaner, Sozialexperten, Politikberater etc.) in atlantische, westeuropäische Netzwerke an Bedeutung. Es kommt hinzu, daß auch die Teilungen der Expertenfelder in die entsprechenden unterschiedlichen „Wissenschaftskulturen“ (Naturwissenschaften, Sozialwissenschaften, Geisteswissenschaften, Jura) mit Zeichen wachsender Spezialisierung und mit dem Untergang eines nationalen Bildungskanons wieder schärfer hervorgetreten sind.

D. Die politischen Zäsuren von 1945 und die Expertenkulturen im „langen“ 20. Jahrhundert

Wählt man eine Beobachtungsebene, welche sich an den eingangs skizzierten theoretischen Modellen zur historischen Einordnung der Expertenkulturen und der Expertenrollen orientiert, also nach den Trends der „Wissensgesellschaft“, der wissenschaftlich-technischen „Innovationssysteme“ bzw. der „Verwissenschaftlichung des Sozialen“ fragt, tritt die Zäsur 1945 deutlich zurück. Zwangsläufig gewinnen bei einer solchen Betrachtung die längerfristigen Kontinuitäten an Bedeutung und nimmt das Gewicht strukturgeschichtlicher Umbruchphasen jenseits der politisch-militärischen Großereignisse der deutschen Nationalgeschichte zwischen 1914 und 1990 zu. Solche Umbruchphasen sind eher zwischen 1880 und 1900 bzw. zwischen 1975 und 1990 anzusiedeln, als das Gesamtensemble der Expertenkulturen, insbesondere aber deren technisch-naturwissenschaftlicher Teil, aus alten Pfadabhängigkeiten bzw. institutionellen Traditionen heraustrat, weil die ökonomischen und sozialen Kontexte sich radikal veränderten. Hier ist nicht der Ort, über diese zwei Epochenschwellen zu diskutieren, welche für die Kernländer

Europas und der USA die Hochphase des industriellen Zeitalters begrenzen. Jede präzise Periodisierung muß jedoch die branchenspezifischen bzw. disziplinspezifischen Besonderheiten z.B. bei der Entwicklung der Technikstile in Chemie, Pharmazie oder Maschinenbau im Blick behalten. Innerhalb dieser Gesamtepoche ist das Gewicht der Pfadabhängigkeiten aufgrund der prägenden Bedeutung von Organisationsstrukturen und Arbeitsstilen in Unternehmen, von Ausbildungsprogrammen in Fachdisziplinen oder berufsständischen Sozialisationsmustern von „Experten"berufen als sehr hoch anzusetzen, wie eine Vielzahl technik- und professionshistorischer Studien gezeigt hat.

Besonders im Bereich der anwendungsbezogenen Naturwissenschaften und Ingenieurwissenschaften sind die Kontinuitäten solange groß geblieben, wie die Konkurrenzfähigkeit ingenieurgestützter deutscher Industrieproduktion auf internationalen Märkten gesichert war. Für die Leitsektoren Chemie, Pharmazie, Maschinenbau, später den Automobilbau galt dies über die Zäsur 1945 hinweg bis in die 80er Jahre des 20. Jahrhunderts. Seitdem läßt sich eine Phase beschleunigter Transformationen verbunden mit dem abrupten Ende von Pfadabhängigkeiten beobachten, welche die Expertenkulturen tiefgreifend zu verändern scheinen. Produktwechsel, Innovationen und Ablösung von Leitbranchen haben die Kontinuitäten der Periode 1880–1975 aufgelöst.

Auch für die „Verwissenschaftlichung des Sozialen" spielt die Zäsur 1945 im Vergleich zu den strukturgeschichtlichen Epochenschwellen eine deutlich geringere Rolle. Hier markieren (in beiden deutschen Staaten) die 60er und dann die 70er Jahre eine viel wichtigere Übergangsperiode: Mit der Ausdehnung des Bildungswissens, der spektakulären Ausweitung wissenschaftsgestützter Ausbildungsgänge und Berufsfelder und der Diffusion von „Expertenwissen" in vielfältige Bereiche des öffentlichen und privaten Lebens verbreiteten sich all jene Phänomene, welche gemeinhin in den Sozialwissenschaften mit dem Etikett „Wissensgesellschaft" verbunden werden. An diesen strukturgeschichtlichen Effekten langer Dauer hat die Zäsur des Jahres 1945 nur wenig geändert. Dies setzt der dramaturgischen Inszenierung dieses politisch-militärischen Großereignisses, wie sie in den voranstehenden Thesen versucht wurde, Grenzen, welche der Historiker respektieren sollte.

Adelheid von Saldern

Raum- und Zeitbezüge. Ein Kommentar

„Mit anderen Worten, wirklich neu in unserer Situation heute ist unser vorteilhafter Aussichtspunkt. Während wir uns immer noch in enger Nachbarschaft zur Moderne befinden und die Wirkungen der Turbulenzen spüren, die sie auf ihrem Weg verursacht hat, sind wir jetzt *imstande* (besser: sind wir jetzt *bereit* und *gewillt*), einen kühlen und kritischen Blick auf die Moderne in ihrer Totalität zu werfen, ihre Leistungen zu bewerten ...“[1].

In dieser Äußerung verbergen sich permanente Herausforderungen für die Geschichtswissenschaft, insbesondere wenn es um die Analyse des 20. Jahrhunderts geht. Zygmunt Bauman, von dem dieses Zitat stammt, gab seinem Buch über die Moderne und deren Übergang in die Postmoderne den Titel „Das Ende der Eindeutigkeit“. Darin thematisiert er die Ambivalenz der Moderne aus der Retrospektive, womit sich nicht zuletzt die Geschichtswissenschaft angesprochen fühlen sollte. Gleichwohl hat der Historiker Hans Günter Hockerts erst vor kurzem festgestellt, daß die Zeitgeschichtsforschung noch zögere, die Modernisierung nicht nur als Lösung, sondern auch als Problem in den Blick zu nehmen[2]. Das gilt freilich nicht allgemein und schon gar nicht für die Alltags- und Frauengeschichtsschreibung, die bereits seit den achtziger Jahren vermehrt der Fragestellung nach den relativen sozialen Kosten von Modernisierungsprozessen nachgegangen ist[3].

Im folgenden werden die Beiträge dieser Sektion ebenfalls unter Berücksichtigung der Ambivalenzen kommentiert. Da diese recht unterschiedliche Themenbereiche behandeln, erfolgt deren kritische Reflexion auf der Basis übergeordneter Fragestellungen. So werden die Beiträge daraufhin untersucht, inwieweit die hierin enthaltenen Raum- und Zeitbezüge für eine Geschichte des 20. Jahrhunderts bedeutsam sind.

[1] *Zygmunt Bauman*, Moderne und Ambivalenz. Das Ende der Eindeutigkeit (Hamburg 1992, engl. Originalausgabe 1991) 332f. Hervorhebungen im Original.

[2] *Hans Günter Hockerts*, Zeitgeschichte in Deutschland. Begriff, Methoden, Themenfelder, in: Aus Politik und Zeitgeschichte B 29–30/93 (16. Juli 1993) 3–19, hier 17.

[3] Auch ist auf die Studie von Peukert zu verweisen: *Detlev J. K. Peukert*, Max Webers Diagnose der Moderne (Göttingen 1989).

Raumbezüge

Obwohl *turns* mit Vorsicht zu rezipieren sind, ist nicht abzustreiten, daß diese in der Regel bisherige Defizite in der Forschung und in der Interpretation historischer Sachverhalte aufgreifen und zu beheben versuchen. Dies gilt auch für den *spatial turn*, durch den das Bewußtsein für die Bedeutung des Raumes als einer historischen Kategorie geschärft wurde[4]. Relevant ist die Erkenntnis, daß Raum von den Menschen selbst produziert und konstituiert wird, demnach prozessual und relational angelegt ist (*spacing*)[5]. Dazu gehört auch die Produktion von Raum durch Fachexperten für den Bereich der Infrastruktur. Im Beitrag von Dirk van Laak über Infrastrukturen ist *Raum* eine zentrale Kategorie. Infrastrukturen sind nicht nur als Kommunikationsmedien zu begreifen, sondern auch als Instrumente der Raumordnung, der Raumgestaltung und der Raumüberwindung. Zuzustimmen ist van Laak, wenn er darauf verweist, daß Infrastrukturen schon immer ein Mittel der gesellschaftlichen Organisation und der arbeitsteiligen Wirtschaft gewesen seien, daß aber die Infrastrukturpolitik im 20. Jahrhundert einen besonderen, nämlich einen expansiven Charakter angenommen habe. Dies gelte sowohl hinsichtlich ihres Aufbaus als auch in Bezug auf ihre Nutzung, womit er die größer gewordene Abhängigkeit der Menschen von diversen Infrastruktureinrichtungen meint. Mit solchen Aussagen verweist der Autor auf eine neue Entwicklungsstufe der Industrie- und Konsumgesellschaft. Ein Beispiel sei genannt: Straßen gab es schon immer, nicht aber mehrspurige Autobahnen, die indessen so intensiv genutzt werden, daß sie nicht ausreichen, um Staus zu vermeiden.

Auf solchen mehrspurigen Autobahnen fuhren und fahren auch die Fachexperten, von denen in Lutz Raphaels Beitrag die Rede ist. Diese nutz(t)en die expandierende Infra- und Kommunikationsstruktur, erstens um ihr Beziehungsnetz zu pflegen und dieses auf die nationale und internationale Ebene auszuweiten, zweitens um ihre beruflichen Aufgaben zügiger erledigen zu können und drittens um nationale und transnationale Fachöffentlichkeiten herzustellen. Sicherlich sind für alle drei Funktionen die Medien bedeutsamer als die Verkehrssysteme, aber auch die Medien bedurften und bedürfen einer raumüberwindenden Infrastruktur, etwa Kabel und Elektrizität, als Voraussetzung ihres Funktionierens.

Lutz Raphaels Beitrag regt dazu an, die Gesellschaftshorizonte der Fachexperten, inklusive deren Technik- und Raumverständnis, im Kontext der unterschiedlichen politischen Systeme Revue passieren zu lassen. So erhalten wir Kenntnis von der Faszination, die autoritäre Systeme auf Fachexperten wegen deren ungehinderter Planungskompetenz ausgelöst haben. Der Verfechter des Neuen Bauens, Ernst May, bekannter Stadtbaurat aus Frankfurt am Main, ging beispielsweise

[4] Zum *spatial turn* siehe einführend die Einleitung von *Simon Gunn*, The Spatial Turn: Changing Histories of Space and Place, in: *Simon Gunn*, *Robert J. Morris* (Hrsg.), Identities in Space. Contested Terrains in the Western City since 1850 (Aldershot etc. 2001).

[5] Vgl. dazu *Martina Löw*, Raumsoziologie (Frankfurt a. M. 2001). Allerdings ist wegen des Mißbrauchs der Raumkategorie durch die Nationalsozialisten („Lebensraum") Sensibilität im Umgang mit diesem Begriff erforderlich.

1930 nach Moskau, obwohl er kein Kommunist war, nachdem die Stadt Frankfurt ihm keine attraktiven beruflichen Entfaltungsmöglichkeiten mehr bieten konnte[6]. Des weiteren eröffnete die nationalsozialistische „Großsprecherei" auf infrastrukturellem Sektor für zahlreiche Techniker und angehende Ingenieure neue, attraktive Berufs- und Handlungsperspektiven[7]. Charakteristisch für zahlreiche Fachexperten scheint ferner zu sein, daß diese ihre Tätigkeit als unpolitisch definier(t)en, was bei vorherrschender Arbeitsteiligkeit moderner Organisationssysteme besonders leicht fällt. Bei einer solchen Einstellung war es ohne Schwierigkeiten für die meisten Fachexperten möglich, zunächst im „Dritten Reich" und dann in der Bundesrepublik ihren beruflichen Aufgaben nachzugehen, um die infrastrukturelle Modernisierung der beiden Gesellschaften voranzutreiben.

Hinsichtlich der Nutzung von Infrastrukturen verweisen die Leitfragen vor allem auf die Geschichte des sozialen Wissens sowie auf alltagshistorische Zusammenhänge. So mußte zum Beispiel das richtige Verhalten der Fußgänger bei einem motorisierten Verkehrsfluß, insbesondere in den zwanziger Jahren, mühsam erlernt werden, wobei deren Rechte bis zur Einführung der Fußgängerzonen in den siebziger Jahren immer mehr eingeschränkt wurden[8]. Zur Nutzungsgeschichte gehören zudem Themen wie die Reaktionen auf den Verkehrslärm, die geschlechtsbezogene Aufladung der Automobilisierung oder die Resonanz verschiedener sozialer Gruppen auf diverse infrastrukturelle Neuerungen. Schließlich ist die Symbolkraft von Infrastrukturen hervorzuheben, etwa das Symbol der Autobahnen für den Nationalsozialismus, das Symbol der Raumfahrt für die Weltmächte im Kalten Krieg oder das Symbol des Großsiedlungsbaus als Ausdruck geplanter Stadtpolitik und Sozialrationalisierung im Zeichen der Moderne[9].

Solche (Groß)Siedlungsprojekte verweisen ihrerseits stets auch auf die geschlechterspezifische Dimension der Moderne, die Merith Niehuss von verschiedenen Seiten aus in den Blick nimmt. Die Wohnungsbaupolitik war seit den zwanziger Jahren und erst recht seit den fünfziger Jahren wegen der meist randstädtischen oder gar suburbanen Lage der Wohnsiedlungen sowie wegen der Wohnungsgrundrisse bis in die späten siebziger Jahre konzeptionell und realiter einseitig auf das Modell der Hausfrauenehe zugeschnitten. Obwohl einige Frauen dabei mitwirkten, blieb die zuständige „Fachwelt" doch männlich dominiert. Erst im Kontext der Neuen Frauenbewegung seit den siebziger Jahren wurden eigenständige Wohnraumkonzepte entwickelt und dabei die diesbezügliche Ambiva-

[6] *Werner Durth*, Deutsche Architekten. Biographische Verflechtungen 1900–1970 (Braunschweig, Wiesbaden 1986) 75.

[7] Siehe dazu *Anette Schröder*, Vom Nationalismus zum Nationalsozialismus. Die Studenten der Technischen Hochschule Hannover von 1925 bis 1938 (Hannover 2003).

[8] *Uwe Fraunholz*, Motorphobia. Anti-automobiler Protest im Kaiserreich und Weimarer Republik (Göttingen 2002); dazu siehe *Barbara Schmucki*, Der Traum vom Verkehrsfluß. Städtische Verkehrsplanung seit 1945 im deutsch-deutschen Vergleich (Frankfurt a. M., New York 2001).

[9] *Ulfert Herlyn, Adelheid von Saldern, Wulf Tessin* (Hrsg.), Neubausiedlungen der 20er und 60er Jahre. Ein historisch-soziologischer Vergleich (Frankfurt a. M., New York 1987).

lenz des Neuen Bauens und Wohnens herausgearbeitet[10]. Zur Geschichte der Geschlechter im 20. Jahrhundert gehört deshalb auch die Geschichte von Raumgestaltungen, Raumgrenzen und Raumnutzungen – nicht nur im Privatbereich, sondern auch in öffentlichen und halböffentlichen Arealen. Zwar konnten Frauen in diesem Jahrhundert ihre Handlungs-Räume wesentlich erweitern (*empowerment*) und traditionelle Raumgrenzen überwinden, aber strukturelle und mental eingelagerte Asymmetrien bestehen weiter[11].

Andere Aspekte von Raumgestaltung können in den wirtschaftshistorischen Beitrag von Harold James integriert werden. Gerade die Große Wirtschaftskrise um 1930 ist als eine Phase zu betrachten, in der die Weichen für eine Re-Aktualisierung der deutschen Großraumpolitik gestellt wurden bzw. werden sollten[12]. Im Kern ging es um die Idee einer kontinentalen deutschen Großraumpolitik. Diese Idee wurde in Deutschland seit dem Ende der 1870er Jahre in unterschiedlichen politischen Kontexten und in Schüben diskutiert[13]. Die deutschen Mitteleuropapläne ziehen sich vom späten 19. Jahrhundert bis zum Ende des Zweiten Weltkrieges durch. Es handelt sich um eines der Projekte, bei dem die kritische Historisierung der NS-Zeit wichtig ist. Denn die NS-Großraumpolitik weist einen Doppelcharakter auf: Sie stand zum einen in der Kontinuitätslinie deutscher Kontinentalpolitik, zum anderen wurde diese Politik durch einen sich radikalisierenden Rassismus überschrieben und dominiert, dem sich die auf asymmetrische Arbeitsteilung ausgerichteten Wirtschaftseliten mit ihren diversen hegemonialen Europakonzeptionen nur schwer entziehen konnten oder wollten[14].

Großraumpolitik unter ganz anderen politischen Vorzeichen wurde auch in der Zweiten Nachkriegsordnung eine politikbestimmende Komponente[15]. Kontinuitäten und Brüche zur deutschen Großraumpolitik der früheren Jahrzehnte sind gerade in letzter Zeit verstärkt thematisiert worden[16]. Eine solche Kontinuitätslinie beruht im Profil der EWG/EG/EU als einem geschlossenen Wirtschaftsblock mit hohen Außenzöllen. Diese sowie die wettbewerbsverzerrenden Exportsubventionen wirken sich bekanntlich negativ auf die Entwicklungsländer aus, und

[10] Die geschlechterbezogene Ambivalenz des Neuen Bauens und Wohnens blieb lange Zeit tabuisiert. Kritisch u. a. *Kerstin Dörhöfer*, Reproduktionsbereich Wohnen. Geschlechtsdifferente Ansprüche und bauliche Standards, in: *Adelheid von Saldern* (Hrsg.), Bauen und Wohnen in Niedersachsen während der fünfziger Jahre (Hannover 1999).

[11] Allerdings bedarf es klassen- und schichtenspezifischer Differenzierungen.

[12] Hier ist an den Versuch zur Bildung einer Deutsch-Österreichischen Zollunion 1931 und an die Bedeutung des neuen Präferenzzollsystems gegenüber südeuropäischen Ländern zu erinnern. Ferner ist an den Mitteleuropäischen Wirtschaftstag zu denken.

[13] Zum größeren Kontext siehe *Peter Stirk*, Mitteleuropa. History and Prospects (Edinburgh 1994).

[14] Vgl. dazu u. a. *Jörg K. Hoensch*, Nationalsozialistische Europapläne im Zweiten Weltkrieg. Versuch einer Synthese, in: *Richard G. Plaschka* u. a. (Hrsg.), Mitteleuropakonzeptionen in der ersten Hälfte des 20. Jahrhunderts (Wien 1995) 307–357.

[15] Allerdings war die Europapolitik stets, insbesondere in den fünfziger Jahren, stark mit nationaler Interessenpolitik, vor allem seitens Frankreichs, verbunden.

[16] *Thomas Sandkühler* (Hrsg.), Europäische Integration. Deutsche Hegemonialpolitik gegenüber Westeuropa 1920–1960 (Göttingen 2002).

eine Lösung dieses Strukturproblems ist auch nach rund vierzig Jahren noch immer nicht in Sicht. So positiv sich also die EWG-Gründung 1957 für den innereuropäischen Handel und für das Projekt *Europa* entwickelt hat, so sind doch solche problematischen Seiten im Weltzusammenhang unübersehbar[17].

Diese Beispiele, die die Bedeutung von Raum und Raumgestaltung in einer Geschichte des 20. Jahrhunderts demonstrieren sollen, unterlägen einer Mißdeutung, wenn nicht auch die gegenläufigen Tendenzen, nämlich die Enträumlichungsprozesse in den Blick gerieten. Beispiele aus drei Bereichen seien genannt: erstens aus dem Bereich des sozialkulturell geformten Raumes[18], zweitens aus dem Bereich der Politik und drittens aus dem Bereich der Infra- und Kommunikationsstruktur.

(Zu 1) Zu erinnern ist in diesem Zusammenhang an die Auflösung der alten, sozialräumlichen Milieus. Dieser Auflösungsprozeß deutete sich im Kontext der modernen Massen- und Freizeitkultur schon in den zwanziger Jahren an, setzte sich im „Dritten Reich" durch NS-Formationen und Volksgemeinschafts-Inszenierungen fort, zog sich dann jedoch bis in die sechziger und siebziger Jahre hin. Zwar werden von der Forschung für das letzte Viertel des 20. Jahrhunderts neue Lebensstilmilieus ausgemacht, doch diese waren und sind – im Unterschied zu den alten weltanschaulich eingebundenen Milieus – viel weniger raumbezogen, sondern bewegen sich mehr auf der so genannten Mesa-Ebene[19].

(Zu 2) Enträumlichungsprozesse sind auch in Bezug auf Kommune und Staat zu konstatieren. Im Vergleich zum späten 19. Jahrhundert büßte die Kommune als ein begrenzter Herrschafts- und Handlungsraum durch die staatlichen Rahmengesetze des 20. Jahrhunderts als relativ selbstständig agierender Politikraum an Handlungsfähigkeit ein[20]. Auch ist der Nationalstaat als Handlungseinheit durch die Europäisierung von Politik und Recht sowie durch die Globalisierung der Wirtschaft in seinen Handlungs-Räumen massiv eingeschränkt worden, insbesondere seit den 1980er und 1990er Jahren.

(Zu 3) Die größte Schubwirkung auf Enträumlichungsprozesse ist bekanntlich von den neuen Medien ausgegangen. Die Medialisierung der Gesellschaft gehört zu den bedeutsamen Entwicklungssträngen des 20. Jahrhunderts – verbunden mit tiefgreifenden Auswirkungen auf Öffentlichkeit, Politik und Kommunikation sowie auf Alltag und Mentalitäten. Die durch die Medien bedingte Raumungebundenheit ist als ein historischer Prozeß zu begreifen, der das ganze 20. Jahrhundert durchzieht und bislang in seiner vielfältigen Wirkkraft und hinsichtlich der diversen Aneignungsweisen erst in Ansätzen erforscht ist. Doch die Beschleunigungs-

[17] Allerdings wird auf politischer Ebene versucht, der Chancenungleichheit partiell entgegenzusteuern, etwa durch das Abkommen von Lomé im Jahre 1975. Auf Grund des Abkommens wurde 46 der so genannten AKP-Staaten (Afrika, Karibik, Pazifik) bevorzugte Hilfe zuteil.

[18] Hier sei auf die Studien von Pierre Bourdieu über den sozialen Raum verwiesen.

[19] Zum Wandel der sozialen Milieus siehe *Michael Vester* u.a., Soziale Milieus im gesellschaftlichen Strukturwandel. Zwischen Integration und Ausgrenzung (Köln 1993).

[20] Vgl. *Marc Hansmann*, Kommunalfinanzen im 20. Jahrhundert. Zäsuren und Kontinuitäten. Das Beispiel Hannover (Hannover 2000).

schübe im Prozeß der Medialisierung verweisen eindeutig auf das letzte Vierteljahrhundert, insbesondere wenn der Blick auf das Fernsehen sowie auf die neuen Informations- und Kommunikationstechnologien fällt.

Als Fazit bleibt festzuhalten: Die Beiträge regen dazu an, für eine Geschichte des 20. Jahrhunderts sowohl die Tendenzen zur Verräumlichung von Gesellschaftspolitik als auch die Prozesse der Enträumlichung zu beschreiben und ihre weiteren Verursachungen, Kontexte und Folgen zu analysieren. Insbesondere gilt es, das dynamische Mit- und Gegeneinander sowie die Verschränktheit von Ver- und Ent-Räumlichung herauszuarbeiten.

Zeitbezüge

Im Zentrum des zweiten Teils des Kommentars stehen Fragen nach den Zeitbezügen, die in den Beiträgen direkt oder indirekt eine Rolle spielen. Dabei werden sich die Ausführungen erstens auf den Aspekt der *longue durée* und zweitens auf Überlegungen zu den beiden Zäsuren von 1945/49 und 1973/75 konzentrieren.

Longue durée: Van Laak arbeitet die *longue durée* von Infrastrukturmaßnahmen heraus. Infrastrukturen seien „Garanten der Beständigkeit" und jenseits politischer Prozesse angesiedelt. In der Tat, noch immer fahren wir auf den Autobahnen aus der NS-Zeit; die Talsperren weisen ebenfalls ein ehrwürdiges Alter auf; die Untergrundbahnen in London oder New York zeugen vom Geist der Jahrhundertwende (um 1900). Keine Regierung riß die Infrastruktur ein, die ihre Vorgänger geschaffen hatten, auch wenn sie noch so verhaßt waren. Dies zeigen die politischen Zäsuren von 1918/1919, von 1933 und von 1945/49. Doch Vorsicht ist geboten, wenn es um die Verallgemeinerung dieses Sachverhalts geht, denn es sind auch Gegentrends auszumachen: Erstens kann das 20. Jahrhundert in verschiedenen Bereichen als ein Jahrhundert der Beschleunigung und damit auch der beschleunigten Entwertung von wissenschaftlicher Arbeit der Fachexperten, inklusive jener der für den Bau von Infrastrukturen zuständigen Ingenieure, interpretiert werden, wobei ein besonderer Beschleunigungsschub seit den siebziger und achtziger Jahren des zwanzigsten Jahrhunderts zu konstatieren ist. So haben Bücher in der Regel nur noch eine stark verkürzte Halbwertzeit, die Produktentwicklung zielt auf eine rasche Neuerung, und auch die Patente werden in immer schnellerem Rhythmus durch jeweils neue wirklich oder scheinbar übertroffen.

Während in diesen Bereichen sich die Entwicklung im (späten) 20. Jahrhundert als äußerst dynamisch erweist, zeichnet sich die Geschichte des Familienrechts durch Langlebigkeit aus, wie Merith Niehuss ausführt. Als erstes ist an die beachtlich große Ungleichzeitigkeit zu erinnern, die bereits die Entstehung des Familienrechts kennzeichnet. In einer Zeit, in der die Gesellschaft schon einen rasanten Modernisierungsprozeß durchlaufen und das Land sich bereits industrialisiert und urbanisiert hatte, wurde ein teilweise an vorindustrielle Zeiten erinnerndes Familienrecht kodifiziert. Diese schon um 1900 beispiellose Ungleichzeitigkeit, übrigens auch im internationalen Vergleich, hielt sich über siebzig Jahre, und zwar über alle politischen Systeme hinweg – mit Ausnahme der DDR. Wiederum sind es erst die siebziger Jahre, in denen infolge des Drucks der Neuen Frauenbewegung ein Schlußstrich unter dieses Kapitel deutscher Geschlechtergeschichte gesetzt wurde. Erklärbar wird die *longue durée* des Gesetzeswerkes nur dann, wenn man sich der Familienpolitik widmet, wie der Beitrag von Niehuss erkennen läßt: Stets war nämlich die Familienpolitik hochgradige Gesellschaftspolitik, und das konventionelle Familienleitbild galt für viele Politiker als Voraussetzung für eine stabile Gesellschaftsordnung[21]. Hinzu kommt als weitere Erklärung der *longue durée*, daß das „lebende Recht" (Rückert) die BGB-Paragraphen vielfach unterlaufen hat, worüber wir allerdings noch nicht allzu viel wissen.

Die Themen Familienrecht und Familienleitbild führen zu der Frage nach der etwaigen *longue durée* des Bürgertums und der Kultur der Bürgerlichkeit. Die Beiträge von Raphael und van Laak weisen indirekt auf die im 20. Jahrhundert fortschreitende soziale Erweiterung des Bürgertums hin. Hier ist vor allem an die Zunahme der Anzahl von Fachexperten in allen gesellschaftlichen Bereichen, insbesondere im (Aus-)Bildungssektor, zu denken, wobei der größte Schub auf die sechziger und siebziger Jahre fällt[22]. Somit ging ein Abbau des bis dahin gültigen bürgerlichen Bildungs- und Wertekanons und eine Öffnung gegenüber neuartigen kulturellen Praktiken einher, so daß es zur Pluralisierung bürgerlicher Lebensstile gekommen ist[23]. Die Kultur der Fachexperten blieb indessen bis auf den heutigen Tag in vielen Gesellschaftsbereichen, besonders unter Ingenieuren und in den Naturwissenschaften, einseitig männlich geprägt – eine *longue durée*, die eine größere Beachtung in historischen Analysen verdient.

Der Aufsatz von Lutz Raphael führt ferner zur Frage, ob es Sinn macht, von einer *longue durée* bestimmter Leitwissenschaften im 20. Jahrhundert zu reden: Manches spricht dafür, der Biologie und das was dafür gehalten wurde, den größten Einfluß auf die Gesellschaftspolitik zuzuschreiben, und zwar in Form des Sozialdarwinismus, der Eugenik, der Gesundheits- und Hygienepolitik sowie der Rassenlehre in der ersten Hälfte des 20. Jahrhunderts und in Form der sogenannten Lebenswissenschaften am Ende des 20. Jahrhunderts.

Auf ökonomischer Ebene zeichnet sich bekanntlich der Kapitalismus als grundlegendes Wirtschaftsprinzip durch eine *longue durée* aus, auch wenn diverse Anpassungen an die Leitmaxime der verschiedenen politischen Regime, inklusive derjenigen der *sozialen* Marktwirtschaft der Bundesrepublik, nötig wurden. Als gescheiterte historische Alternative, die immerhin vierzig Jahre währte, ist die sozialistische Wirtschaftsverfassung der DDR in eine Geschichte des 20. Jahrhunderts zu integrieren, zumal von beiden Wirtschaftssystemen eine große Prägekraft

[21] In der Vernachlässigung des Auf- und Ausbaus von Ganztagsschulen und Kindergärten sowie der Kleinkinderbetreuung zeigen sich im internationalen Vergleich Besonderheiten der deutschen Familienpolitik, die in keiner Gesellschaftsgeschichte des 20. Jahrhunderts fehlen dürften.

[22] Diesbezüglich ist auch der Ausbau des öffentlichen Sektors zu nennen.

[23] Dazu *Vester* u. a., Soziale Milieus.

auf Individuum und Gesellschaft ausging, die im Kontext des Kalten Krieges zudem starke Wechselbezüge aufwiesen. Die Amerikanisierung[24], von der im Beitrag von Harold James die Rede ist, wird ebenfalls durch eine *longue durée* im 20. Jahrhundert gekennzeichnet[25], wobei die Anfänge im Jahrzehnt nach dem Ersten Weltkrieg liegen und Beschleunigungsschübe nach dem Zweiten Weltkrieg, jedoch vor allem seit den achtziger und neunziger Jahren, zu verzeichnen sind.

Ein weiterer „roter Faden" auf wirtschaftlichem Gebiet stellt zudem der Fordismus dar. Dieser bildete die Leitidee in Bezug auf die Gestaltung von Arbeit und Organisation, von Raum- und Zeitstrukturen, von Menschenökonomie und Gesellschaftsplanung, von Sozialrationalisierung und Sozialverteilungspolitik. Der Fordismus durchzog über ein halbes Jahrhundert hindurch (1925–1975) alle politischen Systeme, auch das der DDR. Erst in der zweiten Hälfte der siebziger Jahre setzte auf diesem Gebiet ein neues Modelldenken ein, das unter dem Schlagwort „Ende der Arbeitsteilung" (Kern/Schumann) und der Idee der „Humanisierung der Arbeit" nach schwedischem Muster diskutiert wurde und den Postfordismus einleiten sollte. Zum Zuge kam schließlich eine Veränderung der Arbeits- und Organisationsstruktur der großen Unternehmen in Form dezentraler Produktionssysteme, gepaart mit einer neuen Logistik[26].

Läßt man mit Blick auf die Kontinuitätsfrage die Beiträge Revue passieren, so muß der positive Zukunftsglaube genannt werden, der das Selbstverständnis aller politischen Systeme auszeichnete[27]. Dieser erlitt zwar immer wieder durch die vielen Krisen und die zwei Weltkriege massive Rückschläge, doch es sollte bis in die zweite Hälfte der siebziger Jahre dauern, bis die Erkenntnis über seine *strukturelle* Brüchigkeit zum *sozialen Wissen* der Zeit avancierte. Für eine Geschichtsschreibung des 20. Jahrhunderts spielt deshalb die Rekonstruktion des jeweiligen Zukunftsdenkens der Menschen eine maßgebliche Rolle, um deren etwaige Loyalität[28] gegenüber einem Regime erklären zu können.

Als *longue durée* für das deutsche 20. Jahrhundert erweist sich schließlich auch das Wunschdenken nach einer (ethnisch) homogenen und sozial befriedeten (Volks-) Gemeinschaft. Angefangen im Fronterlebnis des Ersten Weltkrieges über die verbreitete Volksgemeinschaftssehnsucht in der Weimarer Republik, vor allem im rechten politischen Lager, mutierte dieses Denkmodell zu einer radikalen Po-

24 Der Begriff Amerikanisierung weist allerdings eine große Unschärfe auf, denn er suggeriert eine bloße Übertragung von Produkten und Verhaltensweisen von einem Land auf das andere, während es sich in Wirklichkeit um komplexe Selektions- und Aneignungsvorgänge handelt.

25 In der NS-Zeit kam es allerdings zu massiven Brechungen und Neukontextualisierungen.

26 Allerdings ist auf die große Ungleichmäßigkeit der Entwicklung hinzuweisen.

27 Die Rekonstruktion des Zukunftsglaubens im Selbstverständnis der Regime bedarf selbstredend einer (kritischen) Historisierung des Begriffs. In der NS-Zeit kam es zu einer Verzwirnung der Idee des „ewigen Kampfes" in der Geschichte mit der Beschwörung eines NS-spezifischen (rassistischen und nationalistischen) Aufbruchs seit 1933, der zu einer „neuen Zeit" geführt habe.

28 Hier ist vor allem an die späten dreißiger Jahre und für die DDR an die sechziger Jahre zu denken.

litik der Inklusion und Exklusion von Menschen im Zuge rassistischer NS-Volksgemeinschaftspolitik. Nach 1945 setzte sich dieses Wunschdenken in entnazifizierten Kontexten fort. In den Jahrzehnten nach dem Zweiten Weltkrieg zielte die DDR-Führungsriege auf die Erreichung einer harmonischen „sozialistischen Menschengemeinschaft“ ab[29], in deren Gefolge Oppositionelle zum Opfer fielen und Fremde isoliert blieben. In der jungen Bundesrepublik fanden in entnazifizierter Form Leitbilder einer ethnisch möglichst homogenen und sozialharmonischen Gesellschaft weiterhin Resonanz; erst in den sechziger und siebziger Jahren wurden sie massiv in Frage gestellt[30]. Doch im Bereich der Ausländerpolitik läßt sich auch für die darauffolgende Zeit noch das traditionelle Modell einer kulturell homogenen Gemeinschaft von „Deutschen“ erkennen.

Zäsuren: Welche Bedeutung das Jahr 1945 als Zäsur für eine Geschichte der Expertenkultur hat, thematisiert Lutz Raphael in seinem Beitrag. Er betont in diesem Zusammenhang die Entnazifizierung des Handelns und das Verschwinden des Nationalen. Stattdessen sei die Maxime des „unpolitischen“, sachgerechten und zweckrationalen Handelns erwachsen, wobei man erneut an die Tätigkeiten der Infrastruktur-Experten denken mag, die van Laak untersucht. Doch müßte hinsichtlich der Entnazifierung von Handlungsmaximen nach etwaigen „Phantomschmerzen“, d.h. nach Substitutionen und Verdrängungen der NS-Zeit gefragt werden. Fragen ähnlicher Art stellen sich auch im Hinblick auf das Verschwinden des Nationalen. Kam es in diesen Berufsgruppen – wie bei anderen Sozialgruppen – zu einer Verlusterfahrung im Hinblick auf die Nationsspaltung[31]? Wurde deshalb die Internationalisierung und die Westernisierung der Bundesrepublik (Doering-Manteuffel) für so wichtig erachtet? Waren diese Berufsgruppen Vorreiter der Idee einer bundesrepublikanischen „Nation“, die sich – gestützt durch die westliche Welt im Kontext der Systemkonkurrenz des Kalten Krieges – durch eigene überragende Wirtschaftsleistungen („Wirtschaftswunder“) auszeichnen sollte, um auf solche Weise neue Weltgeltung zu erlangen?

Zäsur 1973/75: Das 20. Jahrhundert kann nicht als Gesamtheit erfaßt werden, wenn nicht auch die Zeit nach 1973/75 zumindest perspektivisch in den Blick gerät, denn hier ging eine Ära zu Ende[32]. Stichworte sind vor allem auf wirtschaftlicher Ebene angesiedelt: die Ölkrise 1973 als Stimulans für eine neue Nachdenklichkeit über Ressourcen, die Zunahme der so genannten Sockelarbeitslosigkeit nach Überwindung einer jeden Konjunkturkrise. Vor allem ist der Übergang zur postindustriellen und postfordistischen Gesellschaft zu thematisieren, der eben-

29 Der Ausdruck wurde in den sechziger Jahren verwendet.

30 Das 1965 erschienene Buch von Ralf Dahrendorf, in dem einer Konflikte regulierenden Demokratie das Wort geredet wurde, bedeutete wohl einen wichtigen Markstein für die öffentliche Diskussion. *Ralf Dahrendorf*, Gesellschaft und Demokratie in Deutschland (München 1965).

31 *Edgar Wolfrum*, Der Kult um den verlorenen Nationalstaat in der Bundesrepublik Deutschland bis Mitte der 60er Jahre, in: Historische Anthropologie 5 (1997) H. 1, 83–115.

32 Vgl. z.B. *Peter Wagner*, Soziologie der Moderne (Frankfurt a.M., New York 1995) 140.

falls mit einem tiefgreifenden wirtschaftlichen Strukturwandel einherging und auch das so genannte Normalarbeitsverhältnis, das allerdings für Frauen bis dahin sowieso nur eingeschränkt galt, langsam ausdünnte. Das Ende der Fahnenstange namens Sozialstaat wurde erreicht, kostenaufwendige Reformen waren nicht mehr zu realisieren. Der Zauberstab des Keynesianismus verlor seine Wirkkraft, der Abbau des Sozialstaates und der allmähliche Deutungsgewinn des Neoliberalismus begannen seit den achtziger und neunziger Jahren die politische Kultur zu beeinflussen. Der auf sozialstaatliche Fortschritte setzenden sozialdemokratischen Massenpartei wurde der Boden unter den Füßen weggezogen, und gleichzeitig wurde ihre Position im *Feld der Politik* durch außerparlamentarische Aktivitäten (Bürgerinitiativen) und die neuen sozialen Bewegungen massiv herausgefordert. Zeitlich nur wenig versetzt – seit etwa Mitte der achtziger und anfangs der neunziger Jahre – kam es zu einem neuen Entwicklungsschub der Wirtschafts- und Gesellschaftspolitik durch die Globalisierung auf der Basis der neuen Informations- und Kommunikationstechnologien sowie der „Wende von 1989".

III. Transformation von Kulturmustern und ideellen Orientierungen

Jürgen Reulecke

Völkische und nationale Orientierungen: Beharrungskraft und Modifikation von Wertvorstellungen in generationellen Selbstsichten

Vorweg einige persönliche Anmerkungen zum Rahmenthema „Strukturmerkmale", in das der vorliegende Beitrag einzuordnen ist – ausgehend von einer Gedichtstrophe von Hermann Hesse, jenem Geistesapotheker des 20. Jahrhunderts, der für vielerlei psychische Wehwehchen der Moderne wohlfeile lyrische Mittel geliefert hat. Von ihm stammen die einklagenden beziehungsweise beklagenden Verse[1]:

„Einmal zu Stein erstarren! Einmal dauern!
Danach ist unsere Sehnsucht ewig rege,
Und bleibt doch ewig nur ein banges Schauern,
Und wird doch nie zur Rast auf unserm Wege."

Was Hesse uns hiermit resignativ zu begreifen aufgibt, ist die Einsicht, daß der Glaube an das Vorhandensein oder besser: die Erreichbarkeit fester, Sicherheit gebender Strukturen eine Illusion ist. Nun geht es im vorliegenden Band um „Strukturmerkmale" der Geschichte des 20. Jahrhunderts, und mir ist der Part zugewiesen worden, mich über die Beharrungskraft, aber auch Überwindung generationeller Orientierungen zu äußern. Wer sich mit der Geschichte des Generationenbegriffs seit dem Ende des 19. Jahrhunderts etwas auskennt und gleichzeitig das inflationäre Generationsgerede in den derzeitigen öffentlichen, weitgehend medial gesteuerten Zuordnungsspielen im Kopf hat, der kann eigentlich nur Reißaus nehmen. Da ich aber selbst im Sommer 2001 im Münchener Historischen Kolleg eine Tagung durchgeführt habe, die sich mit dem Thema „Generationalität und Lebensgeschichte im 20. Jahrhundert" beschäftigt hat[2], sitze ich jetzt in gewissem Umfang in einer Falle. Was tun?

[1] Es handelt sich um die vierte Strophe des Gedichts „Klage", hier zit. nach *Hermann Hesse*, Gesammelte Werke in zwölf Bänden, Bd. 1 (Frankfurt a. M. 1970) 107.
[2] S. die inzwischen vorliegende Tagungsdokumentation mit diversen kritischen Beiträgen zum Generationenbegriff: *Jürgen Reulecke* (hrsg. unter Mitarbeit von *Elisabeth Müller-Luckner*), Generationalität und Lebensgeschichte im 20. Jahrhundert (Schriften des Historischen Kollegs, Kolloquien 58, München 2003).

I.

Die Wortkombination „Strukturmerkmale" ist verführerisch; sie legt den Eindruck nahe (wie viele Wortverbindungen oder Begriffe mit der Endung auf „tur" wie Kontur, Kultur, Diktatur, Abitur, Montur, Positur usw.), mit „Struktur" etwas fest Gefügtes, etwas Bestätigtes, augenscheinlich Sicheres vor sich zu haben, das dann wie ein „Denk-Mal" mit eindeutigen Merkmalen in der historischen Argumentationslandschaft herumsteht.

Ich äußere mich jetzt nur mit leichter Ironie dazu, denn jeder von uns kennt ja jenen zunftinternen Diskussions- und Denkprozeß, der jahrzehntelang, seit Werner Conze in den 1950er Jahren den Sozialhistorikern den Begriff „Strukturgeschichte" in ihr Stammbuch geschrieben hat[3], unsere Disziplin beflügelt und zugleich ebenso konturiert wie eingeengt hat[4]. Struktur ist im plattesten Sinn häufig als ein objektiv vorhandenes, meist auch quantitativ erfaßbares Binnengefüge zu einem bestimmten historischen Zeitpunkt verstanden worden, das erst dadurch in historische Abläufe gestellt wurde, daß es mit einer oder mehreren anderen Strukturen vorher und/oder nachher verglichen wurde. Eine gewisse Übersteigerung des „Vergleichs" als des angeblichen „Königsweges" der Historie[5] war daraufhin die Folge. „Verstanden" glaubte man die Geschichte immer dann zu haben, wenn man zum Beispiel die Entstehung der Unterschiede zwischen den Strukturen A, B, C usw. erklären konnte.

Ich versimplifiziere diesen Denkvorgang bewußt, um ihn von einem anderen abzusetzen, auf den ich hinaus will und der darauf abzielt, „begreifen" zu wollen (das heißt, auf von uns an die Lebensvollzüge früherer Menschen herangetragene „Begriffe" bringen zu wollen), wie die Menschen einer vergangenen Epoche auf die Herausforderungen ihrer Zeit reagiert haben, wie sie sie wahrgenommen, in Erfahrung umgesetzt und als Ausgangsbasis ihres Hineindenkens in die für sie offene Zukunft genommen haben – nicht nur als eine Ansammlung isolierter Individuen, sondern in ihren sozialen Netzwerken, in ihren Lebenskontexten, in den Wechselbeziehungen mit ihren Zeitgenossen und vor dem Hintergrund zeittypischer Sinnstiftungsangebote, Verführungspotentiale, Bedrohungsszenarien usw.[6]. Mit anderen Worten: Bringt man solche Zusammenhänge vorschnell auf

[3] *Werner Conze*, Die Strukturgeschichte des technisch-industriellen Zeitalters als Aufgabe für Forschung und Unterricht (Köln 1957).

[4] Der kritischen Frage von Dieter Groh aus dem Jahre 1971, ob nicht durch die starke Favorisierung der Strukturgeschichte „der Gestaltcharakter historischer Phänomene verabsolutiert" werde und deshalb Zweifel angebracht sei, ob Strukturen „überhaupt Objekte möglicher historischer Erkenntnis sein können", ist m. W. lange Zeit vor lauter Struktureuphorie nicht ernsthaft nachgegangen worden; s. *Dieter Groh*, Strukturgeschichte als „totale" Geschichte?, in: VSWG 58 (1971) 289–322, Zitat S. 320.

[5] S. dazu *Hartmut Kaelble, Jürgen Schriewer* (Hrsg.), Vergleich und Transfer. Komparatistik in den Sozial-, Geschichts- und Kulturwissenschaften (Frankfurt, New York 2003).

[6] S. dazu programmatisch *Ute Daniel*, Kompendium Kulturgeschichte. Theorien, Praxis, Schlüsselwörter, 4. überarb. Auflage (Frankfurt a. M. 2004).

den Nenner „Struktur“, dann raubt man den Zeitgenossen von damals ihre offenen Horizonte.

Mit diesem – zugegeben ebenfalls recht holzschnittartig beschriebenen – Frageansatz wage ich es nun im folgenden dennoch, mich unter das relativ löchrige Dach der „Strukturmerkmale“ in eine Etage mit dem Namen „Generationalität“ zu begeben. Hierbei geht es um die Geschichte(n) von nach Karl Mannheim als „Generationseinheiten“ identifizierbaren Netzwerken[7], die dadurch, daß ihre Mitglieder sich gegenseitig kommunikativ über ihre generationelle Zugehörigkeit vergewissern, eine lebenslaufbegleitende Bedeutung und darüber hinaus oft auch eine allgemeinere geschichtswirksame Qualität besitzen konnten und können. Nicht die Einpassung von Menschen bestimmter Geburtsjahre in retrospektiv konstruierte Generationsstrukturen ist es also, um die es hier geht, sondern es geht um die Arten und Weisen der subjektiven Selbstverortung, Selbsthistorisierung und auch Selbstinszenierung von konkreten Menschen im Kontext der Herausforderungen ihres jeweiligen so und nicht anders gelebten, erlebten und gedeuteten 20. Jahrhunderts.

Daß tiefgreifende Umbruchereignisse, dies zudem noch je unterschiedlich nach dem Lebensalter, in dem man von ihnen erschüttert wird, in spezifischer Weise intensive Selbstbefragungen und Selbstdeutungsversuche zur Folge haben und sogar im Extremfall dauerhaft traumatisieren können, liegt auf der Hand[8]. Und ebenso liegt auf der Hand bzw. läßt sich leicht nachweisen, daß generationelle Zuordnungen zu und Vergewisserungen bei seinen Altersgenossen in den genannten Situationen Konjunktur haben, weil solche Zuordnungen offenbar Orientierung und zumindest rudimentäre Sinnhaftigkeit versprechen: im Vergleich mit Gleichaltrigen, aber auch im Vergleich mit beziehungsweise in Absetzung von älteren oder jüngeren Zeitgenossen! Dies ist, so zeigen inzwischen viele genauer analysierte Beispiele, keine bloß kurzlebige, gewissermaßen nur situationsbedingte Angelegenheit, sondern kann intensive Langzeitwirkungen zur Folge haben, wenn massive Umbrucherfahrungen Menschen in einer jener beiden Altersphasen betreffen, in der zum einen grundsätzlich eine starke lebenslaufbestimmende Prägung (also in der Adoleszenz) zu erfolgen pflegt oder in dem zum anderen infolge des Älterwerdens und des unübersehbaren Nachrückens jüngerer Altersgruppen die eigene Endlichkeit und der Wunsch nach einer vorzeigbaren, möglichst schlüssigen Lebensbilanz eine wachsende Rolle zu spielen beginnen.

[7] Auf das breite Wiederaufgreifen des Mannheimschen Generationenmodells von 1928 in den letzten zwei Jahrzehnten sei hier nur hingewiesen; s. zuletzt dazu *Jürgen Zinnecker*, „Das Problem der Generationen“. Überlegungen zu Karl Mannheims kanonischem Text, in: *Reulecke*, Generationalität (s. Anm. 2) 33–58.

[8] Inzwischen hat eine breitere Diskussion über das Thema Trauma in den Kulturwissenschaften begonnen: vgl. z.B. *Elisabeth Bronfen*, *Birgit R. Erdle*, *Sigrid Weigel* (Hrsg.), Trauma. Zwischen Psychoanalyse und kulturellem Deutungsmuster (Köln, Weimar, Wien 1999), sowie *Cathy Caruth*, Trauma als historische Erfahrung: Die Vergangenheit einholen, in: *Ulrich Baer* (Hrsg.), Erinnerungskultur nach der Shoa (Frankfurt a.M. 2000) 84–101; s. auch *Christian Schneider*, *Cordelia Stillke*, *Bernd Leineweber*, Trauma und Kritik. Zur Generationengeschichte der Kritischen Theorie (Münster 2000).

Zugespitzt gefragt – dies auch angesichts des Programms unserer Tagung: Sind solche in erster Linie (bloß) die Individuen und ihre Netzwerke in den Blick nehmenden, d.h. deren Lebensvollzügen nachspürenden historischen Zugriffe nicht letztlich nur Nebenschauplätze der Geschichte? Muß es nicht viel mehr um „Herrschaft und Politik" und um „Wirtschaft und Gesellschaft" als die angeblich klare Strukturen hervorbringenden und „Strukturmerkmale" erzeugenden Handlungsfelder gehen? Eine solche Entgegensetzung – oft ins Feld geführt – wäre meines Erachtens töricht; es muß wohl um das Zusammenspiel beider Pole gehen und um die Deutungen, welche die Zeitgenossen dem sich daraus ergebenden Geschichtsprozeß unterlegt haben! Erst dieses Zusammenspiel macht meines Erachtens Geschichte zu dem Faszinosum, das uns hier – wie ich annehme – verbindet. Aber jahrzehntelang ist ja oft unter dem Einfluß der zur „historischen Sozialwissenschaft" ausgebauten Strukturgeschichtsschreibung – so hat einmal ein bissiger Kritiker gesagt – die Historiographie zu einem Verfassen von trockenen Gutachten über Geschichte verkommen, und der Versuch, narrativ den Geschichten von Menschen in ihren jeweiligen Zeiten nachzuspüren, galt als ziemlich abseitiges Hobby kleiner Geister, die nicht in der Lage waren, die hehren Gipfel der Theorie zu erklimmen. Doch lassen wir das: Solche Polemiken sind Schnee von gestern und Untersuchungsgegenstände für an Historiographiegeschichte interessierte jüngere Historiker, denen sich einige der Tagungsteilnehmer inzwischen als fossile Quellen anbieten können.

II.

Ich will im folgenden an einigen Beispielen nicht so sehr die generationellen Orientierungen als solche, sondern exemplarische Reflexionen über Generationalität in der Jahrhundertmitte vorstellen. Dieser Zeitpunkt bietet sich deshalb verständlicherweise besonders an, weil nach dem Zusammenbruch von 1945 einerseits die Altersgruppen, die ihn mit zu verantworten hatten, noch aktiv im Leben standen und zur Bilanzierung aufgefordert waren und andererseits neue Generationen, die später den weiteren Verlauf des 20. Jahrhunderts vornehmlich gestalten sollten, bereits – kriegsbedingt frühreif – in den Startlöchern hockten. Wenn man so will, dann geht es also hier um Teile des mentalen Gepäcks unserer Eltern- und Großelterngeneration, die wir – ob wir es wollen oder nicht – weitertragen beziehungsweise weiterzutragen gezwungen sind[9]. Die Zeitspanne von ungefähr Ende 1946 bis Mitte 1948 scheint in besonderer Weise eine Phase gewesen zu sein, in der nach der Bewältigung der unmittelbaren Existenzfragen eine allgemeine Reflexion über das zurückliegende Geschehen auf breiterer Front begann und vielerlei Sinnstiftungsversuche unternommen wurden: Man sortierte die Erinnerung an die Ereignisse, ordnete sie in die eigene Lebensgeschichte ebenso wie in die Sicht auf die

[9] S. dazu *Peter Schulz-Hageleit*, Leben in Deutschland 1945–1995. Geschichtsanalytische Reflexionen (Pfaffenweiler 1996) bes. 20ff.

miterlebte allgemeine Geschichte ein, gründete Erinnerungsgemeinschaften und begann Zukunftsprogramme zu entwerfen[10]. Eine bemerkenswerte Rolle spielten in diesem Zusammenhang Generationenvergleiche, von denen im folgenden einige vorgestellt werden sollen. Führend dabei waren vor allem Angehörige der sogenannten „Jahrhundertgeneration“ oder „Kriegsjugendgeneration“, das heißt, Vertreter jener Altersgruppe, die im ersten Jahrzehnt des 20. Jahrhunderts geboren ist. Sie hat Sebastian Haffner in seinen jüngst erschienenen Lebenserinnerungen als die „eigentliche Generation des Nazismus“ apostrophiert; viele ihrer Mitglieder - und Haffner (1907–1999) nimmt sich davon nicht aus - hätten „den Krieg, ganz ungestört von seiner Tatsächlichkeit, als großes Spiel erlebt“ - das Kriegserlebnis der deutschen Schuljungen habe später dem Nazismus entscheidend „geholfen und sein Wesen modifiziert“[11].

Als erstes Beispiel für einen Generationendiskurs in der unmittelbaren Nachkriegszeit soll ein in der Zeitschrift „Die Brücke“ überliefertes (möglicherweise fiktives) Dreigenerationengespräch vorgestellt werden, in dem es um die unterschiedlichen generationellen Prägungen dreier Altersgruppen ebenso wie um die aus den entsprechenden Reflexionen zu ziehenden „Lehren“ ging. Die Besonderheit dabei ist, daß diese Zeitschrift im Juni 1947 von den „Studenten von Wilton Park“ herausgegeben wurde, jener englischen Reeducation-Einrichtung, in der deutsche Kriegsgefangene mit gehobener Bildung in Lehrgängen im Volkshochschulstil, zu denen auch ausgewählte Besucher aus Westdeutschland eingeladen waren, unter demokratischem Vorzeichen zum Nachdenken über die unmittelbare Vergangenheit und die Zukunft angeregt werden sollten. Drei Sprecher treten in jenem Gespräch auf[12]: Für den ersten, offenbar zwischen 1900 und 1910 geborenen ehemaligen Soldaten (Stichwort: „Jahrhundertgeneration“) waren in seiner Kindheit das geliebte, sich mit großem Pomp präsentierende Vaterland und der ebenfalls zu liebende Kaiser in seiner glänzenden Uniform prägende Bilder, außerdem die Vorstellung, daß der Krieg mit „seinem Ernst und seinem blutigen Heldentum“ etwas „Großes, Heiliges“ sei. In diesem Sinne habe man als Heranwachsender mit seinen Altersgenossen in Phantasieuniformen Krieg gespielt und sich an die Front gesehnt, wo die Älteren für Deutschlands Größe kämpften. Nach dem Krieg seien dann jedoch ganz „gewöhnliche alte Männer“ in einfachen

[10] S. dazu z. B. *Hermann Glaser*, Deutsche Kultur 1945–2000 (München, Wien 1997) bes. Kap. 1 „Die Trümmerzeit“ 19–225; facettenreich auch *Alexander von Plato*, *Almuth Leh*, „Ein unglaublicher Frühling“. Erfahrene Geschichte im Nachkriegsdeutschland 1945–1948 (Bonn 1997); vgl. auch *Gerd Sautermeister*, Messianisches Hoffen, tapfere Skepsis, Lebensbegehren: Jugend in den Nachkriegsjahren, in: *Thomas Koebner* u. a. (Hrsg.), Deutschland nach Hitler. Zukunftspläne im Exil und aus der Besatzungszeit 1939–1949 (Opladen 1987) 261–300.

[11] *Sebastian Haffner*, Geschichte eines Deutschen. Erinnerungen 1914–1933 (Stuttgart, München 2000) 22.

[12] Den folgenden Ausführungen liegt die Zeitschrift der Studenten von Wilton Park „Die Brücke. Für Verständigung und Frieden“ zugrunde, die den neunten Lehrgang (April bis Juni 1947) dokumentiert, vor allem der Beitrag von *Reinhart Stalmann*, Um die deutsche Jugend. Was sollte man sie lehren 27–30.

dunklen Anzügen ohne glänzende Uniformen an die Macht gekommen. Als Jugendlichem sei ihm, dem Sprecher, dann beigebracht worden, in diesen Männern Vaterlandsverräter zu sehen und sie zu verachten.

Der zweite Kriegsgefangene, geboren im zweiten Jahrzehnt des 20. Jahrhunderts, hatte seine wichtigsten Prägungen in der Bündischen Jugend der Nachkriegszeit mit ihren Jungenuniformen erhalten, der sogenannten „Kluft" mit Halstuch und kurzer Hose – zusammengehalten durch einen gebrauchten Ledergürtel, der vielleicht vorher einem gefallenen Weltkriegssoldaten gehört hatte und auf dessen Koppelschloß „Gott mit uns!" zu lesen war. Die Fahne, für die sich zu sterben „verlohne", habe als heilig gegolten; die Spießer seien ebenso verachtet worden wie die „klebrige Masse". Um das daniederliegende Vaterland zu neuen Höhen zu bringen, habe man sich der Aufgabe verschrieben, eine bessere, eine heroische Zeit herbeizuführen. Die Stimmungslage in den Gruppen sei dementsprechend von der Sehnsucht nach Weite und von Romantik bestimmt gewesen. Lieder seien dabei nachhaltig prägend gewesen: „Wir sangen fröhliche Soldatenlieder oder grobe, schwerfällige Landsknechtsweisen oder solche, die traurig und sehnsüchtig klangen und von denen wir nicht wußten, woher sie stammten, doch bei ihrem Klang weitete sich das Herz schmerzhaft vor Verlangen und Sehnsucht nach der unbekannten Weite."[13]

Der jüngste der drei Männer, Mitte der 1920er Jahre geboren, trug schon – so berichtet er – als Zehnjähriger eine Uniform: Er habe sie anschließend nicht mehr ausgezogen, nur die Farbe habe gewechselt! Mit leuchtenden Fahnen, Trommelklang und Fanfaren sei er marschiert und von den Jungen und Alten gelehrt worden, den Führer zu lieben, der mit seinen Getreuen das Vaterland errettet habe und das zu einer besonderen Rasse gehörende deutsche Volk „zu neuer Größe und Macht führen" werde. Er habe in zahllosen schönen und kraftvollen Worten von Kameradschaft und Opfer, Volk und Gemeinschaft, Heldentum und Tod gehört und diese Worte schließlich so aufgenommen, „wie man die tägliche Nahrung" aufnimmt. Spät habe er dann daran zu zweifeln begonnen, und jetzt stehe er in einer Situation, in der alle schrieen, „es sei schlecht, was uns damals gut schien, und es sei gut, was uns damals schlecht schien". Und der nun etwa Zwanzigjährige (heute wäre er etwa 80 Jahre alt) endet mit der bangen Frage: „Was sollen wir jetzt tun?"

Auf diese Frage folgt dann ein von dem älteren der drei Kriegsgefangenen moderiertes Zusammentragen von insgesamt 17 Lehren, mit denen man der neuen Jugend Empfehlungen geben wollte, „damit sie nicht in die Irre geht, an uns vorbei", das heißt, an den Erfahrungen dieser drei Altersgruppen vorbei, und sie wieder auf einen Weg geraten lasse, der ein drittes Mal „ins Unglück führen kann". Die aufgelisteten Lehren kreisen um Begriffe wie Ehrfurcht vor Gottes Schöpfung,

[13] S. zur generationenprägenden Wirkung von Liedern *Jürgen Reulecke*, „Wir reiten die Sehnsucht tot" oder: Melancholie als Droge. Anmerkungen zum bündischen Liedgut, in: *ders.*, „Ich möchte einer werden so wie die ...". Männerbünde im 20. Jahrhundert (Frankfurt a. M. 2001) 103–128.

Toleranz, Selbstkritik, nüchterne Distanz zu großen Ideologien, Wahrheitsliebe, „echtes“ Heldentum, Völkerverständigung und ähnliches, und sie enden mit dem pathetischen abendländisch-christlichen Grundgedanken, daß das Gute stärker sei als das Böse, weil Gott gut und der Mensch von Gott sei ...

III.

Fast zeitgleich mit dem Gespräch in der Wilton Park-Akademie hat auch in Berlin ein offenbar vom Alter der Beteiligten her ähnlich zusammengesetztes Gruppengespräch von etwa zehn Personen stattgefunden, dessen Ergebnisse dann eine gerade auf den Markt gekommene „Halbmonatsschrift für junge Menschen“ mit dem Titel „Horizont“ ausführlich abdruckte[14]. Zugespitzt ausgedrückt, läßt sich dieser Versuch, aus der Sicht von Anfang 1947 die Entwicklung des 20. Jahrhunderts als „Generationsproblem“ (so der Titel des Gesprächs) zu deuten, als mentalitätsgeschichtliche Basiserzählung oder psychohistorisches Gesamtpanorama charakterisieren: Es werden nämlich nicht nur die vielfältigen geschichtswirksamen Charakteristika mehrerer aufeinander folgender altershomogener „Erlebnisgruppen“ ausführlich erörtert und nebeneinandergestellt, sondern auch die generationenübergreifenden Konsequenzen für die zukünftige deutsche Geschichte ebenso wie die kollektivpsychologischen Ausgangsbedingungen diskutiert, die vermutlich für das Verhalten der einzelnen Generationen beim Start in eine neue Zukunft ausschlaggebend sein könnten. Die facettenreiche Sammlung von Zuschreibungen und Perspektiven kann hier nur knapp zusammengefaßt werden. Die Gesprächsteilnehmer unter der Moderation des Herausgebers von „Horizont“, des Schriftstellers Günther Birkenfeld (1901–1966), glaubten, fünf deutlich unterscheidbare „Erlebnisgruppen“ vor sich zu haben: die „Spätbürgerlichen“ (geb. vor 1900), die „Inflationisten“ (geb. 1901 bis 1912), die „Pseudorevolutionäre und Wundergläubigen“ (geb. 1913 bis 1918), die „Kumpels“ (geb. 1919 bis 1926) und schließlich „die neuen Romantiker“, also „die Kinder des chaotischen Zusammenbruchs“ (geb. ab 1927).

Nur einige Kernaussagen aus den Charakterisierungen dieser fünf „Erlebnisgruppen“: Auch wenn sie mehrfach auf Ausnahmen von der Regel hinweisen, glaubten die Gesprächsteilnehmer dennoch folgende Grundmuster identifizieren zu können:

1. Die 1890er Generation sei trotz der später sie erschütternden Weltkriegserfahrungen noch intensiv von den „Werten und Begriffen der spät-wilhelminischen Prosperität“ geprägt geblieben und habe auch weiterhin die bürgerliche Sicherheit als ihr Lebensideal vor Augen gehabt – ein „Rentnerideal“ also! Nationale Gesinnung, Untertanengeist und Einordnungsbereitschaft mit einer daraus resultieren-

[14] Zum Folgenden s.: Das Gespräch: Das Generationsproblem, zwei Teile, in: Horizont. Halbmonatsschrift für junge Menschen, 2. Jg., Heft 3 (2. 2. 1947) 8–10, Heft 4 (16. 2. 1947) 9f.

den Verhaltensdisposition, die man „Liliputdespotismus" nennen könne, gleichzeitig aber auch ein „müdes Epigonentum" mit „schwermütigen Ahnungen" seien in dieser Altergruppe stark vertreten gewesen. Nach 1918 hätten dann viele von ihren Mitgliedern, tief deprimiert, keinen festen Boden mehr unter die Füße bekommen.

2. Vor allem Feindschaft gegen ihre Väter habe die nächste Generation, also die im vorliegenden Beitrag als „Jahrhundertgeneration" bezeichnete Altersgruppe, geprägt, heißt es; sie, die Väter (in heutiger Terminologie: die „Wilhelminer"[15]), seien von vielen Angehörigen dieser Altersgruppe für die Kriegsniederlage und die Inflation verantwortlich gemacht worden. Führungs- und haltlos hätten sie vor einem Chaos gestanden – zwar mit zum Teil „gesunden Instinkten und richtigen Ahnungen", aber ohne Wissen, was sie eigentlich anstreben sollten. Ernüchtert wären manche Angehörige dieser Gruppe dann zu Bohemiens, kalten Spöttern und Verneinern geworden, denen alles fragwürdig war. Gleichzeitig hätten sie aber ein expansiver Drang und eine starke Erlebnissucht beseelt[16].

3. Bei der im Ersten Weltkrieg geborenen und ohne Väter aufgewachsenen Altersgruppe, so diagnostizierten die Gesprächsteilnehmer anschließend, habe der Autoritätsglaube geradezu den Charakter eines Fetischismus angenommen: Ihr Verlangen nach Führertum und Sicherheit sei in die Flucht in die Anonymität von Gemeinschaft und emotionale Heimat versprechenden Organisationen eingemündet, wobei die bisher selbstverständlichen und für die beiden vorherigen „Erlebnisgruppen" noch bindenden Werte des christlichen Abendlandes eine immer geringere Rolle gespielt hätten. Statt dessen hätten sie zur Geheimbündelei geneigt, seien aber durchaus zu „echtem Idealismus" fähig gewesen, wenn es in den „Kampfjahren" um Dienst und Opfer ging. Geistig seien sie letztlich Kleinbürger mit Hang zur Rechthaberei und Unduldsamkeit geblieben, mit der Lust am Randalieren und der Neigung zur Suche nach Sündenböcken für eigene Fehler. Ansonsten könne man sie als Stilklitterer bezeichnen, ob sie nun in ihren Bünden Wandervögelbräuche nachahmten oder in Thingstätten dunkle Blutmythen zelebrierten.

4. Ganz anders dann die Charakterisierung der in den 1920er Jahren geborenen sogenannten „Kumpels": Hineingewachsen in den totalen, oft zunächst aber verführerischen Zwang des NS-Regimes, hätten sie stramm stehen und sich einfügen müssen, wogegen sie sich erst allmählich ab Ende der 1930er Jahre aufzulehnen begonnen hätten. Bis Stalingrad seien die meisten von ihnen jedoch zu einem „frischfröhlichen Krieg" bereit gewesen. Danach habe sich allerdings zunehmend

[15] S. dazu *Martin Doerry*, Übergangsmenschen. Die Mentalität der Wilhelminer und die Krise des Kaiserreichs (Weinheim, München 1986).

[16] Es böte sich an dieser Stelle an, auf die inzwischen diversen neueren (kollektiv-) biographischen Studien zu einzelnen Vertretern dieser Altersgruppe (auch als „Generation der Sachlichkeit" charakterisiert) einzugehen, doch sei hier nur beispielhaft hingewiesen auf *Ulrich Herbert*, Best. Biographische Studien über Radikalismus, Weltanschauung und Vernunft 1903–1989 (Bonn 1996) sowie auf *Michael Wildt*, Generation des Unbedingten. Das Führungskorps des Reichssicherheitshauptamtes (Hamburg 2002).

Verzweiflung ausgebreitet. Mit dem scharfen Instinkt des Frontkämpfers – frühreif ohne Wissen und einem harten Skeptizismus zuneigend – wahre diese Generation nun nach dem Krieg zunächst einmal äußerste Zurückhaltung und sei nur schwer für etwas zu gewinnen. Wo sie aber ja sage, könne man sich auf sie verlassen.

5. Über die fünfte und jüngste Altersgruppe – heute etwa 70 bis 80 Jahre alt[17] – glaubten die Sprecher vorerst nur wenig aussagen zu können, doch wiesen sie bereits darauf hin, daß viele ihrer Angehörigen, die den Krieg als Kinder durchlitten hatten, eine starke „Sehnsucht nach Stille, eine Hinneigung zum Zarten und Innerlichen" zeigten, aber daneben auch Anzeichen von Verspieltheit, Fahrigkeit und Verplempern in Vergnügungen. Andererseits jedoch finde sich bei ihnen gleichzeitig ein „ungestümer Kulturhunger" nach der großen geistigen Überlieferung aller Kulturnationen. Dabei seien sie „überempfindsam" und erschienen dem nur oberflächlichen Betrachter leicht als greisenhaft.

Ähnlich ausführlich und facettenreich wie die rückblickenden Zuschreibungen fallen in einem zweiten Schritt dann Überlegungen zur Frage aus, worin die Mitschuld der einzelnen Altersgruppen am spezifisch deutschen Geschichtsverlauf des 20. Jahrhunderts bestehe und was von ihnen in Zukunft zu erwarten sei. Die Angehörigen der erstgenannten (und zum Teil auch noch der zweitgenannten) Gruppe werden zwar als „letzte Vertreter der großen humanistischen Tradition" angesehen, aber ein persönliches Verantwortungsbewußtsein sei bei ihnen nur „schwächlich entwickelt". Ihre derzeitige Position sei ein Lavieren zwischen Beharrung und Neuformung, ohne wirkliche Einsicht! Allerdings werde diese „Erlebnisgruppe" ja bald abtreten – ein Irrtum, wie sich in der „Adenauerära" dann bald zeigen sollte!

Die Gefahr der zweiten Gruppe bestand nach Ansicht der Redner darin, in nihilistische Anwandlungen zu verfallen: Einerseits folge daraus eine kritische Grundhaltung, die das „zarte Pflänzchen der deutschen Demokratie mit übergescheiten Fingern leicht zerpflücken" könne, andererseits besitze diese Gruppe aber auch Improvisierfähigkeit, genialische Züge und – wenn sie die Kritik auch gegen sich selbst zu richten imstande sei – vielerlei Fähigkeiten zu geistiger Anregung, obgleich sie dabei in der Gefahr sei (und darin liege ein Hauptschuldvorwurf gegen sie), in intellektuelle Überheblichkeit zu verfallen. Deshalb wird ihren Angehörigen eine intensive Selbstzucht angeraten.

Die dritte Gruppe erfährt die massivste Kritik. Sie schweige noch, aber es wird vermutet, daß sie aus Verstocktheit schweige und nichts eingesehen habe. Ihr werde es wohl am schwersten fallen, sich zu demokratischen Überzeugungen und Formen durchzuringen. Daß sie sich zur Verachtung des Lebens, des fremden wie des eigenen, habe verführen lassen, sei ihr gravierendster Schuldanteil: Ohne innere Beteiligung hätten die Angehörigen dieser Altersgruppe die Ausrottung der Juden und das Massensterben russischer Kriegsgefangener hingenommen – mit

[17] Helmut Schelsky sollte sie dann später in seinem bekannten Bestseller von 1957 als „skeptische Generation" charakterisieren.

derselben „Wurschtigkeit“ wie auch den Untergang deutscher Städte und die Gewißheit des eigenen Todes. Die ungünstigen Folgen der Besetzung Deutschlands könnten diese Menschen, wenn auch noch eine „anhaltende Verfinsterung unserer Zukunftshoffnungen“ hinzukomme, leicht zu „bedrohlichen Rückfällen verleiten“.

Der von Zwangslage zu Zwangslage getriebenen vierten Gruppe wird, obwohl auch ihr Schuldanteil zum Teil beträchtlich sei, zugute gehalten, daß sie zur Zeit am schwersten erschüttert, aufgewühlt, weg- und ratlos sei. Nüchtern und mit kritischem Wirklichkeitssinn wie die zweite Gruppe ausgestattet, erschütternd humorlos und zum Teil angriffslustig gegen jede ideologische Position warte sie ab und wehre sich voll Mißtrauen gegen alle Arten von Parteiwesen. Aber gerade diese Altersgruppe müsse vom demokratischen Mitmachen überzeugt werden – Hand in Hand mit der ihr recht ähnlichen zweiten Gruppe: dies auch mit Blick auf beider Vorbild- und Leitfunktion für die fünfte Gruppe, deren große Gefahr ihr krasser Individualismus, ihre Scheu vor Arbeit, ihr Amüsiertrieb usw. seien, deren positiven Seiten aber in ihrer intensiven Suche nach neuen Wegen und Idealen, ihrer Aufgeschlossenheit gegenüber Kritik und ihrer Lernbereitschaft bzw. Belehrbarkeit beständen.

Was die Teilnehmer des Berliner Generationengespräches hier in bemerkenswert einfühlsamer, wenn auch möglicherweise etwas naiv wirkender Weise unternommen haben, ist ein umfassendes Historisierungsunternehmen aus ihrer zeitspezifischen Wahrnehmung heraus, der Versuch nämlich, zur Erkenntnis über die je psychisch besonderen Hintergründe der Altersgruppen zu kommen, die das NS-Regime in je eigener Weise mit zu verantworten hatten – dies so sachlich wie möglich und ohne Vorwürfe, sondern aus dem Bestreben heraus, die Motive der darin verstrickten Menschen zu ergründen, wie ausdrücklich betont wird.

IV.

In einem auch heute noch faszinierenden Artikel in der Zeitschrift „Die Fähre“ hatte kurz vorher der damals 38jährige Psychoanalytiker Alexander Mitscherlich (1908–1982) als Leiter der beobachtenden deutschen Ärztekommission beim Nürnberger Prozeß genau zu einem solchen kritisch-verstehenden Umgehen mit dem Geschehen im NS-Staat, das gerade erst in seinem vollen, maßlos erschütternden und – so Mitscherlich – jedes „menschliche Fassungsvermögen“ übersteigenden Ausmaß bekannt wurde, seine Zeitgenossen und besonders die Geschichtswissenschaft aufgerufen[18]: Wenn die Geschichte die Art und Weise sei,

[18] *Alexander Mitscherlich*, Geschichtsschreibung und Psychoanalyse. Bemerkungen zum Nürnberger Prozeß, in: Die Fähre, Jg. 1 (1946) Heft 1, 29–39; s. zu Mitscherlichs Rolle in Nürnberg und zu den Folgen seiner dortigen Beobachtertätigkeit *Tobias Freimüller*, Mediziner: Operation Volkskörper, in: *Norbert Frei* (Hrsg.), Karrieren im Zwielicht. Hitlers Eliten nach 1945 (Frankfurt a. M. 2001) 13–73, bes. 18ff.

wie Menschen sich auf dieser Welt einrichten, dann hätten sie sie auch zu verantworten. Wenn sie es nicht wollten, müsse man sie dazu zwingen. Aber wie? Durch Erkenntnis und schonungsloses Erinnern, so seine Empfehlung! Die Angeklagten im Nürnberger Prozeß unmittelbar vor sich sehend, glaubt Mitscherlich allerdings schon zu wissen, wie spätere Historiker mit diesem Ereignis umgehen werden, nämlich mit ihrer bisher üblichen Fixierung des Blicks bloß auf die „Anonymität einer Epoche, (auf) Stile, Akten, Schlachten" usw.[19] und gerade nicht auf die handelnden Subjekte, das heißt das Zusammenspiel von deren sinnlicher, geistiger und unbewußter Erfahrung im historischen Prozeß. Mitscherlich wörtlich: „Man hat sich unendliche Mühe gegeben, die Mitwirkung der unpersönlichen Mächte am Geschichtsprozeß zu analysieren: der Konjunkturen und Krisen, der Zeitströmungen und Tendenzen, des kulturellen Alters oder der Jugendlichkeit. Die Funktion des Menschen, der sichtbar und handelnd in ihr auftritt, hat man demgegenüber nicht bewältigt. Aus den Taten schließt man auf den Charakter, vom Charakter wieder auf Tun wie Getanes. So scheint auch der Charakter eine Gegebenheit. Was man aber auch unter Charakter verstehe, er ist der Charakter einer Persönlichkeit, und diese ist immer mehr als ihr Charakter. Zudem lebt und wird sie; und zwar in sehr weitem Spielraum zu den Gezeiten ihrer biologischen Lebenskurve."[20]

Was Mitscherlich als Therapie zur individuellen wie kollektiven „Geschichtserkenntnis in der Erkenntnis von Personen" (und darüber hinaus übrigens auch als Heilungsweg für das „Seelenheil" der Angeklagten) empfiehlt, ist „erschütterte Erkenntnis", verstanden als „Abbau einer Garnitur von Posen nach der anderen", denn: Lernen könne man aus der Geschichte nur, „wenn man genaue Kenntnis von der menschlichen Gebärdung hat, durch welche sie befördert wird"[21]. Da Geschichtserkenntnis ohne Menschenerkenntnis aber oberflächlich bleiben müsse, fordert er eine enge Zusammenarbeit zwischen Geschichtswissenschaft und Psychoanalyse ein. Daß man einwenden könne, ein solches tiefer dringendes Verständnis der handelnden Personen, gerade auch der verbrecherischen Persönlichkeiten, könne zu einer Entschuldigung ihrer Taten mißbraucht werden, weiß Mitscherlich, weist aber diesen Vorwurf mit dem Argument zurück, daß Einsicht niemals ein Faktum auslöschen könne, und erwähnt den Arzt und den Priester, die – wenn sie Menschen helfen – damit keineswegs zugleich deren Richter seien. Hier ließe sich der berühmte Satz von Marc Bloch hinzufügen, daß die Geschichtswissenschaft kein strafender Erzengel ist. Mitscherlichs Plädoyer lief Ende 1946 darauf hinaus, den Angeklagten von Nürnberg die Chance zu geben, sich einer intensiven Psychoanalyse, also einer Berichterstattung über ihre Persönlichkeit ohne jede „Selbstprotektion", zu stellen, wobei sich diese Aufforderung, wenn ich Mitscherlich richtig verstehe, durchaus auch auf alle Akteure der am NS-Geschehen beteiligten Generationen cum grano salis und in je spezifischer Weise übertragen

[19] *Mitscherlich*, (s. Anm. 18) 32.
[20] Ebd. 33.
[21] Ebd. 36.

ließe, denn: „Ohne das Korrektiv einer Menschenkenntnis, die über die Beliebigkeit der Wertung hinausgehoben ist, ohne seelische Selbstzeugnisse der Täter könnte es sein, daß in grauenvoller Vernunftlosigkeit die Legende auch das in die Folianten des Nürnberger Prozesses eingegangene Wissen umrankt, verbirgt und damit überwältigt."[22]

Wir wissen, daß Mitscherlichs Appell an die Geschichtswissenschaft (er hatte übrigens selbst einmal zunächst Geschichte studiert) bis in die jüngste Zeit keine Folgen gehabt hat und daß er später vor allem mit seinen beiden Büchern „Die Unfähigkeit zu trauern" und „Auf dem Weg zur vaterlosen Gesellschaft" versucht hat, seine Erfahrungen mit dem Umgehen der bundesrepublikanischen Gesellschaft mit der NS-Zeit in sozialpsychologische Analysen allgemeinerer Art einzubringen.

Gab es in der Nachkriegszeit generationenspezifische Selbstanalysen, die wenigstens ein wenig in Richtung auf Mitscherlichs Forderung hinausliefen, sich selbst zu analysieren, und – wenn ja – wo lagen ihre Grenzen?

V.

Ein bemerkenswertes Beispiel einer solchen Selbstanalyse beziehungsweise generationellen Selbsthistorisierung soll abschließend noch vorgestellt werden. Sie stammt von Hans Zehrer (1899–1966) und wurde Ende 1952/Anfang 1953 unternommen, als Zehrer noch Chefredakteur des von dem Hannoverschen Landesbischof Hanns Lilje (1899–1977) herausgegebenen Evangelischen Sonntagsblatts war, kurz bevor er dann die Chefredaktion der „Welt" übernahm. In einem Sonderheft des Sonntagsblatts erschien damals ein Artikel Zehrers mit dem provozierenden Titel „‚Junge Generation' zwischen fünfzig und sechzig."[23] Mit „junge Generation" spielt Zehrer auf jenes (um 1930 vor allem die um 1900 bis 1910 Geborenen) aufregende Etikett an, das nicht zuletzt der Tat-Kreis, in dem Zehrer selbst seit 1929 eine führende Rolle gespielt hatte, in vielfältigen Ausschmückungen fordernd-aggressiv in die gesellschaftspolitischen Debatten in der Endphase der Weimarer Republik eingebracht hatte.

Der Zehrersche Text ist ein bemerkenswerter Versuch, seiner Altersgruppe, die stark von den bündischen Ideen und Idealen der 20er Jahre geprägt worden war, einen Ort in der Geschichte zuzuweisen beziehungsweise einen noch nicht erreichten Ort vorstellbar werden zu lassen – ein beachtliches Beispiel für das rück-

[22] Ebd. 39.

[23] *Hans Zehrer*, „Junge Generation" zwischen fünfzig und sechzig, hier zitiert nach dem Wiederabdruck dieses Essays in: Das Nachrichtenblatt. Mitteilungsblatt des Freideutschen Kreises und der Vereinigung Jugendburg Ludwigstein, Nr. 15/16 (Januar 1953) 1–5. S. zum Folgenden auch *Jürgen Reulecke*, „Dona nobis pacem" oder: Eine „junge Generation" wird grau, in: *Daniela Münkel, Jutta Schwarzkopf* (Hrsg.), Geschichte als Experiment. Studien zu Politik, Kultur und Alltag im 19. und 20. Jahrhundert (= FS für Adelheid von Saldern) (Frankfurt, New York 2004) 49–59.

schauende Sinnstiftungsbedürfnis von nun im sechsten Lebensjahrzehnt stehenden Männern, die um 1930 als sich als „enterbt“ stilisierende Aufbruchgeneration ein kämpferisches „Wir“ zu schaffen versucht hatten![24] Zehrer unterstellt, daß er und seine Altersgenossen von drei sie bestimmenden (von ihm recht eigenwillig interpretierten) Grundtatsachen geleitet worden seien und würden: Kontinuität, Generation und Freiheit. Angetreten seien sie einst mit einem Aufbruchtrieb, einem rauschhaften „Es“, das zwar etwas „Gefühlsmäßiges und Irrationales“, zugleich aber auch „Echtes und Elementares“ gewesen und erstmalig in der Jugendbewegung hervorgetreten sei. Zwar hätten er und seine Altersgenossen, als sie damals „aufbrachen“, die geschichtliche Kontinuität, in die sie um 1900 hineingeboren wurden, sprengen wollen, doch stelle sich gerade auch bei einem Vergleich mit den jüngeren Generationen um 1950, die auf einem „historischen Scherbenhaufen“ säßen, heraus, daß die „junge Generation“ von 1930 letztlich ihre gesamte und speziell die derzeitige Haltung daraus beziehe, daß sie noch voll in der bis auf die „alten Griechen“ zurückreichenden „großen geschichtlichen Kontinuität“ des Abendlandes stehe. Insofern bilde seine Altersgruppe die lebendige geistige Brücke vom 19. zum 20. Jahrhundert. Generation sei deshalb für sie kein Schlagwort, sondern seine Altersgenossen lebten darin und erkennten sich daran, von dem Bewußtsein geprägt zu sein, innerhalb eines „lebendigen Geschichtsablaufs“ zu stehen. Mit diesem Bewußtsein seien sie einst „angetreten“; mit ihm seien sie immer noch „auf dem Marsch“. Geschichtliche Kontinuität bedeute dementsprechend für sie, einen „klaren Maßstab in sich zu besitzen“ nach dem Motto: „Ich werde getragen und gehalten.“ Und mit dieser Grundauffassung wollten sie auch auf die gegenwärtige Situation einwirken.

Zur „jungen Generation“ von 1930 gehört zu haben, bedeute darüber hinaus – so Zehrer –, in einer prägenden Lebensphase im „Besitz eines inneren Auftrags“ gewesen zu sein und gegen „die Repräsentanten des Alten“ gekämpft zu haben – dies mit dem sicheren Gefühl, gemeinsam mit anderen angetreten zu sein, um etwas zu vollbringen, das zunächst noch keinen klar abgezirkelten Inhalt hatte. Die historischen Umstände hätten dann aber diese „junge Generation“ bis heute (noch) nicht zur Reife kommen lassen.

Vor 1914 sich seiner „bewußt“ geworden zu sein, hatte nach Zehrer zugleich auch die dauerhaft prägende Erfahrung bürgerlicher Sicherheit mit sich gebracht, die dieser Altergruppe erst die Möglichkeit geboten habe, „wirkliche Freiheit“ kennen gelernt zu haben, nämlich infolge des in den Gruppen der bürgerlichen Jugendbewegung vermittelten Erlebnisses, „aus dem prächtigen Portal der Sekurität hinaus ins Unbekannte und Unbetretene“ gehen zu können. Getragen von einem zunächst noch vagen Bild eines „neuen Menschen in einer neuen Welt“ sei es dann vor allem in den Jahren nach dem Ersten Weltkrieg die Kombination von nationa-

[24] S. dazu *Barbara Stambolis*, Mythos Jugend – Leitbild und Krisensymptom. Ein Aspekt der politischen Kultur im 20. Jahrhundert (= Edition Archiv der deutschen Jugendbewegung, Band 11) (Schwalbach/Ts. 2003); vgl. auch *Axel Schildt*, Deutschlands Platz in einem „christlichen Abendland“. Konservative Publizisten aus dem Tat-Kreis in der Kriegs- und Nachkriegszeit, in: *Koebner* u.a., Deutschland nach Hitler (s. Anm. 8) 344–369.

ler und sozialer Freiheit gewesen, welche die „junge Generation" von 1930 angetrieben habe: Diese doppelte Freiheit sei in dieser Altersgruppe auch heute immer noch lebendig, nicht so sehr dagegen die politische, das heißt die demokratische Freiheit: Das „Liberalitäts"-Angebot der „westlichen Sieger" habe bei ihr keinen tiefen Eindruck hinterlassen, nicht zuletzt deshalb, weil es als „Wurzel des ‚Ohne mich'" verstanden worden sei. Jetzt in den 1950er Jahren im sechsten Lebensjahrzehnt stehend, neigten die Angehörigen der ehemaligen „jungen Generation" sowieso allmählich dazu, das „unmittelbar Politische" zu überspringen und sich mehr dem langfristig wirkenden Geistigen und dem Religiösen zuzuwenden. Ihr Werk sei zwar bloß ein Torso, aber diese Tatsache deprimiere sie nicht: Schließlich habe sie lernen müssen, mit gravierenden Verlusten umzugehen und mehrfach ganz von vorn anzufangen. Und mit Blick auf die oft nachhaltig erschütternden Erfahrungen dieser Generation angesichts der Provokationen und bohrenden Fragen ihrer Kinder in der 68er-Zeit klingt folgende Spekulation Zehrers aus dem Jahre 1953 schon fast prophetisch: „Es ist nicht sicher, ob ihr die geschichtliche Entwicklung nicht wieder wie von Anfang an einen Strich durch die Darstellung des eigenen Lebens machen und sie erneut in ein Erdbeben stellen sollte. Dies ist gar nicht sicher! Und wenn es so sein sollte, so wird man auch dies überstehen und zum fünften oder sechsten Male wieder von vorn anfangen."[25]

Als damals noch amtierender Chefredakteur des Evangelischen Sonntagsblatts kommt Zehrer am Ende seiner Analyse schließlich zu einer verblüffenden, essayistisch höchst gekonnten Pointe, indem er das nebulöse „Es" des Anfangs zu einem abschließenden „Er" werden läßt, vor dem in nicht allzu weiter Zukunft die ehemalige „junge Generation" mit ihrem von „Ihm" erhaltenen Auftrag antreten und Meldung erstatten werde: „Befehl ausgeführt!" Das wäre dann – so Zehrer – die späte Erreichung eines Reifezustandes, in dem sie „die Brücke zur jenseitigen Welt (wieder errichtet hat), die die Neuzeit zertrümmert hat"[26].

VI.

Damit soll abgebrochen werden: Was solche und ähnliche geradezu mystifizierenden generationellen Selbstdeutungen für jene historischen Ursprungserzählungen, Sinnstiftungen und Werthorizonte bedeutet haben, mit denen meine Alters-

[25] *Zehrer*, (s. Anm. 21) 5. Es war kein Zufall, daß der Essay von Zehrer in einem Mitteilungsblatt des Freideutschen Kreises (mit großer Zustimmung) wiederabgedruckt worden war. Zehrer stand diesem 1947 von ehemaligen Jugendbewegten gegründeten Kreis nahe; seine Mitglieder waren Altersgenossen Zehrers mit ähnlicher Sozialisation. S. zur Selbststilisierung dieses Kreises *Thomas Kohut*, History, Loss, and the Generation of 1914: The Case of the „Freideutsche Kreis", in: *Reulecke*, Generationalität (s. Anm. 2) 253–277; vgl. auch *Heinrich Ulrich Seidel*, Aufbruch und Erneuerung. Der Freideutsche Kreis als Generationseinheit im 20. Jahrhundert (Witzenhausen 1996) sowie *Sabiene Autsch*, Erinnerung – Biographie – Fotografie. Formen der Ästhetisierung einer jugendbewegten Generation im 20. Jahrhundert (Potsdam 2000).

[26] Ebd.

gruppe allenthalben in den 1950er Jahren traktiert worden ist, ließe sich jetzt nur in einem eigenen zweiten Beitrag ausführen. Die Aufforderung des Herausgebers des vorliegenden Bandes, daß sich die Autoren in ihren Beiträgen vor allem der Frage nach „Kohärenz und Bruch" im 20. Jahrhundert stellen sollten, hat bei mir jedenfalls dazu geführt, noch einmal einen deutlichen Gegenpunkt zum Beispiel gegen das törichte Gerede von 1945 als einer „Stunde Null" zu setzen. Wer seinen Blick bevorzugt auf Strukturen richtet, mag starke Brüche konstatieren können – die bis in unsere Psyche hineinreichenden Kontinuitäten erschließen sich jedoch lebendig und bedrückend zugleich erst dem, der sich im zitierten Sinne Mitscherlichs den Individuen und ihren Verstrickungen, Sinnstiftungen und „Haltungen" zuwendet. Gustav Seibt hat anläßlich einer Sammelrezension der oben bereits zitierten Erinnerungen von Sebastian Haffner, des Best-Buches von Ulrich Herbert sowie einer Studie von Heinz Bude über das Altern der um 1940 geborenen Altersgruppe[27] einmal eher beiläufig festgestellt, daß man vermutlich, wenn man intensiv und systematisch die reich vorhandenen Zeugnisse sammeln würde, die Auskunft darüber geben, wie kindliche und jugendliche Geschichtserfahrungen lebenslang wirksam waren bzw. später verarbeitet wurden, „daraus eine völlig neue Ansicht der deutschen Sozial- und Kulturgeschichte entwickeln" könne: In diesen Geschichtserfahrungen liege nämlich so etwas wie der „seelische Kern" unserer Geschichte[28]. Dem kann man meines Erachtens nicht viel entgegenhalten …

Der eher etwas wolkige Begriff „seelischer Kern" bietet die Möglichkeit, noch einmal auf den Anfang dieses Beitrags, vor allem auf das Etikett „Strukturmerkmale" zurückzukommen. Mit Blick auf die „Kanzlerdemokratie" hat Anselm Doering-Manteuffel darunter in einem vor einem guten Dutzend Jahren gehaltenen Vortrag[29] im wesentlichen vier Aspekte der bundesrepublikanischen Verhältnisse in den 1950er und frühen 1960er Jahren verstanden: das im Grundgesetz angelegte beziehungsweise von ihm vorgegebene „Kanzlerprinzip", die starke Zuschneidung der Bundesministerien auf die Interessen Adenauers und der CDU, die Ausweitung der Richtlinienkompetenz des Kanzlers hin zu dessen Entscheidungsmonopol und „die Gemütslage der Nachkriegsgesellschaft, welche nach den Wirren des Krieges und der Trümmerzeit Sicherheit und Ordnung haben wollte"[30]. Vor allem dieses letztgenannte Strukturmerkmal ermöglicht nun doch eine Verbindung mit dem im vorliegenden Beitrag favorisierten Generationalitätsansatz, wenn man die „Strukturmerkmale" mit „Strukturerfahrungen" der Zeitgenossen in Verbindung bringt, denn jene „Gemütslage" war eine Folge von je spezifischen Erfahrungen bestimmter Altersgruppen, die dann zu solchen kollektiven, zum Beispiel generations-, milieu- und geschlechtsspezifischen Haltungen, Einstellungen, Erwartungen und Handlungsimpulsen führen, die Volker Sellin zu

[27] *Haffner*, (s. Anm. 9); *Herbert*, (s. Anm. 14); *Heinz Bude*, Das Altern einer Generation (Frankfurt a.M. 1995).
[28] *Gustav Seibt*, Generationen, in: Merkur, 55. Jg., Heft 3 (2001) 241–246, Zitat 245.
[29] *Anselm Doering-Manteuffel*, Strukturmerkmale der Kanzlerdemokratie, in: Der Staat, 30. Band (1991) 1–18.
[30] Ebd. 17.

Beginn der hiesigen Debatten über den Mentalitätsbegriff noch eher vage als „Strukturgegebenheiten der geschichtlichen Wirklichkeit" bezeichnet hat[31]. Fazit: Bewußte Erfahrungen in Auseinandersetzung mit konkreten Ereignissen und Erlebnissen (= „Ereigniserfahrungen") einerseits und die oft eher unbewußten, unreflektierten „Strukturerfahrungen" (unter Umständen zusätzlich noch unterlegt durch traumatische Erfahrungen) andererseits liefern die handlungsbestimmenden und bedeutungsschaffenden Klammern zwischen jenen beiden Polen menschlicher Historizität, die Rosa Luxemburg 1913 – ein Karl Marx-Zitat aufgreifend – auf den Punkt gebracht hat: „Die Menschen machen ihre Geschichte nicht aus freien Stücken, aber sie machen sie selbst."[32] Wie und warum sie sie so und nicht anders gemacht haben, ist eine Frage, die zwar oft nur schwer schlüssig zu beantworten ist, die aber jedenfalls all denen völlig aus den Augen gerät, die Gesellschaftsgeschichte nur unter dem Blickwinkel von Strukturen und Strukturmerkmalen ins Visier nehmen.

31 *Volker Sellin*, Mentalität und Mentalitätsgeschichte, in: HZ 241 (1985) 555–598, hier 589; s. dazu weiterführend und zum Folgenden *Peter Schulz-Hageleit*, Geschichte erfahren, in: GWU 51 (2000) 640–660, hier 641. Vgl. auch die oben zitierte Forderung von Alexander Mitscherlich nach einer Zusammensicht von sinnlicher, geistiger und unbewußter Erfahrung!

32 S. dazu *Lutz Niethammer* u. a. (Hrsg.), Einladung zu einer Geschichte des Volkes in NRW (Berlin, Bonn 1984) 10f.

Axel Schildt

Westlich, demokratisch

Deutschland und die westlichen Demokratien im 20. Jahrhundert

Zwei analytisch kaum trennbare Elemente sind in der Frage nach dem Verhältnis Deutschlands zu den westlichen Demokratien enthalten: Zum einen geht es allgemein um den „Westen", um sonderideologische Traditionen eines Gegensatzes von deutscher Kultur und westlicher Zivilisation, zum anderen – vor allem auf die USA („Amerika") bezogen – um die Vorstellungen von Möglichkeiten unbegrenzten individuellen Aufstiegs in entgrenzten Räumen, also um einen Grundzug der Moderne und modernen Denkens im 20. Jahrhundert. Westliche Demokratie spielt dabei eine eher randständige Rolle in dem Sinne, daß sie als politische Form lose assoziiert erscheint mit den Projektionen von größerer individueller Freiheit, die mit westlichen Gesellschaften gemeinhin verbunden wird. Zum anderen ist im Thema die Beziehung zwischen Deutschland und der Demokratie enthalten – wem käme dabei nicht die Kontinuität notorisch gescheiterter demokratischer Bewegungen seit dem 19. Jahrhundert in den Sinn? Hier wiederum spielten die westlichen Demokratien, jedenfalls in der ersten Hälfte des 20. Jahrhunderts, eher die Rolle des retardierenden oder behindernden Elements (Stichwort: Versailles[1]) als die des Begeisterung entflammenden Vorbilds. Ginge man noch weiter zurück in der Geschichte, würde man im Gegenteil sogar auf die virulenten antiwestlichen, insbesondere antifranzösischen Affekte der deutschen liberalen und nationalen Bewegungen seit den sogenannten Befreiungskriegen und als Bestandteil der Erfindung einer deutschen Nation stoßen[2]. Liberale und

[1] *Gerd Krumeich* (Hrsg. in Zusammenarbeit mit *Silke Fehlemann*), Versailles 1919. Ziele – Wirkung – Wahrnehmung (Schriften der Bibliothek für Zeitgeschichte – Neue Folge 14, Essen 2001).

[2] Vgl. u. a. *Hartmut Kaelble*, Die vergessene Gesellschaft im Westen? Das Bild der Deutschen von der französischen Gesellschaft 1871–1914, in: Revue Allemande 21 (1989) 181–196; *Otto W. Johnston*, Der deutsche Nationalmythos. Ursprung eines politischen Programms (Stuttgart 1990); *Dieter Langewiesche*, Reich, Nation und Staat in der jüngeren deutschen Geschichte, in: HZ 254 (1992) 341–381; *Jörg Echternkamp*, Der Aufstieg des deutschen Nationalismus 1770–1840 (Frankfurt a. M., New York 1998); *Ulrich Bielefeld*, Nation und Gesellschaft. Selbstthematisierungen in Frankreich und Deutschland (Hamburg 2003); hinzuweisen ist auf zahlreiche Aufsätze z. B. in der Zeitschrift GWU zu diesem Themenkomplex in den letzten Jahren.

demokratische Neigungen mußten ebenso wenig mit Sympathien für den Westen verbunden sein wie der Bezug auf den Westen demokratische Optionen notwendig implizierte[3]. Die Thematisierung des Verhältnisses von Deutschland und den westlichen Demokratien enthält insofern nicht nur einfach zwei verschiedene Elemente, sondern rückt den Spannungsbogen der Vorstellungen vom Westen und autochthonen deutschen Demokratietraditionen in das Zentrum der Betrachtung.

Die folgende Skizze dieses Zusammenhangs, die von einer strikten Unterscheidung der staatlich-diplomatischen Sphäre und der Sozialgeschichte der Ideen absieht, geht von einer groben Zweiteilung der beiden Jahrhunderthälften – vor und nach Ende des Zweiten Weltkriegs – und davon aus, daß der entscheidende Transformationsprozeß, der zur deutschen (zunächst: westdeutschen) „Ankunft im Westen" führte, erst in der zweiten Jahrhunderthälfte – auf einer sehr unebenen Wegstrecke – erfolgte[4].

Von der Zeit kurz vor der Jahrhundertwende bis in den Ersten Weltkrieg hinein konkurrierten wesentlich zwei nicht nur außenpolitisch, sondern auch innenpolitisch unterschiedlich akzentuierte Konzeptionen und Visionen, die „alldeutsche" und die „mitteleuropäische"[5]. Während der erste (nationalliberale) Vorsitzende des Alldeutschen Vereins, Professor Ernst Hasse, sich in einer anonym veröffentlichten kleinen Schrift 1895 über die „Notwendigkeit einer staatlichen Entwickelung in der Richtung der Herstellung der Übereinstimmung zwischen Sprachgebiet und Staatsgebiet" verbreitete[6] und in alldeutschen Schriften immer wieder Aversionen gegen alles „Welsche" und zuweilen auch gegen das Englische geweckt wurden[7], erläuterte Friedrich Naumann im „National-sozialen Katechismus" seinen Standpunkt, der ganz selbstverständlich deutschen Kolonialbesitz einschloß und in diesem Zusammenhang von der Unmöglichkeit einer gemeinsam

[3] Auf diesen Punkt hat in einem anregenden Essay nochmals aufmerksam gemacht *Philipp Gassert*, Die Bundesrepublik, Europa und der Westen. Zu Verwestlichung, Demokratisierung und einigen komparatistischen Defiziten der zeithistorischen Forschung, in: *Jörg Baberowski* u.a., Geschichte ist immer Gegenwart. Vier Thesen zur Zeitgeschichte (Stuttgart, München 2001) 67–89, hier 79f.

[4] *Axel Schildt*, Ankunft im Westen. Ein Essay zur Erfolgsgeschichte der Bundesrepublik (Frankfurt a.M. 1999).

[5] Die Alldeutschen forderten die Aufrichtung einer Diktatur zur Unterdrückung der marxistischen Arbeiterbewegung als Voraussetzung für den Kampf um die Weltgeltung Deutschlands, die national-sozialen Mitteleuropa-Protagonisten setzten sich für eine Synthese von Kaisertum und Demokratie und für eine Zusammenarbeit mit gemäßigt-reformistischen Teilen der Sozialdemokratie ein.

[6] Großdeutschland und Mitteleuropa um das Jahr 1950. Von einem Alldeutschen (Berlin [2]1895) 5; seine diesbezügliche Rechnung sah folgendermaßen aus: Im Deutschen Reich wohnten neben 47 Millionen Deutschen 4 Millionen „Undeutsche", während außerhalb der schwarz-weiß-roten Grenzpfähle weitere 21 Millionen Deutsche auf die Aufnahme ins Reich warteten: 2 Millionen in der Schweiz, 10 Millionen in Österreich-Ungarn, 1 Million in Rußland und 8 Millionen in Belgien und den Niederlanden.

[7] Vgl. *Michael Peters*, Der Alldeutsche Verband am Vorabend des Ersten Weltkrieges (1908–1914). Ein Beitrag zur Geschichte des völkischen Nationalismus im spätwilhelminischen Deutschland (Frankfurt a.M. u.a. 1992) 31ff.; *Roger Chickering*, We Men Who Feel Most German. A Cultural Study of the Pan German League 1886–1914 (Boston u.a. 1984).

mit anderen Weltmächten betriebenen Politik ausging. Die Antwort auf die selbstgestellte Frage: „Kann sich der Einfluß aller Kulturvölker nicht gemeinsam ausdehnen?" lautete: „Nein, denn dazu ist der Absatzmarkt für die Waren dieser Völker nicht groß genug. Dieser Markt wächst langsamer als das Streben nach Ausdehnung in den Kulturvölkern. Der Kampf um den Weltmarkt ist ein Kampf um's Dasein."[8] Nicht der Gegensatz von demokratischem Westen und Deutschland als zentraler Macht in Mitteleuropa wurde hierbei thematisiert, sondern zeitgemäß die sozialdarwinistisch grundierte Konkurrenz von „Kulturvölkern", zu denen Deutschland mit England und Frankreich an erster Stelle gehörte[9]. Vor diesem von Friedrich Naumann in zahllosen Vorträgen ausgeleuchteten Hintergrund[10] nimmt es nicht wunder, daß der Zusammenhang von Demokratie und Westen auch in seiner im Krieg erschienenen und berühmt gewordenen Programmschrift einer Penetration pacifique von „Mitteleuropa" nicht vorkam[11]. Das gilt auch für die vielfältigen Diskussionen um „Mitteleuropa" bzw. „Zwischeneuropa" seit den 1920er Jahren. Die Vorstellungswelt der Mitteleuropa-Protagonisten, von rechten Intellektuellen in der Weimarer Republik mit immer neuen Vorschlägen bereichert, wurde dann im „Dritten Reich" von rassistischen Projektionen weit ausgreifender Kolonisation im Osten und der Annexion von Teilen des Staatsgebiets der westlichen Nachbarländer überformt[12]. Der Westen – zeitgenössisch das „na-

[8] *Friedrich Naumann*, National-sozialer Katechismus. Erklärung der Grundlinien des National-Sozialen Vereins (Berlin 1897 [5.–8. Tausend]) 7.

[9] Es wäre interessant, diese Vorstellungswelt einmal bis in die Zeit von Oswald Spenglers Bemühungen um eine Zusammenarbeit der „weißen Rasse" in den 1930er Jahren oder sogar nach dem Zweiten Weltkrieg zu verfolgen (vgl. *Axel Schildt*, Europa als visionäre Idee und gesellschaftliche Realität. Der westdeutsche Europadiskurs in den 50er Jahren, in: *Wilfried Loth* [Hrsg.], Das europäische Projekt zu Beginn des 21. Jahrhunderts [Grundlagen für Europa 8, Opladen 2001] 99–117, hier 103f.); sie wird nicht erfaßt mit dem sonderideologischen Grundpfeiler des Gegensatzes von deutscher Kultur und westlicher Zivilisation; vgl. *Georg Bollenbeck*, Bildung und Kultur. Glanz und Elend eines deutschen Deutungsmusters (Frankfurt a.M., Leipzig 1994); *Thomas Rohkramer*, Cultural criticism in Germany 1880–1933, a typology, in: History of European Ideas 25 (1999) 321–339.

[10] Vgl. *Peter Theiner*, Sozialer Liberalismus und deutsche Weltpolitik. Friedrich Naumann im Wilhelminischen Deutschland 1860–1919 (Baden-Baden 1983); *Walter Göggelmann*, Christliche Weltverantwortung zwischen Sozialer Frage und Nationalstaat. Zur Entwicklung Friedrich Naumanns 1860–1903 (Baden-Baden 1987); *Christoph H. Werth*, Sozialismus und Nation. Die deutsche Ideologiediskussion zwischen 1918 und 1945 (Opladen 1996, Weimar [2]2001) 31–40.

[11] *Friedrich Naumann*, Mitteleuropa (Berlin 1915).

[12] Vgl. *Jürgen Elvert*, Mitteleuropa! Deutsche Pläne zur europäischen Neuordnung 1918–1945 (Historische Mitteilungen, Beiheft 35, Stuttgart 1999); bezüglich der Kontinuität der Mitteleuropa-Propaganda von der Jahrhundertwende bis zur Mitte der 1930er Jahre sehr ergiebig *Rainer Burger*, Theodor Heuss als Journalist. Beobachter und Interpret von vier Epochen deutscher Geschichte (Kommunikationsgeschichte 7, Münster u.a. 1999); in der letzten Zeit ist vor allem das Interesse an der „Westforschung" im „Dritten Reich" gestiegen, ersichtlich an den Diskussionen über die Aufsätze in *Burkhard Dietz*, *Helmut Gabel*, *Ulrich Tiedau* (Hrsg.), Griff nach dem Westen. Die „Westforschung" der völkisch-nationalen Wissenschaften zum nordwesteuropäischen Raum (1919–1960), 2 Teilbände (Studien zur Geschichte und Kultur Nordwesteuropas 6, Münster u.a. 2003).

türlich" verfeindete Frankreich, das Weltreich England und, noch im Hintergrund, die USA – interessierte bei der Konstruktion einer kontinentalen Machtdominanz höchstens als eventuell behindernder Faktor, nicht aber als Vorbild. Und – abgesehen vom Drei-Klassen-Wahlrecht in Preußen – gab der Grad der Parlamentarisierung des Reiches auch wenig Anlaß zu Minderwertigkeitsgefühlen hinsichtlich des Standes der Demokratie. Wenn schon für Nationalsoziale und Linksliberale, die im Inneren nach einer Kooperation mit reformistischen Teilen der Arbeiterbewegung strebten, westliche Demokratie kein Vorbild darstellte, dann erst recht nicht für die Programmatik der deutschen Sozialdemokratie, für die gemäß Friedrich Engels die bürgerliche Demokratie lediglich den besten Boden für den Kampf um den Sozialismus darstellte, für den man in der Zweiten Internationale eine führende Rolle beanspruchte[13], und noch weniger für die Konservativen aller Schattierungen. Das prominente „Kaiserbuch" des Führers der Alldeutschen, Heinrich Claß, am Vorabend des Ersten Weltkriegs kreiste um den Gedanken des Staatsstreichs zur Abschaffung des Parlaments und Unterdrückung der Sozialdemokratie, um mit einer geeinten Nation Deutschlands Weltgeltung erfolgreich nach außen – auch gegen die westlichen Mächte – durchzusetzen[14]. In der kruden Melange rechtshegelianischer und völkisch-irrationaler Gedankengänge formten sich schließlich jene „Ideen von 1914", mit denen erstmals programmatisch die Ablehnung westlicher Demokratie, die Negation der bürgerlichen Revolution von 1789, als deutsche Mission formuliert wurde[15]. Weitgehend vergessen ist dagegen heute die daneben von der sozialdemokratischen Führung vorgetragene Begründung zur Unterstützung des Krieges, derzufolge es um die Verteidigung deutscher Kultur gegen russischen Barbarismus ging. Der Krieg gegen die Westmächte wurde demgegenüber anfangs schamhaft beschwiegen, oder diese wurden als Verbündete des Zaren herausgestellt[16]. Im Laufe des Ersten Weltkriegs radikalisierte sich das ideologische Konstrukt, westliche Demokratie als trojanisches Pferd des Kriegsgegners, als Ferment der Dekompo-

[13] Vgl. *Agnes Blänsdorf*, Die Zweite Internationale und der Krieg. Die Diskussion über die internationale Zusammenarbeit der sozialistischen Parteien 1914–1917 (Kieler Historische Studien 27, Stuttgart 1979); *Karl-Heinz Klär*, Der Zusammenbruch der Zweiten Internationale (Frankfurt a. M., New York 1981); *David Kirby*, War, Peace and Revolution. International Socialism at the Crossroads 1914–1918 (Aldershot 1986); *Wolfgang Kruse*, Krieg und nationale Integration. Eine Neuinterpretation des sozialdemokratischen Burgfriedensschlusses 1914/15 (Essen 1993).

[14] Vgl. die Habilitationsschrift von *Rainer Hering*, Konstruierte Nation. Der Alldeutsche Verband 1890 bis 1939 (Hamburger Beiträge zur Sozial- und Zeitgeschichte 40, Hamburg 2003).

[15] Vgl. *Axel Schildt*, Ein konservativer Prophet moderner staatlicher Integration. Biographische Skizze des streitbaren Soziologen Johann Plenge (1874–1963), in: VfZ 35 (1987) 523–570.

[16] Vgl. *Dieter Groh*, Negative Integration und revolutionärer Attentismus. Die deutsche Sozialdemokratie am Vorabend des Ersten Weltkrieges (Frankfurt a. M. u. a. 1972) 667 ff.; zum Rahmen auch *Walter Mühlhausen*, Die Sozialdemokratie am Scheideweg – Burgfrieden, Parteikrise und Spaltung im Ersten Weltkrieg, in: *Wolfgang Michalka* (Hrsg.), Der Erste Weltkrieg. Wirkung, Wahrnehmung, Analyse (München 1994) 649–671.

sition deutscher Treue zu Kaiser und Vaterland hinzustellen[17]. Das bloße Auszählen der Stimmen, die formale Demokratie, passe natürlich zum Volk der Händler, den Engländern; daß aber auch das Volk der Helden und tiefen Denker, die Deutschen, solche Ideen übernommen hatte, erschien vielen als Infektion mit einer gefährlichen Krankheit – Oswald Spengler sprach in seiner Schrift „Preußentum und Sozialismus" in diesem Zusammenhang verachtungsvoll vom „inneren England", das Deutschland wehrlos gemacht habe[18]. Für solche Gedankengänge diente die Niederlage im Ersten Weltkrieg nur als Beleg schon vorhandener Gewissheiten, und geistige Kontinuität stellte sich auf der personellen Ebene, etwa im Auswärtigen Amt, her[19].

Die Verfassung der Weimarer Republik, der Demokratie mit wenigen Demokraten, war bekanntlich behaftet mit einem Grundmißtrauen gegen angeblich drohenden Parlaments- und „Parteienabsolutismus" (Max Weber), inthronisierte als Gegenpol einen starken Reichspräsidenten als Ersatzkaiser und huldigte einem positivistischen Verfassungsverständnis, das nicht unbedingt die Übernahme westlicher Demokratievorstellungen beinhaltete[20]. Die partielle Westorientierung im Zeichen von Locarno diente wie die gesamte Außenpolitik der Weimarer Republik dem Ziel des nationalen Wiederaufstiegs – unter explizitem Offenhalten der Grenzen nach Osten[21]. Konkurrierende Ansätze zur Zusammenarbeit mit Sowjetrußland wiederum richteten sich vor allem gegen den polnischen Nachbarn. Selbst jene – nicht besonders starken – intellektuellen Bewegungen wie die paneu-

[17] *Heinz Hagenlücke*, Deutsche Vaterlandspartei. Die nationale Rechte am Ende des Kaiserreiches (Beiträge zur Geschichte des Parlamentarismus und der politischen Parteien 108, Düsseldorf 1997).

[18] *Oswald Spengler*, Preußentum und Sozialismus (München 1920) 8–11.

[19] *Peter Grupp*, Deutsche Außenpolitik im Schatten von Versailles 1918–1920. Zur Politik des Auswärtigen Amts vom Ende des Ersten Weltkriegs und der Novemberrevolution bis zum Inkrafttreten des Versailler Vertrags (Paderborn 1988).

[20] Interessant ist die vergleichende Studie von *Jürgen Heideking*, Im zweiten Anlauf zum demokratischen Verfassungsstaat. Amerikanische Einflüsse auf die Weimarer Reichsverfassung und das Grundgesetz für die Bundesrepublik Deutschland, in: *Jürgen Elvert*, *Michael Salewski* (Hrsg.), Deutschland und der Westen im 19. und 20. Jahrhundert, Teil 1: Transatlantische Beziehungen (Historische Mitteilungen, Beiheft 7, Stuttgart 1993) 247–265; vgl. aus der neuesten Rechtsgeschichte *Christoph Gusy*, Die Weimarer Reichsverfassung (Tübingen 1997) 63ff.; *Michael Stolleis*, Geschichte des öffentlichen Rechts in Deutschland, Bd. 3: Staats- und Verwaltungsrechtswissenschaft in Republik und Diktatur 1914–1945 (München 1999); *Tina Pohl*, Demokratisches Denken in der Weimarer Nationalversammlung (Rechtsgeschichtliche Studien 4, Hamburg 2002).

[21] Als Überblicksdarstellung *Peter Krüger*, Die Außenpolitik der Republik von Weimar (Darmstadt 1985); vgl. aus der umfangreichen Spezialliteratur *Franz Knipping*, Deutschland, Frankreich und das Ende der Locarno-Ära 1928–1931. Studien zur internationalen Politik in der Anfangsphase der Weltwirtschaftskrise (München 1987); zur Position der Sozialdemokraten vgl. *Stefan Feucht*, Die Haltung der Sozialdemokratischen Partei Deutschlands zur Außenpolitik während der Weimarer Republik 1918–1933 (Moderne Geschichte und Politik 10, Frankfurt a.M. u.a. 1998) 329ff.; zuletzt *Harald Zaun*, Paul von Hindenburg und die deutsche Außenpolitik 1925–1934 (Köln u.a. 1999) 297ff. (hier werden ältere Positionen korrigiert, die von einer außenpolitischen Abstinenz des Reichspräsidenten ausgingen).

ropäische oder katholisch-abendländische[22], in denen die Zusammenarbeit von Deutschland und Frankreich eine zentrale Rolle spielten, waren einem machtpolitischem Denken verhaftet, in dem der Kampf gegen die revolutionäre Drohung des russischen Bolschewismus jedenfalls nicht unter dem Banner der Demokratie geführt werden sollte. Ansonsten war in der intellektuellen Sphäre eine romantische Verklärung des slawischen Ostens anzutreffen, wie sie etwa in Artur Moeller van den Brucks Konstruktion eines Bündnisses der jungen östlichen gegen die alten westlichen Völker zum beredten Ausdruck kam[23]. Das Phänomen des sogenannten Nationalbolschewismus meinte freilich nicht ein wirkliches Bündnis der deutschen Konservativen Revolution mit der neuen Sowjetunion, sondern genauer besehen wiederum eine deutsche Suprematie im weiten Osten – der Leninismus galt in diesem Zusammenhang als künstlich implantiertes westliches Produkt in Rußland. Wenn man nach dem alles überwölbenden epochalen Schimpfwort der Zwischenkriegszeit sucht, wird man rasch auf den „Liberalismus" stoßen, und es ist kein Zufall, daß sich nicht einmal die Weimarer Liberalen unter diesem Parteinamen sammelten. Der Liberalismus galt als Keim der Zersetzung natürlicher Ordnung, der Parlamentarismus als sein Ausdruck und der internationalistische Marxismus – dem im semantischen Krieg ein „deutscher Sozialismus" gegenübergestellt wurde – als seine furchtbare, aber konsequente Steigerung. Daß die eklektische NS-Ideologe hier keine neuen Elemente aufwies, sondern Vorgefundenes rassistisch radikalisierte, ist bekannt. Selbst das wahnhafte Konstrukt einer gleichzeitigen jüdischen Herrschaft über Wallstreet und Kreml war keine originelle Schöpfung. Sie erlaubte aber so manchem konservativen Publizisten in Diensten des Regimes über saubere Gegenkräfte in den westlichen Ländern zu spekulieren. In den von Hitler wegen ihrer technischen Modernität bewunderten USA sah Giselher Wirsing einen inneren Kampf zwischen der demokratisch-jüdischen und deutschfeindlichen Ostküste und den alten Pflanzeraristokratien der Südstaaten mit ihrer klaren Rassenhierarchie – ein positiver und gleichzeitig anti-

22 Vgl. *Karl Holl*, Proeuropäische Organisationen in der Weimarer Republik, in: Historische Zeitschrift 219 (1974) 33–94; vgl. *Reinhard Frommelt*, Paneuropa oder Mitteleuropa. Einigungsbestrebungen im Kalkül deutscher Wirtschaft und Politik 1925–1933 (Schriftenreihe der VfZ 34, Stuttgart 1977); *Hermann Dorowin*, Retter des Abendlands. Kulturkritik im Vorfeld des europäischen Faschismus (Stuttgart 1991); *Guido Müller*, *Vanessa Plichta*, Zwischen Rhein und Donau. Abendländisches Denken zwischen deutsch-französischen Verständigungsmodellen und konservativ-katholischen Integrationsmodellen (1923–1957), in: Journal of European Integration History 5, 2 (1999) 17–47; *Dagmar Pöpping*, Abendland. Christliche Akademiker und die Utopie der Antimoderne 1900–1945 (Berlin 2001).

23 Vgl. u. a. *Stefan Breuer*, Anatomie der konservativen Revolution (Darmstadt 1993) 145 ff.; *Michel Grunewald*, Auch Kommunisten sind Deutsche. Die jungkonservative Wochenzeitung Gewissen und die Kommunisten 1919–1923, in: *ders.* (Hrsg. in Zusammenarbeit mit *Hans Manfred Bock*), Le Milieu intellectuel de Gauche en Allemagne, sa Presse et ses Réseaux 1890–1960 (Convergences 24, Bern 2002) 423–451; zahlreiche bibliographische Hinweise in *Armin Mohler*, Die konservative Revolution in Deutschland 1918–1932. Ein Handbuch (Darmstadt ^{2}1994); zu einem der konsequentesten Vertreter einer Ostoption vgl. zuletzt *Michael Pittwald*, Ernst Niekisch. Völkischer Sozialismus, nationale Revolution, deutsches Endimperium (Köln 2002).

demokratischer Bezug auf den Westen[24]. Im übrigen muß zumindest erwähnt werden, daß sich die meisten westeuropäischen Staaten, in Frankreich spätestens nach der Niederlage der Volksfront, gegenüber faschistischen Ideologien, die einige Attraktivität nicht zuletzt unter Intellektuellen besaßen, in den 30er Jahren in einer Defensive befanden[25].

Diese Konstellation veränderte sich grundsätzlich erst mit der Niederlage des „Dritten Reiches", die von den westlichen Alliierten im Bündnis mit der Sowjetunion herbeigeführt wurde. Die seither erfolgte Annäherung des westlichen Teils Deutschlands an die westliche liberale Demokratie kann als Lern- und Anpassungsprozeß beschrieben werden[26]. Dabei sollte zunächst unterschieden werden zwischen kurzfristigen und langfristigen Wirkungen der Bemühungen zur *re-education* bzw. *re-orientation*, die vor allem von den USA, in zweiter Linie von Großbritannien konzipiert wurde[27]. Kurzfristig dominierten auch unter den zur Politik zugelassenen deutschen Gegeneliten Weimarer Kontinuitäten. Die Forschung hat in den letzten Jahren am Beispiel der Erarbeitung des Grundgesetzes versucht, das genaue Verhältnis autochthoner deutscher Traditionen und westlichen Einflusses zu klären[28]. Aus der Exilforschung kommen zahlreiche Studien,

[24] *Giselher Wirsing*, Der maßlose Kontinent. Roosevelts Kampf um die Weltherrschaft (Jena 1942, ^{9}1944); vgl. dazu *Axel Schildt*, Deutschlands Platz in einem „christlichen Abendland". Konservative Publizisten aus dem Tat-Kreis in der Kriegs- und Nachkriegszeit, in: *Thomas Koebner* u. a. (Hrsg.), Deutschland nach Hitler. Zukunftspläne im Exil und aus der Besatzungszeit 1939–1949 (Opladen 1987) 344–369; vgl. zu diesem Komplex umfassend *Philipp Gassert*, Amerika im Dritten Reich. Ideologie, Propaganda und Volksmeinung 1933–1945 (Transatlantische Studien 7, Stuttgart 1997).

[25] Vgl. *Hans-Wilhelm Eckert*, Konservative Revolution in Frankreich? Die Nonkonformisten der Jeune Droite und des Ordre Nouveau in der Krise der 30er Jahre (Studien zur Zeitgeschichte 58, München 2000); *Andreas Wirsching*, Vom Weltkrieg zum Bürgerkrieg? Politischer Extremismus in Deutschland und Frankreich 1918–1933/39. Berlin und Paris im Vergleich (Quellen und Darstellungen zur Zeitgeschichte 40, München 1999) 437f.; *Reinhold Brender*, Kollaboration in Frankreich im Zweiten Weltkrieg. Marcel Déat und das Rassemblement national populaire (Studien zur Zeitgeschichte 38, München 1992); Hinweise zur Kollaboration in den besetzten europäischen Ländern und zum Umgang damit nach dem Krieg vgl. in *Ulrich Herbert*, *Axel Schildt* (Hrsg.), Kriegsende in Europa. Vom Beginn des deutschen Machtzerfalls bis zur Stabilisierung der Nachkriegsordnung 1944–1948 (Essen 1998).

[26] *Ulrich Herbert*, Liberalisierung als Lernprozeß. Die Bundesrepublik in der deutschen Geschichte – eine Skizze, in: *ders.* (Hrsg.), Wandlungsprozesse in Westdeutschland. Belastung, Integration, Liberalisierung 1945–1980 (Moderne Zeit. Neue Forschungen zur Gesellschafts- und Kulturgeschichte des 19. und 20. Jahrhunderts 1, Göttingen 2002) 7–49.

[27] Vgl. aus der neueren Literatur *Hermann Josef Rupieper*, Die Wurzeln der westdeutschen Nachkriegsdemokratie. Der amerikanische Beitrag 1945–1952 (Opladen 1993); *Karl-Heinz Füssl*, Die Umerziehung der Deutschen. Jugend und Schule unter den Siegermächten des Zweiten Weltkriegs 1945–1955 (Paderborn 1994); *Gabriele Clemens* (Hrsg.), Kulturpolitik im besetzten Deutschland 1945–1949 (Historische Mitteilungen. Beiheft 10, Stuttgart 1994); *Klaus-Dietmar Henke*, Die amerikanische Besetzung Deutschlands (Quellen und Darstellungen zur Zeitgeschichte 27, München 1995); *Gabriele Clemens*, Britische Kulturpolitik in Deutschland 1945–1949. Literatur, Musik, Film und Theater (Historische Mitteilungen, Beiheft 24, Stuttgart 1997).

[28] Vgl. *Heinrich Wilms*, Ausländische Einwirkungen auf die Entstehung des Grundgesetzes

die das hohe Gewicht deutscher Hitler-Flüchtlinge und politischer Remigranten für die Nachkriegsplanung eines demokratischen Deutschlands herausgearbeitet haben[29]. Verläßt man aber den Bereich der Verfassungsgebung, wird man überall – etwa in der Sozialpolitik, in der Bildungs- und Hochschulpolitik, der Regelung des Berufsbeamtentums – eine mit Abstand zum Kriegsende zunächst wachsende Abwehr des Imports westlicher Konzeptionen feststellen. Die amerikanischen und britischen Verantwortlichen haben das im ersten Nachkriegsjahrzehnt selbst durchaus – mitunter in resignierendem Tonfall – registriert. Weniger erforscht und schwieriger zu erkunden sind demgegenüber die indirekten und erst später sichtbar werdenden Wirkungen – etwa der großzügig subventionierten Besuchsprogramme für junge Funktionseliten in den USA, der Amerikahäuser usw.[30]. In den Gesellschafts- und Kulturwissenschaften konnten solche Einflüsse schon aus generationellen Gründen nur allmählich Platz greifen[31]. Erst unter denjenigen, die im Laufe der 1960er Jahre in Professorenämter und ähnliche Positionen einrückten, für sie wurde jüngst der Begriff der „Fourty Fivers" geprägt, wurden westlich-liberale Leitbilder dominant[32].

Der Rahmen jenes Lern- und Anpassungsprozesses war der Kalte Krieg zur Zeit der Ära Adenauer. Die umfassende Erforschung des Kalten Kriegs als Kulturgeschichte ist deshalb von zentraler Bedeutung, um die komplizierte Gemengelage von Restriktionen politischer Kultur und der Beförderung westlicher Demokratie differenziert zu erfassen[33]. Es macht die historische Bedeutung des er-

(Stuttgart u.a. 1999); *Edmund Spevack*, Allied Control and German freedom. American political and ideological influences on the framing of the West German Basic Law (Grundgesetz) (Münster u.a. 2002).

29 Vgl. *Rainer Behring*, Demokratische Außenpolitik für Deutschland. Die außenpolitischen Vorstellungen deutscher Sozialdemokraten im Exil 1933–1945 (Beiträge zur Geschichte des Parlamentarismus und der politischen Parteien 117, Düsseldorf 1999); *Claus-Dieter Krohn*, *Martin Schumacher* (Hrsg.), Exil und Neuordnung. Beiträge zur verfassungspolitischen Entwicklung in Deutschland nach 1945 (Dokumente und Texte 6, Düsseldorf 2000); *Axel Schildt*, *Claus-Dieter Krohn* (Hrsg.), Zwischen den Stühlen? Remigranten und Remigration in der deutschen Medienöffentlichkeit der Nachkriegszeit (Hamburger Beiträge zur Sozial- und Zeitgeschichte 39, Hamburg 2002).

30 Vgl. *Maritta Hein-Kremer*, Die amerikanische Kulturoffensive. Gründung und Entwicklung der amerikanischen Information Centers in Westdeutschland und West-Berlin 1945–1955 (Beiträge zur Geschichte der Kulturpolitik 6, Köln u.a. 1996).

31 Vgl. einige Aufsätze in *Heinz Bude*, *Bernd Greiner* (Hrsg.), Westbindungen. Amerika in der Bundesrepublik (Hamburg 1999); für die Soziologie liegt seit geraumer Zeit die interessante Studie vor von *Johannes Weyer*, Westdeutsche Soziologie 1945–1960. Deutsche Kontinuitäten und nordamerikanischer Einfluß (Soziologische Schriften 41, Opladen 1984); vgl. zuletzt *Thomas Etzemüller*, Sozialgeschichte als politische Geschichte. Werner Conze und die Neuorientierung der westdeutschen Geschichtswissenschaft nach 1945 (Ordnungssysteme. Studien zur Ideengeschichte der Neuzeit 9, München 2001).

32 *Dirk A. Moses*, The Fourty-Fivers. A Generation between Fascism and Democracy, in: German Politics and Society 17 (1999) 94–126.

33 Vgl. zuletzt die Habilitationsschrift von *Bernd Stöver*, Die Befreiung vom Kommunismus. Amerikanische Liberation Policy im Kalten Krieg 1947–1991 (Köln 2002); hinzuweisen ist auf die neuerlich begonnenen Forschungsschwerpunkte zur Geschichte des Kalten Kriegs

sten Kanzlers der Bundesrepublik aus, daß er die ideologischen Brücken baute, auf der die westdeutschen Funktionseliten in eine westlich geprägte liberale Demokratie schreiten konnten, ohne dieses Ziel sehr hart konturiert benannt zu bekommen. In der ersten Regierungserklärung hatte Konrad Adenauer dafür folgende Formulierungen verwandt: „Es besteht für uns kein Zweifel, daß wir nach unserer Herkunft und nach unserer Gesinnung zur westeuropäischen Welt gehören." Damit wurde – unter dem Druck der Konfrontation des Kalten Krieges – angesprochen, daß der Westen mehr als eine geographische Größe, sondern darüber hinausgehend ein Wertbegriff sei. Als solcher blieb der „Westen" auf Westeuropa beschränkt: Während der Kanzler der Rolle der USA mit „besonderem Dank" gedachte, betonte er zugleich: „Unsere ganze Arbeit wird getragen sein von dem Geist christlich-abendländischer Kultur."[34] Es ist wohl angemessen, angesichts dieser Ambivalenz von politischer Realpolitik, die den USA eine zentrale Rolle einräumte, und der geistig-kulturellen Anrufung des „Abendlands" von einem „mühsamen Start der Westpolitik" zu sprechen[35]. Geistig am nächsten lag in dieser Perspektive noch die Suche nach einer engen Gemeinschaft mit Frankreich[36]. Das Resultat, jene westdeutsche Verwestlichung, wie sie sich in der Gesellschaft der 1960er Jahre abzeichnete, war im übrigen auch nicht unbedingt das persönliche Ziel Adenauers[37].

Die realpolitisch begründete Orientierung auf das transatlantische Bündnis richtete sich in den ersten Jahren der Bundesrepublik nicht zuletzt gegen nationalneutralistische Strömungen, die im protestantischen Bereich zunächst maßgeblichen Einfluß zu besitzen schienen. Erst nach der Bundestagswahl 1953 und endgültig nach der gelungenen Integration in die NATO wurde deutlich, daß diejenigen, die ein geeintes Deutschland als Kern des künftigen Europas zu einer „dritten Kraft" zwischen Ost und West erträumten, als Alternative gegen das Erfolgsmodell der Westoption in der Wahlbevölkerung keinen Rückhalt besaßen.

Das wichtigste integrative und überwölbende Angebot für das deutsche Bürgertum, aus den negativen Erfahrungen mit nationalistischer Hybris zu einem po-

am Zentrum für Zeithistorische Forschungen, Potsdam, und am Hamburger Institut für Sozialforschung.

[34] Zit. nach *Hans-Ulrich Behn*, Die Regierungserklärungen der Bundesrepublik Deutschland (München, Wien 1971) 31–33.

[35] *Hans-Peter Schwarz*, Adenauer, Bd. 1: Der Aufstieg 1876–1952 (Stuttgart 1986) 671 ff.

[36] Vgl. *Ulrich Lappenküper*, Die deutsch-französischen Beziehungen 1949–1963. Von der „Erbfeindschaft" zur „Entente élémentaire", 2 Bde. (Quellen und Darstellungen zur Zeitgeschichte 49, München 2001); vgl. auch *Gero von Gersdorff*, Adenauers Außenpolitik gegenüber den Siegermächten. Westdeutsche Bewaffnung und internationale Politik (Beiträge zur Militärgeschichte 41, München 1994); auch nach dem Zweiten Weltkrieg war die personelle Kontinuität im Auswärtigen Amt sehr hoch (*Hans-Jürgen Döscher*, Verschworene Gesellschaft. Das Auswärtige Amt unter Adenauer zwischen Neubeginn und Kontinuität [Berlin 1995]), aber anders als nach dem Ersten Weltkrieg hatten sich die politischen Rahmenbedingungen derart radikal gewandelt, daß inhaltliche Anknüpfungen kaum möglich waren.

[37] Vgl. den gedankenreichen Essay von *Wilfried Loth*, Adenauers Ort in der deutschen Geschichte, in: *Josef Foschepoth* (Hrsg.), Adenauer und die deutsche Frage (Göttingen 1988) 271–288.

sitiven Verständnis westlicher liberaler Leitbilder zu kommen, fand vor diesem Hintergrund seinen Ausdruck in der Abendland-Ideologie jener Jahre[38]. Ihren Mittelpunkt bildete der Antagonismus zwischen freiheitlichem Abendland und kollektivistischem Osten, dessen Gegenwart der russische Bolschewismus verkörperte. Die Westoption war dieser dualistischen Bestimmung notwendig inhärent, aber noch keineswegs der positive Bezug auf liberale westliche Werte. Liberalismus galt im konservativ-abendländischen Denken als erster Schritt der Säkularisierung, der Abwendung von christlichen Werten, der logisch zum marxistischen Sozialismus und Bolschewismus geführt hatte.

Als Wurzel abendländischer Ideologie ist zuerst die katholische Tradition der Supranationalität und des Föderalismus zu nennen, die auf der Vorstellung eines christlichen bzw. rechristianisierten und durch ständische Strukturen gegen die Zumutungen der Moderne gesicherten „alten Europa" basierte – mit einer nach Spanien und Portugal, Salazar und sogar Franco erschienen in den 50er Jahren als vorbildhafte christliche Staatsmänner, erweiterten deutsch-französischen Achse. Die Franco-Begeisterung war im übrigen nicht allein Sache der dezidierten Abendland-Ideologen; ganz allgemein war Anfang der 1950er Jahre eine „zunehmend freundlichere Berichterstattung" der westdeutschen Presse über Spanien zu beobachten[39]. Die USA wurden in diesem Zusammenhang als militärische Schutzmacht vor dem Osten geschätzt, aber doch in den alten Schemata von Kultur und Zivilisation abgewertet und in einer zeitgenössisch beliebten Analogie in ihrem Verhältnis zu Europa wie in der Antike die materiell überlegenen Römer gegenüber den geistig führenden Griechen betrachtet[40]. Die Konstruktion politisch-strategischer, militärischer und wirtschaftlicher westlicher Zusammenarbeit bei Aufrechterhaltung kultureller Wertedistanz zur neuen westlichen Führungsmacht bildete das attraktivste und am besten zur Integration gerade des konservativ gesinnten Bürgertums und der gesellschaftlichen Funktionseliten, und im Gegensatz zum sogenannten Vernunftrepublikanismus nach dem Ersten Weltkrieg wurde es gern angenommen. Im übrigen kennzeichnete es die gehobene Publizistik der 50er Jahre, daß bald auch die abendländischen Wurzeln der USA hervorgehoben wurden, um schließlich die verbleibende kulturelle Distanz zwischen Amerika und Europa zu überbrücken. Die Abendland-Ideologie war kein Phänomen allein des Katholizismus, obwohl die katholische Kirche im deutschen Weststaat gegenüber der früheren minoritären Position eine führende Rolle gewann. Auf das Abendland bezogen sich auch die konzeptiven Ideologen des Protestantismus, nicht zuletzt jene Publizisten, die wie Hans Zehrer oder Giselher Wirsing

[38] *Axel Schildt*, Zwischen Abendland und Amerika. Studien zur westdeutschen Ideenlandschaft der 50er Jahre (Ordnungssysteme. Studien zur Geschichte der Neuzeit 4, München 1999).

[39] *Birgit Aschmann*, „Treue Freunde ..."? Westdeutschland und Spanien 1945–1963 (Historische Mitteilungen, Beiheft 34, Stuttgart 1999) 137ff.

[40] Vgl. zu dieser Analogievorstellung als jüngste Publikation *Peter Bender*, Weltmacht Amerika – Das neue Rom (Stuttgart 2003).

vor 1933 die „konservative Revolution" befördert hatten und nun zu den Chefredakteuren des Sonntagsblatts und von Christ und Welt avancierten[41].

Im Zuge der geschärften Wahrnehmung der neuen gesellschaftlichen Realität der Nachkriegsgesellschaft und der damit einhergehenden Erosion von utopischem Denken[42] wurde die Abendland-Terminologie und die davon gespeiste Europa-Emphase[43] durch den Bezug auf den liberal konnotierten „freien Westen" allmählich abgelöst – interessant sind in diesem Zusammenhang die am Ende der 1950er Jahre gepflegten Debatten darüber, ob dieser Westen überhaupt einer Ideologie bedürfe oder ob er nicht vielmehr seine Überlegenheit über den Sowjetblock durch den Verzicht auf ideologisches Denken demonstriere – ein selbstverständlich seinerseits hochideologisches Konstrukt[44]. Über diesen idealtypisch von der skizzierten abendländischen Gedankenwelt abzusetzenden säkularisierten positiven Bezug auf die westlichen Demokratien und vor allem auf den amerikanischen Liberalismus, seine wichtigsten Protagonisten, institutionellen Träger, Netzwerke und Diskurse sind wir recht gut informiert[45]. Dies gilt vor allem mit Blick auf den organisatorischen Kern des Kongresses für kulturelle Freiheit und die Zeitschrift *Der Monat*[46]. Hervorgehoben wurde für diesen Prozeß auch die Schlüsselrolle von Remigranten, die als ehemalige Linke aller Schattierungen im US-Exil zur Gedankenwelt des Konsensliberalismus konvertierten. Auch in den Diskussionen zur programmatischen Umorientierung von Sozialdemokratie und Gewerkschaften, die Ende der 50er Jahre und Anfang der 60er Jahre in Bad Godesberg und Düsseldorf ihren Durchbruch erlebten, sind solche Einflüsse, munitioniert von sozialwissenschaftlicher Seite, virulent gewesen[47].

In dieser Sicht lassen sich die ersten beiden Jahrzehnte nach dem Zweiten Weltkrieg deutlich absetzen: Die Hegemonie der abendländischen Integrationsideologie im ersten und die allmähliche Durchsetzung des liberalen Bezugs auf die west-

[41] Vgl. *Schildt*, Deutschlands Platz; als Fallstudie *ders.*, Ökumene wider den Liberalismus. Zum politischen Engagement konservativer protestantischer Theologen im Umkreis der Abendländischen Akademie, in: *Thomas Sauer* (Hrsg.), Katholiken und Protestanten in den Aufbaujahren der Bundesrepublik (Konfession und Gesellschaft 21, Stuttgart u. a. 2000) 187–205.

[42] Vgl. *Paul Nolte*, Die Ordnung der deutschen Gesellschaft. Selbstentwurf und Selbstbeschreibung im 20. Jahrhundert (München 2000) 208 ff.

[43] Vgl. dazu einschlägige Aufsätze in *Michel Grunewald* (Hrsg. in Zusammenarbeit mit *Hans Manfred Bock*), Le Discours Européen dans les Revues Allemandes (1945–1955) (Convergences 18, Bern u. a. 2001).

[44] Vgl. *Axel Schildt*, Ende der Ideologien? Politisch-ideologische Strömungen in den 50er Jahren, in: *ders.*, *Arnold Sywottek* (Hrsg.), Modernisierung im Wiederaufbau. Die westdeutsche Gesellschaft der 50er Jahre (Politik- und Gesellschaftsgeschichte 33, Bonn 1993) 627–635.

[45] Vgl. als Überblick *Anselm Doering-Manteuffel*, Wie westlich sind die Deutschen? Amerikanisierung und Westernisierung im 20. Jahrhundert (Göttingen 1999).

[46] *Michael Hochgeschwender*, Freiheit in der Offensive? Der Kongreß für Kulturelle Freiheit und die Deutschen (Ordnungssysteme. Studien zur Ideengeschichte der Neuzeit 1, München 1998).

[47] *Julia Angster*, Konsenskapitalismus und Sozialdemokratie. Die Westernisierung von SPD und DGB (Ordnungssysteme. Studien zur Ideengeschichte der Neuzeit 13, München 2003).

liche Demokratie im zweiten Jahrzehnt nach dem Zweiten Weltkrieg war wiederum verbunden mit der gesellschaftlichen Stabilisierung des Provisoriums Bundesrepublik in der Ära Adenauer und mit dem Aufstieg der Sozialdemokratie in den 60er Jahren. Im Blick auf die westalliierten Bemühungen zur Umorientierung der Deutschen läßt sich formulieren, daß *re-education* und *re-orientation* zwar in der ersten Welle an den abendländischen Bastionen versandeten, aber, zeitgenössisch wenig bemerkt, die jüngeren Funktionseliten, die sogenannten Fourty-Fivers, sich liberalen westlichen Einflüssen öffneten. Den ambivalenten Bezug der Abendland-Ideologie auf den Westen überspülte eine von deren Protagonisten zunächst nicht erahnte und ihnen dann unheimliche Verwestlichung, über die meist unter dem diffusen Stichwort der „Amerikanisierung" lamentiert wurde[48]. Offenbar ergab der generationelle Wechsel im Zusammenhang mit der tiefgreifenden Transformation, von der industriellen zur postindustriellen oder Konsumgesellschaft, eine besondere Dynamik, die seit dem letzten Drittel der 50er Jahre immer stärker spürbar wurde[49]. Ralf Dahrendorfs Veröffentlichungen gelten heute als theoretisch wichtigste Verarbeitung der damit einhergehenden gesellschaftlichen Veränderungen[50].

Mit dem religiös imprägnierten Abendlanddenken und dem säkular-liberalen Bezug auf westliche Werte sind wohl die beiden wichtigsten Brücken für den Weg der Bundesrepublik in den Westen benannt. Im Blick auf künftige Forschungen wäre es allerdings wichtig, zum einen die europäisch dimensionierten Konzeptionen auch in jenem Teil der Sozialdemokratie, der gemeinhin als traditionalistisch oder gar nationalistisch bezeichnet wird, vom KZ-Insassen Kurt Schumacher bis zum England-Exilanten Erich Ollenhauer, einzubeziehen. Zum anderen wären auch die Beiträge der sogenannten modernen Konservativen – von Hans Freyer bis Helmut Schelsky – für die Orientierung auf den Westen genauer zu untersu-

[48] Vgl. Hinweise auf die Literatur in der Einleitung der Herausgeber von *Alf Lüdtke*, *Inge Marßolek*, *Adelheid von Saldern* (Hrsg.), Amerikanisierung. Traum und Alptraum im Deutschland des 20. Jahrhunderts (Transatlantische Historische Studien 6, Stuttgart 1996) 7–33.

[49] Vgl. *Axel Schildt*, *Detlef Siegfried*, *Karl Christian Lammers* (Hrsg.), Dynamische Zeiten. Die 60er Jahre in den beiden deutschen Gesellschaften (Hamburger Beiträge zur Sozial- und Zeitgeschichte 37, Hamburg 2000, ²2003).

[50] *Ralf Dahrendorf*, Gesellschaft und Freiheit. Zur soziologischen Analyse der Gegenwart (München 1961); *ders.*, Gesellschaft und Demokratie in Deutschland (München 1965); vgl. *Axel Schildt*, Moderne Zeiten. Freizeit, Massenmedien und „Zeitgeist" in der Bundesrepublik der 50er Jahre (Hamburger Beiträge zur Sozial- und Zeitgeschichte 31, Hamburg 1995) 323; *Nolte*, Ordnung 205, 267 ff., *Herbert*, Wandlungsprozesse 29 f.; vor diesem Hintergrund fand übrigens auch der Nationalsozialismus eine Einordnung als Bewegung, die zur Enttraditionalisierung der deutschen Gesellschaft beigetragen hatte; *Michael Prinz*, Ralf Dahrendorfs „Gesellschaft und Demokratie" als epochenübergreifende Interpretation des Nationalsozialismus, in: *Matthias Frese*, *Michael Prinz* (Hrsg.), Politische Zäsuren und gesellschaftlicher Wandel im 20. Jahrhundert. Regionale und vergleichende Perspektiven (Forschungen zur Regionalgeschichte 18, Paderborn 1996) 755–778; als Übersicht zur seitherigen Debatte vgl. *Axel Schildt*, NS-Regime, Modernisierung und Moderne. Anmerkung zur Hochkonjunktur einer andauernden Diskussion, in: Tel Aviver Jahrbuch für deutsche Geschichte 28 (1994) 3–22.

chen[51]. Durch ihre Abkehr von einem schrulligen Antimodernismus, ihrer Betonung der Irreversibilität moderner Lebenswelten, mußte vor allem die US-Gesellschaft als Zukunft der eigenen Gegenwart und nicht mehr als fremdes Phänomen erscheinen. Sie sorgten an prominenter Stelle dafür, daß die Konstruktion einer qualitativen kulturellen Differenz von Amerika und Europa obsolet wurde. Das meinte zwar keinen emphatischen Bezug auf westliche Demokratie, aber durch die gesellschaftliche Entwicklung schien die Demokratie immer selbstverständlicher ein zentrales Element des westlichen Erfolgsmodells zu sein, zu dem auch die Bundesrepublik gehören sollte. Mitte der 1960er Jahre mehrten sich im übrigen auch die Stimmen ausländischer Beobachter, die wie der US-Politologe Norman Birnbaum in den Frankfurter Heften davon berichteten, „Deutschtum (sei) kein Begriff mehr"[52], während gleichzeitige Berichte westdeutscher Besucher in der DDR, zu erwähnen ist etwa Marion Gräfin Dönhoff, die westliche Bundesrepublik von dem in vieler Beziehung deutscher erscheinenden Ostdeutschland unterschieden[53]. Eugen Kogon sprach von der „Großprovinz Bundesrepublik an der Demarkation der feindlichen Weltsysteme"[54].

Im Blick auf die 1960er Jahre fällt auf, daß nun erstmals in breiterem Maße westliche demokratische Vorbilder in den Reformdebatten auftauchten, für die als überwölbender Zielbegriff die „Demokratisierung" fungierte, gipfelnd in der Regierungserklärung von Willy Brandt am 28. Oktober 1969[55]. Neben den USA (etwa als Vorbild für die Forderungen nach Gesamtschulen) spielte auch Großbritannien (etwa in den Diskussionen um ein Mehrheitswahlrecht) eine wichtige Rolle[56]. Dies gilt auch für die Orientierung an skandinavischen Ländern, vor allem Schweden und Dänemark wegen ihrer sozialen Errungenschaften, wegen der Bildungspolitik, aber auch allgemein wegen tatsächlicher oder vermeintlicher gesellschaftlicher Liberalität[57] – auf Frankreich bezog man sich aus erklärbaren Gründen dagegen kaum, und der außenpolitisch-strategisch begründete deutsche Gaullismus lieferte in seinen kulturellen Konnotationen wohl eher ein Nachhutgefecht[58]. Die Konkretisierung des Bezugs auf verschiedene westliche bzw. nordwesteuropäische Demokratien ist bisher noch wenig betrachtet worden, wäre aber

51 Vgl. *Schildt*, Moderne Zeiten 345ff.

52 *Norman Birnbaum*, Die Bundesrepublik 1963/64. Eindrücke von einem längeren Aufenthalt, in: Frankfurter Hefte 19 (1964) 383–395, Zitat 383.

53 *Marion Gräfin Dönhoff* u.a., Reise in ein fernes Land. Bericht über Kultur, Wirtschaft und Politik in der DDR (Hamburg 1964).

54 *Eugen Kogon*, Vom Nationalismus zur Supranationalität, in: Frankfurter Hefte 21 (1966) 303–313.

55 Vgl. dazu die instruktive Skizze von *Moritz Scheibe*, Auf der Suche nach der demokratischen Gesellschaft, in: *Herbert*, Wandlungsprozesse 245–277.

56 Vgl. als Dokumentation zum deutsch-britischen Elitendialog *Ralph Uhlig*, Die Deutsch-Englische Gesellschaft 1949–1983. Der Beitrag ihrer Königswinter-Konferenzen zur britisch-deutschen Verständigung (Göttingen 1986).

57 Hinweise in *Robert Bohn* u.a. (Hrsg.), Deutsch-skandinavische Beziehungen nach 1945 (Historische Mitteilungen. Beiheft 31, Stuttgart 2000).

58 Vgl. *Eckart Conze*, Die gaullistische Herausforderung. Die deutsch-französischen Beziehungen in der amerikanischen Europapolitik 1958–1963 (München 1995).

zur Differenzierung des gesamten hier dargestellten Vorgangs sehr wichtig, weil seit den 1960er Jahren, als sich die Akzeptanz liberaler Demokratie im politischen Raum weitgehend durchgesetzt hatte, die transkulturellen Prozesse insgesamt komplizierter wurden. Noch weniger beachtet wurde übrigens, daß sich im gleichen Zeitraum, seit dem letzten Drittel der 1950er Jahre, ein gesteigertes kulturelles Interesse an der Literatur, Bildenden Kunst und am Filmschaffen der osteuropäischen Länder, vor allem Polens und der Tschechoslowakei, in der bildungsbürgerlichen Szene zeigte[59]. Offenbar gab es in jenen Jahren einen Zusammenhang zwischen Westorientierung und neuer Aufgeschlossenheit gegenüber den östlichen Nachbarn, der auf einen insgesamt gesteigerten Pluralismus hinweist.

Ein wesentlicher Faktor für die Verbreiterung pluralistischer Sichtweisen und zugleich der Suche nach westlichen Vorbildern war die Formveränderung der Öffentlichkeit, die rasante Durchsetzung der elektronischen Massenmedien, vor allem des Fernsehens, das im Laufe der 1960er Jahre die überwiegende Mehrheit der privaten Haushalte erreichte. Dieser Prozeß ging mit der Etablierung der „ersten Journalistengeneration in Deutschland" einher, „die eine klare Westorientierung"[60] vertrat, ja geradezu „Verwestlichung als Performance" kreierte[61], in dieser Perspektive aber gleichzeitig überkommene Strukturen mittels neu geschaffener Formate, etwa den politischen Magazinen, kritisierte. In den heftigen Auseinandersetzungen, beginnend mit der legendären Spiegel-Affäre und noch längst nicht endend mit der Kampagne gegen das von Gert von Paczensky moderierte „Panorama"[62], deutete sich an, daß die Herstellung einer „kritischen Öffentlichkeit" den Nerv der Zeit traf und nicht unbeträchtliche Gegenkräfte auf den Plan rief[63].

Die im letzten Drittel der 1960er Jahre entstehende und sich rasch verbreiternde „antiautoritäre" Jugend- und Studentenrevolte, die in Deutschland retrospektiv als „68er-Bewegung" bezeichnet wurde, ist vor diesem Hintergrund als schillerndes Phänomen zu betrachten, das zum einen in seiner historischen Spurensuche bei den Fraktionen der Arbeiterbewegung der Zwischenkriegszeit sehr deutsche Traditionen in bizarrer Spätblüte belebte. Zum anderen sorgte aber die 68er-Bewegung als ein internationales generationelles Phänomen wechselseitiger europäi-

[59] Vgl. *Axel Schildt*, Mending Fences: The Federal Republic of Germany and Eastern Europe, in: *Eduard Mühle* (Hrsg.), Germany and the European East (German Historical Perspectives XVII, Oxford, New York 2003) 153–179, hier 164ff.

[60] *Christina von Hodenberg*, Die Journalisten und der Aufbruch zur kritischen Öffentlichkeit, in: *Herbert*, Wandlungsprozesse 278–311, Zitat 310.

[61] *Andreas Daum*, Kennedy in Berlin. Politik, Kultur und Emotionen im Kalten Krieg (Paderborn u.a. 2003) 146ff.

[62] Vgl. *Gerhard Lampe*, *Renate Schumacher*, Das Panorama der 60er Jahre. Zur Geschichte des ersten politischen Fernsehmagazins der BRD (Berlin 1991); *Knut Hickethier*, Geschichte des deutschen Fernsehens (Stuttgart, Weimar 1998) 165ff.

[63] Darauf beziehen sich einige Aufsätze in *Bernd Weisbrod* (Hrsg.), Die Politik der Öffentlichkeit – Die Öffentlichkeit der Politik. Politische Medialisierung in der Geschichte der Bundesrepublik (Veröffentlichungen des Zeitgeschichtlichen Arbeitskreises Niedersachsen 21, Göttingen 2003).

scher und transatlantischer Zitation und Übernahme von Aktionen und Texten, aber auch von Lebensstilelementen in jeweiliger nationaler Spezifikation[64] wider Willen – zumindest wichtiger radikaler Wortführer – für die zivilgesellschaftliche Verankerung westlicher liberaler demokratischer Standards.

Für den Fortgang der Erzählung seit den 1970er Jahren, also für die Konzeptionierung der jüngsten Zeitgeschichte, ergeben sich allerdings Probleme, auf die am Schluß hingewiesen werden soll. Die weitgehende Gleichsetzung der Orientierung an den westlichen Demokratien mit dem Bezug auf den amerikanisch-angelsächsischen Liberalismus mag nämlich für die ersten beiden Jahrzehnte nach dem Zweiten Weltkrieg Sinn machen, auch wenn gerade für die heiße Phase des Kalten Krieges Anfang der 50er Jahre angesichts der Schürung antikommunistischer Hysterie – Stichwort: McCarthy – einige Differenzierungen zu bedenken wären. Aber spätestens mit dem überwiegenden Ideenangebot ganz anderer Sorte aus dem Thatcher-Königreich oder den USA unter Reagan seit dem Ende der 1970er Jahre wird die Fortschreibung der Linie westlichen liberalen Transfers nach Deutschland schwierig[65], jedenfalls dann, wenn man der Meinung sein sollte, daß die seltsame Melange von alttestamentarischem Fundamentalismus und Stolz auf die Negation „alt"europäisch-humanistischer Wurzeln und eines nach dem Ende des Sowjetblocks radikalisierten Neoliberalismus nicht mit der Einlösung der westlichen liberalen Freiheitsversprechen nach dem Zweiten Weltkrieg gleichzusetzen ist. Positiv gewendet: Was als künftiges Deutungsproblem erscheint, zeigt gleichzeitig die Historizität der von uns lange für selbstverständlich gehaltenen Identität von Liberalismus und Demokratie im Lernprozeß nach 1945.

[64] Vgl. zuletzt *Michael Schmidtke*, Der Aufbruch der jungen Intelligenz. Die 68er Jahre in der Bundesrepublik und den USA (Frankfurt a. M., New York 2003).
[65] Vgl. als wegweisende Studie *Dominik Geppert*, Thatchers konservative Revolution. Der Richtungswandel der britischen Tories 1975–1979 (Veröffentlichungen des Deutschen Historischen Instituts London, München 2002).

Gerd Koenen

Zwischen Antibolschewismus und „Ostorientierung"

Kontinuitäten und Diskontinuitäten

Im Zentrum meines Vortrags steht die Frage, ob es eigentlich zutrifft, wie weithin angenommen wird: daß ein mehr oder weniger heftiger Antibolschewismus zu den Kontinuitäten der deutschen Geschichte nach 1917 gehört hat, ohne den Aufstieg und Machteroberung der Nationalsozialisten nicht zu denken gewesen seien, aber ohne den (in der verallgemeinerten Form des Antikommunismus) auch die relative Stabilität der Bonner Bundesrepublik nicht möglich gewesen wäre.

In welchem Verhältnis stand das aber zu den immer neu aufgeworfenen Fragen einer Orientierung Deutschlands zwischen Ost und West? Das Verhältnis insbesondere zu Rußland ist in der bundesdeutschen Historiographie durch Fritz T. Epstein unter den mehrdeutigen Begriff eines deutschen „Rußland-Komplexes" gefaßt worden, der sich vom 19. ins 20. Jahrhundert tradiert haben soll. Gemeint war eine spezifische Mischung von Gefühlen kultureller Superiorität bei politischer Inferiorität, die sich stets von neuem zu einem Komplex aggressiver Ängste und Zwangsvorstellungen verdichtet habe, welche wiederum großgermanische Expansionsträume und Kolonisierungsphantasien provozierten[1].

So ging etwa Hans-Erich Volkmann in der Einleitung des von ihm 1994 herausgegebenen Sammelbandes „Das Rußlandbild im Dritten Reich" fast apriorisch davon aus, daß „die während der NS-Zeit im Schwange befindlichen Rußlandbilder ... aus tradierten Versatzstücken bestanden, die in Anbetracht geplanter und konkreter Politiken der Lebensraumerweiterung und rassischer Vernichtung lediglich eine wirkungsvolle Überzeichnung erfuhren". Mehr noch: „Die Darstellung Rußlands bzw. der Sowjetunion als eines asiatisch durchdrungenen und geprägten Landes" sei „über 1945 hinaus ... lebendig" geblieben. Nur die antisemitischen Komponenten seien „in Westdeutschland aus dem überkommenen Bild von Rußland und der Sowjetunion weitgehend eliminiert" worden. Dagegen hätten frisch erneuerte antirussische und antikommunistische Vorurteile, über Schulbücher

[1] *Fritz T. Epstein*, Der Komplex „Die russische Gefahr" und sein Einfluß auf die deutsch-russischen Beziehungen des 19. Jahrhunderts, in: Deutschland in der Weltpolitik des 19. und 20. Jahrhunderts, hrsg. von *I. Geiss*, *B. J. Wendt* (Düsseldorf 1973) 143–159.

und andere Medien tradiert, zu den Grundlagen des bundesdeutschen Selbstverständnisses gehört[2].

Der von Volkmann herausgegebene Sammelband ging im übrigen aus einem Gemeinschaftsprojekt bundesdeutscher Historiker mit führenden Faschismusforschern der DDR hervor – und ist insofern ein Dokument dessen, daß es in diesen Fragen zuletzt eine beachtliche Konvergenz der Geschichtsschreibung in der DDR und der Bundesrepublik gegeben hat.

Dieses geläufige Bild einer mehr oder weniger homogenen Trias aus Russophobie und Antibolschewismus plus (oder minus) Antisemitismus als einer langfristigen, fast hundertjährigen Konstante der deutschen Politik und Gesellschaft möchte ich im Kern bestreiten. Meine Gegenthese wäre, daß der Übergang Deutschlands zur Hochmoderne sich vor allem in einer kontinuierlichen Auseinandersetzung mit den Gesellschaften und Staaten des Westens entwickelt hat; und daß diese Auseinandersetzung als ihr notwendiges Gegenstück immer wieder Tendenzen einer „Ostorientierung" (wenngleich in stark wechselnden Formen und Bedeutungen) hervorgetrieben hat – auch und gerade angesichts des Aufstiegs der neuen Sowjetunion zu einem Machtstaat neuen Typs auf dem Boden des alten Russischen Reiches.

Eine andere Frage ist, daß diese Tendenzen in ihrer Virulenz nicht immer sichtbar gewesen sind und über weite Strecken politisch und ökonomisch nicht ausbuchstabiert werden konnten[3].

Im folgenden möchte ich diese These – sehr sprunghaft und summarisch – über einige Hauptstationen der deutschen Geschichte im 20. Jahrhundert hin verfolgen und entwickeln.

Mein Ausgangspunkt ist der Erste Weltkrieg; wobei ja in George Kennans Formel von der *great seminal cathastrophy* – viel mehr als im deutschen Begriff der „Urkatastrophe" – ein Element des Formativen steckt. In den Weltkriegen bündelten sich nicht nur internationale, sondern auch innergesellschaftliche Konfliktlagen; man müßte sie daher noch stärker als formative Phasen der Geschichte des 20. Jahrhunderts beschreiben, in politischer und sozialökonomischer wie in ideologischer Hinsicht.

Für das hier behandelte Thema ist wichtig, daß sich Deutschland in diesem Weltkrieg noch einmal als das europäische „Reich der Mitte" neu erfand, in einer dichten Synthese essentialistischer Selbstzuschreibungen und imperialer Perspektiven. Schaut man die maßgebliche deutsche Kriegsliteratur, die ja keineswegs nur eine situative Propaganda, sondern eine genuine geistige Produktion war, durch, ist deutlich, daß die „Ideen von 1914" im wesentlichen als Antithesen zu den Ideen des Westens formuliert wurden. Dabei möchte ich behaupten (ohne mich allerdings auf eine gesicherte Literatur und Quellenbasis stützen zu können), daß

[2] *Hans-Erich Volkmann* (Hrsg.), Das Rußlandbild im Dritten Reich (Köln, Weimar, Wien 1994) 4f.

[3] Diese Argumentation entspricht in weiten Zügen derjenigen in meinem Buch Der Rußlandkomplex. Die Deutschen und der Osten 1900–1945 (München 2005).

auch die Ideen des Westens, ja, daß der Begriff des „Westens" selbst, wie er sich über das weitere 20. Jahrhundert hin einbürgerte, erst in dieser Konfrontation formuliert worden sind.

Der Erste Weltkrieg entwickelte sich je länger, je mehr zu einem Krieg Deutschlands gegen den Westen, in militärischer und politischer wie in weltanschaulicher Hinsicht. In einer endlosen Kette antithetischer Begriffe wurde das „deutsche Wesen" in seiner fundamentalen Differenz zum Ungeist des Westens herausgearbeitet: Bürger gegen Bourgeois, Kultur gegen Zivilisation, Sittlichkeit gegen formales Recht, Persönlichkeit gegen Individuum; aber auch „Sozialismus" im deutschen Sinne von Gemeinwirtschaft als Gegensatz zum westlichen Kapitalismus als bloßer Privatwirtschaft[4].

Die russische Kriegsliteratur dagegen galt (mit wenigen Ausnahmen) als kaum satisfaktionsfähig. Mehr noch: Hier im Osten ließen sich zwischen der zarischen Regierung und den vielen Völkern des Imperiums – einschließlich des Staatsvolks der Russen selbst – reale Antagonismen ausmachen und konnte sich das Deutsche Reich eine Befreiungsmission zuschreiben. Ganz anders in den westlichen Demokratien, wo die deutsche Seite realistischerweise von einer weitgehenden Einheit von Volk und Regierungen ausgehen mußte. Hier waren keine politischen Eroberungen zu machen, sondern nur militärische. Die Welt der Schützengräben und des Materialkriegs an der Westfront, aber auch des U-Boot-Kriegs im Atlantik war eine geschlossene, lebensfeindliche Sphäre, in der allenfalls der Jüngersche „Kampf als inneres Erlebnis" ausgelebt werden konnte.

Der Osten dagegen schien dem Deutschen Reich weit offen zu stehen und ein Feld politischer und militärischer Manöver und Phantasien größten Stils zu bieten. Tatsächlich stand der Begriff einer „Russischen Revolution" seit 1905 als eine Art historisch-politisches Objektivum im Raum. Und unter den Völkern des Zarenreiches fand die deutsche Politik der „Dekomposition" oder auch „Revolutionierung" tatsächlich eine Vielzahl von Verbündeten. Je übertrieben despotischer der Zarismus gezeichnet wurde, um so moralisch großartiger leuchtete aber auch das Bild des grausam beleidigten, nur von seinen großen Dichtern wahrhaft repräsentierten russischen Volkes. Die Bolschewiki waren in diesem *great game* der deutschen Weltkriegspolitik nur eine von vielen Karten – allerdings die, die 1917 in überraschender Weise stach (oder zu stechen schien). Wenn sie zunächst als bloße Konjunkturritter des russischen Chaos und der militärischen Niederlage erschienen und (wie man glaubte) von deutschen Subsidien abhängig waren – um so besser.

[4] Die Mehrzahl der Arbeiten über die deutsche Kriegspublizistik hat sich eher mit den Aspekten der „geistigen Mobilmachung" (*Kurt Flasch*, 2000) oder der „Erfindung der Volksgemeinschaft" (*Jeffrey Verhey*, 2002) beschäftigt, d. h. mit den internen Stoßrichtungen dieser Literatur, als mit ihrer Verortung zwischen „Westen" und „Osten". Sehr aufschlußreich noch immer: *Ludwig Dehio*, Deutschland und die Weltpolitik im 20. Jahrhundert (München 1955); insbesondere die Aufsätze „Deutschland und die Epoche der Weltkriege" 9–36; und „Gedanken über die deutsche Sendung 1900–1918" 71–106; sowie *Hermann Lübbe*, Politische Philosophie in Deutschland (München [2]1974) insbesondere der Abschnitt „Die politischen Ideen von 1914" 171–235.

So wurde der Antibolschewismus erst in der akuten Situation der Niederlage und des Zusammenbruchs von 1918/19 auch in Deutschland zu einem realen Angstgespenst – das allerdings nach innen wie nach außen taktisch überdramatisiert wurde, anfangs vor allem von der Ludendorffschen OHL, die mit der Legende vom „Dolchstoß“ die eigene Panik und Niederlage kaschieren wollte, und dann von den Sozialdemokraten und bürgerlichen Demokraten, die mit dem Gespenst einer „bolschewistischen Überflutung“ Deutschlands und ganz Mitteleuropas eine Milderung der alliierten Friedensbedingungen erreichen wollten.

Tatsächlich war schon im Vorfeld von Versailles und erst recht danach ganz deutlich die Wut gegen die westlichen Siegermächte zur alles dominierenden „Grundemotion“ in der politischen und intellektuellen Öffentlichkeit des Reiches geworden – mit weit ausholenden Argumenten, die direkt an die Propaganda und Publizistik der Kriegsjahre anschließen konnten. Hinzu kam der virulente Gegensatz zu den neuen Republiken Mittelosteuropas, und vor allem zu Polen, das sich gemeinsam mit Frankreich anschickte, das Deutsche Reich von 1871 auf einen national homogenen, um Schlüsselgebiete wie Oberschlesien oder Danzig reduzierten Rumpf zusammenzustutzen. Gegen das „weiße“ Polen aber stand von Beginn an das „rote“ Sowjetrußland, das sich seit dem Sommer 1918 ja seinerseits im Krieg mit den westlichen Siegermächten sah.

Tatsächlich hatte schon mitten im Krieg in fast allen weltanschaulichen Lagern der deutschen Politik (einschließlich Teilen der traditionell rußlandfeindlichen Sozialdemokratie[5]) die Suche nach einem Ausweg nach Osten begonnen, sei es durch einen wie immer gearteten Ausgleich mit Rußland, der notfalls auch auf Kosten des verbündeten Österreich erkauft werden würde, oder sei es in Form eines von Deutschland dominierten „Mitteleuropa“. Jede dieser Varianten lief auf eine kontinentale Ostwendung des Reiches hinaus. Und selbst liberale Sozialimperialisten wie etwa der Bethmann-Adlatus Kurt Riezler zogen für den Fall einer Niederlage einen Anschluß an das Russische Reich einer Öffnung zu den westlichen Siegern vor[6].

Diese Diskussion nahm in den Jahren 1919/20 zeitweise fieberhaften Charakter an. Dabei wurden im Schrifttum dieser Jahre die antisemitischen Affekte gegen den „jüdischen Bolschewismus“ – auch und gerade im Lager der politischen Rechten – von einer genau entgegengesetzten Interpretation der Bolschewiki als derjenigen Partei, die das russische Imperium neu zusammengefügt habe, überspielt. Man hatte es demnach bei der neuen Sowjetunion im Kern immer noch mit

[5] So forderte beispielsweise der ehemals linke, dann rechte Flügelmann *Paul Lensch* mit seinem Pamphlet „Drei Weltrevolutionen“ (Berlin 1917) einen revolutionären Vernichtungskrieg gegen Großbritannien im Bündnis mit dem frisch revolutionierten Rußland.

[6] Der Sekretär Bethmann-Hollwegs, Kurt Riezler, hielt im Winter 1914 einen künftigen engen Anschluß an Rußland im Fall einer Niederlage für unvermeidlich; und selbst eine zeitweise Vasallenschaft Deutschlands schreckte ihn nicht, wenn das nur hülfe, sich der drohenden „Amerikanisierung Europas“ zu entziehen. (Tagebucheintrag vom 2. 11. 1914), in: *Kurt Riezler*, Tagebücher, Aufsätze, Dokumente, eingeleitet und hrsg. von *Karl Dietrich Erdmann* (Göttingen 1972) 223.

Rußland zu tun, das sich als einziges der drei Vielvölkerreiche des Ostens nicht nur behauptet, sondern in einem mörderischen Bürgerkrieg gegen alle Versuche der Dekomposition oder sogar Kolonisierung durch die westlichen Siegermächte durchgesetzt hatte. Und jedenfalls stellte das sowjetische Rußland eine (wenn auch rohe, unvollkommene) weltpolitische Antithese zum vorherrschenden anglo-amerikanischen Globalkapitalismus dar.

Dieses in unterschiedlichen weltanschaulichen Spektren und Varianten verbreitete deutsche Bild vom „neuen Rußland" war im übrigen vom Selbstbild der bolschewistischen Staatsgründer weniger weit entfernt, als die diffuse weltrevolutionäre Propaganda der neuen „Kommunistischen Internationale" vermuten ließ – so wenn Lenin schon 1918 (noch mitten im Krieg) Deutschland und Rußland als „zwei Küken unter der einen Schale des Imperialismus" zeichnete[7], oder wenn Trotzki (nicht nur später) den Bürgerkrieg als einen Feldzug zur abermaligen „Sammlung" der russischen Erde und des Staates beschrieb[8], in bewußter oder sogar betonter Analogie zur ursprünglichen Reichsgründung der Moskowiter Großfürsten. Das war durchaus keine bloße Demagogie, sondern sprach ein Motiv an, für das gerade die Abkömmlinge jüdischer Familien empfänglich waren, die im Nationalismus der Randvölker die akuteste Bedrohung sahen und daher vielfach als Hüter einer demokratisch-sozialistisch verwandelten „rußländischen" Reichsidee auftraten – die vor allem nun gegen die Wilson'schen Losungen vom „Selbstbestimmungsrecht" zu verteidigen waren.

Dieses ganze hier beschriebene Syndrom gegenseitiger Fixierungen ließe sich im übrigen in eine über Jahrhunderte zurückreichende *longue durée* weltanschaulicher „Besetzungen" einordnen, und das von beiden Seiten her. In seinem Essay-Band „Die Erfindung Rußlands" hat Boris Groys den Mechanismus beschrieben, mit dem Rußland – das im Unterschied zu China oder Indien in Wirklichkeit (so Groys) keine andere kulturelle Tradition als die westliche besitze – sich um so mehr und in immer neuen Formen als das „Andere" des Westens selbst erfunden habe: nämlich „indem es oppositionelle, alternative Strömungen der westlichen Kultur ... übernimmt, aneignet, transformiert – und dann gegen den Westen als Ganzes richtet"[9]. Kardinale Beispiele sind nach Groys die Aneignung des byzantinischen als des wahren „römischen" Christentums, „die Entstehung der slawophilen Bewegung aus dem Geiste des deutschen Idealismus" sowie die Adaption des „Marxismus", der eine Geschichts- und Gesellschaftstheorie aus Deutschland war, bevor Lenin daraus eine eigentümliche „Ideologie" und „Lehre" russischen Gepräges formte.

Groys hebt diese Tradition russischer Selbsterfindungen ausdrücklich von dem ab, was in der historischen Soziologie als „Selbsterfindung der Nationen" be-

[7] *W. I. Lenin*, Über „linke" Kinderei und Kleinbürgerlichkeit, in: *Lenin*, Werke, Bd. 27 (Berlin 1974) 333.

[8] *Leo Trotzki*, Mein Leben (Berlin 1929; hier zit. nach der Tb-Ausgabe Frankfurt 1974) 307. Diese Formulierung tauchte nicht erst in Trotzkis Memoiren ex post auf, sondern wurde auch in der Zeit des Bürgerkrieges selbst verwendet.

[9] *Boris Groys*, Die Erfindung Rußlands (München 1995) 8.

schrieben worden ist. Die Russen seien eben keine Nation im modernen Sinne gewesen, sondern „ein Staatsvolk, das sich als kollektiver Untertan der durch den Staat repräsentierten universellen Idee definierte". Umso mehr „haben russische Autoren im westlichen Denken nach den Ansätzen der radikalen Selbstkritik gesucht ..., um diese Selbstkritik dann in eine ‚russische Kritik' am Westen umzuwandeln"[10]. Anders ausgedrückt, handelte es sich, in slawophil-konservativer wie in revolutionär-sozialistischer Fassung, um die „Selbsterfindung" eines Reichsvolks mit universellen Berufungen, die alle westlichen Universalismen übertrumpfen sollten.

Deshalb war es kein kulturgeschichtlicher Zufall, daß sich Ideen und Theorien deutscher Provenienz für diese Operation stets als besonders geeignet heraus stellten – und umgekehrt. Auch die Deutschen sahen sich nicht als eine bloße (Staats-) Nation, sondern als ein Reichsvolk mit universellen Berufungen. Und dabei dienten ihnen neben ihren eigenen geistigen Hervorbringungen seit dem späten 19. Jahrhundert in stetig wachsendem Umfang und steigender Intensität auch die russische Literatur, Philosophie und Kunst als Material und Beleg. Die „russische Kritik" am Westen fand gerade in Deutschland ihren nachhaltigsten Resonanzboden und wurde zeitweise integraler Bestandteil der „deutschen Idee". Vor allem die Figur Dostojewskis und seine integristische Volkstumsreligion, die neben dem „allmenschlichen" Rußland vor allem dem „protestierenden" Deutschen Reich die Schlüsselrolle im Kampf gegen den zersetzenden Ungeist des Westens und der von ihm repräsentierten Moderne zuschrieb, wurde (in einer bis heute nirgends zusammenhängend beschriebenen Art und Weise) zu einem Heros des deutschen Geisteslebens, wie vor und außer ihm nur Nietzsche[11].

So viel Furcht Rußland als ein gigantisches, „halbbarbarisches" und zugleich verhältnismäßig junges Großreich seit dem 16. Jahrhundert zu verschiedenen Zeiten bei einem Teil der deutschen Öffentlichkeit erzeugte, so sehr diente es zu anderen Zeiten und für andere Köpfe und Akteure als das natürliche Objekt und Komplement eigener Größenphantasien. Deutschland als aufsteigende Weltmacht schien überhaupt nur vorstellbar, wenn es mit dem „russischen Komplex" (hier als Objektivum verstanden) in irgendeine Art „besonderer Beziehung" trat. Dann aber waren die Prospekte grenzenlos.

[10] Ebd. 10.

[11] „Daß die europäische, zumal die deutsche Jugend Dostojewski als ihren großen Schriftsteller empfindet, nicht Goethe, auch nicht einmal Nietzsche", stand für Hermann Hesse bereits 1918 außer jedem Zweifel (*H. Hesse*, Die Brüder Karamasoff oder der Untergang Europas, in: Blick ins Chaos [Bern 1920] 2). Die Slawistin Sonia Lane nannte es 1931 in einem detaillierten bibliographischen Rückblick eine Tatsache, daß der russische Dichter und Denker „zum innersten Bestandteil der deutschen Kultur, des deutschen Geistes – und der deutschen Nervosität geworden ist" (*S. Lane*, Deutsche Dostojevskij-Inflation, in: Slavische Rundschau [3/1931] 196). Schließlich ging der Theologe Theoderich Kampmann in seinem Buch „Dostojewski in Deutschland" im gleichen Jahr so weit festzustellen, „daß die Welt nur noch über den deutschen Dostojewski hinweg sich des russischen wird bemächtigen können" (*T. Kampmann*, Dostojewski in Deutschland [Münster 1931] 217). Man könnte mit zeitgenössischen Zitaten dieser Art lange fortfahren.

Aus dieser Disposition heraus stellte die Geschichte der geistigen und kulturellen Beziehungen beider Länder sich als ein stetes, großangelegtes freund-feindliches Hinüber und Herüber dar. Solche gegenseitigen Projektionen und Beauftragungen waren aber nicht bloße ideelle Wolkenbildungen am blauen Ideen- und Kunsthimmel, sondern hatten mit der realen Daseinsweise beider Völker und ihrer jeweiligen geschichtlichen Lage zu tun. Die Zeitperiode von 1900 bis 1933 erscheint unter diesem Aspekt als die Phase der höchsten Verdichtung dieser gegenseitigen Bezugnahmen.

In der Periode zwischen den beiden Weltkriegen waren das Deutsche Reich und Sowjetrußland im übrigen die beiden revisionistischen Hauptmächte der neuen Versailler Weltordnung. Insofern waren die ab 1919/20 geknüpften Militär- und Wirtschaftskontakte, die dem Vertrag von Rapallo vorausliefen und als eine ständige „Nebenpolitik" der Militärs und teilweise auch der Großindustriellen weit darüber hinausgriffen, keineswegs episodischer Natur. Sie waren auch nicht nur pragmatisch begründet, sondern vielfach weltanschaulich unterfüttert.

Eine besondere Rolle kommt hier dem politisch-publizistischen Komplex der sog. „Konservativen Revolution" zu, aus dem ein Gutteil der Ideologen einer deutschen Ostorientierung kam, von Moeller van den Bruck über Oswald Spengler bis zum TAT-Kreis und den Ideologen der Jugendbewegung wie etwa Eugen Diederichs, oder bis zu Grenzgängern wie Ernst Niekisch und seiner Ideologie des „Widerstands". In diesem Spektrum grassierte eine zwiespältige Slawophilie, worin das slawische als das weibliche und das germanische als das männliche Element firmierten; womit natürlich klar war, wem letztlich das Primat zukam. Dennoch handelte es sich um geopolitische Verschmelzungsvisionen von verblüffender Intensität, in denen sich romantisierende Einvernahmen mit großräumigen Geschichtsspekulationen (vom „Untergang des Abendlandes" bis zum „Recht der jungen Völker") paarten.

Für ein vollständiges Bild der Unter- und Oberströmungen der Zeit wären im übrigen die komplementären Deutschland-Fixierungen der bolschewistischen Gründergeneration noch einmal verstärkt in den Blick zu nehmen. Sie waren ihrerseits nicht abstrakt theoretischer oder bloß pragmatischer Natur; und sie waren keineswegs nur in diffusen weltrevolutionären Erwartungen begründet, sondern entsprangen einer intensiven, vielfach biographisch unterfütterten Affinität zur deutschen Kultur. Auch hier waren die jüdischen Revolutionäre aus Rußland oder Polen, die zu Tausenden deutsche und österreichische Universitäten besucht hatten, ein entscheidendes Bindeglied.

So war es kein Zufall, daß auf den frühen Konferenzen der Kommunistischen Internationale über weite Strecken Deutsch gesprochen wurde. Selbst die Führer der Bolschewiki hielten ihre Referate zum Teil in deutscher Sprache, und Berlin blieb die Hauptstadt der Internationale. Russisch und Deutsch waren die Verkehrssprachen der Komintern, so wie Englisch und Französisch die Amts- und Verkehrssprachen des Völkerbundes waren[12].

12 Hinweise darauf werden in der Literatur durchweg episodisch behandelt und selten aus-

Eine andere Frage ist, warum diese geradezu „natürliche" Kräftekombination der beiden Reiche sich nie in reale politische, wirtschaftliche oder militärische Bündnisperspektiven umsetzen ließ – im wesentlichen wohl deshalb, weil die Selbstabschließung Sowjetrußlands von der Welt dem entgegenstand, d. h. weil die akuten Ängste der Bolschewiki vor einer zivilen Unterspülung ihrer Macht bei Öffnung des Landes alle ihre lang gehegten Phantasien einer Kräftekombination mit Deutschland immer wieder überspielten. Diese paranoide Furcht saß weitaus tiefer als die umgekehrten Ängste im deutschen Bürgertum.

Von Deutschland her gesehen, entsprach einer ständig fortschreitenden sozialökonomischen Westintegration der Weimarer Republik (gerade auch durch das Instrument der Reparationen) somit eine äußerst virulente Strömung der „Ostorientierung", die sich aber im politischen Spektrum nur sehr vermittelt abbildete und in der politischen und wirtschaftlichen Realität immer von neuem frustriert wurde. Diese untergründige Strömung war nicht nur ein Element der Selbstblokkade und Sterilität der Weimarer Außen- und Revisionspolitik, sondern – viel unheilvoller – ein Moment der „deutschen Hysterie" (nach der Bezeichnung von István Bibó[13]), d. h. einer rein virtuellen, aber dennoch die Köpfe obsedierenden Weltmachtpolitik. Nicht nur, weil man im Notfall immer noch eine Option des Auswegs nach Osten zu haben glaubte, sondern die imaginäre Verbindung mit einem vermeintlich staatskapitalistisch reformierten Sowjetrußland revitalisierte auch immer von neuem die Weltkriegsideologien eines „deutschen Sozialismus" oder sonstiger Formen „organischer" Wirtschaft und Gesellschaft als scheinbar überlegene Antithese zum demokratisch-kapitalistischen Westen. Es war das Signum der Weimarer Republik, daß die maßgeblichen politischen Kräfte sich weder mit ihrer äußeren Lage noch mit ihrer inneren (politischen wie gesellschaftlichen) Verfassung abfinden konnten.

Wie wenig ein „Antibolschewismus" im strikten Sinne die Politik der Weimarer Zeit bestimmte, zeigt sich m.E. auch zuverlässig daran, daß diejenigen, die die Frontstellung zur sowjetischen Revolutionspolitik zur Hauptachse der deutschen Politik machen wollten, entweder binnen kurzem umschwenkten – wie z. B. Eduard Stadtler, der Führer der ephemeren „Antibolschewistischen Liga" von 1919 – oder aber vollkommen marginalisiert blieben, da sie konsequenterweise einen weitgehenden Anschluß an den Westen fordern mußten (wie z. B. der verabschiedete „Oberost"-General Max Hoffmann, der das schon 1918 getan hatte). Die Hauptkraft des „Antibolschewismus" der Weimarer Zeit war die Mehrheits-Sozi-

gedeutet. So bei Wolfgang Leonhard: „Im Unterschied zum Zweiten Weltkongreß, auf dem Deutsch die offizielle Kongreßsprache war – fast allen Delegierten war die Sprache von Karl Marx geläufig! – wurde auf dem Dritten Weltkongreß in mehreren Sprachen gesprochen." (*Wolfgang Leonhard*, Völker, hört die Signale. Die Anfänge des Weltkommunismus 1919–1924 [München 1981] 250). Aber Lenin, Trotzki, Sinowjew, Radek, Kun und die meisten anderen Kominternführer hielten offenbar auch auf dem III. Kongreß noch ihre Referate in deutscher Sprache; so wie auch das offizielle Protokoll der Verhandlungen in deutscher Sprache geführt wurde. Vgl. *Lenin,* Werke, Bd. 32 (Berlin [6]1975) 473.

[13] *István Bibó*, Die deutsche Hysterie. Ursachen und Geschichte (Frankfurt, Leipzig 1991).

aldemokratie, die diese Gegnerschaft aber zu keinem Zeitpunkt zur Hauptachse ihrer Innen- und Außenpolitik machen konnte oder wollte.

Hitlers „Mein Kampf“ 1925/26 richtete sich denn auch gegen eine (zu Recht) vorausgesetzte Mehrheitsströmung sowohl im deutsch-völkischen Milieu wie in der eigenen Partei, die entweder den unmittelbaren Anschluß an das bolschewistische Rußland suchte, wie die Strasser-Brüder, Goebbels und die anderen „Elberfelder“, oder noch immer von einem „weißen“ deutsch-russischen Kontinentalblock träumte, wie die „Münchner“ Rosenberg und Scheubner-Richter und wie das Gros der deutschvölkischen Antisemiten am Rande und außerhalb der Nazipartei. Mit seiner radikalen Perspektive einer gewaltsam kolonisierenden deutschen „Ostpolitik“ (statt einer hypothetischen „Ostorientierung“), die auf den inneren Zerfall der angeblich jüdisch beherrschten neuen Sowjetunion und ein Bündnis mit Großbritannien und Italien spekulierte, durchhieb Hitler (scheinbar) den gordischen Knoten dieser end- und fruchtlosen Debatten und wies, wie er glaubte, der deutschen Außenpolitik insgesamt den Weg einer grundlegenden Neuorientierung.

Tatsächlich spielten die in „Mein Kampf“ (1925/26) entwickelten Konzeptionen aber wenige Jahre später, in der eigentlichen Phase des Aufstiegs zur Macht, kaum noch eine Rolle. Die Forderung nach „Lebensraum im Osten“ durch einen Sturz des „jüdischen Bolschewismus“ und anschließenden „Germanenzug“ kam in den Wahlprogrammen der NSDAP und in den Brandreden Hitlers oder Goebbels in den späten zwanziger und frühen dreißiger Jahren realistischerweise kaum vor. Schließlich hatte das Bild der Sowjetunion selbst sich mit den Stalinschen „Fünf-Jahrplänen“ (vor dem Hintergrund der Weltwirtschaftskrise) und mit der Verfolgung der Trotzkisten, die als das eigentlich „jüdisch-bolschewistische“ Element verstanden wurden, weitgehend gewandelt.

In der großen Werberede, die Hitler im Januar 1932 vor dem Düsseldorfer Rhein-Ruhr-Klub hielt, zeichnete er denn auch ein vollkommen anderes Bild vom Sowjetrußland Stalins als das in „Mein Kampf“ gezeichnete. Keine Rede mehr vom ominösen „Fingerzeig des Schicksals“, wonach die jüdische Herrschaft über die slawischen Heloten das große Reich im Osten durch die Vernichtung des staatsbildenden arischen Herrenelements dem sicheren Zusammenbruch ausgeliefert habe. Statt dessen erklärte Hitler, daß der Bolschewismus zu einer Weltauffassung geworden sei, die im Begriff stehe, sich den ganzen asiatischen Kontinent zu unterwerfen und die bestehende Welt zum Einsturz zu bringen. Lenin wurde statt als jüdisch-mongoloider Despot nun als eine „gigantische Erscheinung“ qualifiziert, der als Begründer einer neuen, säkularen Heilslehre womöglich einmal mit Jesus oder Buddha in eine Reihe gestellt werden müsse[14].

Kurzum, jetzt ging es nicht mehr um den unvermeidlichen Zusammenbruch des Russischen Reiches, sondern im Gegenteil um die Bedrohung durch einen aufsteigenden Machtstaat neuen, diktatorischen Typs im Osten. Damit nährte

[14] Text der Rede in: *Max Domarus* (Hrsg.), Hitler. Reden und Proklamationen 1932–1945 (Würzburg 1962/63) hier Bd. 1, 68ff.

Hitler vor allem die innenpolitischen Ängste im mittleren deutschen Bürgertum und unter den Schwerindustriellen angesichts des akuten Wachsens klassenkämpferischer und kommunistischer Stimmungen in der deutschen Arbeiterschaft – so wie er es auch verstand, nach der Machtergreifung 1933 die Ängste der westlichen, vor allem der britischen Oberschichten vor der steigenden Macht der Sowjetunion und vor einem Bündnis der Komintern mit den antikolonialen Bewegungen planvoll zu nähren.

Der prononcierte Hitlersche „Antibolschewismus" trug also in vieler Hinsicht politisch-taktische Züge, nach innen wie nach außen. Als Ideologie und Propaganda ließ er sich wie ein Schalter anknipsen und ausknipsen. Wenn ein genuines Weltanschauungselement hineinkam, dann ausschließlich in der Verknüpfung mit dem Topos des „jüdischen Bolschewismus" als integrierender Bestandteil einer universellen antisemitischen Weltsicht.

Es lohnt sich, gerade unter diesem Gesichtspunkt die nationalsozialistische Weltsicht – und es handelte sich ja durchaus um eine eigene, kohärente Interpretation der Geschichte und Gegenwart – noch einmal näher anzuschauen. Man nehme etwa die berühmte Reichstagsrede Hitlers vom 30. Januar 1939. Unmittelbar zuvor war die Arbeit der „Antikomintern" – die tatsächlich nie mehr als eine subalterne Abteilung des Goebbelsschen Propagandaministeriums war – faktisch eingestellt worden, um, wie es in der internen Mitteilung des Leiters Taubert hieß, „die Wirkung der antijüdischen Propaganda nicht zu schwächen", die nach der „Kristallnacht" des 9. November 1938 auf Volltouren lief, sowohl national wie international[15]. Nach München waren die revisionistischen („großdeutschen") Ziele ja auch im wesentlichen erreicht; die „Versailler" Weltordnung lag in Trümmern.

Daraufhin bezichtigte Hitler in seiner Rede „eine gewisse internationale Presse", vor allem die Regierung und Öffentlichkeit der USA, einer aggressiven Feindseligkeit gegenüber Deutschland und führte dies auf das Wirken des „internationalen Finanzjudentums" zurück, welches bestrebt sei, „die Völker noch einmal in einen Weltkrieg zu stürzen". Sollte das aber gelingen, „dann wird das Ergebnis nicht die Bolschewisierung der Erde und damit der Sieg des Judentums sein, sondern die Vernichtung der jüdischen Rasse in Europa"[16].

Vordergründig könnte diese Rede als ein starker Beweis für die ideologische Virulenz und Authentizität des Topos vom „jüdischen Bolschewismus" gelten. Aber dieser Topos selbst wäre erst einmal näher zu betrachten. Denn schon in den frühesten Schriften von Rosenberg wie Hitler, wie auch im gesamten übrigen antisemitischen Schrifttum der Zeit, firmierte der Bolschewismus nur als terroristische Speerspitze des „internationalen Finanzjudentums", welches somit das eigentliche Subjekt all dieser Umtriebe war. Auf Rußland bezogen, galten die bolschewistischen Forderungen nach totaler „Sozialisierung" der nationalen Produktionsmittel und Ressourcen als das demagogische Mittel zur Übertölpelung der Massen

[15] Vgl. *Walter Laqueur*, Rußland und Deutschland (Berlin 1965), insbesondere das Kapitel „Antikomintern" 209–236, hier insbesondere 228ff.

[16] Text der Rede in *Domarus*, Hitler. Reden und Proklamationen, Bd. 2, 1058.

mit dem Ziel der völligen Auslieferung der Reichtümer des Landes und seiner Menschen an das internationale Finanzkapital, das dabei die Fäden zog. Der Bolschewismus war, mit anderen Worten, ein falscher, geheuchelter, eben „jüdischer Sozialismus" im Unterschied zu einem wahren, „nationalen Sozialismus". Aber vor allem war der Bolschewismus ein reines, von außen (vor allem der amerikanischen Ostküste) implantiertes Instrument des „internationalen Finanzjudentums"[17].

Man könnte weitergehen und sagen, daß Hitlers Antibolschewismus von 1939 eine beträchtliche strukturelle Ähnlichkeit mit dem stalinistischen Antifaschismus dieser Jahre zeigte, worin die faschistischen Bewegungen ja ebenfalls nur als terroristische Stoßtruppen des weltweit herrschenden Finanzkapitals firmierten. Darin steckte von beiden Seiten bereits die gedankliche Möglichkeit eines „renversement des alliances".

Die zahllosen und weitgehenden Inkohärenzen des nationalsozialistischen Bildes vom Bolschewismus und von Rußland sind hier nicht weiter zu verfolgen. Wie Manfred Weißbecker, der führende Faschismus-Forscher der ehemaligen DDR, irritiert festgestellt hat, handelte es sich „gleichsam um ein Schüttelbild", das je nach Wendung der Situation so oder so gezeichnet werden konnte[18]. Die „Linie" wechselte mindestens so oft wie auf sowjetischer Seite, eher noch öfter.

Wenn Hitler in seinen letzten Bormann-Diktaten noch einmal den Popanz des jüdischen Bolschewismus beschwor, dann war das eben der letzte legitimatorische Titel, auf den er sich überhaupt berufen konnte. Noch absurder: In diesen letzten Diktaten sprach Hitler, wie schon in seinen Tischgesprächen, bewundernd davon, daß Stalin die jüdische Intelligenz, die er zur Zersetzung des Zarenreiches und Neugründung seines Staates eine Zeitlang gebraucht habe, inzwischen erfolgreich liquidiert habe[19]. So daß man fast fragen könnte, ob es (Hitlers Logik zufolge) nun seinem Kontrahenten Stalin als dem Vertreter des „stärkeren Ostvolks", das einen

[17] In klassischer Formulierung findet sich diese Argumentation entwickelt bei Alfred Rosenberg in seinen frühen, aus den eigenen russischen Erfahrungen hergeleiteten antisemitischen Grundsatzschriften wie „Die Spur des Juden im Wandel der Zeiten" (1920), „Pest über Rußland" (1922) und „Die Protokolle der Weisen von Zion und die jüdische Weltpolitik" (1923). Siehe: *Alfred Rosenberg*, Schriften und Reden, 2 Bde. (München 1943). Auch die frühen Schriften des Hitler-Mentors *Dietrich Eckart* (besonders prägnant sein früher Aufsatz „Deutscher oder jüdischer Bolschewismus", in: Auf gut deutsch [16. 8. 1919]) oder die Schriften und Kommentare des deutschen Herausgebers der „Protokolle" *Müller von Hausen* (alias *Gottfried zur Beek*, Die Geheimnisse der Weisen von Zion [Charlottenburg 1920]) gehen in dieselbe Richtung. Nicht anders *Adolf Hitler* in seinen frühen Reden, etwa „Das sterbende Sowjetrußland" vom 4. August 1921 (in: *Hitler*, Sämtliche Aufzeichnungen 1905–1924, hrsg. von *E. Jäckel*, *A. Kuhn* [Stuttgart 1980] 450f.).

[18] *Manfred Weißbecker*, „Wenn hier Deutsche wohnten ..." Beharrung und Veränderung im Rußlandbild Hitlers und der NSDAP, in: *H. E. Volkmann* (Hrsg.), Das Rußlandbild im Dritten Reich (s. Anm. 2) 53.

[19] Hitlers Politisches Testament. Die Bormann-Diktate von Februar bis April 1945 (Hamburg 1981) 116; vgl. auch *Henry Picker* (Hrsg.), Hitlers Tischgespräche (Stuttgart 1951; Neuausgabe Frankfurt, Berlin 1989) 114, 133 passim.

siegreichen Großen Vaterländischen Krieg geführt hatte, aufgetragen war, dem Weltjudentum in Gestalt der westlichen Plutokratien entgegenzutreten?

In den beiden deutschen Nachkriegsstaaten – der Bundesrepublik Deutschland und der Deutschen Demokratischen Republik – wurde angesichts der totalen Niederlage und der Unmöglichkeit eines abermaligen Revisionismus oder Revanchismus das strategische Dilemma bzw. die ideologische Unhaltbarkeit einer Politik der „Mittellage" nach zwei polar entgegengesetzten Richtungen hin aufgelöst. Die Teilung in zwei deutsche Staaten war sicherlich in erster Linie von außen induziert und oktroyiert, aber sie stand auch in Übereinstimmung mit vielen weltanschaulichen und mentalen Dispositionen auf deutscher Seite: hier der Anschluß an den neuformierten Westen mit einem demokratisch, lebensweltlich und kulturell legitimierten Antikommunismus; dort eine sehr viel künstlicher und gewaltsamer produzierte, aber ebenfalls in bestimmten kulturellen und mentalen Tiefenschichten begründete Politik des Anschlusses an die Sowjetunion; und das hieß jetzt verstärkt wieder: an „das ewige Rußland".

Die erste Option ließ sich durchhalten, weil sie sich als ein produktiver Ausweg aus der alten, sterilen Selbstbespiegelung und dem fatalen Autismus der deutschen „Weltpolitik" erwies, die statt dessen jetzt zum Motor einer (west-)europäischen und atlantischen Verbindung wurde. Die zweite Option dagegen ließ sich weder sozialökonomisch noch kulturell noch weltpolitisch durchhalten. Diese, anfangs mit bizarrer Vermessenheit und keineswegs nur sklavischer Gefolgschaftstreue verfolgte Option wäre somit als ein letzter Beweis dessen zu interpretieren, daß sich die große weltpolitische Achse Deutschland-Rußland eben nie in praktische Politik umsetzen ließ.

Entsprechendes gilt aber auch für die zeitweise heftigen Reaktionsbildungen gegen die Verwestlichung der Bundesrepublik, sei es in Form eines rechten oder linken Neutralismus der fünfziger und sechziger Jahre, sei es in Gestalt der Außerparlamentarischen Opposition um das Jahr 1968 oder im Gewand der späteren „Friedensbewegung". Alle diese Aufwallungen und Bewegungen haben noch einmal imaginäre „Ostorientierungen" produziert – nun freilich verlängert bis in den fernsten Osten einer erwachenden Dritten Welt. Sie blieben ähnlich kulturell reizvoll, aber politisch und gesellschaftlich steril wie alle früheren auch.

Moshe Zimmermann

Strukturmerkmale der deutschen Geschichte – Deutsche Juden: Transterritoriale Kohärenzen

Sucht man eine klare, eindeutige Zäsur in einem Sektor der deutschen Gesellschaft und der deutschen Geschichte des 20. Jahrhunderts, so findet man sie allein in der Geschichte der deutschen Juden: Das Jahr 1943 brachte das Ende des deutschen Judentums in Deutschland. Es war damit – anders als das Jahr 1945 – eine wirkliche Stunde Null; denn was sich als deutsches Judentum in der Zeitgeschichte nach 1943 und gewiß nach 1945 entwickelt hat, gehört in ein völlig neues Kapitel deutscher Geschichte bzw. jüdischer Geschichte in Deutschland, ist von neuem, ganz anderem Wesen.

Je stärker man davon ausgeht, daß im politischen, gesellschaftlichen und kulturellen Bereich der deutschen Geschichte das Jahr 1945 nicht ein totales Ende oder ein totaler Neuanfang war, je stärker das Bewußtsein für die Kontinuität der Strukturen und die in ihr enthaltenen Kohärenzen auch das Gefühl einer Zäsur zurücktreten läßt – wie es im allgemeinen in der neueren Forschungsliteratur geschieht, und wie es auch die Beiträge in diesem Band zeigen –, desto deutlicher wird die historiographische Bedeutung der Zäsur des Jahres 1943[1]. Und in der intensiven Suche nach Strukturen und Kohärenz kann es dann sogar vorkommen, daß die Shoah unerwähnt bleibt – wie es hier auf unserer Konferenz geschah – oder die Geschichte des deutschen Sports ohne Berücksichtigung des Ausschlusses von Juden aus dem Sportwesen geschrieben wird. Insbesondere auf dem Hintergrund des Versuchs, den eigentlichen Bruch der deutschen Geschichte des

[1] Ein symptomatischer Fall: *Klaus Bade*, Integration, Naturalization and Ethno-National Traditions in Germany: From the Citizenship Law of 1913 to the Law of 1999, in: *Larry E. Jones* (Hrsg.), Crossing Boundaries. The Exclusion and Inclusion of Minorities in Germany and the United States (New York 2001) 29–49. Hier wird von „intrinsic coherence of ethnonational thinking and migration policies" während der gesamten Periode gesprochen. Auch die Aufnahme von Juden aus den Ländern der ehemaligen Sowjetunion in den 1990er Jahren und sogar die NS-Politik passen in diese Kohärenz hinein: „In the history of transnational migration, citizenship rights and related policies, the Nazi period introduced a new dimension, different in quality *yet still representing an important line of continuity* with the past" (ebd. 38; Hervorhebung M.Z.). In diesem Fall wird die Kohärenz keinesweg verharmlosend oder relativierend im Sinne einer revisionistischen Geschichtsschreibung funktionalisiert, aus der Perspektive der deutsch-jüdischen Geschichte scheint diese Kohärenz jedoch zumindest überzogen zu sein.

20. Jahrhunderts von den 1930er und 1940er Jahren in die 1970er Jahre zu verlagern, kann die gesamte, von der Strukturgeschichte angebotene Vorstellung von Kohärenz aus der Perspektive der deutsch-jüdischen Geschichte sinnvoll hinterfragt oder überprüft werden.

Ausgehend von der entscheidenden Zäsur des Jahres 1943 öffnen sich der Behandlung des gestellten Themas im vorliegenden Rahmen zwei relevante Zugänge: Zum einen bietet sich auf der Suche nach eventueller Kohärenz oder möglichen Zäsuren der Zugang der vergleichenden Betrachtung der drei, dem Ende gewissermaßen unmittelbar vorangegangenen Epochen der Geschichte dieses Segments der deutschen Gesellschaft – des Kaiserreichs, der Weimarer Republik und des „Dritten Reiches". Zum anderen kann versucht werden, durch einen Akt der Verlagerung die absolute Zäsur des Jahres 1943 zu überwinden oder zu relativieren, um eine Kohärenz über die Jahre 1943–1945 hinaus herzustellen. Diese Verlagerung wiederum kann auf zweierlei Weise erfolgen: zum einen durch die schwerpunktmäßige Analyse des kulturellen Sektors anstatt des konkreten sozio-politischen Bereiches (so zeigt das Phänomen des Rassismus zum Beispiel seine Kohärenz auch jenseits des Antisemitismus, der nach 1945 an Relevanz verlor); zum anderen – und dies ist nicht unbedingt vom ersten Ansatz zu trennen – durch die Betrachtung deutscher Juden, die ihr Leben als solches nicht in der Shoah verloren haben, sondern in andere Länder emigrieren konnten, in denen sie die Selbstdefinition als deutsche Juden aufrechterhalten haben.

Von der Kohärenz der deutsch-jüdischen Geschichte vor 1943

Aus der Sicht von sogenannten „Assimilanten", Nationaljuden oder auch von Antisemiten scheint die deutsch-jüdische Geschichte bis 1933 eine klare Kohärenz zu zeigen. Im Mittelpunkt der historischen Analyse steht in der Regel der Begriff der Assimilation – und die Geschichte des deutschen Judentums bzw. der deutschen Juden gilt als paradigmatisch für den Prozeß der Assimilation.

Nachdem das deutsche Reich 1871 der jüdischen Bevölkerung die Emanzipation, also die politische und juristische Gleichberechtigung, gewährt hatte, kreiste die Selbstdarstellung, vor allem aber die Kritik inner- und außerhalb des deutschen Judentums, um die Frage der Assimilation. Die Historiographie sprach bisweilen auch von Integration, Akkulturation und Amalgamation, griff zu den provokanten Begriffen der Symbiose, der Inklusion und Exklusion: oder redete über „Outsider und Insider". Trotz dieser variablen Terminologie blieb das historische Problem jedoch im großen und ganzen weiterhin die Frage der Assimilation, also der Anpassung einer Minderheitsgruppe an ihre Umgebung. Daß Zygmunt Bauman in seinem Buch „Modernity and Ambivalence"[2] dem Begriff der Assimilation, auch mit Blick auf das Schicksal des Judentums, so viel Aufmerksamkeit geschenkt hat, trug dazu bei, die Diskussion in ihre altbekannte Begrifflichkeit zu-

[2] *Zygmunt Bauman*, Modernity and Ambivalence (Ithaca 1991).

rückzuführen. So behandelt man heute wieder zunehmend die Kohärenz des „Projekts des Assimilation" oder auch des „Traums der Assimilation" als Kern der Geschichte deutscher Juden[3]. Vor allem aber aus der Sicht eines Historikers, der sich der hebräischen Wörter *hitbollelut* und *tmi'ah* bewußt ist, bleibt der Begriff der „Assimilation" unangefochten.

Baumans Angriff auf die nivellierende Funktion der Assimilation, bzw. die Unterdrückung von Differenzen innerhalb der Gesellschaft, war nicht nur Schützenhilfe für traditionelle Assimilationskritiker, für die Verteidiger von „Differenz" in der liberalen Gesellschaft, sondern auch für diejenigen, die die historische Diskussion um das Schicksal der deutschen Juden zum vertrauten Diskurs zurückführen wollten, selbst wenn dafür der Preis der analytischen „Unsauberkeit"[4] dieses Begriffs zu zahlen war. Ein Beispiel dafür, wie „unsauber" bzw. verwirrend der Begriff der Assimilation sein kann, kommt in einem nur wenige Jahre alten Beitrag über Assimilation und Kohärenz in der Geschichte der deutschen Juden seit dem Ende des 19. Jahrhunderts zum Ausdruck, der ausgerechnet den jüdischen Selbsthaß als „Form einer vollständigen Assimilation" werten möchte[5]. Allerdings ist das Konzept der Assimilation als analytisches Instrument keineswegs ungeeigneter als die genannten konkurrierenden Begriffe.

Möglicherweise erweist sich die Kohärenz jüdischer Geschichte am stärksten in den historischen, juristischen, politischen und historiographischen Versuchen, zunächst einmal den Charakter der als Juden/deutsche Juden/deutsches Judentum bezeichneten Gruppe zu definieren, um dann im Anschluß den Begriff der Assimilation besser mit Konturen versehen zu können. Die Frage, was diese Menschengruppe ausmacht, war und bleibt Gegenstand der Diskussion von Juden (wie auch immer „Jude" inhaltlich zu füllen sein mag), Nichtjuden, Zeitgenossen und Historikern zugleich: Religion? Konfession? Schicksalsgemeinschaft? Moderne? Nation? Rasse? Außenseiter[6]? Sozialmilieu? Sozialmoralisches Milieu? Ethnische Gruppe[7]? Die letztgenannten Begriffe beherrschen die historiographische Diskussion der letzten Jahrzehnte, treten in der Regel auch neben die Hilfsbegriffe der Exklusion/Inklusion[8], führen jedoch im Endeffekt (und nicht nur in

[3] *Michael Brenner, Derek J. Penslar* (Hrsg.), In Search of Jewish Community. Jewish Identities in Germany and Austria 1918–1933 (Bloomington 1998) Einleitung xii; im folgenden zitiert: *Brenner, Penslar,* Jewish Community; sowie *Shulamit Volkov,* German Jews between Fulfillment and Disillusion, in: *Brenner, Penslar,* Jewish Community 11.

[4] *Shulamit Volkov,* Jüdische Assimilation und Eigenart im Kaiserreich, in: Geschichte und Gesellschaft 9 (1983) 331–348.

[5] *Panikos Panayi,* Continuities and Discontinuities in Race: Jews, Gypsies and Slavs under the Weimar Republic and the Third Reich, in: *Panikos Panayi* (Hrsg.), Weimar and Nazi Germany. Continuities and Discontinuities (Harlow 2001) 222.

[6] Vgl. *Matthias Hambrock,* Die Etablierung der Außenseiter. Der Verband nationaldeutscher Juden 1921–35 (Köln 2003) insbesondere Kap. 2; im folgenden zitiert: *Hambrock,* Außenseiter.

[7] Vgl. *Till van Rahden,* Juden und andere Breslauer (Göttingen 2000) 20f.; im folgenden zitiert: *van Rahden,* Juden.

[8] *Niklas Luhmann,* Inklusion und Exklusion, in: *Helmut Berding* (Hrsg.), Nationales Bewußtsein und kollektive Identität (Frankfurt a.M. 1994) 24ff.

der Folge Zygmunt Baumans) zurück zum Ausgangspunkt: zur Assimilation. Welche Aussagekraft hat denn zum Beispiel schon die Feststellung, daß deutsche Juden anders als Katholiken keine eigene Partei und keine Abschottung gegen die Teilnahme am Sozialnetz, an Kultur und Medien der nichtjüdischen Gesellschaft praktizierten[9], wenn nicht die, daß hier der Prozeß der Assimilation effektiv abgelaufen ist. Allerdings relativiert der Historiker der jüdischen Geschichte selbstverständlich die Gruppendefinition, weil man in der Moderne wie in der Postmoderne nicht von einem homogenen Judentum ausgehen kann, sondern mit einer pluralistischen, vielfältigen Vorstellung von Judentum und Juden als Gesamtheit das Problem angreifen muß.

Der Prozeß der Anpassung an die Umgebung, der im Zeitalter des Absolutismus und der Aufklärung im Zeichen des Nebeneinanders von zwei religiösen Gemeinden mitten im deutschen Partikularismus stand, mußte mit der Verlagerung des Schwerpunkts des allgemeinen politischen Diskurses vornehmlich mit dem populären Schlagwort „Nation" geführt werden. Vor der Erfindung der jüdischen Nation, also vor dem Ende des 19. Jahrhunderts, schienen Anpassung und Assimilation unproblematisch gewesen zu sein, unproblematischer jedenfalls als vor der Säkularisierung der Beziehungen zwischen Juden und ihrer Umgebung[10]. In dieser Hinsicht unterschied sich allerdings das deutsche Judentum kaum vom Judentum in anderen westlichen oder mitteleuropäischen Staaten und Gesellschaften.

Mehr noch: Die Erfindung der Nation oder die Verwendung des Begriffs der Nation half Juden zunächst die alten, konfessionsbedingten Markierungen zwischen Juden und Nichtjuden zu überbrücken oder zu vertuschen. In der Nation, in unserem Falle der deutschen Nation, aufzugehen, deutscher Staatsbürger mosaischen Glaubens zu sein, schien die eleganteste Antwort auf die sogenannte „Judenfrage" zu sein. Die Geschichte der deutschen Juden im Kaiserreich, vor allem im Wilhelminischen Zeitalter, kommt dem Leser der Geschichte der deutschen Juden eher wie eine bloße Beschreibung des Prozesses der Assimilation in die national-deutsche Gesellschaft vor, ein Prozeß, der sich dann in den nächsten Epochen – mindestens bis 1933 – fortgesetzt hat.

Bis heute ist die „Kunstwart"-Debatte des Jahres 1912 ein Meilenstein in der Diskussion um den Erfolg der Nationalisierung, sprich: der Assimilation, der Juden im deutschen Kaiserreich unter dem Druck der Modernisierung. Moritz Goldsteins Aufsatz „Deutsch-jüdischer Parnaß" löste die Debatte aus, ob Juden nun „ganz deutsch" oder „ganz undeutsch" geworden bzw. geblieben sind oder ob sie vielleicht sogar über das Ziel hinausgeschossen sind in ihren Bemühungen um Assimilation und Integration in das „Deutschtum"[11]. Nicht nur die assimila-

[9] *Van Rahden*, Juden 19f.

[10] Vgl. dazu das Vorwort in *Moshe Zimmermann*, Hamburgischer Patriotismus und deutscher Nationalismus. Die Emanzipation der Juden in Hamburg 1830–1865 (Hamburg 1979) 12–15.

[11] *Moritz Goldstein*, Deutsch-Jüdischer Parnaß, in: Der Kunstwart (März 1912) 281–294; *Steven E. Aschheim*, 1912: The publication of Moritz Goldstein's „The German-Jewish Par-

torische oder anti-assimilatorische Antwort, sondern auch die Fragestellung blieb kohärent – sie war für deutsche Juden und für ihr gesellschaftliches Umfeld bis in die Zeit des Nationalsozialismus hinein eine Frage nach der kollektiven Identität, und sie begleitet seither den Historiker und Laien gleichermaßen.

Weil eben die Nation – die deutsche Nation – den Zeitgenossen und Historikern als primärer Rahmen des Assimilationsprozesses galt, schaute man in der Regel darüber hinweg, daß damit im Grunde eine Assimilation an das bürgerliche Verständnis von Nation gemeint war, daß es um die Anpassung an die spezifischen Werte und Anschauungen des Bürgertums bzw. „die Angleichung der ‚nicht bürgerlichen' Schichten an das Ideal des Bürgertums", an die bürgerliche Lebensführung ging[12]. Man konnte daher auch von „Überanpassung" sprechen, wofür es, nach George Mosse, auch einen Preis gab – die „Entfremdung von den deutschen Massen"[13].

Noch kritischer formuliert ein junger Historiker den Vorgang: „Die Idee der Assimilation als der Heraufführung der Juden zu einem weltbürgerlichen Humanismus verkam unter den Liberalen dann in der zweiten Hälfte des 19. Jahrhunderts zu der Frage, inwieweit die Juden sich an den deutschen Nationalstaat anpassen können."[14] Und eben weil es der Liberalismus war, der diese Forderung nach Assimilation stellte, galt der Mehrheit deutscher Juden, die im Liberalismus den Garanten ihrer Rechte sahen und vornehmlich liberale Parteien wählten[15], diese Vorstellung als Unterpfand ihrer Akzeptanz als gleichberechtigte Bürger – vor und auch noch nach 1933. Daß die Teilnahme an der nationalen Gesellschaft nicht nur – und vor allem nicht mehr – auf liberalem Fundament ruhte, versuchte man dabei zu ignorieren oder zu verdrängen. Das Eigentliche blieb jedoch bis zum bitteren Ende die Verbundenheit mit der „deutsch-bürgerlichen Kultur"[16], mit dem bürgerlichen Bildungsideal, also letztlich mit Elementen, die keineswegs identisch sind mit Deutschsein oder der deutschen Gesellschaft im allgemeinen. Auf einer entsprechenden Ebene wurde dann auch die Diskussion zwischen Juden und Nichtjuden ausgetragen: Wenn man Juden seit 1871 mangelnde Assimilationsbereitschaft zum Vorwurf machte, dann standen die „deutschen", nicht die

nassus" sparks Debate over Assimilation etc., in: *Sander L. Gilman*, *Jack Zipes* (Hrsg.), The Yale Companion to Jewish Writing and Thought in German Culture (New Haven 1997) 299–305; *Noah W. Isenberg*, Between Redemption and Doom. The Strains of German-Jewish Modernism (Nebraska 1999) 8ff.

12 *Hans-Joachim Salecker*, Der Liberalismus und die Erfahrung der Differenz (Bodenheim 1999) 181, 184; im folgenden zitiert: *Salecker*, Liberalismus; vgl. auch *Jürgen Kocka* (Hrsg.), Bürger und Bürgerlichkeit im 19. Jahrhundert (Göttingen 1987) 21–63.

13 *George L. Mosse*, German Jews beyond Judaism (Bloomington 1985) 8; im folgenden zitiert: *Mosse*, Beyond Judaism.

14 *Salecker*, Liberalismus 202, 205.

15 *Martin Liepach*, Das Wahlverhalten der jüdischen Bevölkerung: Zur politischen Orientierung der Juden in der Weimarer Republik (Tübingen 1996); *Manfred Hettling*, Sozialstruktur und politische Orientierung im Kaiserreich, in: *Manfred Hettling* u. a. (Hrsg.), In Breslau zuhause? (Hamburg 2003) 113–130.

16 *Jost Hermand*, Judentum und deutsche Kultur (Köln 1996) 146; im folgenden zitiert: *Hermand*, Judentum.

universalen Werte im Mittelpunkt. Und so kann es nicht verwundern, daß die Antwort der Juden auch nach 1933 diese Linie weiterverfolgte. Selbst wenn im nachhinein in einer postmodernen Geschichtsschreibung die Nation und der Nationalismus dekonstruiert werden – wie in Volkovs Ansatz[17] –, so ändert dies am Bewußtsein und an der Wahrnehmung deutscher Juden vor 1943 nichts. Es war dann eben das Jahr 1943, in dem, wie erwähnt, die tiefste Zäsur in der Geschichte dieses Sektors der deutschen Gesellschaft eintrat; und daher entsteht in der zweiten Hälfte des 20. Jahrhunderts – anders als in der angeblich so kohärenten „allgemeinen" deutschen Geschichte – auch keine Diskrepanz zwischen einer vermeintlichen Kohärenz in der Geschichte der deutschen Juden nach 1943 (die es ja gar nicht mehr gab) und einer neuen, postmodernen Geschichtsschreibung, die sich auf das gesamte Jahrhundert beziehen möchte und dabei Kohärenzen zerstört. Man muß ja eine Kohärenz nicht in Frage stellen, wenn sie nicht von Beginn an vermutet wurde.

Oft erhielt das Konzept der Assimilation eine radikale Auslegung, denn auch in der angeblich säkularisierten Gesellschaft erwartete man nur allzu häufig die Taufe als den „Abschluß" der Assimilation. Daher war es schwierig, über Stufen oder „Erfolg" des Prozesses zu sprechen. Ist man erst mit der Taufe oder mindestens mit dem Austritt aus jeglicher jüdischen Vereinigung wirklich assimiliert, dann reichen andere Maßnahmen nicht aus, um als assimiliert oder integriert gelten zu können. Man sah sich also quasi automatisch mit dem Vorwurf konfrontiert, „nicht genügend" assimiliert zu sein. Gershom Scholem, ein scharfer Kritiker der assimilationsfreudigen „Wissenschaft des Judentums" und der These von der „deutsch-jüdischen Symbiose", meinte zwar aus seiner persönlichen Erfahrung abschließend einerseits, die „Assimilation ging sehr weit", sprach andererseits aber immer wieder von „Selbstbetrug" oder „Blindheit" der deutschen Juden, die an die Assimilation und Integration in die deutsche Gesellschaft glaubten, sie aber in der Praxis nicht erleben durften. Für Scholem lag die eigentliche Grenze zwischen vollendeter und nicht vollendeter Assimilation im gesellschaftlichen Verkehr mit der nichtjüdischen Umgebung. Sogar sein Vater, den er als einen ausgesprochenen „Protagonisten der Assimilation" bezeichnete, war gegen die „Mischehe", und Besucher und Freunde der Eltern waren „ausschließlich Juden"[18]. Kurz: Für Scholem und viele Zionisten waren – wie auf der anderen Seite, aber aufgrund anderer Kriterien, für Antisemiten – die deutschen Juden nicht im vollen Sinn des Wortes assimiliert. Die Kohärenz ist nach dieser Auslegung die Kohärenz eines nur scheinbar vollzogenen Prozesses der Assimilation, der Diskrepanz zwischen dem Streben, assimiliert zu sein, und der Realität der Unerreichbarkeit dieses Ziels.

[17] *Shulamit Volkov*, Minderheiten und Nationalstaat. Eine postmoderne Perspektive, in: *Shulamit Volkov*, Das jüdische Projekt der Moderne (München 2001) 13–31.
[18] *Gershom Scholem*, On the Social Psychology of the Jews in Germany: 1900–1933, in: *David Bronson (Hrsg.)*, Jews and Germans from 1860 to 1933: the Problematic Symbiosis (Heidelberg 1979) 9–32.

Bei Scholem stellt sich, wie überhaupt allgemein, die Frage nach einer möglichen „Vollständigkeit" des Assimilationsprozesses. Wenn man von „Vollinklusion" sprechen darf, was soll dann „vollständige Assimilation" heißen? Kann Assimilation ein Prozeß auf Raten sein, von dem man am Ende unbedingt eine Vollständigkeit erwarten darf? Die retrospektive Kritik an der Assimilation betont ja geradezu die Schädlichkeit der Idee vom „Schmelztiegel" und von der Gleichschaltung, also einer „vollständigen" Assimilation.

Geht man von einer facettenreichen oder pluralistischen Gesellschaft aus, ist die Idee einer „vollständigen" Assimilation entweder unpraktizierbar oder unakzeptabel. Der Historiker, der „Assimilation" nicht mit dem Verlangen nach totaler Gleichschaltung verwechselt, muß sich mit einiger Berechtigung in den Kontext des Wahrnehmungshorizontes der meisten deutschen Juden in der Zeit vor der großen Zäsur hineinversetzen. Dabei sollte auch zwischen dem Adjektiv „assimiliert" und dem Schimpfwort „Assimilant" unterschieden werden. George Mosse hat einen wichtigen Beitrag zur Lösung des konzeptuellen Problems geleistet, indem er vom „Ausfüllen" der Lücke zwischen Judentum und traditionellem Christentum durch Bildung sprach[19]. Der deutsche Begriff der Bildung umfaßt demnach alle Elemente der Assimilation, die Juden aus dem herkömmlichen Rahmen heraus in die moderne Gesellschaft hineinführen, ohne am Ende zum Christentum übertreten zu müssen. Bildung schafft gewissermaßen Assimilation ohne Taufe. Und eben dies praktizierten deutsche Juden – die einen mehr, die anderen weniger.

Wer Assimilation als analytischen Kernbegriff benutzt, begreift das Revolutionsjahr 1918 nur als Vertiefung und Beschleunigung des Assimilationsprozesses. Während Antisemiten und etliche Nostalgiker die Weimarer Republik als „verjudet" bezeichneten, war der nach 1918 geschaffene Rahmen ideal für die Intensivierung der Assimilation. Von einer „Judenrepublik" oder einer „Judenkultur" zu sprechen, also von einer umgekehrten Assimilation, ist auf jeden Fall irreführend[20]. Die Assimilation kam vielfältig zum Ausdruck, weil die Gesellschaft insgesamt pluralistische Ausdrucksformen gewonnen hatte. Juden konnten sich im liberalen, im revolutionären oder konservativen Umfeld assimilieren. Für orthodoxe oder zionistische Juden war der Begriff der Assimilation zwar ein Schimpfwort. Aber sogar in den Augen Martin Bubers, der ebenfalls Zionist war, lag die eigentliche Gefahr nicht in der Assimilation, sondern in der Atomisierung der jüdischen Gesellschaft[21], also im Verlust der Gemeinschaftsbindungen in einer sich modernisierenden Gesellschaft. Weil Assimilation letztlich – und darauf soll später noch einmal eingegangen werden – nicht unbedingt im Widerspruch zu einem „jüdischen Bewußtsein" stand, konnte man sogar als Zionist oder orthodoxer Jude mehrere Faktoren der Assimilation bewußt oder unbewußt akzeptieren.

19 *Mosse*, Beyond Judaism 42.
20 *Hermand*, Judentum 158.
21 *Martin Buber*, Die Losung, in: Der Jude 1 (1916).

Mit dem Aufstieg zur Macht versuchten die Nationalsozialisten zunächst die Emanzipation der Juden in der Absicht rückgängig zu machen, den Prozeß der Assimilation umzukehren. Die Emanzipation galt den Antisemiten als schädliches Instrument der Assimilation, die wiederum als die größte Gefahr für die „Volksgemeinschaft", d.h. die völkisch verstandene Nation, und ihre Kultur begriffen wurde. Somit hatte die Aufhebung der Emanzipation ein Ziel – die Entfernung der Juden aus der Gesellschaft, also radikalste Dissimilation. Ismar Elbogen faßte mit Bedauern in seiner 1935 erschienenen „Geschichte der Juden in Deutschland" (nach offizieller Anordnung konnte er nicht mehr von deutschen Juden sprechen) zusammen: Das Regime „schloß die Juden von der Volksgemeinschaft aus", und „die seit der Zeit der Aufklärung geforderte Assimilation der Juden wurde verworfen"[22]. Allerdings konnte auch das „Dritte Reich" die Assimilation nicht so schnell und abrupt beseitigen, wie mancher es gewollt hätte: Die in Deutschland verbliebenen Juden konnten zwar unter der rassistischen Gesetzgebung – vom Gesetz zur Wiederherstellung des Berufsbeamtentums vom April 1933 bis zu den Nürnberger Gesetzen vom September 1935 und anderen späteren Maßnahmen – die physische und soziale Trennung nicht bekämpfen. Auch wurde ihre Aktivität im Kulturbereich im Rahmen des „Kulturbundes"[23] gettoisiert. Doch die Haltung, die Mores, die Mentalität standen weiterhin im Zeichen der Assimilation. Schon die Tatsache, daß auf die diskriminierenden Gesetzgebungsmaßnahmen keine Massenauswanderung erfolgt war, zeigt, daß sogar das Jahr 1933 der Assimilation kein abruptes Ende bereitet hat. Man war getrennt und doch assimiliert. Man glaubte nach einer bestimmten Logik konsequent und kohärent noch immer an eine mögliche Fortsetzung der Assimilation. Dies zeigten die Agenden des Central Vereins, des Reichsverbands jüdischer Frontsoldaten und ganz besonders deutlich des als exotisch erscheinenden, kleinen Verbandes nationaldeutscher Juden nach 1933. „Der Grundgedanke der ‚nationalen Erhebung', wie ihn die Organisation sah, nämlich die Verwirklichung des Ideals einer ‚deutschen Volksgemeinschaft', wurde ausdrücklich als eine große Aufgabe bejaht", ist das Fazit des Historikers dieses Verbandes. In den Augen des Regimes galt das sogar als Versuch, „eine Art NSDAP der Juden [zu] sein"[24]. Diese Tendenz war – in abgemilderter Form – jedoch nicht allein für den Verband nationaldeutscher Juden charakteristisch. Und sie war nicht nur in der Zeit unmittelbar nach der „Machtergreifung" der Nationalsozialisten spürbar: Noch zwei Jahre später erschreckte die Berliner Landespolizei vor der „sogenannte[n] nationaldeutsche[n] Richtung" des von den Nationalsozialisten selbst geschaffenen „jüdischen Kulturbundes", als man dort „die jüdische Einsatzbereitschaft für deutsche Belange" versicherte und sich auf die „Verbundenheit mit dem deutschen Volk" berief. Juden versuchten auch, weiterhin „Propaganda für das Verbleiben in Deutschland" zu machen,

[22] *Ismar Elbogen*, Geschichte der Juden in Deutschland (Berlin 1935) 313.
[23] *Yehoyakim Kochavi*, Bewaffnung für eine nationale Existenz (hebr.; Lochamei Hagetaot 1988).
[24] *Hambrock*, Außenseiter 571, 656.

wollten die Hakenkreuzfahne hissen und bestanden darauf, im Rahmen des neuen Wehrgesetzes eingezogen zu werden. Selbst nach dem Erlaß der Nürnberger Gesetze war diese Tendenz nicht gänzlich verschwunden[25].

Der Assimilationsprozeß resultiert nicht nur aus der Gegenüberstellung von Individuum und Gruppe, sondern entspringt auch dem Gegenüber von zwei Menschengruppen. Daher tritt das Paradox von „getrennt und assimiliert zugleich" noch stärker aus einem anderen Blickwinkel hervor: Was sich nach eigener Vorstellung als Gegenwehr gegen die Assimilation präsentierte, nämlich der jüdische Nationalismus, vor allem der Zionismus, war in gewisser Weise ein Akt der kollektiven Assimilation. Man paßte sich an die nationale Denkweise und Einstellung der Umgebung an und erfand eine Alternative zum Anschluß an die deutsche Nation bzw. eine Antwort auf Versuche des Ausschlusses der Juden aus dem Kollektiv der deutschen Nation – die Definition des Judentums als Nation. Schritte und Maßnahmen, die auf die Herausbildung einer jüdisch-nationalen Gruppe hinausliefen, waren also Akte der Assimilation an die Denkweise der national denkenden Umgebung. Schaut man auf die Mythen und Riten der jüdischen Nation, so ist die Anpassung und Nachahmung der umgebenden Nation auffällig. Diese kollektive Haltung und Übernahme von Denkmustern in die jüdische Nationalbewegung stand allerdings der individuellen Assimilation nicht im Wege, wie die Bereitschaft auch von Zionisten, für Deutschland 1914 in den Krieg zu ziehen, demonstrierte.

Themen wie Geschichte und Nation, Sprache und Nation oder „körperliche Regeneration" als Vorbedingung für die Verwirklichung der Nation – das alles konnte man in einer jüdischen Variante des deutschen Originals finden. Die Rolle des Turnens im Zionismus läßt keinen Zweifel aufkommen, wo der Ursprung dieser jüdisch-nationalen Tugend lag. Max Nordau oder andere, die sich diesbezüglich in der deutsch-zionistischen Literatur zu Wort meldeten, haben auf diesen Zusammenhang auch offen hingewiesen. Robert Weltsch verglich in diesem Zusammenhang „die Lage des deutschen Volkes vor 1813 mit der Lage des Judentums von heute"[26]. Daß dieser Prozeß der kollektiven Assimilation zu mancher paradoxen Situation führte, zeigt nicht nur die Zeit vor, sondern auch nach 1933. Ein extremes Beispiel: Ernst Moritz Arndts Lied „Der Gott der Eisen wachsen ließ" wurde ins Hebräische übertragen und vom rechten Flügel des Zionismus während des Zweiten Weltkriegs für seine Ziele im Kampf gegen die arabische Nationalbewegung und die britische Mandatsherrschaft gleichermaßen eingesetzt.

Die Kohärenz der Geschichte der deutschen Juden alleine unter dem Begriff der Assimilation zu subsumieren, wäre selbstverständlich übertrieben und einseitig. Der Begriff der Moderne, so wie ihn Shulamit Volkov anbietet, ist sicherlich ein

[25] *Hambrock*, Außenseiter 660–679.

[26] *Robert Weltsch*, 1813, in: Jüdische Monathefte für Turnen und Sport (März 1913) 46–48; vgl. auch *Moshe Zimmermann*, Die Antike als Erinnerungsarsenal: Vorbilder des jüdischen Sports, in: *Yotam Hotam, Joachim Jakob* (Hrsg.), Konstruktionen von Erinnerung im deutschen Judentum und nach der Emigration (Göttingen 2003).

weiterer sinnvoller Rahmen. Nur beschreibt dieser Begriff, dessen Konturen auch nach intensiver wissenschaftlicher Behandlung unklar bleiben, Prozesse, die nicht nur für die jüdische Gesellschaft spezifisch waren. Spezifische, auf die jüdische Gesellschaft abzielende Begriffe waren vielmehr „Untergang" oder „Renaissance". Mit ihnen wird eine Kohärenz beschrieben, die selbst bis in die Zeit nach 1933 hinüberreichte und zu einer Relativierung der meist als Krisen oder Zäsuren bezeichneten Ereignisse von 1918 und gar 1933 führt. Beide Begriffe dienten Zeitgenossen und Historikern gleichermaßen als Orientierungshilfe und Instrumente der Wahrnehmung. So widersprüchlich beide Begriffe auch sein mögen, sie haben sich dialektisch ergänzt und eine paradoxe Kohärenz geschaffen. Ernst Simon nannte sein Buch „Aufbau im Untergang"[27]; aber der Titel „Renaissance im Untergang" wäre sicher nicht nur Simon, sondern auch vielen anderen Beobachtern als geeignet erschienen, um die Zeit vor (!) und nach 1933 zu beschreiben.

Parallel zum Optimismus, der das reale oder vermeintliche Vordringen der Assimilation begleitete, verbreitete sich als Kontrapunkt auch eine Untergangsstimmung. Vielleicht war es der Kulturpessimismus des Wilhelminischen Zeitalters, der hier „ansteckend" gewirkt hatte, vielleicht aber auch die Folge der Auseinandersetzung mit dem modernen Antisemitismus, der den Weg der Assimilation mit Hilfe von völkischen und rassistischen Parolen zu blockieren drohte. Da der Antisemitismus ein Merkmal der nichtjüdischen, nicht der jüdischen Gesellschaft ist und er in diesem Zusammenhang nur dann relevant ist, wenn er eine Reaktion von jüdischer Seite hervorruft, ist die intensiv erforschte Frage der Kohärenz und Kontinuität des deutschen Antisemitismus[28] allein eine sekundäre Frage im Zusammenhang des vorliegenden Beitrags. Die Geschichte des deutschen Antisemitismus ist demnach nur insofern ein Abschnitt der deutsch-jüdischen Geschichte, als das Schicksal von Juden kulturell, gesellschaftlich und politisch vom Antisemitismus beeinflußt wurde. Zur Untergangsstimmung hat der Antisemitismus sicher beigetragen, bis 1932 jedoch keineswegs in entscheidendem Maße. Das beweisen auch die marginalen Zahlen der jüdischen Auswanderer bis zu diesem Jahr. Die viel diskutierte, düstere Prognose in Felix Theilhabers Buch „Der Untergang der deutschen Juden"[29] von 1912 stand eher im Zusammenhang mit demographischen Angaben zu den Bereichen der Eheschließungen, der Familienplanung und der wirtschaftlichen Umstrukturierung – also mit Merkmalen der Assimilation – als mit dem Druck des Antisemitismus. Als Otto Heller genau zwanzig Jahre später seinen „Untergang des Judentums"[30] schrieb, verstand er darunter eine proleta-

[27] *Ernst Simon*, Aufbau im Untergang. Jüdische Erwachsenenbildung im nationalsozialistischen Deutschland als geistiger Widerstand (Tübingen 1959).

[28] Dazu u. a. *Richard S. Levy*, The Downfall of the Anti-Semitic Political Parties in Imperial Germany (New Haven 1975); *Moshe Zimmermann*, Aufkommen und Diskreditierung des Begriffs ‚Antisemitismus', in: *Ursula Büttner* (Hrsg.), Das Unrechtsregime, Bd. I: Ideologie – Herrschaftssystem – Wirkung in Europa (Hamburg 1986) 59–77; sowie *Shulamit Volkov*, Antisemitismus als kultureller Code (München 2000).

[29] *Felix Theilhaber*, Der Untergang der deutschen Juden (Berlin 1912).

[30] *Otto Heller*, Der Untergang des Judentums. Die Judenfrage, ihre Kritik, ihre Lösung durch den Sozialismus (Wien 1931).

risch-revolutionäre Lösung der Judenfrage. In diese Richtung ging auch Alfred Kantorowicz' Buch „Liquidation der Judenfrage" von 1932[31], in dem die Sowjetunion als Beispiel herangezogen wurde. Die Untergangsstimmung, die die letzte Phase der Weimarer Republik und die erste Zeit nach der Machtübernahme der Nationalsozialisten kennzeichnete, beruhte somit auf einer vorgegebenen Stimmungsbasis. Seit 1933 wurde der Untergang allerdings vom Staat in Form einer anti-assimilatorischen Politik oktroyiert und beschleunigt. Fortan „hinkte" die Wahrnehmung des Untergangs der Realität hinterher, nicht umgekehrt[32].

Der Begriff der Renaissance ist im deutsch-jüdischen Kontext unauflöslich mit der Frage der Dissimilation verbunden[33]. Noch vor Beginn des 20. Jahrhunderts bezeichneten Zeitgenossen die Abkehr von der Idee der Assimilation als Dissimilation. Eine derartige Abkehr aber wurde sowohl von Judenfeinden als auch von Nationaljuden (Zionisten) begrüßt. In der Geschichtsschreibung nach dem Zweiten Weltkrieg wurde dann systematisch nach den Elementen der jüdischen Kollektividentität und Aktivität gefragt. Derartige Elemente einer Dissimilation, die man als Gegenbewegung zur Assimilation oder gar als Beweis für deren Scheitern verstehen wollte, waren im nachhinein leicht zu finden, und zwar bereits in der Zeit des Kaiserreichs: Der Central Verein und der akademische Verein für jüdische Geschichte und Literatur wiesen ebenso wie die spezifischen, teilweise neuen Merkmale der jüdischen Familie oder der jüdischen Berufsstruktur darauf hin, daß, wie auch Scholem meinte, die deutschen Juden einen Prozeß der Dissimilation durchliefen. Dies nun bedeutet, daß die Kohärenz der Geschichte deutscher Juden nicht in der Assimilation, sondern im Wettbewerb zwischen Assimilation und Dissimilation bzw. in der Dialektik beider Phänomene liegt. Geht man als Historiker nicht von einer absoluten, vollständigen Assimilation aus und akzeptiert das Prinzip der Differenz, dann ergänzt und stabilisiert das Konzept der Dissimilation im Endeffekt den Assimilationsprozeß und trägt dazu bei, den Kern der Kohärenz dieser Geschichte klarzustellen.

So gesehen, ist die Übersteigerung des Begriffs Dissimilation, ist die jüdische Renaissance ebenfalls ein weiterer Beitrag zur Kohärenz der Geschichte der deutschen Juden: Als Pendant, Gegenbewegung oder auch Ergänzung des Assimilationsprozesses ist immer wieder die autonome jüdische Aktivität und das jüdische Bewußtsein – wie auch immer man dies definieren möchte – in die Kohärenz einzuordnen. Im Kaiserreich war es zunächst die rege Aktivität der neugegründeten jüdischen Vereine – Studentenverbindungen, Jugendbewegungen, Turn- und Sportvereine – mit ihrer Presse und ihren Veranstaltungen[34], die auf ein neues Äquilibrium zwischen „Deutschsein" und „Jüdischsein" hinweisen mochte.

[31] *Alfred Kantorowicz*, Liquidation der Judenfrage (1932).

[32] Vgl. *Moshe Zimmermann*, Geschichte der deutschen Juden 1914–1945 (München 1997) 1f., 84–89.

[33] *Michael Brenner*, The Renaissance of Jewish Culture in Weimar Germany (New Haven 1996) 81; im folgenden zitiert: *Brenner*, Renaissance.

[34] *Jacob Borut*, „Ein neuer Geist unter unseren Brüdern in Aschkenaz". Der neue Weg des deutschen Judentums am Ende des 19. Jahrhunderts (hebr.; Jerusalem 1999).

Während des Ersten Weltkrieges kam es dann gerade infolge der Begegnung mit den unter deutsche Besatzung geratenen polnischen Juden zum Erwachen eines „genuin" jüdischen Bewußtseins in Deutschland. Die Weimarer Republik gilt in der Forschung ohnehin als Impulsgeberin für eine präzedenzlose Kulturrenaissance[35] – das Jüdische Lehrhaus mit so prominenten Namen wie Martin Buber und Franz Rosenzweig oder die „Encyclopaedia Judaica" mit Nahum Goldmann und Jakob Klatzkin als Herausgeber gelten als herausragende Beispiele. Sogar die jiddische Literatur erlebte damals eine Hochkonjunktur.

Paradox ist nun, daß es auch im „Dritten Reich" eine Fortsetzung der „jüdischen Renaissancen" (durchaus in der Mehrzahl) gab – der jüdische „Kulturbund", die jüdische Presse und der jüdische Sport waren populär wie nie zuvor, nun allerdings infolge der diskriminierenden Gesetzgebung. Und doch ist hier nicht nur eine über das Jahr 1933 hinausreichende Kohärenz jüdischer Renaissancen zu konstatieren, sondern es geht auch um Erscheinungen, die gerade die assimilatorischen Motive zum Vorschein bringen. Wenn der Sportverein „Der Schild" um Rekorde und Siege rang, ging es um die an „allgemeinen" Maßstäben gemessene Ebenbürtigkeit deutscher Juden – eben getrennt und assimiliert zugleich.

Modernisierung und Assimilation, aber auch Dissimilation und jüdische Renaissance erweisen sich also als Komponenten der Kohärenz der Geschichte der deutschen Juden im ersten Drittel des 20. Jahrhunderts und danach. Jedoch steht in jeder Hinsicht der Anfang des zweiten Drittels vornehmlich eher unter dem Vorzeichen der Zäsur als der Kohärenz. Denn die Zäsur von 1943 wurde 1933 eingeleitet und war spätestens seit 1938 vorprogrammiert. Diese zehn Jahre dauernde Phase der Zäsur ist die Shoah der deutschen Juden. Weil eben das Ende schrittweise kam und diese Geschichte nicht allein unter der Überschrift des Antisemitismus zusammengefaßt werden kann, ist der Wandel der deutschen Judenheiten in Deutschland zwischen 1933 und der Nachkriegszeit eine besondere Herausforderung für den nach Kohärenz und Kontinuität suchenden Historiker, der sich der Erforschung des deutschen Antisemitismus widmet. Das ist spätestens seit dem Goldhagen-Streit allgemein bekannt.

Aber vielleicht schafft die Tiefe der Zäsur wiederum ein Paradox der Kohärenz: Nicht nur Renaissance und Dissimilation, sondern auch Zäsur und Renaissance sind untrennbare Begriffspaare. Die jüdische Renaissance beschäftigt erneut den Betrachter des deutschen Judentums *nach* 1945, insbesondere nach der Einwanderung von Juden aus den ehemaligen Ländern der Sowjetunion nach Deutschland in den 1990er Jahren: eine jüdische Renaissance in Deutschland? So fragt Michal Bodemann in seinem Buch „Gedächtnistheater"[36] und bezieht sich auf Sander Gilmans Stellungnahme zur „Wiedergeburt jüdischen Lebens in Deutschland". Sollte man etwa die Kohärenz der jüdischen Geschichte im gesamten 20. Jahrhun-

[35] *Brenner*, Renaissance.

[36] *Y. Michal Bodemann*, Gedächtnistheater. Die jüdische Gemeinschaft und ihre deutsche Erfindung (Hamburg 1996) 42; im folgenden zitiert: *Bodemann*, Gedächtnistheater; vgl. auch *Y. Michal Bodemann*, In den Wogen der Erinnerung. Jüdische Existenz in Deutschland (München 2002).

dert unter dem Titel „Zäsur und Renaissance“ zusammenfassen können? Als Prüfstein für das Bewußtsein von Kohärenz und Zäsur könnte man auch die Zukunftserwartungen der Juden selbst in Zeiten des Umbruchs, vor 1914 oder nach 1918, einsetzen. Schaut man auf derartige Zukunftserwartungen von Juden gerade in Zeiten des Umbruchs oder der Krise – beim Aufstieg des Zionismus zu Beginn des 20. Jahrhunderts, während oder nach der Revolution von 1918 oder gar im „Entscheidungsjahr“ 1932 –, so scheint die Haltung eher schwerfällig gewesen zu sein; man erwartete mehr Kohärenz und Kontinuität als Krise, man rechnete mit einer Stabilität der vorhandenen politischen und gesellschaftlichen Strukturen[37].

Kohärenzen nach 1943/45

Nach Kriegsende galt zunächst Leo Baecks Spruch vom Ende des deutschen Judentums als axiomatisch. Arnold Zweig hatte bereits 1933 prognostiziert: „Die Zukunft der Juden [findet] im deutschen Geist keinen Halt mehr.“[38] Es ist schwierig, die auf deutschem Boden nach 1945 lebenden Juden überhaupt als deutsche Juden zu definieren oder als kohärente Fortsetzung des deutschen Judentums der Vorkriegszeit zu verstehen. Die wenigen deutschen Juden, die das „Dritte Reich“ überlebt hatten, sowie die zurückkehrenden deutschen Juden machten nicht nur statistisch einen winzigen Bruchteil des früheren deutschen Judentums aus. Sie waren auch eine Minderheit in der vornehmlich aus DP-Juden sich organisierenden jüdischen Bevölkerung im Land. Als in den 1990er Jahren der Umfang der jüdischen Bevölkerung in Deutschland dramatisch von rund 30000 auf 100000 Juden stieg, offenbarte sich die Zäsur noch deutlicher: Es waren nun vornehmlich Juden aus den Ländern der Sowjetunion, die der jüdischen Gemeinschaft in Deutschland ganz andere Impulse zuführten als die Einwanderer aus dem Osten vor 1933.

Was dennoch eine gewisse Kohärenz aufwies, war weniger die Tatsache, daß Juden in beiden deutschen Staaten lebten, sondern vielmehr der Ort, den Juden in der kollektiven Erinnerung beider Gesellschaften einnahmen. Zunächst – bis kurz nach Gründung der Bundesrepublik Deutschland – äußerte sich die Kohärenz in der Fortsetzung von antisemitischen Vorurteilen, wie sich aus OMGUS-Umfragen ergibt[39]. Dann aber kam es allmählich und seit Ende der 1960er Jahre mit zu-

[37] Vgl. *Moshe Zimmermann*, Das Gesellschaftsbild der deutschen Zionisten vor dem Ersten Weltkrieg, in: Truma 1 (Wiesbaden 1987) 139–158. *Moshe Zimmermann*, ‚Die aussichtslose Republik‘ – Zukunftsperspektiven der deutschen Juden vor 1933, in: Menora. Jahrbuch für deutsch-jüdische Geschichte (München, Zürich 1990) 152–183; *Moshe Zimmermann*, Zukunftserwartungen deutscher Juden im ersten Jahr der Weimarer Republik, in: Archiv für Sozialgeschichte (Bonn 1997) 265–280.

[38] *Arnold Zweig*, Bilanz der deutschen Judenheit 1933 (Berlin 1998) 230; im folgenden zitiert: *Zweig*, Bilanz.

[39] *Anna J. Merritt*, *Richard L. Merritt*, Public opinion in occupied Germany: The Omgus surveys, 1945–1949 (Urbana 1970).

nehmender Deutlichkeit zu einer „Aufarbeitung" der deutsch-jüdischen Vergangenheit, zu einer geistigen „Wiedergutmachung". In den „Wochen der Brüderlichkeit", in Schrift und Literatur versuchte man in einem „Deutschland ohne Juden"[40] wenigstens die Erinnerung als Ersatz für die vertriebenen und ermordeten deutschen Juden und für die fehlende jüdische Präsenz in der Bundesrepublik am Leben zu erhalten. Diese nichtjüdische Erinnerung an die deutschen Juden zielt vor allem auf die deutsch-jüdische Geschichte der Zeit vor dem „Dritten Reich", während sich die kollektive, aktivierte Erinnerung der neuen deutschen Juden nahezu ausschließlich auf die Shoah zu konzentrieren scheint und gerade die frühere deutsch-jüdische Geschichte ausblendet. So ergibt sich bei deutschen und vielen anderen Juden ein Bruch des Erinnerungsprozesses in Parallele zur Zäsur von 1943 in der jüdischen Geschichte als solcher[41]. Durch Kontakte zu den „ehemaligen jüdischen Mitbürgern", die von deutschen Städten gepflegt werden, oder durch die Gründung von jüdischen Museen und Instituten für jüdische Geschichte bemüht sich die deutsche Gesellschaft um eine ungewöhnliche Kohärenz, mit der die zwölf schrecklichen Jahre überbrückt werden sollen, wodurch allerdings die Zäsur dialektisch um so mehr unterstrichen wird[42]. Literarische Werke wie Ralf Giordanos „Die Bertinis" oder Victor Klemperers Tagebücher konfrontieren ihre Leser mit dem Phänomen der Assimilation und dem Problem des Außenseiters als Insider und lassen diese Bereiche neue Aktualität gewinnen. Sie schaffen eine gedankliche Kohärenz über das Jahr 1943 hinaus und verdeutlichen zugleich die Tiefe der durch die NS-Zeit entstandenen Zäsur.

Auch in der DDR spielten Juden in der kollektiven Erinnerung eine, wenn auch begrenzte Rolle. Zynisch bemerkte hierzu der Autor eines Buches über die Erinnerung der DDR an den Holocaust: „Tote Juden waren für ostdeutsche Belange nützlicher"[43]; und auch das nur dort, wo überhaupt Juden (nicht Zionisten) thematisiert werden durften. Eine starke Präsenz von Juden (nach unterschiedlicher Definition) im Geistesleben der DDR – Stefan Heym, Stephan Hermlin, Arnold Zweig, Anna Seghers, Wolf Biermann u. a. – schien auf eine diesbezügliche Kontinuität über das Jahr 1945 hinaus eher in der DDR als in der Bundesrepublik hinzuweisen[44]. Mancher Rückkehrer hoffte, gerade in der DDR den direkten Anschluß an die sozialistische Vergangenheit vor 1933 zu finden. Aber auch hier überschattete die Zäsur eindeutig die Kohärenz[45]. In beiden Teilen Deutschlands

[40] *Bernt Engelmann*, Deutschland ohne Juden. Eine Bilanz (München 1970).

[41] Vgl. *Lynn Rapaport*, Jews in Germany after the Holocaust. Memory, Identity and Jewish-German Relations (Cambridge 1997) 27–38.

[42] Vgl. *Erica Burgauer*, Zwischen Erinnerung und Verdrängung, Juden in Deutschland nach 1945 (Hamburg 1993); *Andreas Nachama*, *Julius Hans Schoeps* (Hrsg.), Aufbau nach dem Untergang (Berlin 1992); *Michael Cohn*, The Jews in Germany 1945–1993. The Building of a Minority (Westport, Conn., 1994).

[43] *Thomas C. Fox*, Stated Memory. East Germany and the Holocaust (Rochester, NY. 1999) 53–60; im folgenden zitiert: *Fox*, Stated Memory; *Bodemann*, Gedächtnistheater 100–112.

[44] *Angelika Timm*, Jewish Claims against East Germany (Budapest 1997) 29 ff.

[45] Vgl. *Fox*, Stated Memory 79–93.

wurde das Bewußtsein für die Tiefe der Zäsur gerade durch die Überwindung der Verdrängung immer größer.

Der mit fortschreitender Erinnerungsarbeit immer tiefere Dimensionen erreichende Schock konnte zwei exterritoriale, d.h. außerhalb Deutschlands gelegene Wege der Fortsetzung einer Kohärenz nicht blockieren. Juden als Träger bzw. Vertreter der bürgerlichen deutschen Kultur konnten gerade wegen der Vertreibung eine besondere Kohärenz schaffen. Arnold Zweig hatte bereits 1933 dieses Phänomen in aller Unzufriedenheit geschildert: „Auf der ganzen Erde haben Juden das Deutschtum verbreitet, überschätzt, ja angebetet ... Überall wo man sie aufnahm, als die Hitlerei sie hinausgeworfen, gaben sie zu Klagen Anlaß, weil sie einfach nicht aufhören konnten, die fremde Welt mit den Maßen ihres deutschen Zentralitätsaffektes zu bewerten ... Man sieht, es ist ... das ‚Und es soll am deutschen Wesen noch einmal die Welt genesen', das die deutschen Juden überallhin begleitet. Ja, sie verstehen sich selbst im neuen erzwungenen Zustand als ‚Auslandsdeutsche'."[46]

Nach der Katastrophe schrieb Paul Celan: „Unverloren blieb inmitten der Verluste dies eine: die Sprache ... sie ging durch dieses Geschehen, ging hindurch und durfte wieder zutage treten, ‚angereichert' von all dem."[47] Für diejenigen, die in der deutschen Sprache beheimatet waren, hat dieses Bild eine besondere Aussagekraft. Die deutsche Sprache, von deutsch-jüdischen Emigranten/Vertriebenen benutzt, wurde eine Brücke über den Abgrund, ein Weg zur Kohärenz. Und mit der Sprache waren es andere typisch deutsch-jüdische Merkmale, die viel mit den sogenannten deutschen Tugenden zu tun hatten, sowie die Zugehörigkeit zu deutsch-jüdischen Netzwerken. Sogar die Erinnerung an die deutsch-jüdische Vergangenheit wurde in den Ländern des Exil institutionalisiert, zum Beispiel in Form des Leo-Baeck-Instituts, das in drei Zentren des Exils wirkt – in London, New York und Jerusalem.

Das deutsche Judentum *als Kulturwerk* konnte sich, so gesehen, über das Jahr 1945 hinaus „retten", unabhängig vom politischen und physischen Schicksal im „Dritten Reich". Klar und trotzig formulierte George Mosse das Paradox von der Kohärenz außerhalb Deutschlands jenseits des Jahres 1945 mit den Worten: „It was the German-Jewish *Bildungsbürgertum* which, more than any other single group, preserved Germany's better self across dictatorship, war, holocaust and defeat."[48]

Tatsächlich setzten die deutsch-jüdischen Emigranten in den USA, in Südamerika und in Israel in kultureller Hinsicht das fort, was die Assimilation vor 1933 geschaffen hatte. Daß dies in den Ländern einer „Ersatz-Diaspora" geschehen konnte, verwundert wenig. Überraschend ist diese Tendenz vielmehr in dem Land, das angeblich von der Assimilation, vom Wesen der Diaspora und von der deutschen Tradition bewußt und trotzig Abschied genommen hatte – Palästina/

[46] *Zweig*, Bilanz 228f.
[47] *Paul Celan*, „Die Sprache blieb unverloren" (1958).
[48] *Mosse*, Beyond Judaism 82.

Israel. Eine Kohärenz im kulturellen, wirtschaftlichen und sozialen Bereich vor und nach der Emigration – in der zweiten Makkabiade von 1935 war das Dressurreiten bereits eine anerkannte Disziplin – war zu erwarten gewesen[49]. Doch selbst in der Politik des Zionismus in der „nationalen Heimstätte" konnte man eine Kontinuität erkennen zwischen der kompromißbereiten Haltung der Mehrheit der deutschen Zionisten gegenüber den Arabern und der Haltung der Gruppe *Brit Shalom* (Friedensbund), die für eine bi-nationale Lösung des arabisch-jüdischen Konflikts eintrat, oder der Haltung der von deutsch-jüdischen Israelis nach dem Vorbild der deutschen Fortschrittspartei gegründeten Progressiven Partei in Sachen Verfassung und Bürgerrechte.

Die Kohärenz, die die Kombination „deutsch-jüdisch" nach 1945 außerhalb Deutschlands anbietet, führt allerdings graduell doch zu einer Zäsur, und zwar in den 1970er Jahren. Paradoxerweise zeigt sich hier eine Parallelität der Zäsuren zwischen der deutschen Nachkriegsgesellschaft im allgemeinen, auf die die anderen Beiträge in diesem Band mit Nachdruck aufmerksam machen, und der deutsch-jüdischen Gesellschaft nach der Auswanderung. Die Gemeinsamkeit ist naturgemäß durch die Entwicklung der Generationen bedingt: Hier wie dort geht es um das Ausscheiden der Generation, die das „Dritte Reich" als Erwachsene erlebt hatte. Die oben erwähnte deutsch-jüdische Tradition, Kultur und Gesellschaft in den USA, in Israel und Südamerika, die im Exil fortleben konnte, verschwindet mit dem Wechsel zur nächsten Generation. Der Lebensstil deutsch-jüdischer Emigranten ging in den 1970er Jahren tatsächlich seinem Ende entgegen, wie Steven Lowenstein im Epilog zum vierten und letzten Band der vom Leo-Baeck-Institut herausgegebenen deutsch-jüdischen Geschichte in der Neuzeit aus der Perspektive der 1990er Jahre bemerkte[50]. Da die Geschichte des Judentums in Deutschland ihren Rahmen und ihre Koordinaten nicht nur in der deutschen, sondern auch in der universal-jüdischen Geschichte findet, sind Fragen der Kohärenz und der Zäsuren erstens mit den verschiedenen Definitionen von Judentum, zweitens mit den allgemeinen Tendenzen der jüdischen Gesellschaft und drittens mit dem Gang der jüdischen Historiographie eng verbunden. Schaut man auf das Judentum als Religion oder Religionsgemeinschaft, zeigt sich der Einfluß des „deutschen Modells" sehr konsequent: Die jüdisch-religiöse Reformbewegung, die von Deutschland ausging und sich in Amerika seit Mitte des 19. Jahrhunderts verbreiten und entfalten konnte, erlebte auch zwischen 1933 und 1945 keine Existenzkrise. Schaut man auf die Prozesse der Assimilation, Emanzipation und Integration, so wird deutlich, daß sie außerhalb Deutschlands auch nach 1945 fortgesetzt wurden – die national-jüdische Alternative konnte selbst auf dem Hintergrund des verheerenden Scheiterns des deutschen Experiments der Assimilation

[49] Einen guten Überblick verschafft *Yoav Gelber*, Neue Heimat (hebr.; Jerusalem 1990); siehe auch: *Gideon Greif*, *Colin McPherson*, *Laurence Weinbaum* (Hrsg.), Die Jeckes: Deutsche Juden aus Israel erzählen (Köln 2000).

[50] *Stephen M. Lowenstein*, Epilog: Die deutsch-jüdische Diaspora, in: *Avraham Barkei*, *Paul Mendes-Flohr*, Deutsch-jüdische Geschichte in der Neuzeit, Bd. 4 (München 1998).

die jüdische Welt nicht monopolisieren. Doch im engeren Rahmen der deutschen, ja sogar der europäischen Geschichte muß wohl zusammenfassend die traumatische Krise der Jahre 1943–1945 in den Mittelpunkt der Erwägungen rücken, selbst wenn die Kohärenzen der deutsch-jüdischen Geschichte weitreichender sein mögen, als man traditionell vermutet.

Personenregister

Bearbeitet von Marco Schrof

Die Fußnoten wurden nur berücksichtigt, wenn sie Ausführungen enthalten, die über Literatur- und Quellenangaben hinausgehen. Die Fundstellen aus den Fußnoten sind kursiv gesetzt.

Abs, Hermann Josef 129
Adenauer, Konrad 48, 84, 114, 233
Aly, Götz 112
Arendt, Hannah 22, *38*, 41 f.
Arndt, Ernst Moritz 261
Arnold, Karl 59
Aron, Raymond 21 f.

Baeck, Leo 16, 265
Bauman, Zygmunt 197, 254–256
Beard, Charles *69*
Beck, Ulrich 136
Berghahn, Volker 131
Bethmann-Hollweg, Theobald von *244*
Bibó, István 248
Biermann, Wolf 266
Birkenfeld, Günther 215
Birnbaum, Norman 237
Bismarck, Otto von 86, 163
Bloch, Marc 219
Bodemann, Michal 264
Borchardt, Knut 121
Bosetzky, Horst 107
Bourdieu, Pierre 137 f.
Brandt, Willy 14, 114, 237
Brunner, Otto *69*
Buber, Martin 259, 264
Bude, Heinz 223
Büschgen, Hans 129
Burda, Franz 130

Canetti, Elias 124
Celan, Paul 267
Churchill, Winston *79*
Cicero, Marcus Tullius 73
Claß, Heinrich 228

Conrad, Christoph 60
Conze, Eckart 8 f., 135
Conze, Werner 210
Coppi, Hans 153
Coppi, Hilde 153

Daheim, Hansjürgen 139
Dahrendorf, Ralf 95, *205*, 236
Derlien, Hans-Ulrich 107
Diederichs, Eugen 247
Diestelkamp, Bernhard *68*, *91 f.*, 115, *116*
Dönhoff, Marion Gräfin 237
Doering-Manteuffel, Anselm 223
Dostojewski, Fjodor 246
Dürig, Günter 79
Dupâquier, Jacques 137
Durkheim, Emile 137

Easton, David 112
Ehrlich, Eugen *72*
Einstein, Albert 21
Elbogen, Ismar 260
Elias, Norbert 173
Ellwein, Thomas 96–99, 106
Engels, Friedrich 228
Enzensberger, Hans-Magnus 130
Epstein, Fritz T. 241
Erhard, Ludwig 126 f., 131
Eschenburg, Theodor 95 f.

Ferguson, Niall 31
Foerster, Friedrich Wilhelm 46
Forsthoff, Ernst 103, 175–177
Franco, Francisco 234
Franz II. 65
Freyer, Hans 177, 236
Fried, Ferdinand 177

Gaulle, Charles de 114
Geiger, Theodor 134 f.
Geißler, Rainer 136, 142
Genscher, Hans-Dietrich 80
Geyer, Michael 6 f., 12, 109, 116
Gilman, Sander 264
Giordano, Ralf 266
Goebbels, Joseph 249
Goethe, Johann Wolfgang von *246*
Goldmann, Nahum 264
Goldstein, Moritz 256
Gribaudi, Maurizio 137 f.
Grimm, Jacob 67
Groh, Dieter *210*
Grosz, George 59
Groys, Boris 245
Grundig, Max 130

Haber, Fritz 182
Haffner, Sebastian 46, 213, 223
Hahn, Otto 21
Hasse, Ernst 226
Haupt, Heinz-Gerhard 10
Hegel, Georg Friedrich Wilhelm 69, 73
Heine, Heinrich 84
Heller, Otto 262
Hellferich, Karl 124 f.
Henkel, Hans-Olaf 130
Herbert, Ulrich *4*, 16, 223
Hermes, Georg 169, 179
Hermlin, Stephan 266
Herzog, Dagmar 40
Herrhausen, Alfred 129
Herrmann, Lilo 152 f.
Heß, Rudolf 174
Hesse, Hermann 209, *246*
Heuss, Theodor 48, 84, 93
Heym, Stefan 266
Hilberg, Raul *174*
Hildebrand, Klaus *30*
Hitler, Adolf 15, 21 f., 56, 99, 230, 249–51
Hockerts, Hans Günter 197
Hoffmann, Max 248
Honecker, Erich 62
Huber, Ernst Rudolf *69*

Jäckel, Eberhard 22
James, Harold 9, 12, 200, 204
Jannasch, Robert *171*
Janowitz, Morris 140
Jarausch, Konrad 40

Kaiser, Jakob 93
Kampmann, Theoderich *246*
Kant, Immanuel 69, 73
Kantorowicz, Alfred 263
Katzenstein, Peter 32
Kelsen, Hans 66, 78, 80
Kennan, George 242
Keynes, John Maynard 123
Klatzkin, Jakob 264
Klemperer, Viktor 266
Kocka, Jürgen 134
Koenen, Gerd 9, 14 f.
Kogon, Eugen 237
Kosselleck, Reinhart 110
Kroen, Sheryl *58*
Kun, Belá *248*

Laak, Dirk van 11, 198, 202 f., 205
Lane, Sonia *246*
Laue, Max von 21
Laun, Rudolf von 66, 79 f.
Lenin, Wladimir Iljitsch 245, *248*
Lensch, Paul *244*
Lepetit, Bernard 137
Lewis, Jane 163
Lilje, Hanns 220
Lowenstein, Steven 268
Lübke, Heinrich 176
Ludendorff, Erich 244
Lutz, Burkhart 142
Luxemburg, Rosa 224

Maier, Helmut 190
Maier, Reinhold 48
Mannheim, Karl 211
Marx, Karl 23, 224, *248*
May, Ernst 198 f.
Mayer, Otto 95, 174
Mayntz, Renate 140
McCarthy, Joseph 239
McKitrick, Frederick 134
Meitner, Lise 21
Milward, Alan 116 f.
Mitscherlich, Alexander 218–220, 223
Moeller van den Bruck, Artur 230, 247
Mohn, Franz 130
Momberg, Robert *178*
Mooser, Josef 10, 134
Mosse, George L. 45, 257, 259, 267

Naumann, Friedrich 226 f.
Niehuss, Merith 11 f., 199, 202
Niekisch, Ernst 247

Niethammer, Lutz *72*, 100
Nietzsche, Friedrich 246
Nixon, Richard 125, 127
Nordau, Max 261

Ollenhauer, Erich 236
Olson, Mancur 127
Ostner, Ilona 163

Paczensky, Gert von 238
Prinz, Michael 134

Radbruch, Gustav 98
Radek, Karl *248*
Radkau, Joachim 188
Raphael, Lutz 12, 198, 203, 205
Reagan, Ronald 14, 239
Reulecke, Jürgen 13 f.
Ricardo, David 32
Riezler, Kurt *244*
Ritschl, Albert 122
Ritter, Gerhard A. *68, 86, 91 f.*
Rohe, Karl 111 f.
Roosevelt, Franklin Delano *79*
Rosenbaum, Heidi 142
Rosenberg, Alfred 249, *251*
Rosenzweig, Franz 264
Ruck, Michael 8, 109, 115
Rückert, Joachim 7 f., 109, 115, 203
Ruggie, John Gerard 123
Runte, Ferdinand 143

Sainsbury, Diane 163
Saint-Simon, Henri de 168
Salazar, Antonio de Oliveira 234
Saldern, Adelheid von 13
Sauckel, Fritz 55
Schacht, Hjalmar 131
Schelsky, Helmut *58*, 135, *217*, 236
Scheubner-Richter, Ludwig Maximilian Erwin von 249
Scheuch, Erwin K. 140
Schieder, Wolfgang *66*
Schildt, Axel 14
Schiller, Karl 126 f.
Schivelbusch, Wolfgang 170
Schmid, Carlo 48, 93
Schmidt, Helmut 127
Schmiechen-Ackermann, Detlef 143
Schmitt, Carl *69*
Scholem, Gershom 15, 258 f.
Schumacher, Kurt 48, 236
Schwarz, Hans-Peter 73
Scott, James C. *4*
Seghers, Anna 266
Seibt, Gustav 223
Sellin, Volker 223
Simmel, Georg *34*
Simon, Ernst 262
Sinowjew, Grigori *248*
Sloterdijk, Peter 110
Sombart, Werner *69*
Sorel, Georges 176
Spengler, Oswald *227*, 229, 247
Stadtler, Eduard 248
Stalin, Josef 249, 251
Steinkemper, Bärbel 107
Stern, Fritz 21 f.
Stoever, Bernd *57, 68 f.*
Strasser, Ernst 249
Strasser, Gregor 249
Szöllösi-Janze, Margit 182, 184 f.

Tarnow, Fritz 52
Tenfelde, Klaus 143
Thatcher, Margaret 14, 113
Theilhaber, Felix 262
Thomas, Georg 55 f.
Trotzki, Leo *248*

Ulbricht, Walther 49

Volkmann, Hans-Erich 241 f.
Volkov, Shulamit 258, 261

Wagner, Adolph 170
Weber, Eugen *69*
Weber, Eugene 27
Weber, Max 61, 95, 98, 109, 135, 229
Wehler, Hans-Ulrich *66, 70*, 133
Weichlein, Siegfried *25*
Weinkauff, Hermann 87
Weißbecker, Manfred 251
Weltsch, Robert 261
Wengenroth, Ulrich 189
White, Harry Dexter 123
Wilhelm II. *84*
Winkler, Heinrich August *66*, 134
Wirsching, Andreas 7, 109, 112, 114
Wirsing, Giselher 230, 234
Wunder, Bernd 96

Zapf, Wolfgang 95
Zehrer, Hans 220–222, 234
Zimmermann, Moshe 15 f.
Zischka, Anton 175
Zoll, Ralf 106
Zweig, Arnold 265–267

Schriften des Historischen Kollegs: Kolloquien

1 *Heinrich Lutz* (Hrsg.): Das römisch-deutsche Reich im politischen System Karls V., 1982, XII, 288 S. ISBN 3-486-51371-0 *vergriffen*

2 *Otto Pflanze* (Hrsg.): Innenpolitische Probleme des Bismarck-Reiches, 1983, XII, 304 S. ISBN 3-486-51481-4 *vergriffen*

3 *Hans Conrad Peyer* (Hrsg.): Gastfreundschaft, Taverne und Gasthaus im Mittelalter, 1983, XIV, 275 S. ISBN 3-486-51661-2 *vergriffen*

4 *Eberhard Weis* (Hrsg.): Reformen im rheinbündischen Deutschland, 1984, XVI, 310 S. ISBN 3-486-51671-X

5 *Heinz Angermeier* (Hrsg.): Säkulare Aspekte der Reformationszeit, 1983, XII, 278 S. ISBN 3-486-51841-0

6 *Gerald D. Feldman* (Hrsg.): Die Nachwirkungen der Inflation auf die deutsche Geschichte 1924–1933, 1985, XII, 407 S. ISBN 3-486-52221-3 *vergriffen*

7 *Jürgen Kocka* (Hrsg.): Arbeiter und Bürger im 19. Jahrhundert. Varianten ihres Verhältnisses im europäischen Vergleich, 1986, XVI, 342 S. ISBN 3-486-52871-8 *vergriffen*

8 *Konrad Repgen* (Hrsg.): Krieg und Politik 1618–1648. Europäische Probleme und Perspektiven, 1988, XII, 454 S. ISBN 3-486-53761-X *vergriffen*

9 *Antoni Mączak* (Hrsg.): Klientelsysteme im Europa der Frühen Neuzeit, 1988, X, 386 S. ISBN 3-486-54021-1

10 *Eberhard Kolb* (Hrsg.): Europa vor dem Krieg von 1870. Mächtekonstellation – Konfliktfelder – Kriegsausbruch, 1987, XII, 216 S. ISBN 3-486-54121-8

11 *Helmut Georg Koenigsberger* (Hrsg.): Republiken und Republikanismus im Europa der Frühen Neuzeit, 1988, XII, 323 S. ISBN 3-486-54341-5

12 *Winfried Schulze* (Hrsg.): Ständische Gesellschaft und soziale Mobilität, 1988, X, 416 S. ISBN 3-486-54351-2

13 *Johanne Autenrieth* (Hrsg.): Renaissance- und Humanistenhandschriften, 1988, XII, 214 S. mit Abbildungen ISBN 3-486-54511-6

14 *Ernst Schulin* (Hrsg.): Deutsche Geschichtswissenschaft nach dem Zweiten Weltkrieg (1945–1965), 1989, XI, 303 S. ISBN 3-486-54831-X

15 *Wilfried Barner* (Hrsg.): Tradition, Norm, Innovation. Soziales und literarisches Traditionsverhalten in der Frühzeit der deutschen Aufklärung, 1989, XXV, 370 S. ISBN 3-486-54771-2

16 *Hartmut Boockmann* (Hrsg.): Die Anfänge der ständischen Vertretungen in Preußen und seinen Nachbarländern, 1992, X, 264 S. ISBN 3-486-55840-4

17 *John C. G. Röhl* (Hrsg.): Der Ort Kaiser Wilhelms II. in der deutschen Geschichte, 1991, XIII, 366 S. ISBN 3-486-55841-2 *vergriffen*

Schriften des Historischen Kollegs: Kolloquien

18 *Gerhard A. Ritter* (Hrsg.): Der Aufstieg der deutschen Arbeiterbewegung. Sozialdemokratie und Freie Gewerkschaften im Parteiensystem und Sozialmilieu des Kaiserreichs, 1990, XXI, 461 S. ISBN 3-486-55641-X

19 *Roger Dufraisse* (Hrsg.): Revolution und Gegenrevolution 1789–1830. Zur geistigen Auseinandersetzung in Frankreich und Deutschland, 1991, XX, 274 S. ISBN 3-486-55844-7

20 *Klaus Schreiner* (Hrsg.): Laienfrömmigkeit im späten Mittelalter. Formen, Funktionen, politisch-soziale Zusammenhänge, 1992, XII, 411 S. ISBN 3-486-55902-8

21 *Jürgen Miethke* (Hrsg.): Das Publikum politischer Theorie im 14. Jahrhundert, 1992, IX, 301 S. ISBN 3-486-55898-6

22 *Dieter Simon* (Hrsg.): Eherecht und Familiengut in Antike und Mittelalter, 1992, IX, 168 S. ISBN 3-486-55885-4

23 *Volker Press* (Hrsg.): Alternativen zur Reichsverfassung in der Frühen Neuzeit? 1995, X, 254 S. ISBN 3-486-56035-2

24 *Kurt Raaflaub* (Hrsg.): Anfänge politischen Denkens in der Antike. Die nahöstlichen Kulturen und die Griechen, 1993, XXIV, 461 S. ISBN 3-486-55993-1

25 *Shulamit Volkov* (Hrsg.): Deutsche Juden und die Moderne, 1994, XXIV, 170 S. ISBN 3-486-56029-8 *vergriffen*

26 *Heinrich A. Winkler* (Hrsg.): Die deutsche Staatskrise 1930–1933. Handlungsspielräume und Alternativen, 1992, XIII, 296 S. ISBN 3-486-55943-5 *vergriffen*

27 *Johannes Fried* (Hrsg.): Dialektik und Rhetorik im früheren und hohen Mittelalter. Rezeption, Überlieferung und gesellschaftliche Wirkung antiker Gelehrsamkeit vornehmlich im 9. und 12. Jahrhundert, 1997, XXI, 304 S. ISBN 3-486-56028-X

28 *Paolo Prodi* (Hrsg.): Glaube und Eid. Treueformeln, Glaubensbekenntnisse und Sozialdisziplinierung zwischen Mittelalter und Neuzeit, 1993, XXX, 246 S. ISBN 3-486-55994-X

29 *Ludwig Schmugge* (Hrsg.): Illegitimität im Spätmittelalter, 1994, X, 314 S. ISBN 3-486-56069-7

30 *Bernhard Kölver* (Hrsg.): Recht, Staat und Verwaltung im klassischen Indien/ The State, the Law, and Administration in Classical India, 1997, XVIII, 257 S. ISBN 3-486-56193-6

31 *Elisabeth Fehrenbach* (Hrsg.): Adel und Bürgertum in Deutschland 1770–1848, 1994, XVI, 251 S. ISBN 3-486-56027-1

32 *Robert E. Lerner* (Hrsg.): Neue Richtungen in der hoch- und spätmittelalterlichen Bibelexegese, 1996, XII, 191 S. ISBN 3-486-56083-2

33 *Klaus Hildebrand* (Hrsg.): Das Deutsche Reich im Urteil der Großen Mächte und europäischen Nachbarn (1871–1945), 1995, X, 232 S. ISBN 3-486-56084-0

Schriften des Historischen Kollegs: Kolloquien

34 *Wolfgang J. Mommsen* (Hrsg.): Kultur und Krieg. Die Rolle der Intellektuellen, Künstler und Schriftsteller im Ersten Weltkrieg, 1995, X, 282 S. ISBN 3-486-56085-9 *vergriffen*

35 *Peter Krüger* (Hrsg.): Das europäische Staatensystem im Wandel. Strukturelle Bedingungen und bewegende Kräfte seit der Frühen Neuzeit, 1996, XVI, 272 S. ISBN 3-486-56171-5

36 *Peter Blickle* (Hrsg.): Theorien kommunaler Ordnung in Europa, 1996, IX, 268 S. ISBN 3-486-56192-8

37 *Hans Eberhard Mayer* (Hrsg.): Die Kreuzfahrerstaaten als multikulturelle Gesellschaft. Einwanderer und Minderheiten im 12. und 13. Jahrhundert, 1997, XI, 187 S. ISBN 3-486-56257-6

38 *Manlio Bellomo* (Hrsg.): Die Kunst der Disputation. Probleme der Rechtsauslegung und Rechtsanwendung im 13. und 14. Jahrhundert, 1997, X, 248 S. ISBN 3-486-56258-4

39 *František Šmahel* (Hrsg.): Häresie und vorzeitige Reformation im Spätmittelalter, 1998, XV, 304 S. ISBN 3-486-56259-2

40 *Alfred Haverkamp* (Hrsg.): Information, Kommunikation und Selbstdarstellung in mittelalterlichen Gemeinden, 1998, XXII, 288 S. ISBN 3-486-56260-6

41 *Knut Schulz* (Hrsg.): Handwerk in Europa. Vom Spätmittelalter bis zur Frühen Neuzeit, 1999, XX, 313 S. ISBN 3-486-56395-5

42 *Werner Eck* (Hrsg.): Lokale Autonomie und römische Ordnungsmacht in den kaiserzeitlichen Provinzen vom 1. bis 3. Jahrhundert, 1999, X, 327 S. ISBN 3-486-56385-8

43 *Manfred Hildermeier* (Hrsg.): Stalinismus vor dem Zweiten Weltkrieg. Neue Wege der Forschung / Stalinism before the Second World War. New Avenues of Research, 1998, XVI, 345 S. ISBN 3-486-56350-5

44 *Aharon Oppenheimer* (Hrsg.): Jüdische Geschichte in hellenistisch-römischer Zeit. Wege der Forschung: Vom alten zum neuen Schürer, 1999, XII, 275 S. ISBN 3-486-56414-5

45 *Dietmar Willoweit* (Hrsg.): Die Begründung des Rechts als historisches Problem, 2000, VIII, 345 S. ISBN 3-486-56482-X

46 *Stephen A. Schuker* (Hrsg.): Deutschland und Frankreich. Vom Konflikt zur Aussöhnung. Die Gestaltung der westeuropäischen Sicherheit 1914–1963, 2000, XX, 280 S. ISBN 3-486-56496-X

47 *Wolfgang Reinhard* (Hrsg.): Verstaatlichung der Welt? Europäische Staatsmodelle und außereuropäische Machtprozesse, 1999, XVI, 375 S. ISBN 3-486-56416-1

48 *Gerhard Besier* (Hrsg.): Zwischen „nationaler Revolution" und militärischer Aggression. Transformationen in Kirche und Gesellschaft während der konsolidierten NS-Gewaltherrschaft 1934–1939, 2001, XXVIII, 276 S. ISBN 3-486-56543-5

Schriften des Historischen Kollegs: Kolloquien

49 *David Cohen* (Hrsg.): Demokratie, Recht und soziale Kontrolle im klassischen Athen, 2002, VI, 205 S. ISBN 3-486-56662-8

50 *Thomas A. Brady* (Hrsg.): Die deutsche Reformation zwischen Spätmittelalter und Früher Neuzeit, 2001, XXI, 258 S., ISBN 3-486-56565-6

51 *Harold James* (Hrsg.): The Interwar Depression in an International Context, 2002, XVII, 192 S., ISBN 3-486-56610-5

52 *Christof Dipper* (Hrsg.): Deutschland und Italien, 1860–1960. Politische und kulturelle Aspekte im Vergleich (mit Beiträgen von F. Bauer, G. Corni, Chr. Dipper, L. Klinkhammer, B. Mantelli, M. Meriggi, L. Raphael, F. Rugge, W. Schieder, P. Schiera, H.-U. Thamer, R. Wörsdörfer) 2005, X, 284 S. ISBN 3-486-20015-1

53 *Frank-Rutger Hausmann* (Hrsg.): Die Rolle der Geisteswissenschaften im Dritten Reich 1933–1945, 2002, XXV, 373 S. ISBN 3-486-56639-3

54 *Frank Kolb* (Hrsg.): Chora und Polis (mit Beiträgen von J. Bintliff, M. Brunet, J. C. Carter, L. Foxhall, H.-J. Gehrke, U. Hailer, Ph. Howard, B. Iplikçioğlu, M. H. Jameson, F. Kolb, H. Lohmann, Th. Marksteiner, P. Ørsted, R. Osborne, A. Şanlı, S. Saprykin, Ch. Schuler, A. Thomsen, M. Wörrle) 2004, XVIII, 382 S. ISBN 3-486-56730-6

55 *Hans Günter Hockerts* (Hrsg.): Koordinaten deutscher Geschichte in der Epoche des Ost-West-Konflikts (mit Beiträgen von A. Doering-Manteuffel, E. François, K. Gabriel, H. G. Hockerts, S. Kott, Ch. S. Maier, H. Möller, J. Paulmann, D. Pollack, M. Sabrow, H.-P. Schwarz, H. Siegrist, M. Szöllösi-Janze, D. Willoweit, H. F. Zacher) 2004, XVIII, 339 S. ISBN 3-486-56768-3

56 *Wolfgang Hardtwig* (Hrsg.): Utopie und politische Herrschaft im Europa der Zwischenkriegszeit, 2003, IX, 356 S. ISBN 3-486-56642-3

57 *Diethelm Klippel* (Hrsg.): Naturrecht und Staat. Politische Funktionen des europäischen Naturrechts (17.–19. Jahrhundert) (mit Beiträgen von H. Brandt, W. Brauneder, W. Demel, Ch. Dipper, M. Fitzpatrick, S. Hofer, S. Rus Rufino, W. Schmale, J. Schröder, D. Schwab, B. Stollberg-Rilinger) 2006, XI, 231 S. ISBN 3-486-57905-3

58 *Jürgen Reulecke* (Hrsg.): Generationalität und Lebensgeschichte im 20. Jahrhundert, 2003, XV, 300 S. ISBN 3-486-56747-0

59 *Klaus Hildebrand* (Hrsg.): Zwischen Politik und Religion. Studien zur Entstehung, Existenz und Wirkung des Totalitarismus. Kolloquium der Mitglieder des Historischen Kollegs, 23. November 2001, 2003, XIV, 155 S. ISBN 3-486-56748-9

60 *Marie-Luise Recker* (Hrsg.): Parlamentarismus in Europa. Deutschland, England und Frankreich im Vergleich (mit Beiträgen von A. Biefang, A. Kaiser, A. Kimmel, M. Kittel, M. Kreuzer, H. Oberreuter, W. Pyta, M.-L. Recker, U. Thaysen, A. Wirsching) 2004, XVIII, 232 S. ISBN 3-486-56817-5

Schriften des Historischen Kollegs: Kolloquien

61 *Helmut Altrichter* (Hrsg.): GegenErinnerung. Geschichte als politisches Argument im Transformationsprozeß Ost-, Ostmittel- und Südosteuropas (mit Beiträgen von H. Altrichter, C. Bethke, K. Brüggemann, V. Dumbrava, R. Eckert, U. von Hirschhausen, J. Hösler, I. Ivelijć, W. Jilge, C. Kraft, H. Lemberg, R. Lindner, B. Murgescu, A. Nikžentaitis, A. Pók, H. Sundhaussen, S. Troebst, M. Wien) 2006, XXII, 326 S. ISBN 3-486-57873-1

62 *Jürgen Trabant* (Hrsg.): Sprache der Geschichte (mit Beiträgen von T. Borsche, G. Cacciatore, K. Ehlich, H. D. Kittsteiner, B. Lindorfer, Ch. Meier, T. B. Müller, W. Oesterreicher, St. Otto, U. Raulff, J. Trabant) 2005, XXIV, 166 S. ISBN 3-486-57572-4

63 *Anselm Doering-Manteuffel* (Hrsg.): Strukturmerkmale der deutschen Geschichte des 20. Jahrhunderts (mit Beiträgen von E. Conze, A. Doering-Manteuffel, M. Geyer, H.-G. Haupt, H. James, G. Koenen, D. van Laak, M. Niehuss, L. Raphael, J. Reulecke, J. Rückert, M. Ruck, A. von Saldern, A. Schildt, A. Wirsching, M. Zimmermann) 2006, VIII, ca. 280 S. ISBN 3-486-58057-4

64 *Jan-Dirk Müller* (Hrsg.): Text und Kontext: Fallstudien und theoretische Begründungen einer kulturwissenschaftlich angeleiteten Mediävistik (mit Beiträgen von G. Althoff, H. Bleumer, U. von Bloh, U. Friedrich, B. Jussen, B. Kellner, Ch. Kiening, K. Krüger, St. G. Nichols, P. Strohschneider, Ch. Witthöft) 2007, ca. 290 S. ISBN 3-486-58106-5

65 *Peter Schäfer* (Hrsg.): Wege mystischer Gotteserfahrung. Judentum, Christentum und Islam/Mystical Approaches to God. Judaism, Christianity, and Islam (mit Beiträgen von W. Beierwaltes, P. Dinzelbacher, R. Elior, A. M. Haas, M. Himmelfarb, P. Schäfer, G. G. Stroumsa, S. Stroumsa), 2006, IX, 164 S. ISBN 3-486-58006-X

66 *Friedrich Wilhelm Graf* (Hrsg.): Intellektuellen-Götter. Das religiöse Laboratorium der klassischen Moderne (mit Beiträgen von C. Arnold, K. Große Kracht, H. Haury, G. Hübinger, V. Krech, Ch. Nottmeier, M. Pyka, A. Reuter, U. Sieg) (in Vorbereitung)

67 *Werner Busch* (Hrsg.): Verfeinertes Sehen. Optik und Farbe im 18. und frühen 19. Jahrhundert (mit Beiträgen von U. Boskamp, W. Busch, E. Fioretini, J. Gage, B. Gockel, U. Klein, C. Meister, J. Müller-Tamm, A. Pietsch, H. O. Sibum, M. Wagner, M. Wellmann) (in Vorbereitung)

68 *Kaspar von Greyerz* (Hrsg.): Individualisierungsweisen in interdisziplinärer Perspektive (mit Beitägen von J. S. Amelang, P. Becker, M. Christadler, R. Dekker, S. Faroqhi, K. v. Greyerz, V. Groebner, G. Jancke, S. Mendelson, G. Piller, R. Ries) (in Vorbereitung)

69 *Wilfried Hartmann* (Hrsg.): Recht und Gericht in Kirche und Welt um 900 (mit Beiträgen von C. Cubitt, R. Deutinger, S. Hamilton, W. Hartmann, E.-D. Hehl, K. Herbers, W. Kaiser, L. Körntgen, R. Meens, H. Siems, K. Ubl, K. Zechiel-Eckes) 2007, ca. 320 S. ISBN 3-486-58147-3

Schriften des Historischen Kollegs: Kolloquien

70 *Heinz Schilling* (Hrsg.): Konfessioneller Fundamentalismus. Religion als politischer Faktor im europäischen Mächtesystem um 1600 (mit Beiträgen von R. Bireley, H.-J. Bömelburg, W. Frijhoff, A. Gotthard, H. Th. Gräf, W. Harms, Th. Kaufmann, A. Koller, V. Leppin, W. Monter, B. Roeck, A. Schindling, W. Schulze, I. Tóth, E. Wolgast) 2007, ca. 320 S. ISBN 3-486-58150-3

71 *Michael Toch* (Hrsg.): Wirtschaftsgeschichte der mittelalterlichen Juden. Fragen und Einschätzungen (mit Beiträgen von D. Abulafia, R. Barzen, A. Holtmann, D. Jacoby, M. Keil, R. Mueller, H.-G. von Mutius, J. Shatzmiller, M. Toch, G. Todeschini, M. Wenniger) (in Vorbereitung)

72 *Tilman Nagel* (Hrsg.): Der Koran und sein religiöses und kulturelles Umfeld (in Vorbereitung)

73 *Karl-Joachim Hölkeskamp* (Hrsg.): Eine politische Kultur (in) der Krise? Die „letzte Generation" der römischen Republik (in Vorbereitung)

74 *Karl Schlögel* (Hrsg.): Mastering Space. Raum und Raumbewältigung als Probleme der russischen Geschichte (in Vorbereitung)

Sonderveröffentlichungen

Horst Fuhrmann (Hrsg.): Die Kaulbach-Villa als Haus des Historischen Kollegs. Reden und wissenschaftliche Beiträge zur Eröffnung, 1989, XII, 232 S. ISBN 3-486-55611-8

Lothar Gall (Hrsg.): 25 Jahre Historisches Kolleg. Rückblick – Bilanz – Perspektiven, 2006, 293 S. ISBN 3-486-58005-1

Oldenbourg

Schriften des Historischen Kollegs: Vorträge

1 *Heinrich Lutz:* Die deutsche Nation zu Beginn der Neuzeit. Fragen nach dem Gelingen und Scheitern deutscher Einheit im 16. Jahrhundert, 1982, IV, 31 S. *vergriffen*

2 *Otto Pflanze:* Bismarcks Herrschaftstechnik als Problem der gegenwärtigen Historiographie, 1982, IV, 39 S. *vergriffen*

3 *Hans Conrad Peyer:* Gastfreundschaft und kommerzielle Gastlichkeit im Mittelalter, 1983, IV, 24 S. *vergriffen*

4 *Eberhard Weis:* Bayern und Frankreich in der Zeit des Konsulats und des ersten Empire (1799–1815), 1984, 41 S. *vergriffen*

5 *Heinz Angermeier:* Reichsreform und Reformation, 1983, IV, 76 S. *vergriffen*

6 *Gerald D. Feldman:* Bayern und Sachsen in der Hyperinflation 1922/23, 1984, IV, 41 S. *vergriffen*

7 *Erich Angermann:* Abraham Lincoln und die Erneuerung der nationalen Identität der Vereinigten Staaten von Amerika, 1984, IV, 33 S. *vergriffen*

8 *Jürgen Kocka:* Traditionsbindung und Klassenbildung. Zum sozialhistorischen Ort der frühen deutschen Arbeiterbewegung, 1987, 48 S. *vergriffen*

9 *Konrad Repgen:* Kriegslegitimationen in Alteuropa. Entwurf einer historischen Typologie, 1985, 27 S. *vergriffen*

10 *Antoni Mączak:* Der Staat als Unternehmen. Adel und Amtsträger in Polen und Europa in der Frühen Neuzeit, 1989, 32 S. *vergriffen*

11 *Eberhard Kolb:* Der schwierige Weg zum Frieden. Das Problem der Kriegsbeendigung 1870/71, 1985, 33 S. *vergriffen*

12 *Helmut Georg Koenigsberger:* Fürst und Generalstände. Maximilian I. in den Niederlanden (1477–1493), 1987, 27 S. *vergriffen*

13 *Winfried Schulze:* Vom Gemeinnutz zum Eigennutz. Über den Normenwandel in der ständischen Gesellschaft der Frühen Neuzeit, 1987, 40 S. *vergriffen*

14 *Johanne Autenrieth:* „Litterae Virgilianae". Vom Fortleben einer römischen Schrift, 1988, 51 S. *vergriffen*

15 *Tilemann Grimm:* Blickpunkte auf Südostasien. Historische und kulturanthropologische Fragen zur Politik, 1988, 37 S.

16 *Ernst Schulin:* Geschichtswissenschaft in unserem Jahrhundert. Probleme und Umrisse einer Geschichte der Historie, 1988, 34 S. *vergriffen*

17 *Hartmut Boockmann:* Geschäfte und Geschäftigkeit auf dem Reichstag im späten Mittelalter, 1988, 33 S. *vergriffen*

18 *Wilfried Barner:* Literaturwissenschaft – eine Geschichtswissenschaft? 1990, 42 S. *vergriffen*

Schriften des Historischen Kollegs: Vorträge

19 *John C. G. Röhl:* Kaiser Wilhelm II. Eine Studie über Cäsarenwahnsinn, 1989, 36 S. *vergriffen*

20 *Klaus Schreiner:* Mönchsein in der Adelsgesellschaft des hohen und späten Mittelalters. Klösterliche Gemeinschaftsbildung zwischen spiritueller Selbstbehauptung und sozialer Anpassung, 1989, 68 S. *vergriffen*

21 *Roger Dufraisse:* Die Deutschen und Napoleon im 20. Jahrhundert, 1991, 43 S.

22 *Gerhard A. Ritter:* Die Sozialdemokratie im Deutschen Kaiserreich in sozialgeschichtlicher Perspektive, 1989, 72 S. *vergriffen*

23 *Jürgen Miethke:* Die mittelalterlichen Universitäten und das gesprochene Wort, 1990, 48 S. *vergriffen*

24 *Dieter Simon:* Lob des Eunuchen, 1994, 27 S.

25 *Thomas Vogtherr:* Der König und der Heilige. Heinrich IV., der heilige Remaklus und die Mönche des Doppelklosters Stablo-Malmedy, 1990, 29 S. *vergriffen*

26 *Johannes Schilling:* Gewesene Mönche. Lebensgeschichten in der Reformation, 1990, 36 S. *vergriffen*

27 *Kurt Raaflaub:* Politisches Denken und Krise der Polis. Athen im Verfassungskonflikt des späten 5. Jahrhunderts v. Chr., 1992, 63 S.

28 *Volker Press:* Altes Reich und Deutscher Bund. Kontinuität in der Diskontinuität, 1995, 31 S.

29 *Shulamit Volkov:* Die Erfindung einer Tradition. Zur Entstehung des modernen Judentums in Deutschland, 1992, 30 S.

30 *Franz Bauer:* Gehalt und Gestalt in der Monumentalsymbolik. Zur Ikonologie des Nationalstaats in Deutschland und Italien 1860–1914, 1992, 39 S.

31 *Heinrich A. Winkler:* Mußte Weimar scheitern? Das Ende der ersten Republik und die Kontinuität der deutschen Geschichte, 1991, 32 S. *vergriffen*

32 *Johannes Fried:* Kunst und Kommerz. Über das Zusammenwirken von Wissenschaft und Wirtschaft im Mittelalter vornehmlich am Beispiel der Kaufleute und Handelsmessen, 1992, 40 S.

33 *Paolo Prodi:* Der Eid in der europäischen Verfassungsgeschichte, 1992, 35 S.

34 *Jean-Marie Moeglin:* Dynastisches Bewußtsein und Geschichtsschreibung. Zum Selbstverständnis der Wittelsbacher, Habsburger und Hohenzollern im Spätmittelalter, 1993, 47 S.

35 *Bernhard Kölver:* Ritual und historischer Raum. Zum indischen Geschichtsverständnis, 1993, 65 S.

36 *Elisabeth Fehrenbach:* Adel und Bürgertum im deutschen Vormärz, 1994, 31 S.

Schriften des Historischen Kollegs: Vorträge

37 *Ludwig Schmugge:* Schleichwege zu Pfründe und Altar. Päpstliche Dispense vom Geburtsmakel 1449–1533, 1994, 35 S.

38 *Hans-Werner Hahn:* Zwischen Fortschritt und Krisen. Die vierziger Jahre des 19. Jahrhunderts als Durchbruchsphase der deutschen Industrialisierung, 1995, 47 S.

39 *Robert E. Lerner:* Himmelsvision oder Sinnendelirium? Franziskaner und Professoren als Traumdeuter im Paris des 13. Jahrhunderts, 1995, 35 S.

40 *Andreas Schulz:* Weltbürger und Geldaristokraten. Hanseatisches Bürgertum im 19. Jahrhundert, 1995, 38 S.

41 *Wolfgang J. Mommsen:* Die Herausforderung der bürgerlichen Kultur durch die künstlerische Avantgarde. Zum Verhältnis von Kultur und Politik im Wilhelminischen Deutschland, 1994, 30 S.

42 *Klaus Hildebrand:* Reich – Großmacht – Nation. Betrachtungen zur Geschichte der deutschen Außenpolitik 1871–1945, 1995, 25 S.

43 *Hans Eberhard Mayer:* Herrschaft und Verwaltung im Kreuzfahrerkönigreich Jerusalem, 1996, 38 S.

44 *Peter Blickle:* Reformation und kommunaler Geist. Die Antwort der Theologen auf den Wandel der Verfassung im Spätmittelalter, 1996, 42 S.

45 *Peter Krüger:* Wege und Widersprüche der europäischen Integration im 20. Jahrhundert, 1995, 39 S.

46 *Werner Greiling:* „Intelligenzblätter" und gesellschaftlicher Wandel in Thüringen. Anzeigenwesen, Nachrichtenvermittlung, Räsonnement und Sozialdisziplinierung, 1995, 38 S.

Schriften des Historischen Kollegs: Dokumentationen

1 Stiftung Historisches Kolleg im Stifterverband für die Deutsche Wissenschaft: Erste Verleihung des Preises des Historischen Kollegs. Aufgaben, Stipendiaten, Schriften des Historischen Kollegs, 1984, VI, 70 S., mit Abbildungen *vergriffen*

2 Theodor-Schieder-Gedächtnisvorlesung: Horst Fuhrmann, Das Interesse am Mittelalter in heutiger Zeit. Beobachtungen und Vermutungen – Lothar Gall, Theodor Schieder 1908 bis 1984, 1987, 65 S. *vergriffen*

3 Leopold von Ranke: Vorträge anläßlich seines 100. Todestages. Gedenkfeier der Historischen Kommission bei der Bayerischen Akademie der Wissenschaften und der Stiftung Historisches Kolleg im Stifterverband für die Deutsche Wissenschaft am 12. Mai 1986, 1987, 44 S. *vergriffen*

4 Stiftung Historisches Kolleg im Stifterverband für die Deutsche Wissenschaft: Zweite Verleihung des Preises des Historischen Kollegs. Aufgaben, Stipendiaten, Schriften des Historischen Kollegs, 1987, 98 S., mit Abbildungen

5 Theodor-Schieder-Gedächtnisvorlesung: Thomas Nipperdey, Religion und Gesellschaft: Deutschland um 1900, 1988, 29 S. *vergriffen*

6 Theodor-Schieder-Gedächtnisvorlesung: Christian Meier, Die Rolle des Krieges im klassischen Athen, 1991, 55 S. *vergriffen*

7 Stiftung Historisches Kolleg im Stifterverband für die Deutsche Wissenschaft: Dritte Verleihung des Preises des Historischen Kollegs. Aufgaben, Stipendiaten, Schriften des Historischen Kollegs, 1991, 122 S., mit Abbildungen *vergriffen*

8 Stiftung Historisches Kolleg im Stifterverband für die Deutsche Wissenschaft: Historisches Kolleg 1980–1990. Vorträge anläßlich des zehnjährigen Bestehens und zum Gedenken an Alfred Herrhausen, 1991, 63 S.

9 Theodor-Schieder-Gedächtnisvorlesung: Karl Leyser, Am Vorabend der ersten europäischen Revolution. Das 11. Jahrhundert als Umbruchszeit, 1994, 32 S.

10 Stiftung Historisches Kolleg im Stifterverband für die Deutsche Wissenschaft: Vierte Verleihung des Preises des Historischen Kollegs. Aufgaben, Stipendiaten, Schriften des Historischen Kollegs, 1993, 98 S., mit Abbildungen

11 Theodor-Schieder-Gedächtnisvorlesung: Rudolf Smend, Mose als geschichtliche Gestalt, 1995, 23 S.

12 Stiftung Historisches Kolleg im Stifterverband für die Deutsche Wissenschaft: Über die Offenheit der Geschichte. Kolloquium der Mitglieder des Historischen Kollegs, 20. und 21. November 1992, 1996, 84 S.

Vorträge und Dokumentationen sind nicht im Buchhandel erhältlich; sie können, soweit lieferbar, über die Geschäftsstelle des Historischen Kollegs (Kaulbachstraße 15, 80539 München) bezogen werden.

Schriften des Historischen Kollegs: Jahrbuch

Jahrbuch des Historischen Kollegs 1995:

Arnold Esch
Rom in der Renaissance. Seine Quellenlage als methodisches Problem

Manlio Bellomo
Geschichte eines Mannes: Bartolus von Sassoferrato und die moderne europäische Jurisprudenz

František Šmahel
Das verlorene Ideal der Stadt in der böhmischen Reformation

Alfred Haverkamp
„... an die große Glocke hängen". Über Öffentlichkeit im Mittelalter

Hans-Christof Kraus
Montesquieu, Blackstone, De Lolme und die englische Verfassung des 18. Jahrhunderts

1996, VIII, 180 S. 4 Abb. ISBN 3-486-56176-6

Jahrbuch des Historischen Kollegs 1996:

Johannes Fried
Wissenschaft und Phantasie. Das Beispiel der Geschichte

Manfred Hildermeier
Revolution und Kultur: Der „Neue Mensch" in der frühen Sowjetunion

Knut Schulz
Handwerk im spätmittelalterlichen Europa. Zur Wanderung und Ausbildung von Lehrlingen in der Fremde

Werner Eck
Mord im Kaiserhaus? Ein politischer Prozeß im Rom des Jahres 20 n. Chr.

Wolfram Pyta
Konzert der Mächte und kollektives Sicherheitssystem: Neue Wege zwischenstaatlicher Friedenswahrung in Europa nach dem Wiener Kongreß 1815

1997, VI, 202 S. 1 Abb. ISBN 3-486-56300-9

Schriften des Historischen Kollegs: Jahrbuch

Jahrbuch des Historischen Kollegs 1997:

Eberhard Weis
Hardenberg und Montgelas. Versuch eines Vergleichs ihrer Persönlichkeiten und ihrer Politik

Dietmar Willoweit
Vom alten guten Recht. Normensuche zwischen Erfahrungswissen und Ursprungslegenden

Aharon Oppenheimer
Messianismus in römischer Zeit. Zur Pluralität eines Begriffes bei Juden und Christen

Stephen A. Schuker
Bayern und der rheinische Separatismus 1923–1924

Gerhard Schuck
Zwischen Ständeordnung und Arbeitsgesellschaft. Der Arbeitsbegriff in der frühneuzeitlichen Policey am Beispiel Bayerns

1998, XXI, 169 S. ISBN 3-486-56375-0

Jahrbuch des Historischen Kollegs 1998:

Peter Pulzer
Der deutsche Michel in John Bulls Spiegel: Das britische Deutschlandbild im 19. Jahrhundert

Gerhard Besier
„The friends ... in America need to know the truth ..."
Die deutschen Kirchen im Urteil der Vereinigten Staaten (1933–1941)

David Cohen
Die Schwestern der Medea. Frauen, Öffentlichkeit und soziale Kontrolle im klassischen Athen

Wolfgang Reinhard
Staat machen: Verfassungsgeschichte als Kulturgeschichte

Lutz Klinkhammer
Die Zivilisierung der Affekte. Kriminalitätsbekämpfung im Rheinland und in Piemont unter französischer Herrschaft 1798–1814

1999, 193 S. 5 Abb. ISBN 3-486-56420-X

Schriften des Historischen Kollegs: Jahrbuch

Jahrbuch des Historischen Kollegs 1999:

Jan Assmann
Ägypten in der Gedächtnisgeschichte des Abendlandes

Thomas A. Brady
Ranke, Rom und die Reformation: Leopold von Rankes Entdeckung des Katholizismus

Harold James
Das Ende der Globalisierung? Lehren aus der Weltwirtschaftskrise

Christof Dipper
Helden überkreuz oder das Kreuz mit den Helden. Wie Deutsche und Italiener die Heroen der nationalen Einigung (der anderen) wahrnahmen.

Felicitas Schmieder
„... von etlichen geistlichen leyen wegen". Definitionen der Bürgerschaft im spätmittelalterlichen Frankfurt

2000, VI, 199 S. 7 Abb. ISBN 3-486-56492-7

Jahrbuch des Historischen Kollegs 2000:

Winfried Schulze
Die Wahrnehmung von Zeit und Jahrhundertwenden

Frank Kolb
Von der Burg zur Polis. Akkulturation in einer kleinasiatischen „Provinz"

Hans Günter Hockerts
Nach der Verfolgung. Wiedergutmachung in Deutschland: Eine historische Bilanz 1945–2000

Frank-Rutger Hausmann
„Auch im Krieg schweigen die Musen nicht". Die ‚Deutschen Wissenschaftlichen Institute' (DWI) im Zweiten Weltkrieg (1940–1945)

Ulrike Freitag
Scheich oder Sultan – Stamm oder Staat? Staatsbildung im Hadramaut (Jemen) im 19. und 20. Jahrhundert

2001, VI, 250 S. 16 Abb. ISBN 3-486-56557-5

Schriften des Historischen Kollegs: Jahrbuch

Jahrbuch des Historischen Kollegs 2001:

Michael Stolleis
Das Auge des Gesetzes. Materialien zu einer neuzeitlichen Metapher

Wolfgang Hardtwig
Die Krise des Geschichtsbewußtseins in Kaiserreich und Weimarer Republik und der Aufstieg des Nationalsozialismus

Diethelm Klippel
Kant im Kontext. Der naturrechtliche Diskurs um 1800

Jürgen Reulecke
Neuer Mensch und neue Männlichkeit. Die „junge Generation" im ersten Drittel des 20. Jahrhunderts

Peter Burschel
Paradiese der Gewalt. Martyrium, Imagination und die Metamorphosen des nachtridentinischen Heiligenhimmels

2002, VI, 219 S. 16 Abb. ISBN 3-486-56641-5

Jahrbuch des Historischen Kollegs 2002:

Wolfgang Reinhard
Geschichte als Delegitimation

Jürgen Trabant
Sprache der Geschichte

Marie-Luise Recker
„Es braucht nicht niederreißende Polemik, sondern aufbauende Tat."
Zur Parlamentskultur der Bundesrepublik Deutschland

Helmut Altrichter
War der Zerfall der Sowjetunion vorauszusehen?

Andreas Rödder
„Durchbruch in Kaukasus"? Die deutsche Wiedervereinigung und die Zeitgeschichtsschreibung

2003, VI, 179 S. 2 Abb. ISBN 3-486-56736-5

Schriften des Historischen Kollegs: Jahrbuch

Jahrbuch des Historischen Kollegs 2003:

Jochen Martin
Rom und die Heilsgeschichte. Beobachtungen zum Triumphbogenmosaik von S. Maria Maggiore in Rom

Jan-Dirk Müller
Imaginäre Ordnungen und literarische Imaginationen um 1200

Peter Schäfer
Ex oriente lux? Heinrich Graetz und Gershom Scholem über den Ursprung der Kabbala

Anselm Doering-Manteuffel
Mensch, Maschine, Zeit. Fortschrittsbewußtsein und Kulturkritik im ersten Drittel des 20. Jahrhunderts

Bernhard Löffler
Öffentliches Wirken und öffentliche Wirkung Ludwig Erhards

2004, VI, 205 S. 20 Abb. ISBN 3-486-56843-4

Jahrbuch des Historischen Kollegs 2004:

Wolfgang Frühwald
„Wer es gesehen hat, der hat es auf sein ganzes Leben“. Die italienischen Tagebücher der Familie Goethe

Kaspar von Greyerz
Vom Nutzen und Vorteil der Selbstzeugnisforschung für die Frühneuzeit-Historie

Friedrich Wilhelm Graf
Annihilatio historiae? Theologische Geschichtsdiskurse in der Weimarer Republik

Werner Busch
Die Naturwissenschaften als Basis des Erhabenen in der Kunst des 18. und frühen 19. Jahrhunderts

Jörn Leonhard
Der Ort der Nation im Deutungswandel kriegerischer Gewalt: Europa und die Vereinigten Staaten 1854–1871

2005, VI, 182 S. 9 Abb. ISBN 3-486-57741-7

Schriften des Historischen Kollegs: Jahrbuch

Jahrbuch des Historischen Kollegs 2005:

Michael Mitterauer
Europäische Geschichte in globalem Kontext

Michael Toch
Das Gold der Juden – Mittelalter und Neuzeit

Heinz Schilling
Gab es um 1600 in Europa einen Konfessionsfundamentalismus? Die Geburt des internationalen Systems in der Krise des konfessionellen Zeitalters

Wilfried Hartmann
„Sozialdisziplinierung“ und „Sündenzucht“ im frühen Mittelalter? Das bischöfliche Sendgericht in der Zeit um 900

Peter Scholz
Imitatio patris statt griechischer Pädagogik. Überlegungen zur Sozialisation und Erziehung der republikanischen Senatsaristokratie

2006, VI, 190 S. 17 Abb. ISBN 3-486-57963-0

Jahrbuch des Historischen Kollegs 2006:

Klaus Hildebrand
Globalisierung 1900: Alte Staatenwelt und neue Weltpolitik an der Wende vom 19. zum 20. Jahrhundert

Karl-Joachim Hölkeskamp
Pomp und Prozessionen. Rituale und Zeremonien in der politischen Kultur der römischen Republik

Tilman Nagel
Verstehen oder nachahmen? Grundtypen der muslimischen Erinnerung an Mohammed

Karl Schlögel
Moskau 1937 – eine Stadt in der Zeit des Großen Terrors

Claire Gantet
Seele und Identität in der Frühen Neuzeit. Ansätze zu einer kulturellen Wissenschaftsgeschichte im Heiligen Römischen Reich

2007 (in Vorbereitung)

www.ingramcontent.com/pod-product-compliance
Ingram Content Group UK Ltd.
Pitfield, Milton Keynes, MK11 3LW, UK
UKHW041845031026
15587UKWH00003B/1014

9 783486 580570